Neue Quellen zum Prozeßrecht der Ptolemäerzeit

Archiv für Papyrusforschung
und verwandte Gebiete

Begründet von

Ulrich Wilcken

Beiheft 36

De Gruyter

Neue Quellen zum Prozeßrecht der Ptolemäerzeit

Gerichtsakten aus der Trierer Papyrussammlung (P.Trier I)

von

Bärbel Kramer

und

Carlos M[a] Sánchez-Moreno Ellart

De Gruyter

ISBN 978-3-11-047424-4
e-ISBN (PDF) 978-3-11-047872-3
e-ISBN (EPUB) 978-3-11-047813-6
ISSN 1868-9337

Library of Congress Cataloging-in-Publication Data
A CIP catalog record for this book has been applied for at the Library of Congress.

Bibliografische Information der Deutschen Nationalbibliothek
Die Deutsche Nationalbibliothek verzeichnet diese Publikation in der Deutschen Nationalbibliografie; detaillierte bibliografische Daten sind im Internet über http://dnb.dnb.de abrufbar.

Druck: Hubert & Co. GmbH und Co. KG, Göttingen
♾ Gedruckt auf säurefreiem Papier

Printed in Germany

www.degruyter.com

Inhaltsverzeichnis

4. Der Beweis

5. Das Zeugnis

II. Die Trierer Gerichtsakten (P.Trier I)

Anhang

Vorwort

Im vorliegenden Band publizieren wir neue Gerichtsakten aus dem Dikasterion von Herakleopolis, die vor einigen Jahren von der Universität Trier erworben werden konnten. Der Ankauf wurde ermöglicht mit Hilfe großzügiger Zuwendungen des Stifterverbands für die Deutsche Wissenschaft, der Nikolaus Koch-Stiftung Trier, des Forschungsfonds der Universität Trier und vor allem dank der Befürwortung des damaligen Präsidenten der Universität Trier, Prof. Dr. Peter Schwenkmezger. Allen Förderern möchten wir herzlich danken.

Großen Dank schulden wir auch der Alexander von Humboldt-Stiftung, die es Carlos Mª Sánchez-Moreno Ellart, Professor für Römisches Recht an der Universität Valencia, ermöglicht hat, in den Jahren 2011, 2012 und 2013 im Forschungszentrum Griechisch-Römisches Ägypten an der Universität Trier zu arbeiten, und der Generalidad Valenciana, mit deren Unterstützung er 2015 noch einmal vier Monate in Trier verbringen konnte.

Charikleia Armoni und Claudio Gallazzi haben uns vor der Publikation ihrer Texte Einblick in die Kölner und Mailänder Gerichtsakten ermöglicht. Günter Poethke hat die Mühe auf sich genommen, das ganze Manuskript zu lesen; wir verdanken seinem scharfen Auge unzählige Verbesserungen. Dafür danken wir ihnen allen herzlich.

Unser Dank gilt auch den Helfern in der Trierer Papyrussammlung. Die Scans wurden im Rahmen des von der Deutschen Forschungsgemeinschaft in den Jahren von 2002–2005 finanzierten Digitalisierungsprojektes von Raimar Eberhard angefertigt; Ann-Katrin Gill hat einen Teil der Papyri noch einmal restauriert und die im Verlauf der Bearbeitung lokalisierten Fragmente neu zusammengesetzt; Bianka Nüßer hat die neuen Versionen erneut gescannt. Zusätzlich zu den Abbildungen in diesem Band können die Papyri unter der Internet-Adresse <http://digipap.uni-trier.de> aufgerufen werden.

Gemeinsam haben wir die neuen Papyri entziffert, transkribiert, übersetzt und kommentiert, wobei Carlos Mª Sánchez-Moreno Ellart, der im ersten Teil des Bandes die neuen Quellen im Hinblick auf ihren Erkenntnisgewinn zum ptolemäischen Prozeßrecht auswertet, für den juristischen Teil und Bärbel Kramer für die Einleitung zu den neuen Quellen und die Edition der Trierer Papyri verantwortlich ist.

Trier, im Oktober 2016 — Bärbel Kramer
Valencia — Carlos Mª Sánchez-Moreno Ellart

Zeichenerklärung

[ ]	Lücke durch Beschädigung des Papyrus
[...]	vermutete Anzahl fehlender Buchstaben in der Lücke
⟦ ⟧	Tilgung durch den Schreiber
\`αβγδ′	vom Schreiber über der Zeile nachgetragene Buchstaben
{ }	Tilgung durch den Herausgeber
< >	Ergänzung oder Änderung durch den Herausgeber
( )	Auflösung von Abkürzungen
. . . .	nicht lesbare Buchstaben
α̣β̣γ̣δ̣	beschädigte oder unsicher gelesene Buchstaben
ǀ	Zeilenwechsel im Papyrus
□	vom Schreiber freigelassenes Spatium
→	Einführung eines Korrekturvorschlags
≈	Duplikat von
R	Recto
V	Verso

I. Neues zum Prozeßrecht der Ptolemäerzeit

1. Die neuen Quellen

1.1. Das Gerichtsarchiv von Herakleopolis

Die hier vorgelegten neuen Papyri stammen aus dem Zeitraum zwischen 184/3 und 179 v. Chr. und betreffen Verträge, die 188 v. Chr. und später geschlossen worden waren. Die Gruppe bestand aus ursprünglich 35 größeren und kleineren Fragmenten, die zu 14 Urkunden zusammengesetzt werden konnten. Dabei wurden sieben Vorladungen vor das Losgericht in Herakleopolis (**1–7**) rekonstruiert, drei Zeugenaussagen von Urkundenhütern (**9–11**) und weitere zur Vorbereitung von Prozessen bei Gericht eingereichte Schriftstücke, wie z. B. ein separat vorgelegtes Signalement zweier Ladungszeugen (**8**), ein umfangreicher prodomatischer (?) Pachtvertrag vom 26.8.179 v. Chr. (**12**) sowie zwei nicht sicher bestimmbare Fragmente (**13** und **14**). Alle diese Papyri waren bisher unveröffentlicht mit Ausnahme von **3**, einer Vorladung, die kürzlich von Dieter Hagedorn und Bärbel Kramer in der Festschrift für Heinz Josef Thissen publiziert worden ist und auf deren Kommentar mit „P.Thissen“ verwiesen wird.[1]

Die neuen Papyri stammen aus derselben Quelle und aus derselben Zeit wie die von Demokritos Kaltsas in P.Heid. VIII im Jahr 2001 publizierten Gerichtsakten, die im Institut für Papyrologie der Universität Heidelberg aufbewahrt werden. Die Heidelberger Urkunden gehören der Zeit von 189 bis 176 v. Chr. an; sie stellen die bisher engsten Parallelen zu den neuen Texten dar. Kaltsas hat in seiner Edition den Themenkomplex der Klage und Prozeßeinleitung sowie der Vorladung von Zeugen grundlegend behandelt. Seine Ausführungen werden durch die neuen Texte weitgehend bestätigt.

Zu demselben Gerichtsarchiv gehören auch die soeben von Charikleia Armoni publizierten P.Köln XIV 561–563 aus dem Institut für Altertumskunde der Universität zu Köln.[2] Ein Trierer Fragment (P.UB Trier S 188-120), das sich in unserer Dokumentation nirgendwo ansetzen ließ, konnte Charikleia Armoni im Text von P.Köln XIV 562 unterbringen.

Hinzu kommen weitere Papyri aus dem Centro Interdipartimentale di Papirologia «Achille Vogliano» dell'Università degli Studi di Milano.[3] Diese Texte

---

[1] Hagedorn/Kramer, „P.Thissen“.

[2] Einen Vorbericht gab Armoni am 19.7.2014 auf dem 8. Deutschen Papyrologentag in Berlin.

[3] Die Mailänder Dokumente stammen aus dem Brustschild jener Mumie, in das auch der Poseidipp-Papyrus verarbeitet war, vgl. Bastianini/Gallazzi, Einleitung zu P.Mil. Vogl. VIII 309, S. 3–11 mit Abbildung der Verteilung der Urkundentexte in der Kartonage S. 10. Diese Urkunden

sind noch unpubliziert bis auf die Abbildung einer Vorladung, die von Guglielmo Cavallo und Herwig Maehler in die *Hellenistic Bookhands* aufgenommen worden ist.[4]

Der Umstand, daß alle hier aufgeführten Gerichtsakten aus Mumienkartonage stammen, erlaubt den Schluß, daß sie zusammen aufbewahrt wurden, bevor sie zur Weiterverwendung ins Altpapier gegeben wurden. Der Aufbewahrungsort kann nur das Gerichtsarchiv von Herakleopolis gewesen sein.

Die in dem hier vorgelegten Band publizierten Texte enthalten Neues aus dem Gebiet der Prosopographie wie Namen von eponymen Priestern und eponymen Offizieren, von Kleruchen und Zivilisten und auch den Namen einer bisher in den dokumentarischen Papyri nicht belegten Phyle von Alexandria. Die Vorladungen, Zeugenaussagen, Abschriften von Verträgen und die Aufnahme des Signalements wurden im Büro des Eisagogeus im Rahmen der Prozeßvorbereitung angefertigt oder bearbeitet. Die Prozesse fanden vor dem Losgericht, dem κληρωτὸν δικαστήριον, in der Gaumetropole Herakleopolis statt. Später wurden die Urkunden im Gerichtsarchiv deponiert, bis sie in Zweitverwendung zu Mumienkartonage verarbeitet wurden.

Die neuen Papyri erweitern die Dokumentation des ptolemäischen Gerichtswesens beträchtlich und bereichern unsere davon immer noch bruchstückhafte Kenntnis in verschiedenen Aspekten. Sie werfen neues Licht auf das Verfahren der Prozeßeinleitung im ptolemäischen Ägypten; sie bieten neue Informationen zu den Aufgaben des Eisagogeus; sie ermöglichen neue juristische Erkenntnisse etwa zum Wert der Syngraphe als Beweismittel vor Gericht oder im hellenistischen Vertragssystem und erwähnen zum ersten Mal den Begriff des Delikts im Bereich der vertraglichen Haftung. Mit diesen Aspekten werden wir uns im folgenden beschäftigen.

1.2. Die Vorladungen

Unter den neuen Texten befinden sich sechs nahezu komplette Vorladungen (ἐγκλήματα) und eine fragmentarisch erhaltene. Sie basieren alle auf nicht erfüllten Darlehensverträgen und werden mit dem Schaden begründet, der dem

---

sollen als P.Mil. Vogl. IX 320–324 publiziert werden. Weil sie mit unseren Texten eng verwandt sind, seien sie hier so aufgeführt, wie sie a. a. O. beschrieben sind:

P.Mil. Vogl. IX 320. Eingabe an den Strategen des Arsinoites, 188/7 v. Chr.

P.Mil. Vogl. IX 321. Eingabe an den Strategen des Herakleopolites, 178/7 (?) v. Chr.

P.Mil. Vogl. IX 322. Zeugenaussage, Dorf im Herakleopolites, 182/1 v. Chr.

P.Mil. Vogl. IX 323. Vorladung, Herakleopolis, 183/2 v. Chr.

P.Mil. Vogl. IX 324. Vorladung, Herakleopolis, 183/2 v. Chr.

[4] Cavallo/Maehler, *Hellenistic Bookhands*, S. 70, Nr. 39: „P. Mil. Vogl inv 1297 (Request for the repayment of a loan, to be published by C. Gallazzi as P. Mil. Vogl. IX 323)".

Kläger durch den Vertragsbruch entstanden ist. Drei betreffen Gelddarlehen (**1–3**), drei Naturaldarlehen (**4–6**) und von einer weiteren (**7**) ist nur das Ende erhalten, so daß ihr Charakter nicht mehr zu erkennen ist.[5] Auf einem eigenen Zettel (**8**) sind zwei Signalements von Ladungszeugen notiert. Alle Vorladungen dienen als Klageschriften beim Prozeß. In allen Fällen war der zugrundeliegende, nicht eingehaltene Vertrag eine συγγραφὴ δανείου in Form einer Sechs)zeugenhüterurkunde.[6] Die Struktur dieser Darlehensverträge beschreibt Rupprecht, *Darlehen* S. 15–16: Ort, Datum, Auszahlung des Darlehens, Rückgabeklausel, Strafklausel, Vollstreckungsklausel, Kyriaklausel.

Die Vorladungen nennen die am Vertrag beteiligten Personen und gegebenenfalls ihre Bürgen, sie geben die Vertragsbedingungen wieder und zitieren die Strafklausel; auf die (immer gleich lautende) Vollstreckungs- und Kyriaklausel wird dabei verzichtet, da diese ohnehin feste Bestandteile der Verträge sind. In den Vorladungen wegen nicht zurückgezahlter Naturaldarlehen werden die in den Verträgen üblichen Angaben über Qualitätsmerkmale, Rückgabemaß und Lieferungsort weggelassen.

Der regionale und soziale Kontext der neuen Gerichtsakten ist durchweg militärisch. Im Zentrum steht das Dikasterion in Herakleopolis. Die Metropole des Herakleopolites hatte zu Beginn des 2. Jhs. v. Chr. mehr und mehr an strategischer Bedeutung gewonnen. Sie diente als Bollwerk gegen die immer unruhige, zu Aufständen neigende Thebais[7] und war deshalb spätestens unter Ptolemaios V. mit einer Festung und Festungswächtern (φρουροί) ausgestattet worden.[8] Im Laufe des 2. Jhs. wurde die Rüstungsaktivität noch gesteigert, indem eine weitere Festung im Hafen am Bar Yussuf errichtet und seetüchtige

[5] Auch die Zeugenaussagen betreffen je ein Geld- (**9**) und ein Naturaldarlehen (**10**). Üblicherweise ist man der Meinung, daß in der Chora die Zeugnisse für Naturaldarlehen die für Gelddarlehen überwogen; Rupprecht, *Darlehen*, S. 20; vgl. auch S. 25 Anm. 5. Einige Autoren nehmen an, daß die papyrologischen Quellen nicht für alle Transaktionen repräsentativ sein können; denn viele Geschäfte seien nicht dokumentiert, weil sie auf mündlichen Vereinbarungen beruhten. Andere Autoren glauben, daß die überlieferte Quellenlage — in der die Gelddarlehen häufig sind — repräsentativ sei für die relativ reichen griechischen Gemeinden im Fayum, in Oxyrhynchites oder im Herakleopolites, wie in unserem Fall, wo der Geldverkehr vergleichsweise stark ist, während im übrigen Ägypten Transaktionen in Naturalien weiterhin dominierten. Vgl. dazu Rathbone, „Ancient Economy", S. 159–176; Manning, *Land and Power*, S. 14–21; von Reden, *Money in Ptolemaic Egypt*, S. 77.

[6] Zu diesem Urkundentyp siehe Wolff, *Recht* II, S. 57–71; zum Urkundenhüter ibid., S. 59; Kramer, CPR XVIII, S. 10–11; Kaltsas, Einleitung zu P.Heid. VIII 414, bes. S. 87 mit Literatur und S. 91.

[7] McGing, „Revolt Egyptian Style"; Huß, *Ägypten*, S. 563–566; Veïsse, „Les ‘révoltes égyptiennes'", S. 72–54; Kruse, „Die Festung in Herakleopolis"; Armoni, P.Heid. IX, Einleitung, S. 12–13.

[8] Am 1.6.181 v. Chr. liegt möglicherweise dort eine Einheit von τακτόμισθοι unter dem eponymen Offizier Kallimachos, vgl. **10**,31–34 mit Komm.

Kriegsschiffe dort stationiert wurden.[9] Kruse nimmt an, daß diese Maßnahmen von Ptolemaios VI. nicht nur gegen die inländischen Rebellen, sondern auch zur Abwehr gegen seinen Bruder und Rivalen Ptolemaios VIII. getroffen wurden.[10]

Alle Kontrahenten bzw. Vertragspartner sind männlich,[11] haben eine Funktion im ptolemäischen Militär oder sind Kleruchensöhne.[12] Manche dienen sogar in derselben Truppe. Einige von ihnen sind in der Zeit zwischen dem Vertragsabschluß und der Vorladung auch befördert worden.[13] Sie prozessierten vor dem Dikasterion, weil dieses im 3. und frühen 2. Jh. v. Chr. das für die Kleruchen und die anderen makedonischen und griechischen Einwanderer zuständige Gericht griechischer Tradition für private Streitfälle war.

Für Urkunden dieser Art ist in der Ptolemäerzeit die Anwendung der sogenannten Nomenklaturregel[14] durch ein königliches Gesetz[15] vorgeschrieben, wonach die Vertragspartner bestimmte Angaben zur Person machen müssen. Zwei Zeugnisse für diese Vorschrift sind uns erhalten: P.Hamb. II 168 und BGU XIV 2367.[16] Beide Texte stammen aus der frühen Ptolemäerzeit, P.Hamb. II 168 spätestens aus der Mitte und BGU XIV 2367 vom Ende des 3. Jahrhunderts v. Chr. Der Hamburger Papyrus betrifft Personen, die in Alexandria und in der Chora Prozesse führen wollen, der Berliner Papyrus solche, die Darlehensverträge abschließen. Generell darf man diese Regel wohl für alle Schriftstücke postulieren, die eventuell eines Tages vor Gericht vorzulegen waren.[17]

Die Nomenklatur, die unsere Soldaten in den Vorladungen und den darin rekapitulierten Darlehens- und Pachtverträgen führen, besteht aus folgenden

---

[9] Unsere Dokumentation stammt aus der Zeit des V. und VI. Ptolemäers, zwischen dem Aufruhr in der Thebais (184/183 v. Chr.) und dem Krieg gegen Antiochos IV. (169 v. Chr.). Diese Ereignisse hatten den Ausbau des Hafens zum Kriegshafen und der Stadt zur Festung notwendig gemacht. Vgl. dazu P.Berl. Zill. 1 und 2; P.Phrur. Diosk.; Kramer, „Königseid"; Kruse, „Die Festung in Herakleopolis", bes. S. 264–265. Zu den Unruhen der Zeit vgl. auch Vandorpe, „The Ptolemaic Army", S. 105–134.

[10] Kruse, „Die Festung in Herakleopolis".

[11] Die einzige Frau der Dokumentation, Praxo, die Tochter des Dionysodoros, fungiert als Garantin für ihren Vater (**10**,11.13).

[12] Dies bestätigt erneut Rupprechts Beobachtung (*Darlehen*, 18): „Soweit Angaben über die Person des Gläubigers gemacht werden, handelt es sich in der Regel um Militärpersonen verschiedener Dienstgrade"; auch die Darlehensnehmer sind meist Militärangehörige.

[13] Diese Beförderung wird durch die Formel καθὰ συνήλλαξεν / συνήλλαξας ausgedrückt; siehe dazu Hagedorn/Kramer, Komm. zu P.Thissen 4–5.

[14] Zur Nomenklaturregel siehe Kramer, CPR XVIII, S. 63–80. Uebel, *Kleruchen*, S. 11–13.

[15] Beide Papyri betreffen die durch das Diagramma Ptolemaios' II. Philadelphos festgelegte Zivilprozeßordung.

[16] Zu BGU XIV 2367,13–16 vgl. P.Heid. VIII, S. 106 mit Anm. 42.

[17] Der Text von P.Hamb. II 168 ist zitiert bei Uebel, *Kleruchen*, S. 11; P.Hamb. II 168 und BGU XIV 2367 bei Kramer, CPR XVIII, S. 62–67. Für BGU XIV 2367,13–16 hat Kaltsas, P.Heid. VIII, S. 106 Anm. 42 plausible Ergänzungen vorgeschlagen. Neuerdings ist die Abbildung des Papyrus auch im Internet unter der Adresse <http://smb.museum/berlpap/> zu finden.

Angaben: Name, Ethnikon und militärischer Status, z. B. Truppenteil mit eponymem Offizier; in den Vorladungen wird auch die Veränderung dieses Status im Vergleich zur Zeit des Vertragsabschlusses mitgeteilt. Wie üblich, nennen Personen, die nicht beim Militär aktiv sind, ihren Vatersnamen und ihr Ethnikon, und wenn sie Stadtbürger sind, ihr Demotikon. Die Soldaten und Zivilisten, die in den Trierer Papyri genannt sind, tragen die verschiedensten Ethnika;[18] die meisten von ihnen sind makedonischen Ursprungs.[19] Die Angabe dieser Ethnika hat in der Forschung die Frage aufgeworfen, ob sie echte Herkunftsangaben sind oder Teile des ptolemäischen Heeres bezeichnen, das heißt, ob sie später in diese Truppenteile aufgenommen bzw. befördert wurden.[20] In unserer Dokumentation sind Nomenklatur und Ethnika noch wörtlich zu verstehen; so ist der Perser von Abkunft in **5**,3 kein Kreditnehmer, und der Perser in dem prodomatischen Pachtvertrag **12**,9 hat nicht den Status des „unterlegenen" Geschäftspartners, denn hat, obwohl er der Pächter ist, dem Verpächter einen Vorschuß gegeben, den dieser rechtzeitig zurückzahlen muß.[21]

Hans-Albert Rupprecht konnte im Jahr 1965 noch schreiben:[22] „Prozeßurkunden und allgemeine verfahrensrechtliche Urkunden, die über die Abwicklung nicht erfüllter Darlehen Aufschluß geben könnten, sind nur in geringer Zahl erhalten. Zahlenmäßig überwiegen dabei die an eine Behörde gerichteten ἐντεύξεις."[23] In der Zwischenzeit sind immer mehr Texte hinzugekommen. Die bis zur Publikation von P.Heid. VIII bekannten Vorladungen aus der Ptolemäerzeit sind in P.Thissen, S. 220–221 zusammengestellt; die dort chronologisch angelegte Liste soll wegen der Neuzugänge hier nochmals aktualisiert werden, wobei wir uns auf das bisher publizierte Material beschränken.

---

[18] Ἐφέσιος (**12**, I 8), Θέσσαλος (**1**,4), Θρᾶιξ (**3**,37), Καρδιανός (**3**,36), Κνίδιος (**12**, II 63), Μακεδών (**3**,4; **4**, [3].4.10; **5**,3; **13**,3.9) und Πέρσης (**1**,10; **3**,2; **12**,9).

[19] Scheuble-Reiter, *Katökenreiter*, S. 112–141.

[20] Kaltsas P.Heid. VIII 413 Einleitung, S. 76f.; Bagnall, „Origins".

[21] Siehe dazu unten die Einleitung zu **12**. Die Bezeichnung Πέρσης τῆς ἐπιγονῆς für den Schuldner begegnet erst nach 172 v. Chr.; aus diesem Jahr stammt der letzte Beleg für einen Nicht-Perser P.Mich. III 190,15 (s. Rupprecht, *Darlehen*, S. 19; Diskussion S. 19–20.); Kramer, CPR XVIII, Einleitung, S. 70.

[22] Rupprecht, *Darlehen* S. 15

[23] Dazu heißt es ibid. Anm. 19: „Prozeßurkunden sind: Fay. 11 [MChr 14], Hib. I 30 d [MChr 20, JP 77, SP II 247]; Enteuxeis z. B. P.Ent. 44, 45, 46."

1.2.1. Die Vorladungen der Ptolemäerzeit

Nr.	Publikation	Inhalt	Ort	Datum v. Chr.
1	P.Hib. I 30 (a–c)	Vorladung[24]	Herakleopolites	282–274
2	P.Hib. I 30 (d) = M.Chr. 20 = Jur. Pap. 77 = Sel. Pap. II 247	Vorladung[25]	Herakleopolites	282 - 274
3a	P.Petrie III 21 (g),12–35 = M.Chr. 21,12–35[26]	vollständiges Zitat einer Vorladung im Verhandlungsprotokoll	Krokodilopolis, Arsinoites	3.8.226
3b	P.Gur. 2,12–35 = Sel.Pap. II 256[27]	vollständiges Zitat einer Vorladung im Verhandlungsprotokoll	Krokodilopolis, Arsinoites	3.8.226
4	P.Petrie II 21 (b),8–12 (+ x) = P.Lond. III 557 descr. = M.Chr. 28,10–14[28]	fragmentarisch erhaltenes, vollständiges Zitat einer Vorladung im Verhandlungsprotokoll	Krokodilopolis, Arsinoites (?)	ca. 232–231
5	P.Trier I **1**	Vorladung (Gelddarlehen)	Herakleopolis	184/3
6	P.Trier I **2**	Vorladung (Gelddarlehen)	Herakleopolis	nach 28.12.184 oder 28.3.183
7	P.Trier. I **3**	Vorladung (Gelddarlehen)	Herakleopolis	8.8.183
8	P.Trier I **4**	Vorladung (Naturaldarlehen)	Herakleopolis	184/3
9	P.Trier I **5**	Vorladung (Naturaldarlehen)	Herakleopolis	[184/183?][29]
10	P. Trier I **6**	Vorladung (Naturaldarlehen)	Herakleopolis	
11	P.Trier I **7**	Ende einer Vorladung	Herakleopolis?	[184/3][30]
12	P.Mil. Vogl. inv. 1297[31]	Vorladung (Gelddarlehen)	Herakleopolites	182

[24] Der erhaltene Text erlaubt es nicht mehr zu erkennen, ob es sich um eine selbständige Vorladung oder um ein Zitat in einem Verhandlungsprotokoll handelt. Da P.Hib. I 30a–c und 30d zu demselben Papyrus gehören, könnte es sich um eine Rolle mit (registrierten) Abschriften von ἐγκλήματα handeln. Siehe dazu auch M.Chr. 20 Einleitung.

[25] Korrekturen zu Z. 15–19 in „P.Thissen", 224.

[26] Duplikat von 3b, mit diesem vereinigt in CPJ I 19.

[27] Duplikat von 3a, mit diesem vereinigt in CPJ I 19.

[28] Neuedition von P.Petrie II 21 (b)(c)(d) 2–13 mit Korrekturen und Ergänzungen in P.Petrie III 24 durch Wilcken, „Papyrus-Urkunden", S. 514–516 (Z. 9–14+x) = M.Chr. 28,10–14.

[29] Mutmaßliche Datierung aufgrund der Fundgemeinschaft mit **1–4** u. **6**.

[30] Mutmaßliche Datierung und Herkunftsangabe aufgrund der Fundgemeinschaft mit **1–4** u. **6**.

[31] Siehe oben S. 3–4 mit Anm. 4.

13	P.Lugd. Bat. XXV 20[32]	Vorladung	Herkunft unbekannt	3.8. – 1.9.179?
14	P.Köln XIV 562	vollständiges Zitat einer Vorladung	Herakleopolis	192/1–176?[33]
15	P.Köln XIV 561,9–26	vollständiges Zitat einer Vorladung im Amtstagebuch des Eisagogeus	Herakleopolis	3.1.–2.4.172
16	P.Fay. 11 (= M.Chr. 14)	Enteuxis mit Wiedergabe eines Darlehensvertrags	Theadelphia, Arsinoites	nach 116

P.Heid. VIII 412 enthält Elemente einer Vorladung (aber keinen zusammenhängenden Text) in einem Antrag an den Eisagogeus auf Wiederaufnahme eines Prozesses, die notwendig wurde, weil ein Vertragspartner (der Schuldner) nicht erschienen ist. Einige Elemente sind vergleichbar, weil beim Antrag auf Wiedereröffnung eines Prozesses manche Formalitäten in demselben Maß erforderlich sind wie bei der erstmaligen Eröffnung. So ist auch P.Heid. VIII 412 zum Vergleich heranzuziehen, auch wenn er keine exakte Parallele ist.

Möglicherweise stammt auch das Fragment P.Köln XIV 563, das zwei Signalements enthält, vom Ende einer Vorladung; es könnte aber auch wie **8** ein selbständiges Blatt mit den Signalements von Ladungszeugen gewesen sein.

Zwischen den neuen selbständigen Klageschriften (P.Lugd. Bat. XXV 20, P.Trier I **1–7** und P.Köln XIV 562) und den schon früher bekannten, von den vor Gericht verlesenen Zitaten der ἐγκλήματα in den Verhandlungsprotokollen P.Gur. 2[34] und M.Chr. 28[35] sowie P.Hib. I 30 (d)[36] besteht allerdings ein Unterschied. Die selbständigen Vorladungen sind zusätzlich mit den Signalements des Klägers und der Ladungszeugen versehen, was als Indiz für deren amtliche Bearbeitung gelten kann. Diese fehlen naturgemäß in den Verhandlungsprotokollen. Nach diesen beginnt die Verhandlung mit der Vorlage und der Verlesung der Anklageschrift;[37] später wird auch die Zeugenaussage verlesen. In den zwei erhaltenen Exemplaren befindet sich jedoch am Ende des Textes der Vorladung zwischen der Datierung und dem Hinweis auf die Übergabe derselben vor Zeugen eine Ankündigung auf einen schriftlichen Vorgang, die bis heute nicht geklärt ist: P.Hibeh I 30 (d): ἡ δίκη σοι ἀναγραφήσετ[α]ι ἐν | [τῶι ἐν Ἡρ]α-κλέους πόλει δικαστηρίωι [ἐ]νώπιον | [. . . . . ἔ]κπλωι und P.Gur. 2, 31–33: ἡ

[32] Publiziert als Aktpräskript; als Vorladung identifiziert in P.Thissen, Anhang, S. 231–232.

[33] Die Datierung beruht auf dem Fehlen der Theoi Soteres im Herrscherkult, vgl. Armonis Komm. zu Z. 10 und Kaltsas, Komm. zu P.Heid. VIII 414,18–19.

[34] P.Gur. 2 = Sel.Pap. II 256 ≈ P.Petrie **III** 21 (g) = M.Chr. 21, beide vereinigt zu CPJ I 19.

[35] M.Chr. 28 = Neuedition von P.Petrie **II** 21 (b)(c)(d) mit Korrekturen und Ergänzungen in P.Petrie III 24 durch Wilcken, „Papyrus-Urkunden", S. 514–516.

[36] P.Hib. I 30 (d) = M.Chr. 20 = Jur. Pap. 77 = Sel. Pap. II 247.

[37] Vgl. Kaltsas, Komm. zu P.Heid. VIII 412,7–10.

δὲ δίκη σοι γραφήσεται ἐν τῶι δικασ[τηρίωι τῶι ὄντι ἐν] | τῶι [[δικα[στηριωι]]] Ἀρσινοίτηι νομῶι οὗ εἰσαγωγεὺς Πολυδε[ύκης (ἔτους) κα μη|ν]ὸς Περιτ[ίου . .]. Wir werden die Frage, um was für einen Vorgang im Rahmen der Prozeßeinleitung es sich handeln könnte, unten in Kap. 3.5 behandeln.

1.2.2. Die Struktur der Vorladungen

Aufbau und Inhalt der Vorladungen lassen sich am Beispiel der am besten erhaltenen Urkunde **3** () folgendermaßen darstellen:

(2. Hd.)[38] Signalement des Klägers (nachträglicher Zusatz eines Gerichtsdieners)

(1. Hd.) Beteiligte:
 Kläger im Nominativ, stilisiert nach der Nomenklaturregel
 Beklagter im Dativ, stilisiert nach der Nomenklaturregel
Begründung der Klage:
 Nichterfüllung des im folgenden rekapitulierten Darlehensvertrags
  ὅτι + Inhaltsangabe des Darlehensvertrags
  Datum des Vertragsabschlusses
  Gegenstand: Darlehen in Geld oder Natur
  Auszahlung und Höhe des Darlehens
  Angabe des Syngraphophylax
  Zinsvereinbarung bei Gelddarlehen
  Laufzeit / Termin der Rückzahlung
  Strafklausel (Bußgeld + Zinsen einfach)
Prozeßformel: διό σοι δικάζομαι
Gerichtsort: Losgericht (κληρωτὸν δικαστήριον) in Herakleopolis
Streitwert des Prozesses:
 beim Gelddarlehen: Summe aus Kapital, Bußgeld und Zinsen
 beim Naturaldarlehen: Kapital und Bußgeld
Delikt / ἀδίκημα:[39] Vermögensschaden durch Nichtzurückzahlung des Darlehens
 τὸ ἀδίκημα ἐγένετο, ὅτε --- οὐκ ἀπέδωκάς μοι

---

[38] In P.Thissen war der Nachtrag der Signalements des Klägers und der Ladungszeugen der 3., der Verso-Vermerk der 2. Hand zugeschrieben worden. Inzwischen gehen wir davon aus, daß zuerst das Schriftstück selbst von einer 2. Hand durch die Anbringung der Signalements vervollständigt und zum Schluß von einer dritten der Verso-Vermerk angebracht wurde.

[39] Das Delikt (ἀδίκημα) wird klar definiert mit den Worten: τὸ ἀδίκημ̣[α] | ἐγένετ[ο ὅτ]ε̣ ἀπαι̣τηθεὶς ὑπ' ἐμοῦ τὰς 'Β (δρ.)] | τοῦ χαλκοῦ καὶ τὸν̣ [τόκ]ον οὐκ ἀπέδωκ[άς μοι (P.Thissen = **3**,24–26; vgl. auch **1**,24–25; **2**,23–25; **4**,24–26; **6**,19–21; P.Köln XIV 561,17–[18]; 562,6–8. Damit wird deutlich, daß das Delikt in dem Vermögensschaden besteht, der durch die Nichterfüllung des Vertrags verursacht wurde. Siehe dazu Kap. 4.1 und 4.2.

Datum der Aufsetzung der Klageschrift[40]
Persönliche Ladung
Kurze Datierung der Ladung
Ladungszeugen

(2. Hd.) Signalement der Ladungszeugen als Nachtrag eines Gerichtsdieners

(3. Hd.)[41] Versovermerk
Registrierung[42] unter Angabe von Datum, Inhalt, Prozessgegnern und Streitwert.

1.3. Die Zeugenaussagen der Urkundenhüter

Unter den neuen Trierer Papyri befinden sich drei Zeugenaussagen von Urkundenhütern, eine vollständig (**10**) und zwei fragmentarisch erhaltene (**9** und **11**), unter den Heidelberger P.Heid. VIII 413–416, von denen P.Heid. VIII 414 die bisher vollständigste Parallele darstellt. Sie enthielten ursprünglich die Aussage jenes Vertragszeugen, der zum Urkundenhüter bestimmt wurde, und im Anschluß daran die Abschrift des Vertrags, an dem dieser mitgewirkt und den er für den Fall eines Rechtsstreites aufbewahrt hatte, um ihn dem Gericht vorlegen zu können. Wie sich an **10** erkennen läßt, handelt es sich bei allen Versionen um Abschriften, die jeweils von ein und derselben Hand geschrieben sind. Auf dem oberen Rand des Blattes, oberhalb des Textkörpers, hat jeweils eine zweite Hand das Signalement des Zeugen nachträglich eingetragen, und auf der Rückseite hat eine 3. Hand Datum, Inhalt und den Namen des Urkundenhüters registriert.

Von **9** sind nur zwei kleine Fragmente erhalten. Sie betreffen ein Naturaldarlehen aus dem Jahr 183/2 v. Chr. In **10** geht es um ein Gelddarlehen aus dem Jahr 185/4 v. Chr. Diese beiden Papyri haben in der Abschrift der Verträge das jeweilige Datum des Vertragsabschlusses erhalten. Die Zeugenaussagen selbst sind nicht datiert; nur die im Büro des Eisagogeus auf dem Verso angebrachte Inhaltsangabe enthält ein Datum, vermutlich jenes, an dem die Aussage dem Gericht vorgelegt und in der beschriebenen Weise bearbeitet worden ist. **11** hat nur noch ein Fragment der Zeugenaussage selbst bewahrt; der angehängte Ver-

---

[40] Zu den Datumsangaben siehe den Komm. zu **3**,33–35 und 35 sowie Armoni, Einleitung zu P.Köln XIV 561,22, S. 46–47.

[41] Zur Numerierung der Hände siehe oben Anm. 35.

[42] Daß es sich nicht einfach um eine private Inhaltsangabe, sondern um einen amtlichen, im Dikasterion angebrachten Vermerk handelt, geht aus dem Gebrauch des ägyptischen Monatsnamens hervor, der dem makedonischen nachgesetzt wird. In den Verträgen und Vorladungen selbst wird der ägyptische Monatsname in den Datierungsformeln nicht verwendet.

trag ist verloren. **10** und **11** tragen am oberen Rand Reste des bei der Bearbeitung im Gericht nachträglich angebrachten Signalements.

Die besten Parallelen zu unseren Texten sind die erst seit wenigen Jahren publizierten P.Heid. VIII 413–416.

Alle seinerzeit bekannten Zeugenaussagen hat Kaltsas in der Einleitung zu P.Heid. VIII 413–416, S. 45–46 in einer Tabelle zusammengestellt, wobei er Wert auf die Angabe des Gerichtsortes — Dikasterion oder Chrematistengericht — legte. Hinzugekommen ist seither P.Pintaudi 17, die Aussage eines Tatzeugen aus dem Dikasterion in Krokodilopolis (Gurob; 27.7.231 v. Chr.). In denselben Kontext gehört auch P.Sorb. III 132 (= P.Turner 16; Muchis?; ca. 220 v. Chr.), der Begleitbrief eines Epistates zur Übersendung von schriftlichen, beeideten Zeugenaussagen an den Eisagogeus, wobei unklar bleibt, für welches Gericht dieser zuständig war.

Die bisher bekannten Zeugenaussagen von Syngraphophylakes[43] vor dem Dikasterion sind zusammen mit unseren drei neuen Texten sind folgende:

	Text	**Datierung**	**Herkunft**
1.	P.Petr. I 24 (2) mit[44] P.Petrie III 52 (b) (2)[45]	18.1.–16.2.269 v. Chr.	Arsinoites
2.	P.Petrie II 21 (d) 2–13 mit P.Petrie III 24 = M.Chr. 28,17–29[46]	ca. 232–231 v. Chr.	Krokodilopolis/ Arsinoites[47]
4.	P.Trier I **9**	nach dem 8.10.186 v. Chr.	Herakleopolis
3.	P.Heid. VIII 414	nach dem 2.10.184 v. Chr.	Herakleopolis
5.	P.Trier I **10**	1.6.181 v. Chr.	Herakleopolis
6.	P.Trier I **11**	Zeit Ptol. V. Epiphanes? (28.11.205– nach d. 20.5.180 v. Chr.)	Herakleopolis

[43] In P.Amh. II 30 = W.Chr. 9 (169–164 v. Chr.) wird die Aussage eines Urkundenhüters erwähnt, er habe einen Vertrag zur Aufbewahrung gehabt, sei aber von aufständischen Ägyptern gezwungen worden, diesen zu verbrennen. Zu diesem Sonderfall siehe ausführlich Kaltsas, P.Heid. VIII, S. 92–93 und unten Kap. 5.7, S. 101, Anm. 113.

[44] Bei Angaben wie „P.Petr. I 24 (2) + P.Petrie III 52 (b) (2)“ wird durchgehend statt des Pluszeichens die Angabe „mit“ verwendet, um den Eindruck zu vermeiden, daß der Zusatz eine Zusammensetzung oder auch Neuedition sein könnte. Auf den Zusatz wird gänzlich verzichtet, wenn er für ein Zitat nicht relevant ist.

[45] Mit Korrekturvorschlägen abgedruckt in P.Heid. VIII 414 Einleitung, S. 87 Anm. 1; siehe dazu auch Scheuble-Reiter, *Katökenreiter*, S. 353.

[46] Zitat im Verhandlungsprotokoll. M.Chr. 28 = Neuedition von P.Petrie II 21 (b)(c)(d) mit Korrekturen und Ergänzungen in P.Petrie III 24 durch Wilcken, „Papyrus-Urkunden“, S. 514–516.

[47] Zum Ort siehe M.Chr. 28.

Kaltsas hatte in seiner Tabelle P.Heid. VIII, S. 45–46 die auf Papyrus erhaltenen Zeugenaussagen unter dem Gesichtspunkt des Gerichtsorts zusammengestellt, wobei er unterschieden hat, ob die Aussage vor dem Dikasterion oder einer anderen Behörde getätigt wurde.

1.3.1. Die Struktur der Zeugenaussagen

Die Aussagen der Syngraphophylakes sind in derselben Weise aufgebaut wie diejenigen der Tatzeugen, die allerdings inhaltlich eine größere Vielfalt aufweisen. Nachträglich angebrachtes Signalement von zweiter Hand durch einen Gerichtsdiener und Versovermerke mit Inhaltsangabe und Datum sind beiden Typen von Zeugenaussagen gemeinsam. Wir geben im folgenden als Beispiel die Struktur der Syngraphophylax-Aussage **10**.[48] Dabei handelt es sich um die im Büro des Eisagogeus angefertigte Abschrift der originalen, vom Urlundenhüter eingereichten Zeugenaussage und des dazugehörigen Vertrags.

(2. Hd.) Signalement des Zeugen (nachträglicher Zusatz eines Gerichtsdieners)

(1. Hd.) Beteiligte: Zeuge im Nominativ, Zeugensteller im Dativ, Prozeßgegner (κατὰ τοῦ δεῖνος) (**10**,2–3)
Zeugnis (μαρτυρῶ)[49] (**10**,3)
Wohnort des Zeugen, wenn nicht Ort des Vertragsabschlusses (οἰκῶ) (**10**,3–5)
Angaben zum Vertragsabschluß
Datum,[50] Ort und Anwesenheit des Zeugen (παρών) (**10**,6–7)
Heranziehung als Zeuge zugunsten des Zeugenstellers (**10**,8–9)
Geschäft: Gelddarlehen, Summe (**10**,9–10)
weitere Beteiligte: Bürgin (**10**,10–12)
Siegelung des Vertrags durch Vertragspartner, Bürgin mit Kyrios und Zeugen, darunter der Syngraphophylax (**10**,12–15)
Erhalt des maßgeblichen Exemplars des Vertrags zur Aufbewahrung (φυλάσσειν) (**10**,15–16)
Bestätigung dessen Noch-Vorhandenseins (ἔτι ἔχειν) (**10**,15–18)
Vorlage des maßgeblichen Exemplars vor Gericht (ἐπιφέρειν) (**10**,17–18)

[48] Die Parallelen und Varianten sind im Zeilenkommentar zu **10** aufgeführt.

[49] In den bisher bekannten Aussagen von Tatzeugen war das einleitende Verb immer in der 3. Person (μαρτυρεῖ) erhalten oder ergänzt. Zur Verbform der Zeugenaussage siehe unten Kap. 5.4.2–4 und den Komm. zu **10**,2–3.

[50] Die Verwendung des ägyptischen Monatsnamens läßt darauf schließen, daß die Aussage von einem Gerichtsdiener in offizieller Amtssprache formuliert worden ist.

Abschrift des Darlehensvertrags (**10**,21–43)

(3. Hd.) Versovermerk
Registrierung[51] der Einreichung des Vertrags beim Dikasterion unter Angabe von Datum, Inhalt, Prozeßgegnern (**10**,44–47) und daneben (4. Hd.) der Name des Zeugen in größerer (Kanzlei-?) Schrift.

1.4. Die amtliche Bearbeitung

1.4.1. Die Signalements

In den Vorladungen **1–7** ist auf dem dafür freigelassenen Raum oberhalb der Klageschrift von einer zweiten Hand nachträglich das Signalement des Klägers (erhalten in **1**, **3**, **4** und **5**) und unterhalb derselben das Signalement der beiden Ladungszeugen (erhalten in **3** und **7**) hinzugefügt worden. In den Zeugenaussagen der Urkundenhüter ist ebenfalls auf dem Freiraum oberhalb des Haupttextes nachträglich von zweiter Hand das Signalement des Zeugen hinzugefügt worden (erhalten in **10** und **11** sowie den Zeugenaussagen P.Heid. VIII 413,1; 414,1 und 416,1).[52] An den neuen Gerichtsakten kann man also sehen, daß die nachträgliche Anbringung der Personalbeschreibung des jeweiligen Protagonisten an dieser Stelle ein regelmäßiger amtlicher Vorgang war, der nur im Büro des Dikasterions erfolgen konnte. Daraus geht hervor, daß das Signalement am Kopf und am Fuß der Schriftstücke erst dann angebracht wurde, wenn diese bei Gericht eingereicht oder formuliert worden waren.

Das Signalement und der erste Satz der Zeugenaussagen sind bisher in den Papyruseditionen nicht immer deutlich genug auseinandergehalten worden, weil nicht erkannt worden war, daß der Eintrag der Personalbeschreibung ein vom Text der Zeugenaussage unabhängiger Nachtrag war. Dafür schlagen wir einige Korrekturen vor, die im Kommentar zu **10**,2–3 zusammengestellt sind.

[51] Auch hier wird der ägyptische Monatsname verwendet; es handelt sich also um eine amtliche Registrierung. In der Abschrift des privaten Darlehensvertrags ist im Aktpräskript der makedonische Monatsname angegeben (Z. 29 ʼΑρ]τεμισίου).

[52] Auch am Kopf der Aussagen von Tatzeugen, die im Gericht bearbeitet wurden, findet sich das Signalement: P.Heid. VIII 413,1 und 416,1. In beiden Fällen ist die Verbform ergänzt Z. 2 μαρ̣[τυ]ρ[εῖ] bzw. Z. 3 [μαρτυρεῖ]; in 415 ist nur der Verso-Vermerk erhalten. Vgl. auch P.Zen. Pestman 21; P.Cair. Zen. III 59347 (im Komm. zu **10**,2–3.)

1.4.2. Die Verso-Vermerke

Die Vorladungen tragen auf dem Verso einen Vermerk über ihren Inhalt, in dem Datum, Inhalt (ἔγκλημα), Kläger, Beklagter und der Streitwert des Prozesses angegeben sind. Während in den Datierungsformeln der Vorladungen und der zugrundeliegenden Verträge immer die makedonischen Monatsnamen verwendet sind, so tragen die Verso-Vermerke neben diesen auch die offiziellen ägyptischen Monatsnamen. Deren Verwendung ist, wie Kaltsas, P.Heid. VIII, S. 50–51 schon bemerkt hat, ein Indiz für die Bearbeitung der Schriftstücke durch die Gerichtsbehörde. Die Verso-Vermerke dienten der amtlichen Registrierung.

Die Zeugenaussagen **10** und P.Heid. VIII 413, 415 und 416 enthalten auf dem Verso die Bestätigung, daß der Urkundenhüter den Vertrag hiermit dem jeweiligen Gericht[53] vorlegt, wobei auch hier in der Datumsangabe der offizielle ägyptische Monatsname angegeben ist. Auf die Datierung (ἔτους) κδ Φαρμοῦθι κη folgen die Namen des Zeugenstellers und des Beklagten, das Verb, das die Einreichung bezeichnet, und die Institution der Vorlage: φέρ̣ει Ἑρμαίωι πρ(ὸς) Διονυσόδωρον εἰς [δ]ι̣κ̣α̣[στήρ]ι̣ο̣[ν]. Ein zweiter Eintrag rechts daneben besteht nur im Namen des Urkundenhüters im Genitiv, geschrieben vielleicht von einer vierten Hand in größeren, fast als Kanzleischrift zu bezeichnenden Buchstaben: **9** ΠΡΩΤΑΡΧΟΥ̣, **10** ΔΗΜΗΤΡΙΟΥ. So konnte man bei dem zusammengerollten Blatt bereits von außen erkennen, wessen Zeugenausussage das Dokument enthält.[54]

Das nachträglich hinzugefügte Signalement und der offizielle Verso-Vermerk dienen als Hinweise darauf, daß die Vorladungen und Zeugenaussagen im Büro des Eisagogeus bearbeitete wurden. sind die Durch diese beiden Elemente hat der Eisagogeus dem Kläger bedeutet, daß die so bearbeiteten Schriftstücke gerichtstauglich sind, so daß er dem Beklagten die Ladung überbringen und und die Zeugenaussage mit angehängtem Vertrag in der Gerichtsverhandlung als Beweismittel vorlegen kann.

Die Erkenntnisse und Schlußfolgerungen, die aus den Vorladungen und Zeugenaussagen hervorgehen, geben uns eine gewisse Vorstellung von den Vorgängen im ptolemäischen Dikasterion, die der Prozeßvorbereitung dienten, wenngleich diese immer noch nur bruchstückhaft ist. Die Maßnahmen, die dort getroffen wurden, sind von solcher Wichtigkeit, daß sie nur im Büro des Eisagogeus, des vom König eingesetzten Geschäftsführers, vorgenommen worden sein können.[55] Die neuen Zeugenaussagen leisten einen wichtigen Beitrag zur

---

[53] Die Zeugenaussage P.Heid. VIII 416 ist ein Sonderfall; sie wurde dem Strategen vorgelegt; außerdem handelt es sich um eine Übersetzung aus dem Ägyptischen. In P.Heid. VIII 414 ist kein Verso-Vermerk erhalten.

[54] Die beiden Einträge könnten auch von demselben Schreiber stammen, der für den Namen des Zeugen einfach eine andere Schrift verwendet hat.

[55] Siehe dazu Kap. 2.2.3.

Rolle des Zeugen im ptolemäischen Prozeß und darüber hinaus zur Beantwortung der umstrittenen Frage nach der Wirksamkeit und Kraft der Urkunde vor dem Gericht.[56] Wir werden uns im folgenden eingehend damit beschäftigen, was die neuen Quellen zum ptolemäischen Prozeßrecht beitragen, insbesondere in der Phase der Prozeßeinleitung.

1.5. Die Enstehung der Schriftstücke

Die Vorladungen der Kläger und Zeugenaussagen der Urkundenhüter repräsentieren bisher wenig bekannte Vorgänge aus der Phase der Prozeßvorbereitung in der Ptolemäerzeit. Sie erlauben es, diese in einigen Aspekten zu verfolgen. Bevor wir detalliert auf die einzelnen Phasen eingehen, wollen wir kurz zu rekonstruieren versuchen, auf welche Weise unsere Dokumente entstanden, amtlich bearbeitet und prozeßtauglich gemacht wurden.

Beginnen wir damit, daß der geschädigte Vertragspartner beabsichtigt, den Vertragsbrüchigen durch eine Privatklage zum Prozeß vorzuladen! Dazu muß er eine Anklageschrift verfassen, mit der er seinen Kontrahenten vor das Dikasterion zitiert. Der Umstand, daß bei allen Klageschriften und den Zeugenaussagen ein feststehendes, nahezu gleichlautendes Formular eingehalten wird, deutet darauf hin, daß ihre Formulierung von einem Berufsschreiber vorgenommen wurde, der sich in der Terminologie derartiger Schriftsätze auskannte. Darin sehen wir einen Hinweis darauf, daß diese Urkunden von einem Schreiber im Dikasterion aufgesetzt wurden.

Die Klage basiert in allen hier vorliegenden Fällen auf Schädigung durch Nichteinhaltung des Vertrags. Um dies zu beweisen, legt der Kläger dem Eisagogeus oder dem Gerichtsschreiber die Situation aus seiner Sicht dar; wahrscheinlich legt er sogar sein eigenes Exemplar des Vertrags vor, damit der Schreiber die Einzelheiten in der Klageschrift festhalten kann.

Zur juristischen Absicherung der Klage reicht dem Dikasterion das Vertragsexemplar des Klägers allerdings nicht aus. Er muß jene Ausfertigung des Vertrags, die seinerzeit dem Urkundenhüter zur Aufbewahrung anvertraut worden war, und die „maßgeblich" ist,[57] zur Vorlage und Kontrolle herbeischaffen lassen. Also muß der auch Urkundenhüter einbestellt werden, damit er als Zeuge für seine Beteiligung am Vertrag und für seine Aufgabe als Syngraphophylax aussagt und das maßgebliche Exemplar vorlegt.

Der Kläger teilt also dem Urkundenhüter mit, daß er einen Prozeß um den bei ihm hinterlegten Vertrag führen will, und bittet ihn, dem Gericht die von ihm

[56] Siehe dazu Kap. 5.6.

[57] Betont wird die κυρία-Eigenschaft der Urkunde; vgl. **10**,15–18 mit Komm. und Kap. 5,6.

aufbewahrte Urkunde vorzulegen.[58] Es wäre auch denkbar, daß das Gericht, d.h. der Eisagogeus selbst, den Urkundenhüter vorlädt, aber wir halten dies für weniger wahrscheinlich, weil der Prozeß in erster Linie im Interesse des Klägers liegt und auch nur dieser weiß, wo er den Urkundenhüter antreffen kann.

Ferner muß der Kläger zwei Ladungszeugen beibringen, die später beweisen können, daß die Vorladung dem Beklagten in ihrer Gegenwart ausgehändigt worden ist.

Dazu erfolgen im Dikasterion folgende Schritte:

- ∞ Der Urkundenhüter identifiziert sich durch seine Aussage vor dem Eisagogeus und legt diesem den maßgeblichen Vertrag vor.
- ∞ Sein Signalement wird aufgenommen (vgl. **8**).
- ∞ Seine Aussage wird schriftlich festgehalten.
- ∞ Von seiner Aussage und dem Vertrag wird eine Abschrift angefertigt (vgl. **10**).
- ∞ Oberhalb des Textes wird das Signalement des Zeugen angebracht (vgl. **9** und **10**; P.Heid. VIII 413, 414 und 416).[59]
- ∞ Auf dem Verso der Abschrift werden das Datum der amtlichen Bearbeitung, der Einreichungsvermerk, die Namen der Kontrahenten sowie in größerer Schrift der Name des Zeugen angebracht (vgl. **10**).
- ∞ So bearbeitet kann die Abschrift der Zeugenaussage dem Gericht als Beweis für die Berechtigung der Klage vorgelegt werden.

Ob der Zeuge in der Verhandlung auch noch mündlich befragt wurde, wissen wir nicht.[60] Wir nehmen eher an, daß er mit den oben beschriebenen Schritten seine Funktion erfüllt hatte und nicht mehr gebraucht wurde.[61]

Was geschah mit dem Vertrag, den der Urkundenhüter bislang aufbewahrt hatte? Nach Anfertigung und amtlicher Bearbeitung der Abschrift der Zeugenaussage und des Vertrags wurde auch er nicht mehr benötigt. Als es in P.Heid. VIII 412 zur Wiederaufnahme des Prozesses kam, brauchte er nicht erneut vorgelegt zu werden, weil das Gericht bereits über alle notwendigen Unterlagen verfügte. Wir wissen allerdings nicht, ob der Pozeß danach beendet war oder ob er eventuell auch später noch einmal aufgerollt werden konnte.

---

[58] In PSI IV 399,4 (Eingabe an einen Nomarchen; Philadelphia; 3. Jh. v. Chr.) soll der Petent den Vertrag und den Urkundenhüter herbeischaffen: Ἀρίσταρχος] δὲ ἐκέλευσε τὴν συγγραφὴν ἐνεγκεῖν καὶ τὸν συγγραφοφύ̣[λ]α̣κα; siehe auch den Komm. zu **10**,45–47.

[59] Siehe dazu Kaltsas, P.Heid. VIII, S. 50–51.

[60] Wolff, *Vorlesungen*, 48 hat diese Möglichkeit bezweifelt; Thür, IPArk, S. 236–240 zeigt, daß in Arkadien der Zeuge in der Einleitungsphase und in der Hauptverhandlung erschien, aber dies läßt sich nicht auf das ptolemäische Recht übertragen. Im attischen Prozeß war eine weitere Befragung in der Hauptverhandlung nicht gestattet; siehe dazu Kap. 5.2, S. 78 mit Anm. 15. Der Zeuge konnte sich nur darauf beschränken, seine Aussage zu bestätigen oder zu widerrufen.

[61] Anders wäre es, wenn er ein Tatzeuge wäre; dann könnte er eventuell seine Aussage noch im Prozeß ändern oder wiederrufen.

Wenden wir uns wieder der Klageschrift zu! Die hier publizierten Klageschriften **1** und **4–6** haben wahrscheinlich ebenso wie **2** und **3** zwei Datierungen enthalten: eine lange, die die Aufsetzung der Klage, und eine kurze, die die Aushändigung des Schriftsatzes an den Beklagten dokumentiert.[62] Beide können nur nacheinander zum jeweiligen Zeitpunkt auf der Vorladung angebracht worden sein; daher müssen unsere Ladungen Abschriften sein, die erst nach erfolgter und datierter Übergabe angefertigt wurden.

∞ Der Gerichtsschreiber setzt die Vorladung auf und versieht sie mit dem feierlichen Langdatum.

∞ Der Kläger besorgt die Ladungszeugen und organisiert die Beschaffung der Beweise.

∞ Das Signalement des Klägers wird im Gericht aufgenommen.

∞ Das Signalement der Ladungszeugen wird aufgenommen und auf einen Zettel geschrieben (**8**).[63]

∞ Der Kläger überreicht dem Beklagten die Klageschrift. Auf dieser sind die Ladungsformel, das Datum der Aushändigung und die Namen der Ladungszeugen hinzugefügt worden.

∞ Für die weitere Verwendung im Prozeß und seiner Vorbereitung wurde von der nunmehr vollständigen Klageschrift eine Abschrift angefertigt.

∞ Auf dieser Abschrift wird von einem Gerichtsscheiber oberhalb des Textes das Signalement des Klägers und unterhalb desselben das der beiden Ladungszeugen angebracht.[64]

∞ Auf dem Verso der Abschrift werden das Datum der amtlichen Bearbeitung, die Namen des Klägers und des Beklagten sowie der Streitwert des Prozesses vermerkt.

∞ Möglicherweise wurde die nunmehr amtlich bearbeitete Vorladung dem Beklagten noch einmal bei der offiziellen Anklageerhebung bei Gericht, dem δίκην γράφεσθαι, ausgehändigt und erläutert.[65]

---

[62] Das zweite ist erhalten in **3**,35, P.Köln XIV 561,22 und P.Lugd. Bat. XXV 20,12–13 (vgl. den Anhang zu P.Thissen, S. 231–232) und noch erkennbar in **2**,34–35. Siehe dazu den Kommentar zu **3**, 33–35 und 35.

[63] Dazu müssen auch diese die Personen physisch anwesend sein. So schon Kaltsas, Einleitung zu P.Heid. VIII 413–416, S. 55 Anm. 79.

[64] Eine ähnliche Praxis kennen wir von Schriftstücken, die im Grapheion amtlich registriert wurden, z. B. von den mehr als 30 Verträgen des Vertragsregisters von Theogenis (CPR XVIII). Es dürfte sich also bei den neuen Texten und P.Lugd. Bat. XXV 20 um Exemplare handeln, die im Gericht selbst zum Verbleib im Archiv registriert wurden.

[65] Vgl. die Prozeßprotokolle P.Hib. I 30,25–27 und P.Gur. 2,31–33 (≈ P.Petrie III 21 (g), 32–34 [= M.Chr. 21]). Bei diesem Termin wurde die Klageschrift (γραφὴ δίκης, d.h. das ἔγκλημα) dem Beklagten vermutlich ein zweites Mal im Dikasterion überreicht; dabei sollten alle Beteiligten vom Kläger über den Fall und seine Hintergründe informiert werden. Wir haben keine Nachricht darüber, wer bei diesem Termin das Gericht repräsentierte: der Eisagogeus, die Richter oder wenigstens ihr πρόεδρος. Auf diesen Vorgang, der in den Papyri nur hier greifbar ist, kann wahr-

∞ <Über den Termin der Gerichtsverhandlung sollte noch ein besonderer Bescheid ergehen. Diese Information fehlt bisher in den Quellen. Möglicherweise erfolgte diese Information mündlich, etwa bei der Erläuterung der Klage im Gericht.>

∞ Am Verhandlungstag wird die Vorladung in der Gerichtsverhandlung vorgelesen (vgl. P.Gur. 2,11–34).

∞ Auch die Zeugenaussage wird vorgelesen.

∞ Der Eisagogeus nimmt die Klageschrift in sein Amtstagebuch auf (vgl. P.Köln XIV 561).

∞ Die in der beschriebenen Weise amtlich bearbeiteten Dokumente werden dem Gerichtsarchiv einverleibt.[66]

∞ Schließlich werden sie mit den anderen Gerichtsakten ins Altpapier gegeben und zu Mumienkartonage verarbeitet.

Diese Vorgehensweise wirft neues Licht auf die Rolle des Eisagogeus, der als Geschäftsführer des Dikasterions für die gesamte Prozeßvorbereitung zuständig war.[67] Deshalb können wir annehmen, daß die geschilderten Vorgänge in seinem Büro von ihm selbst, von einem Gerichtsdiener (ὑπηρέτης) und einem Schreiber (γραμματεύς) erledigt wurden.[68] Wie groß der Personalbestand im Dikasterion wirklich war, wissen wir nicht. Da die Abschriften der Vorladungen von verschiedenen Händen stammen, muß es mehr als einen Gerichtsschreiber gegeben haben.

Weil die ganze Textgruppe aus derselben Kartonage stammt, nehmen wir an, daß sie nicht verstreut bei den einzelnen Klägern, Beklagten oder Zeugen, sondern zusammen, an ein und derselben Stelle, aufbewahrt wurde, nämlich im Gerichtsarchiv von Herakleopolis.

---

scheinlich die sogenannte *editio actionis* des römischen Formularprozesses zurückgeführt werden (siehe dazu unten Kap. 3.5).

66 Vgl. auch Hagedorn/Kramer, „P.Thissen", S. 221.

67 Zum Eisagogeus siehe Kap. 2.2.3.

68 Nach OGIS I 106 (= SV V 8877) gehörten diese Amtspersonen – Eisagogeus, Schreiber und Amtsdiener – zur Ausstattung des Chrematistengerichts; siehe dazu unten S. 33 Anm. 72.

2. Zum ptolemäischen Gerichtswesen

2.1. Die ptolemäische Zivilprozeßordung

Jede Studie über den Prozess im ptolemäischen Ägypten muss von Hans Julius Wolffs *Justizwesen der Ptolemäer* ausgehen, dessen Rekonstruktion des Prozesses und des Rechtswesens bis auf wenige Aspekte auch heute immer noch grundlegend ist.[1]

Nach Wolff erließ Ptolemaios Philadelphos ein „Großes Diagramma“, durch das er das Rechtswesen in Ägypten regulierte; auf diese Weise versuchte der König, die Probleme zu lösen, die die komplizierte Situation des Landes mit sich brachte, in dem Menschen mit ganz verschiedenen Rechtstraditionen zusammenlebten.[2] Die Existenz eines solchen Diagramma leitet Wolff aus verschiedenen Quellen ab,[3] besonders aus den Dikaiomata des P.Hal. 1, III 58–60 (= Jur.Pap. 74): οἵ [τ]ε μάρτυρες τὴν κατα|δίκην εἰσπρασσέσ[θ]ωσαν κατὰ τὸ διάγραμ|μα; ebenso 66–68, wonach die Gerichtsurteile kraft des königlichen Diagrammas vollstreckt werden sollten. Er definiert das Diagramma als einen königlich normativen Akt mit allgemeiner Gültigkeit, welcher die Grundregeln eines bestimmten Bereiches vereinigt.[4]

Die königlichen Gesetze betreffen nicht das Privatrecht. Ziel der Gesetzgebung sind nicht spezifische Lösungen für individuelle Fälle der in Ägypten lebenden Bevölkerungsgruppen; vielmehr beschränkt sich die Regulierung Pto-

---

[1] Wolffs *Justizwesen* aus dem Jahr 1962 ist die Summe früherer Arbeiten wie z. B. „Faktoren der Rechtsbildung“, „Plurality of Laws in Ptolemaic Egypt“, „Organisation der Rechtspflege“; vgl. auch *Vorlesungen*, S. 49–50. Die zweite Auflage von 1970, die wir zitieren, wurde nach anderen Arbeiten publiziert, wie z. B. „Ptolemäisches Recht“ und „Law in Ptolemaic Egypt“. Außerdem hat der Verfasser das Thema auch in „The Political Background“ behandelt. Im Zusammenhang mit beiden Auflagen von Wolffs Werk sind auch die zwei gründlichen Studien von [Mélèze-] Modrzejewski, „Justizwesen“ und „Nochmals zum Justizwesen“ mit neuer Dokumentation zu nennen. Hinzu kommt „La justice des Lagides“. Die Arbeiten von Wolff sind den früheren Rekonstruktionen des ptolemäischen Rechtswesens, wie z. B. den Vorarbeiten von Semeka, *Ptolemäisches Prozeßrecht*, Berneker, *Prozeßeinleitung* und *Sondergerichtsbarkeit*, sowie Seidl, *Ptolemäische Rechtsgeschichte*, bei weitem überlegen.

[2] Die Frage, wie diese Rechtstraditionen reguliert wurden, ist umstritten. Die dazu vorgeschlagenen Lösungen basieren mehr oder weniger auf dem Personalitätsprinzip, was von Wolff abgelehnt wurde, vgl. Wolff, „Plurality of Laws“, S. 193–195; *Justizwesen*, S. 87 und 196–197. Wolff, „Law in Ptolemaic Egypt“, S. 70–71.

[3] Wolff, *Justizwesen*, S. 24–32.

[4] Wolff, „Faktoren der Rechtsbildung“, S. 26–28.

lemaios' II. auf die Gerichte und auf das Verfahren.[5] In diesem Sinne hatte schon die Graeca Halensis den Terminus διάγραμμα zutreffend mit „Prozeßordnung" übersetzt.[6] Maehler[7] bezeichnet das διάγραμμα als „eine Art Zivilprozeßordnung".[8]

Wolff geht ferner von der Hypothese aus, daß die Regulierung der Tribunale in der Chora auf dasselbe Diagramma zurückgeht, und interpretiert P.Gur. 2,38–45 (in Bezug auf das Dikasterion) in diesem Sinne: καὶ [ἅμα τε] | [γραπ]τὸν λόγον θ[ε]μένης καὶ τὰ δικ[α]ιώματα βουλομ[ένης τε ἀπο|λογε]ῖσθαι τὴν [δί]κην ἐπειδὴ κ[α]ὶ τὸ διάγραμμα ὃ κ[αὶ παρέδοτο] | [ἐν] τοῖς δικαιώμ[ασιν] ἡ Ἡράκλεια συνσ[τ]ῆσαι καὶ δικάζει[ν ± 9]|κως ὅσα μὲν ἐν [τοῖς β]ασιλέως Πτολεμ[αί]ου διαγράμμασι[ν εἴδη] | [γ]εγραμμένα ἢ ἐ[μ]φ[αν]ίζηι τις ἡμῖν κατὰ τὰ διαγράμμ[ατα ὅσα τε] | [μ]ή ἐστιν ἐν [τοῖς διαγ]ράμμασιν ἀλλ' ἐν τοῖς πολιτικ[οῖς νομοῖς κα|τὰ] τοὺς νομο[ύς κτλ.]. Auch P.Hamb. II 168a (Mitte 3. Jh. v.Chr., publiziert unter dem Titel „Gesetz über Prozeßeinleitung"), SB VI 9225 (3. Jh. v.Chr.; Gesetz über die Heranziehung von Bürgen zum Prozeß) und BGU XIV 2367 (Gesetz über das Signalement in und Siegelung von Darlehensverträgen; mit Korr. zu Z. 13–16 von Kaltsas, Komm. zu P.Heid. VIII 414,12–13, S. 106 Anm. 42) gehen wahrscheinlich auf das Diagramma zurück, weil sie sich auf den Zivilprozeß beziehen. Es ist der wichtigste königliche normative Akt im 3. Jahrhundert v. Chr., im Unterschied zur späteren Ptolemäerzeit, in der das Prostagma üblich war.[9]

---

[5] Zu Wolffs Rekonstruktion des Diagramma des Philadelphos siehe Flore, „Diagramma e gnome dikaiotate" S. 257–289, bes. 263–267; in jüngerer Zeit Lefebvre, *Collections, Codes and Torah*, S. 154–160. Lefebvre stimmt Wolffs Rekonstruktion ebenso zu wie Manning, *The Last Pharaohs*, S. 179–186, der aber der Meinung ist, daß die Quellen nicht ausreichen, um zu sagen, daß alle Reformen aus einem einzigen Rechtsakt einer einzigen Regierungszeit hervorgehen. Zudem sei die Quellenlage irreführend, weil die Menge der Dokumente aus der Zeit Ptolemaios' II. nur dem Zufall zu verdanken sei. Manning relativiert die Bedeutung der Justizreform Ptolemaios' II., weil sie eher der Propaganda als einem realen Ziel gedient habe. Unserer Meinung nach spricht allerdings nichts gegen die Annahme eines einheitlichen Rechtsakte — Später hat Wolff, „Neue juristische Urkunden", auch die Vollstreckung im Zusammenhang mit dem Diagramma gesehen, vor allem aufgrund von BGU XIV 2376,16 u. 35 (Mitteilung eines vollzogenen Pfändungszuschlags; Herakleopolis; 28.2. – 29.3.35 v. Chr.): ὡς η (l. τὸ) [δ]ιάγραμμα συντάσσει) und dessen Duplikat 2377. Zur Vollstreckung siehe auch Kap. 2.2.4.

[6] Zum Beispiel S. 49 zu Col. II 46. Als Graeca Halensis bezeichneten sich die Herausgeber von P.Hal. 1: Friedrich Bechtel, Otto Kern, Karl Praechter, Carl Robert, Ernst von Stern, Ulrich Wilcken und Georg Wissowa.

[7] Maehler, „Ptolemäische Enteuxis" (jetzt SB XVIII 13256), Komm. zu Z. 8–10: ἐκ τοῦ ἐπὶ πάντων διαγράμματος, „aus der allgemeinen Vorschrift".

[8] Flore geht in seinem Artikel „Diagramma e gnome dikaiotate", in dem er alle seinerzeit bekannten Papyri, in denen der Terminus Diagramma vorkommt, behandelt, über den Bereich der Zivilprozeßordnung hinaus.

[9] Vgl. Lenger, „Les Ptolémées législateurs", S. 5–17, bes. 14 und Anm. 34; Mélèze-Modrzejewski, „Législation royale"; Poddighe, „Diagramma".

Die Gesetzestexte, die in der Chora gefunden wurden, wie z. B. P.Hal. 1 (Apollonopolites), O.Bodl. I 277 (Theben?), die soeben erwähnten P.Hamb. II 168a, SB VI 9225 und BGU XIV 2367 sowie P.Gen. III 136[10] sind zweifellos Abschriften aus der Gesetzgebung in Alexandria. Der Umstand, daß sie in der Chora gefunden wurden, ist ein Indiz dafür, daß sie auch für die Chora Gültigkeit besaßen. So schreibt Wolff:[11] „Wir können --- mit viel Wahrscheinlichkeit behaupten, daß das in Alexandria maßgebliche Jurisdiktionsdiagramma mit dem für die Chora erlassenen überhaupt identisch war.“

Dieses Diagramma wurde nach Wolff nicht später als 271 v.Chr.,[12] nach Modrzejewski[13] um 275 v.Chr. erlassen, wobei auch früher schon erlassene Gesetze in dieses eingegangen sind.[14] Aus der Frühzeit der makedonischen Herrschaft in Ägypten sind nur wenige Dokumente zum Prozeßrecht erhalten. Nach 270 v.Chr. werden es deutlich mehr, was als Hinweis auf eine Regulierung des Justizwesens durch Ptolemaios II. in den folgenden Jahren interpretiert worden ist.[15] Deswegen halten wir die Theorie einer einheitlichen Regulierung des Gerichtssystems durch Ptolemaios Philadelphos sowohl in Alexandria als auch in der Chora, die auch von der Mehrheit der Forscher vertreten wird, für sehr plausibel.[16] In gewissem Sinne stellt sie die Vollendung einer Forschungslinie dar, die von Mitteis ausging,[17] der das große Diagramma bereits als Organ der königlichen Gesetzgebung aufgefaßt hatte. Diese regelte „sowohl die Gerichtsverfassung als auch das Verfahren der von den neu (*scil.* zur Zeit der Einführung

[10] P.Gen. III 136,10–11 (Wiederaufnahme eines Prozesses nach δίκη ἔρημος; Herakleopolites, 2. Jh. v. Chr.): ὁ δὲ παρὰ τοῦ νομοφ̣ύ̣λακος ἀπογραφέσθω καθ̣ά̣περ καὶ ὁ εἰ̣[σαγωγεὺς ---] | [--- ἐπὶ τῶν καθεστη]κ̣ότων δ̣ι̣καστηρίων ἀ[ν]αδικίας.

[11] Wolff, *Justizwesen* , 24.

[12] Wolff, *Justizwesen*, S. 26 und 57.

[13] [Mélèze-]Modrzejewski, „Droit et justice“, S. 122; Kaltsas, P.Heid. VIII, S. 3–4. Wolffs *terminus ante quem* P.Hib. I 30 (d) (= M.Chr. 20 = Jur.Pap. 77 = Sel. Pap. II 247), den Mitteis a. a. O. auf 300–271 v. Chr. datiert hatte, wurde von Clarysse/Van der Veken/Vleeming, *Eponymous Priests*, S. 4 B, in die Zeit vor dem 12. Jahr Ptolemaios’ II. Philadelphos, d.h. auf 282–274 v. Chr., umdatiert.

[14] So wird in SB XVIII 13256,13 (Arsinoites; 268–246 oder 230–221 v. Chr.) auf ein Gesetz über falsche Zeugenaussagen Bezug genommen, das in P.Hal. 1,24–78 greifbar ist, aber schon im 17. oder 20. Jahr Ptolemaios’ I. Soter (288 oder 285 v. Chr.) erlassen wurde; vgl. Maehler, „Ptolemäische Enteuxis“, S. 29, Komm. zu Z. 13.

[15] Wolff, „Faktoren der Rechtsbildung“, S. 34, Anm. 40; vgl. dazu auch [Mélèze-] Modrzejewski, „Justizwesen“, S. 70–71.

[16] Zur Gesetzgebung des Philadelphos verweist Maehler, „Ptolemäische Enteuxis“, S. 30 Anm. 17, auf Aristeas 109–111.

[17] Wolff, „Law in Ptolemaic Egypt“, S. 70–71; [Mélèze-]Modrzejewski, „Justizwesen“, S. 72 bezieht sich auf Mitteis, *Grundzüge*, S. 1 und 19.

des *Diagramma*) errichteten Dikasterien zu führenden Prozesse mitsamt ihren materiellrechtlichen Voraussetzungen, sowie das Vollstreckungswesen“.[18]

Im ptolemäischen Ägypten herrschte eine Vielfalt von Rechtsnormen, weil die Einwanderer verschiedener Herkunft die Gesetze ihrer Poleis (*politikoi nomoi*) mitgebracht hatten, daneben standen die Rechtsnormen höheren Ranges, d.h. die königliche Gesetzgebung, die zunächst durch das Diagramma, aber später in der Regel durch Prostagmata erfolgte. Hinzu kam, daß auch die ägyptische Bevölkerung ihre Rechtstraditionen hatte. Die Ptolemäer versuchten nicht, die verschiedenen Rechte der Bevölkerungsgruppen, die sich unter ihrer Herrschaft befanden, zu vereinheitlichen und zu kodifizieren; sie hatten überhaupt nicht die Absicht, dies zu tun.[19] Von einer Kodifikation des Rechts[20] kann daher bei der Gesetzgebung Ptolemaios' Philadelphos nicht die Rede sein.[21]

In Wolffs eigenen Worten gab es im Altertum nicht das Konzept der Rechtsordnung im eigentlichen Sinne, d.h. im Sinne „eines sozusagen unpersönlichen Gewebes von Institutionen zur Regelung des Zusammenlebens *aller Einwohner* eines geographisch oder durch seine Zusammenfassung zu einer politischen Einheit bestimmten Gebiets im Unterschied zum bloß persönlichen Herrschaftsbereich eines Monarchen“.[22] Anstatt die Verfahren von einer Kodifikation verschiedener Rechtsnormen abhängig zu machen, wies man sie verschiedenen Tribunalen zu,[23] deren Aufgabe es war, Streitfälle, die in jeder Gemeinschaft

[18] Wolff, *Justizwesen*, S. 33.

[19] So Préaux, „Pourquoi n'y eut-il pas?“. Wolff, „The Political Background“, S. 315 nimmt hingegen an, daß in der Ptolemäerzeit kein eigentliches Rechtssystem bestand, meint aber gleichzeitig, daß eine Koordination der verchiedenen Rechte auf Grund der *lex fori* von Philadelphos beabsichtigt war. Auch in *Recht* I, S. 29–30 betrachtet er die These von Préaux als „einseitig“.

[20] Der Terminus „Kodifikation“ ist anachronistisch. Wolff benutzt diesen Terminus gelegentlich (z. B. „The Political Background“, S. 314, wo er die „Kodifikation“ ausschließt: „No more than other Hellenistic rulers did the Ptolemies ever try to impose on their subjects a codification which would have provided them with a common and unified system of private law“), aber nicht direkt im *Justizwesen*, denn er schließt aus, daß Philadelphos ein Rechtssystem im eigentlichen Sinne gründet („Law in Ptolemaic Egypt“, S. 77.) Über den Sinn von Kodifizierung in diesem Kontext siehe Manning, *The Last Pharaohs*, S. 183–186.

[21] Manchmal wird die Bezeichnung „Kodex“ gebraucht, um eine Sammlung von gewohnheitsmäßigen Gebräuchen oder eine Zusammenfassung von Gesetzen zu bezeichnen, die aber in Wirklichkeit von einer echten Kodifizierung weit entfernt waren, wie z. B. im Falle des Codex Hermupolis. Zu den ungeeigneten Bezeichnungen „Kodifizierung“ im ptolemäischen Recht und „Kodex“ für den Kodex von Hermupolis siehe Préaux, „Pourquoi n'y eut-il pas?“; Mélèze-Modrzejewski, „Law and Justice“, bes. S. 5–7. Mélèze-Modrzejewski äußert auch in „Nochmals zum Justizwesen“, S. 166, die Meinung, daß z. B. der Codex von Hermupolis keine echte Kodifikation war. Zu dessen Bedeutung im ägyptischen Recht vgl. Allam. „Traces de codification“.

[22] Wolff, *„Konkurrenz von Rechtsordnungen“*, S. 76.

[23] Wolff hat sich in „Plurality of Laws“, S. 193–195; *Justizwesen*, S. 87 und 196–197 sowie „Law in Ptolemaic Egypt“, S. 70–71, gegen die traditionelle Theorie, daß sich die Rechtsprechung nach dem jeweiligen sogenannten Personalitätsprinzip richtete, gewandt. Diese war schon von

auftauchten, aber auch Probleme der verschiedenen Gemeinschaften untereinander zu lösen.[24] Die *lex fori*,[25] d.h. das am Ort des angerufenen Gerichts bzw. das für die lokale Bevölkerungsgruppe geltende Recht, war maßgeblicher als die verschiedenen juristischen Traditionen.[26] Die *lex fori* ermöglichte „die Lösung eines komplizierten Falles von Rechtspluralismus".[27]

Im Altertum gab es, auch wenn es um Gesetze verschiedener Traditionen ging, keine „Konfliktlehre"; die Konflikte wurden nicht durch eine „Kollisions-

---

Mitteis begründet worden (*Reichsrecht und Volksrecht*, S. 5; *Grundzüge*, S. XII) und war bis zu Wolff allgemein akzeptiert (vgl. z. B. Schönbauer „Studien zum Personalitätsprinzip"). Wolff schrieb hingegen in „Law in Ptolemaic Egypt", S. 74: „Philadelphus was not moved by any dogmatic adherence to the 'principle of personality', but rather by political intention of showing consideration for the feelings of his subjects who clung to their traditions". Und er insistierte (S. 75) darauf, daß das griechische oder das ägyptische Recht verbindlich waren nicht aufgrund griechischer oder ägyptischer Abstammung, sondern „because the court as such had received them as its *leges fori*, to be applied regardless of the origin of those who were pleading before them". Der einzige Gelehrte, der vor Wolff das Personalitätsprinzip kritisiert hatte, war Bickermann, der dieses bereits in seinen „Beiträgen zur antiken Urkundengeschichte" I, bes. S. 226 und Anm. 3, als anachronistisch bezeichnet hatte, da es erst im Mittelalter zur Anwendung kam; so auch Wolff, „Faktoren der Rechtsbildung", S. 27–30; „Plurality of Laws", bes. S. 207–209; „Law in Ptolemaic Egypt", S. 70; „The Political Background", S. 313–314.

[24] Wolff, *Justizwesen*, S. 24–96; [Mélèze-]Modrzejewski, „ Justizwesen", S. 45–54. Die Frage, auf welche Weise die Lagiden das Problem der Pluralität der Rechtsnormen lösten, hatte Wolff bereits in verschiedenen früheren Arbeiten beschäftigt; siehe oben Anm. 19.

[25] Wolff, *Justizwesen*, S. 196, Anm. 9; *Recht* I, S. 84 verwendet diesen Ausdruck, der aus der Terminologie des internationalen Privatrechts stammt, zur Erklärung des ptolemäischen Systems. Nach [Mélèze]-Modrzejewski, „Nochmals zum Justizwesen", S. 168 beruht das ptolemäische Gerichtswesen auf dem „Prinzip der Anerkennung der rechtlichen Traditionen der beiden Bevölkerungsgruppen als '*leges fori*' königlich autorisierter Eigengerichte". Über die Rolle, die der König in diesem Kontext spielt, siehe Wolff, *Justizwesen*, S. 5–30 ; „The Political Background", S. 317–318; in *Recht* I, S. 84 konstatiert er, daß für die Laokriten und die Dikasterien nur das Prinzip der *lex fori* galt, und „nach diesem hatten die Dikasterien — soweit spezifische Vorschriften des Königsrechts fehlten und auch ein Rückgriff auf πολιτικοὶ νόμοι nicht in Betracht kam – der ihnen dann anheimgestellten δικαιοτάτη γνώμη, d.h. praktisch der allgemeinen hellenistischen Rechtskoine, zu folgen".

[26] Vgl. Wolff, „Law in Ptolemaic Egypt", S. 73: „In contrast to philosophical speculation on justice, it (scil. 'legal thinking', d.A.) was still strictly confined to defining the law in terms of the procedural means of ist enforcement was. (...) Accordingly, it was not guided by any concept of „right" (...). It merely asked which *dike*, i.e., which claim to proceed against a person or to seize a thing, might arise out of a given situation, and to whom such a *dike* might be permitted. It follows that the idea that courts might be confronted, under certain circumstances, with a „conflict of laws" is frustrated by historical facts". So auch [Mélèze]-Modrzejewski, „Nochmals zum Justizwesen", S. 167: „Das griechische Recht einerseits und das einheimische Recht (…) andererseits wurden zu *leges fori* der für die beiden Gruppen der Bevölkerung eingerichteten Eigengerichte".

[27] So [Mélèze]-Modrzejewski „Nochmals zum Justizwesen", S. 167 (Besprechung von Wolffs „Justizwesen").

norm" gelöst,[28] welche entscheidet, welche Rechtsnorm jeweils anzuwenden ist, wenn auf einen Sachverhalt verschiedene Rechstnormen anwendbar sind.[29] Denn die Zuständigkeit für derartige Probleme lag allein beim König.[30]

2.2. Das Dikasterion

Um die hier vorgelegten Dokumente in ihrem Kontext zu betrachten, werden wir kurz auf das Dikasterion und sein Verhältnis zu den anderen Gerichten der Chora eingehen,[31] welche Ptolemaios II. Philadelphos durch sein Diagramma eingerichtet hat. Das Gerichtssystem im ptolemäischen Ägypten basiert auf dem König als oberstem Richter. Die hellenistische Idee vom Königtum durchdringt alle Institutionen und spiegelt sich in der einen oder anderen Weise in den verschiedenen Tribunalen wider.[32] Die Tribunale, die innerhalb des Rechtssystems

---

[28] Wolff, „*Konkurrenz von Rechtsordnungen*", S. 61–62; allgemeiner Wolff, *Recht* I, S. 84–86.

[29] Vgl. z. B. Röhl, *Allgemeine Rechtslehre*, S. 570. Der Terminus kommt aus dem modernen internationalen Privatrecht, aber in Wirklichkeit paßt die Terminologie nicht zu den Kategorien des ptolemäischen und römischen Rechts; deshalb kann man auch nicht von Kollisionsnormen sprechen. Heute ist bis auf wenige Ausnahmen (z. B. Lewald, „Conflits de lois", bes. S. 340–350) die Theorie von Wolff akzeptiert. Zur Diskussion Wolffs mit Lewald vgl. wiederum „*Konkurrenz von Rechtsordnungen*", S. 61–62.

[30] Vgl. Lenger, „Les Ptolémées législateurs", S. 14: „Dans les cas de conflicts de lois, les souverains apparaissent comme les arbitres tout désignés. Ils imposent, par voie d'ordonnaces, les solutions à adopter pour les résoudre". Das geht aus dem Prostagma Ptolemaios' VIII. Euergetes' II., P.Tebt. I 5,207–220 mit Pestman, Primer 57, Komm. zu Z. 8 (= C.Ord. Ptol. 53 = M.Chr. 1 = Jur.Pap. 75 = Sel.Pap. 210) von etwa 118 v. Chr. hervor: προστετάχασι δὲ καὶ περὶ τῶν κρινομένων Α[ἰ]γυπτίων | πρὸς Ἕλληνας καὶ περὶ τῶν Ἑλλήνων τῶν [π]ρὸς τοὺς | Αἰγυπτίους ἢ Αἰγυ(πτίων) πρὸς <Αἰγυπτίους καὶ Ἑλλήνων πρὸς> Ἕλληνας γενῶν πάντων | (210) πλὴν τῶν γεω(ργούντων) βα(σιλικὴν) γῆν καὶ τῶν ὑποτελῶν καὶ τῶν ἄλλων τῶν ἐπι`πε´πλεγμένων ταῖς προσόδοις τοὺς | μὲν καθ' Ἑλληνικὰ σύμβολα συνηλλαχότας | Ἕλλησιν Αἰγυπτίους ὑπέχειν καὶ λαμβάνειν | τὸ δίκαιον ἐπὶ τῶν χρηματιστῶν. ὅσοι δὲ Ἕλληνες | (215) ὄντες συγγράφονται κατ' Αἰγύ(πτια) συναλλάγματα | ὑπέχειν τὸ δίκαιον ἐπὶ τῶν λαοκριτῶν κατὰ τοὺς | τῆς χώρας νόμους. τὰς δὲ τῶν Αἰγυ(πτίων) πρὸς τοὺς | αὐτοὺς <Αἰ>γυ(πτίους) κρίσεις μὴ ἐπισπᾶσθαι τοὺς χρημα(τιστὰς) | ἀλλ' ἐᾶν ⟦κριν⟧ διεξάγεσθαι ἐπὶ τῶν λαοκριτῶν κατὰ τοὺς | (220) τῆς χώρας νόμους. Siehe dazu auch Pestman, „Tribunals". Von diesem Prostagma an war die Sprache, in der die Verträge abgefaßt wurden, und nicht mehr die ethnische Herkunft der Parteien das maßgebliche Kriterium für die Kompetenzabgrenzung zwischen Chrematisten und Laokriten. Allerdings ist die Interpretation dieses Prostagmas umstritten (vgl. Wolff, *Justizwesen*, S. 87 Anm. 86; [Mélèze]-Modrzejewski, „Justizwesen", S. 58–59), aber Wolff bewies, daß diese Maßnahme politische Ziele hatte und kein ‚Normengesetz' war, siehe *Konkurrenz von Rechtsordnungen*, S. 56–64 und *Recht* I, S. 85–86.

[31] Siehe dazu zuletzt ausführlich Kaltsas, P.Heid. VIII, Einleitung zu 412–417, S. 3–9; Armoni, P.Köln XIV, Einleitung zu 561–563, S. 32–34.

[32] Wolff, *Justizwesen*, S. 5–18. Wie wir oben gezeigt haben, ist es die Macht des Königs, die an die Stelle der Kollisionsnorm tritt.

zu einer gewissen Koordination führen sollten, waren in der frühen Ptolemäerzeit bekanntlich folgende:

Das Dikasterion, das in unseren Texten eine zentrale Rolle spielt,[33] war das Gericht für die eingewanderte griechischsprachige Bevölkerung, das heißt, für die Griechen, Makedonen, Thraker und andere Einwanderer aus Griechenland und den Diadochenstataten sowie auch für die Juden.[34] Es steht in der Tradition der griechischen Poleis und damit des griechischen Rechts.

Der Vollständigkeit halber seien noch kurz die anderen Tribunale erwähnt. Für Prozesse zwischen den autochthonen Ägyptern allein war von Ptolemaios II. das Eigengericht der Laokriten, der „Volksrichter", geschaffen worden.[35] Für Streitfälle zwischen Griechen oder anderen Einwanderern und Ägyptern stand das Koinodikion, das „Gemeinschaftsgericht", als Tribunal zur Verfügung.[36]

Für alle Volksgruppen zuständig waren die Chrematisten.[37] Sie waren vom König als Richter eingesetzt, vertraten diesen direkt und nahmen dessen Aufgaben in der Rechtsprechung wahr. Maehler bezeichnet sie als „Geschäftsführer des Königs."[38] Während sie im 3. Jh. „noch keine ständige Einrichtung der Gaue waren",[39] bildeten sie im 2. und 1. Jh. dort eine ständige Instanz. Sie waren offenbar Berufsrichter, denn sie hatten daneben kein anderes Amt inne. Dem Kollegium von drei Chrematisten war ein Eisagogeus zugeteilt, der eponyme Funktion hatte.

Nach der Gesetzgebung von Ptolemaios VIII. Euergetes II. verschwanden die Laokriten und das Koinodikion; die Wahl des Gerichts hing von nun an nicht

---

[33] Das Dikasterion begegnet hier in **1**,19; **2**,18; **3**,20; **4**,20; **5**,20; **6**,16; **10**,18.47. In **9**,I 5 und **11**,13 ist das Wort ergänzt, in den übrigen Fällen ergibt sich aus dem Kontext, daß die Texte aus dem Archiv des Dikasterions kommen. Vgl. jetzt auch P.Köln XIV 561,16; 562,17.

[34] Zur gesetzlichen Situation der Juden in Ägypten siehe Mélèze-Modrzejewski, „The Septuagint as Nomos", bes. S. 190–193; speziell für Herakleopolis vgl. die neuen Quellen in P.Polit. Iud., woraus Honigman, „Politeumata and Ethnicity", Schlüsse auch auf die übrige Chora zu ziehen versucht.

[35] Zu den durch wenige Belege bezeugten Laokriten siehe zuletzt Rupprecht, *Recht und Rechtsleben*, S. 41–42 mit Anm. 137 und 138.

[36] Wolff, *Justizwesen*, S. 53–56; [Mélèze-]Modrzejewski, „Justizwesen", S. 57; „Wäre das argumentum ex silentio nicht vom Historiker als schwach und unsicher zu vermeiden, so könnte man mit Wolff aus dieser Geringfügigkeit der Quellenzeugnisse schließen, daß die praktische Bedeutung des Koinodikion niemals groß gewesen ist"; vgl. auch ders., „La justice des Lagides", S. 121. Für das Koinodikion kennen wir bis heute ingesamt nur vier Belege aus den griechischen Papyri: P.Enteux. 11; 44 (= M.Chr. 9 = Jur.Pap. 76), 65 und 70 (= M.Chr. 10). Rupprecht, *Recht und Rechtsleben*, S. 42, Anm. 139, macht darauf aufmerksam, daß der Antrag auf Entscheidung hier immer an den Strategen gerichtet ist, der erst zur Schlichtung auffordert, bevor er den Fall an das Konodikion delegiert.

[37] Zum Folgenden Wolff, *Justizwesen*, S. 64–89.

[38] Maehler, „Ptolemäische Enteuxis", S. 27 zu Z. 4 und Anm. 16.

[39] Wolff, *Justizwesen*, S. 71.

mehr von der Abstammung, sondern von der Vertragssprache ab; vgl. P.Tebt. I 5, 207–220 (nach dem 28.2.118 v.Chr.), zitiert oben in Anm. 30.

Außer den von Wolff angeführten Belegen für das ptolemäische Dikasterion[40] nennt Kaltsas auch P.Petr. I 24 (2) mit P.Petr. III 52 (b) (2) aus dem Arsinoites oder Herakleopolites.[41] Zu Recht fügt er auch den indirekten Beleg SB III 7267 hinzu.[42] In der Zwischenzeit sind hinzugekommen: P.Köln XIV 561 und 561, P.Pintaudi 17, P.Gen. III 136; P.Heid. VIII 412 und 413. In P.Trier **1–6** und **10** ist das δικαστήριον ausdrücklich genannt; man darf aber annehmen, daß alle diese Urkunden aus dem Gerichtsarchiv von Herakleopolis stammen.[43]

Das Dikasterion ist nach der heutigen Quellenlage von spätestens 275 (P.Hib. I 30)[44] bis 172 v.Chr. (P.Köln XIV 561) in den Metropolen der Gaue mit den meisten makedonischen und griechischen Einwanderern, in Herakleopolis, Krokodilopolis im Arsinoites und indirekt auch Oxyrhynchos[45] bezeugt. In der Thebais ist das Dikasterion, wie der Hinweis auf die königliche Prozeßordnung des Diagramma in O.Bodl. I 277 (Theben?; spätes 2. Jh. v.Chr.)[46] zeigt, erst später belegt. Es gab seinerzeit noch keine Evidenz für die Existenz dieses Tribunals in Oberägypten, aber Wolff vermutete es auch dort, weil es angesichts der Verteilung der Einwanderer auf die Dauer in ganz Ägypten auch dort eines gegeben haben müsse.[47] Andererseits seien auch andere griechische Einrichtungen erst sehr spät in der Thebais bezeugt, so daß das Dikasterion möglicherweise gar nicht bis dorthin gekommen sei.[48]

In zwei zweifelhaften Zeugnissen ist das Wort ergänzt: P.Ryl. IV 572,3–4 (Korrespondenz, betr. demotische Verträge; Arsinoites? 2. Jh. v.Chr.):]ει τῶ̣ν̣

---

[40] Wolff, Justizwesen, S. 37–48.

[41] Kaltsas, P.Heid. VIII, S. 3; mit Korrekturvorschlägen abgedruckt in P.Heid. VIII 414 Einleitung, S. 87 Anm. 1.

[42] Kaltsas, P.Heid. VIII, S. 3, Anm. 2.

[43] Siehe oben Kap. 1.1, S. 3–4.

[44] P.Hib. I 30 (d) (= M.Chr. 20 = Jur.Pap. 77 = Sel.Pap. II 247), umdatiert von 271 auf 282–274 v. Chr.; siehe oben Anm. 13 und unten Anm. 94.

[45] P.Hib. I 32 (= M.Chr. 37) mit BL VII, S. 68; Kaltsas, P.Heid. VIII, S. 3, Anm. 2.

[46] Es dürfte sich um die Abschrift eines beträchtlich älteren Gesetzestextes handeln, wie Wolff, *Justizwesen*, S. 15, Anm. 28 aufgrund der „scharfe(n) Scheidung zwischen δικαστήριον und κριτήριον" annimmt. Wolff führt a.a.O. an, daß auch Berneker und Taubenschlag zunächst für eine frühe Datierung (ins 3. Jh. v. Chr.) plädiert, später aber ebenso wie Préaux, Lenger und Seidl eine Datierung ins 2. Jh. v. Chr. vorgezogen haben.

[47] Wolff, *Justizwesen*, S. 47–48.

[48] Damit spielt er auf das Staatsnotariat an, das aber in Oberägypten doch schon recht früh bezeugt ist; vgl. Vierros, *Notaries* mit älterer Literatur. Die dort in Appendix A, S. 232–236 chronologisch geordnete „Document Concordance" nennt als früheste Zeugnisse P.Dryton 11 (Diospolis Magna; 10.10.174 v. Chr.), P.Dryton 1 (Diospolis Parva; 31.5.–29.6.164 v. Chr.), P.Dryton 2 (Laton Polis; 4.3.150 v. Chr.) und P.Amh. II 45 (Krokodilon Polis im Pathyrites; 141–Juli 140 v. Chr.).

δικασ||[τηρίων ---] und in P.Ryl. II 68,7–9 (Eingabe an den Epistates phylakiton; Hermupolis; 31.10.89 v.Chr.): ἐπὶ τοῦ δρ[όμου τοῦ] | Ἑρμοῦ κατὰ τὸ ἐν̣τ̣[αῦθα(?) δικα]||σ̣τ̣ή̣ρ̣ι̣ο̣ν̣.[49]

Im übrigen zeigen die Quellen, die nach Wolffs Tod publiziert wurden, keine großen Veränderungen gegenüber dem Bild, das er uns hinterlassen hat.[50] Obwohl die Publikation von P.Heid. VIII Wolffs Darstellung nicht verändert hat, so liefert sie doch sehr wichtige Informationen, die es ermöglichen, einige Details zum Fortbestand des Dikasterions im 2. Jh. v.Chr. zu präzisieren. Es steht außer Zweifel, daß die Ausgabe von Kaltsas und sein beachtlicher Kommentar – welcher erneut Fragen zum Prozeß nicht nur im Dikasterion, sondern im gesamten Gerichtswesen aufwirft — der erste wichtige Beitrag zu diesem Thema und für uns der entscheidende Ausgangspunkt für die Interpretation der neuen Trierer Gerichtsakten ist.

Die wichtigsten neuen Informationen hierzu, die Kaltsas in seinem Kommentar richtig hervorhebt, werden durch unsere neuen Quellen bestätigt. Sie betreffen vor allem die Fortdauer des Dikasterions und die Ernennung seiner Mitglieder durch das Los.[51]

2.2.1. Das Losgericht in Herakleopolis

Aus dem Antrag auf Wiederaufnahme eines Prozesses P.Heid. VIII 412,2–3 u. 9, den Vorladungen **1–6** und P. Köln XIV 561,[16] und 562,3 geht zum ersten Mal hervor, daß das Gericht in Herakleopolis, vor dem die Prozesse geführt wurden, als Losgericht, κληρωτὸν δικαστήριον, bezeichnet wurde.[52] Kaltsas hat den

[49] Die Ergänzung δικα]||σ̣τ̣ή̣ρ̣ι̣ο̣ν̣ steht auf schwachen Füßen. Im Komm. zu P.Hib. I 30 (d),25 = (M.Chr. 20 = Jur.Pap. 77 = Sel.Pap. II 247) wurde die Ergänzung δικα]||σ̣τ̣ή̣ρ̣ι̣ο̣ν̣ in P.Ryl. II 68 bereits angezweifelt, aber auch die Möglichkeit ἐργα]||σ̣τ̣ή̣ρ̣ι̣ο̣ν̣ als „less suitable" verworfen. In diesem Text geht es um eine Begegnung bei einem Amtsgebäude, das sich am Dromos des Hermes(tempels) in Hermupolis befindet. Es könnte also z. B. auch ein λογι]||σ̣τ̣ή̣ρ̣ι̣ο̣ν̣ sein; siehe dazu Kramer, „Objektschutz".

[50] In „Nochmals zum Justizwesen", S. 169–178 bezog sich [Mélèze-]Modrzejewski auf einige in jüngerer Zeit publizierte Quellen, durch die einige Aspekte der Rekonstruktion von Wolff präzisiert werden konnten, der er im großen und ganzen zustimmend folgte. Kaltsas, P.Heid. VIII, S. 4, Anm. 3) nennt PUG III 109 als weiteren Beweis für die generelle Richtigkeit der Theorie von Wolff, den dieser aber selbst bereits angeführt hatte („Neue juristische Urkunden", bes. S. 447 Anm. 11 und 451–452). In dieser Urkunde wird mit δίκας λέγειν die juristische Terminologie des Dikasterions verwendet.

[51] Siehe dazu Kap. 2.2.1.

[52] Vor der Publikation der Heidelberger Gerichtsurkunden war das Verbaladjektiv κληρωτός papyrologisch nur einmal in römischer Zeit belegt, nämlich im Brief des Kaisers Claudius an die Alexandriner P.Lond. VI 1912,61 vom 10.11.41 n. Chr. (= Sel. Pap. II 212 = CPJ II 153 = Oliver, *Greek Constitutions* 19).

Ausdruck richtig interpretiert: Die Richter im Dikasterion von Herakleopolis wurden durch das Los bestimmt wie seinerzeit die Richter in Athen, so wie es die Graeca Halensis,[53] Wolff[54] und nach ihm auch Modrzejewski schon vermutet hatten.

2.2.2. Die Richter

Es bleiben aber noch Fragen offen: Wer wurde überhaupt Richter? Wie viele Richter gab es? Von wem wurden die Richter ausgelost? Wurden sie für eine längere Amtszeit ausgelost oder jeweils nur für einen Prozeß?

Eine Ernennung der Richter des Dikasterions durch den König[55] hatte Wolff bereits ausgeschlossen, obwohl die Einrichtung dieser Institution durch den König selbst erfolgt war. Für das Dikasterion hatte es seinerzeit nicht genügend Belege gegeben, um festzustellen, wie die Mitglieder bestimmt wurden.[56] Wolff vermutete jedoch, daß die griechische Tradition der Richterwahl bestehen blieb. Kaltsas nimmt mit Wolff an, daß aus dem Gerichtssprengel eine bestimmte Anzahl von Personen gewählt wurde, aus welcher wiederum der Eisagogeus die Richter für jede Verhandlung neu ausloste.[57] Das setzt eine dafür vorbereitete Liste der ausgewählten Personen voraus. Weil die Mitglieder des Dikasterions in den Dokumenten niemals mit Titeln genannt sind, folgerte Wolff, daß sie Privatleute ohne eine offizielle Aufgabe waren, die der lokalen Elite angehörten und wahrscheinlich in irgendeiner Weise ihre Gerichtsgemeinde vertraten. Die Richter kamen also aus einer „Honoratiorengruppe" und waren Privatleute, vergleichbar mit Geschworenen.[58] In diesem Sinn interpretiert Modzejewski auch die 22 in SB XVI 12858 aufgeführten Griechen als „eine Liste der durch Wahl selektionierten Kandidaten, unter denen später für jeden Streitfall die Dikasten durch Los bestellt werden sollten".[59]

---

[53] In P.Hal.1,221 ist [--- κληρούσθωσαν ---] --- δικασταί vermutet und ergänzt worden.

[54] Wolff, *Justizwesen* S. 40–42; vgl. auch Kaltsas zu P.Heid. VIII 412,2–3.

[55] Hingegen wurden die Chrematisten vom König ernannt, vgl. Wolff, *Justizwesen*, S. 13–14; 73; 65 mit Verweis auf P.Teb(t). III 2, 934; P.Mert. II 59; UPZ I 118 (= M.Chr. 29 = Jur.Pap. 79 = Sel.Pap. II 264; BGU VIII 1826 und 1827). Danach stellen die Chrematisten in Alexandria ebenso wie in der Chora eine im Dienst des Königs stehende Institution mit dem offiziellen Amtstitel οἱ τὰ βασιλικὰ καὶ προσοδικὰ καὶ ἰδιωτικὰ κρίνοντες χρηματισταί dar im Unterschied zu den Mitgliedern des Dikasterions, die keine Titel tragen, sondern Privatleute sind. Vgl. jetzt auch P.Erasm. I 11,2–3 und P.Fankf. 7,18–19.

[56] Wolff, *Justizwesen*, S. 33.

[57] Kaltsas, P.Heid. VIII, S. 5.

[58] Wolff, *Justizwesen*, S. 42–43.

[59] [Mélèze-] Modrzejewski, „Nochmals zum Justizwesen", S. 173–174.

Wie diese Liste zustande kam und von wem die Richter ausgelost wurden, geht bisher aus den papyrologischen Quellen nicht hervor. Vorstellbar ist, daß die Auslosung der Richter ebenso wie die gesamte Prozeßvorbereitung zu den Aufgaben des Eisagogeus zählten.[60]

Im Vergleich zu den attischen Dikasterien, in denen die Richter sehr zahlreich sein konnten (z. B. zwischen 201 und 401),[61] war die Anzahl der Richter in den ptolemäischen Dikasterien Ägyptens viel geringer. Wolff vermutet, daß den ptolemäischen Dikasterien nur acht oder zehn Richter angehörten.[62] Mitteis hatte seinerzeit den Terminus „Zehnmännergericht“[63] eingeführt, aber die Anzahl von 10 Richtern ist in den Papyri nicht direkt belegt.[64] Vom Zehnmännergericht spricht auch die Graeca Halensis in P.Hal. 9, wo S. 205 für den sehr fragmentarischen Anfang des Protokolls einer Gerichtsverhandlung, in der anscheinend Richter abgelehnt worden waren, auf P.Petr. III 21 (g) (= M.Chr. 21 ≈ P.Gur. 2 = Sel.Pap. II 256) als Parallele verwiesen wird; vgl. auch S. 172. Deshalb sahen Wolff[65] und [Mélèze-] Modrzejewski[66] keinen Grund, mit Mitteis am Zehn-

---

[60] Siehe Kap. 2.2.3.

[61] Arist., *Const. Ath.* 53,1 berichtet, daß die Anzahl der Richter in Athen von der Höhe des Streitwertwes abhing: Κληροῦσι δὲ καὶ <τοὺς> τετταράκοντα, τέτταρας ἐκ τῆς φυλῆς ἑκάστης, πρὸς οὓς τὰς ἄλλας δίκας λαγχάνουσιν. οἳ πρότερον μὲν ἦσαν τριάκοντα καὶ κατὰ δήμους περιιόντες ἐδίκαζον, μετὰ δὲ τὴν ἐπὶ τῶν τριάκοντα ὀλιγαρχίαν τετταράκοντα γεγόνασιν. καὶ τὰ μὲν μέχρι δέκα δραχμῶν αὐτοτελεῖς εἰσι δ[ικά]ζε[ι]ν, τὰ δ' ὑπὲρ τοῦτο τὸ τίμημα τοῖς διαιτηταῖς παραδιδόασιν· οἱ δὲ παραλαβόντες, ἐὰν μὴ δύνωνται διαλῦσαι, γιγνώσκουσι, κἂν μὲν ἀμφοτέροις ἀρέσκῃ τὰ γνωσθέντα καὶ ἐμμένωσιν, ἔχει τέλος ἡ δίκη. Ibid. 53,3: Οἱ δὲ παραλαβόντες εἰσάγουσιν εἰς τὸ δικαστήριον, τὰ μὲν ἐντὸς χίλιων εἰς ἕνα καὶ διακοσίους, τὰ δ' ὑπὲρ χιλίας εἰς ἕνα καὶ τετρακοσίους. Siehe dazu auch Harrison, *Law*, S. 11–12; Rhodes, *Commentary*, S. 591 und 728–729. [Mélèze-] Modrzejewski „Nochmals zum Justizwesen“, S. 173 und Anm. 26.

[62] Wolff, *Justizwesen*, S. 43 und Anm. 24. Zum Vergleich für eine kleinere Anzahl von Richtern nennt er das inschriftlich bekannte, aus Bürgern von Delphi und Pellana zusammengesetzte Gericht, in dem bei einem Streitwert unter 5 Minen weniger als 11, bei mehr als 5 Minen zehn oder 15 Richter ausgelost wurden, vgl. Schmitt, *Staatsverträge* III, Nr. 558, 3–4 (1. Hälfte 3. Jh. v. Chr.): ἔλ[α]σσον ἕνδεκα ἀνδ[ρῶν ---] | [τ]ὰς δὲ ὑπὲρ πέντε μνᾶς ἔντε δ[εκα καὶ πλέον δέκα πέντε ἀνδρῶν κτλ.]; vgl. Haussoullier, *Traité*, S. 24; Bourguet, *Fouilles de Delphes* III 486, S. 300. Weitere inschriftliche Belege für kleinere Gerichte nennt [Mélèze-] Modrzejewski, „Nochmals zum Justizwesen“, S. 174, Anm. 27.

[63] Mitteis, *Grundzüge*, S. 8, Anm. 1. Ihm folgten in der älteren Literatur Gilbart Smyly (*P. Gurob*, Dublin 1921 S. 11) und Berneker (*Prozeßeinleitung* passim, z. B. S. 97) und in der neueren Peremans/van 't Dack, *Pros. Ptol.* III, S. 299 („la cour de dix“); Peremans, „Egyptiens et étrangers“; Clarysse, *Pros. Ptol.* IX S. 281; Foti-Talamanca, *Ricerche sul processo*, S. 6 „collegio giudicante dei dieci“; [Mélèze-] Modrzejewski, „Nochmals zum Justizwesen“, S. 173, Anm. 23. Modrzejewski hat jedoch in seinen Kommentaren zu neu publizierten Dokumenten („Chronique“) die Bezeichnung „Zehnmännergericht“ abgelehnt.

[64] Der Terminus ist jedoch in den Quellen nicht bezeugt, siehe Wolff, *Justizwesen*, S. 32; [Mélèze]-Modrzejewski, „Zum Justizwesen“, S. 54.

[65] Während Wolff in „Faktoren der Rechtsbildung“, S. 33 noch diesen Namen benutzt, hat er ihn später abgelehnt; vgl. z. B. *Justizwesen*, S. 22: „Das griechische Dikasterion, das in der Litera-

männergericht festzuhalten; Wolff sieht in dem Ausdruck eher eine „Maximalzahl".[67]

Von den in den papyrologischen Quellen überlieferten Zahlen sind nur sieben und neun Richter gesichert; allerdings sind es wiederum zehn, wenn man den jeweils Vorsitzenden, den πρόεδρος, hinzurechnet. Neun Dikastai und einen Vorsitzenden nennen jeweils P.Petrie III 21 (b),2–3 (17.7.226 v.Chr.):[68] ἐπὶ προέδρου Ἰάσονος. δικασταὶ [Διοκ]λῆς, Μενεκράτης Ἀπολλωνίου, Διονυσόδωρ[ος, Πολυκλῆς, Διοτρέφης, Τάσκος, Δωρόθεος, Σωκράτης, Ζηνόθεμις und P.Petrie III 21 (d),2–3 (26.9.227 v.Chr.): ἐ]πὶ προέδρου Ἰάσονος δικασταὶ Διοκλῆς, Διόδωρος, Φιλόδημος,] | [Κλέων, Μενεκράτης Ἀπολλωνίου, Ἀντισθένη]ς, Μαịάνδριọς, Σώνικος, Μ[ενεκράτης] `[Δη]μητρίου´. Für eine geringere Zahl führt Wolff P.Gur. 2,4–6 an (Krokodilopolis; 9.8.226 v.Chr.; ergänzt nach P.Petrie III 21 [b],2–3): [ἐπὶ προέδρου] | Ζηνοθέμιδ[ος· δικασ]ταὶ Διομήδης Πολυκλῆς Ἄν[δρ]ων Θεοφάνη[ς Μαιάνδριος] Σώνικο[ς Διοτρέφης]. Dort sind nur sieben Richter und ein Vorsitzender genannt. Aber auch hier könnten es regulär 10 Richter gewesen sein, denn zwei Richter waren von den beiden Kontrahenten abgelehnt worden: (P.Gur. 2,9–11; vgl. das Duplikat P.Petrie III 21 (g) = M.Chr. 21,9–11): κα[θίσαι 9–10 ὁμό]|σαντας πάντ[ας δικ]αστὰς πλὴν ὧν [ἂν ἑ]κάτερος ἐξαναστή[σηι κατὰ τὸ διάγραμ]|μα.

In den in P. Petrie III 21 erhaltenen Verhandlungsprotokollen sind Richter und Vorsitzende Vertreter derselben Personengruppe, die in der Zeit vom 26.9.227 bis 10.1.225 v.Chr. diese Funktionen ausübten. Damit standen dieselben Personen in einem Zeitrahmen von 2 Jahren und 4 Monaten zur Auslosung zur Verfügung. In der Namenliste SB XVI 12858 vom 5.5.243 v.Chr. hat der Ersthherausgeber Harrauer 22 Personen unterschieden, in denen er eine Kommission von zehn Richtern und einem Eisagogeus sowie eine ebenso zusammengesetzte Ersatzkommission vermutet.[69] Aus diesem Text geht nicht hervor, daß die ge-

---

tur ungenau sog. Zehnmännergericht". In *Justizwesen*, S. 42 schreibt er: „In P.Petr. III 21 (b) = M.Chr. 3 und (d), die die Listen der bei den Entscheidungen mitwirkenden Dikasten unverstümmelt bewahrt haben, beläuft sich deren Zahl, einschließlich der Vorsitzenden, auf je zehn; auf Grund dieser Texte hat sich bekanntlich bei den Papyrologen der Brauch eingebürgert, dieses Dikasterion als das 'Zehnmännergericht' zu bezeichnen."

[66] [Mélèze-] Modrzejewski, „Nochmals zum Justizwesen", S. 173.

[67] Wolff, *Justizwesen*, S. 42.

[68] In diesem Dokument hatte Mitteis, „Neue Urkunden 1906", S. 340, zum ersten Mal das Dikasterion als „Zehnmännergericht" identifiziert: „das Auftreten eines bisher unbekannten griechischen Gerichtshofes von neun Dikastai mit einem πρόεδρος (also Decemviri!), was eine längst gehegte Vermutung von mir bestätigt".

[69] SB XVI 12858,4–7 (15.5.243 v.Chr.): [. . . . .] .νος Ὀρθαγόρας Εὐέλθων Ἑρμίας Ἡλιόδωρος Τιμ[ό]ξενος | [. . . . . .]ρος Φιλέας Δημωφέλη[ς] . . . γωρ vac. ? Ἀρπάλων ιε[-ca.?-] | [. . . . . . .] Καλχηδόνιος Δημήτριος Διονύσιος Ἀρτέμων Λύκων | [. . . . . . Ἄ]λκιμος Ἡρόδοτος Ἐρύθραιος [Ἱ]ππίας ---. Harrauer, „Ein Papyrusfragment", S. 203 ist im Hinblick auf das Zehn-

nannten Personen Richter sind, aber die Aufzählung erinnert an den oben zitierten P. Petrie III 21. Alle bisher angeführten Beispiele stammen aus dem 3. Jh. v.Chr. und aus dem Arsinoites. Nach diesem Vorbild ist in P.Hal. 1,120–122 die Anzahl zehn für die Richter ergänzt worden: ἐὰν δ[ὲ] τινες μὴ ἐν τοῖς αὐτοῖς δικαστηρίοις γράψωνται δί|κα[ς ἀλλήλοις, κληρούσθωσαν τ]οὺ`τ´οις δικασταὶ ἐξ ἑκατέρων τῶν δικαστηρίων [ο]ἱ ἴσοι καὶ μὴ πλείους | ἔστ[ωσαν τῶν δέκα καὶ ἔστω αὐτῶ]ν ὁ λαχὼν πρόεδρος. „Wenn aber Parteien ihre Klagen gegeneinander nicht bei demselben Gericht einreichen, so sollen für sie Richter aus beiden Gerichtshöfen in gleicher Zahl durchs Los bestimmt werden, und zwar sollen es nicht mehr als zehn sein, und Vorsitzender soll unter ihnen sein, wen das Los trifft." Vgl. den Komm. zur Stelle, S. 83: „Nach dem Vorbilde des griechischen Zehnmännergerichts in P.Petr. III 21, das auch ebenso wie unser δικαστήριον unter einem πρόεδρος steht ---, ergänzt." Etwas später: „Es wären dann also geradezu 'die üblichen zehn'."

Anscheinend sind es also tatsächlich in der Regel 10 Männer, die für die Gerichtsverhandlung zur Verfügung stehen, aber sie treten nicht immer vollzählig auf, weil die Prozeßgegner das Recht haben, Richter abzulehnen. Es ist denkbar, das jeweils eine bestimmte Anzahl an Richtern – vielleicht 10 inklusive den Vorsitzenden – für eine bestimmte Amtsperiode ausgelost wurde, damit jederzeit eine ausreichende Anzahl zur Verfügung stehen konnte, auch wenn einige abgelehnt wurden oder aus anderen Gründen entfielen. Ob die Zahl der Richter in der Folgezeit beibehalten wurde, wissen wir nicht. Über deren Anzahl im 2. Jh. v.Chr. im Dikasterion in Herakleopolis geben die neuen Gerichtsakten keine Auskunft.

2.2.3. Der Eisagogeus

Der Eisagogeus war ein fest installierter, vom König eingesetzter Beamter der ptolemäischen Justiz. In jedem der ptolemäischen Tribunale gab es einen εἰσαγωγεύς, der nach Wolff „das sichtbare Zeichen der königlichen Gerichtsherrlichkeit"[70] darstellte; darin bestand eine Gemeinsamkeit des Dikasterions mit dem Gericht der Laokriten[71] und dem der Chrematisten.[72] Bei diesen hatte der

---

männergericht einem Vorschlag von Clarysse gefolgt. Vgl. dazu auch [Mélèze-] Modrzejewski, „Nochmals zum Justizwesen", S. 173.

[70] Wolff, *Justizwesen*, S. 29, 41 und 45. S. 39 zitiert er P.Gur. 2,6. Im Hinblick auf die einheimischen Tribunale stimmt die neuere Literatur mit dieser Interpretation von Wolff überein; vgl. z. B. Allam, „Eisagogeus", bes. S. 3–4. Derselbe hatte in „Egyptian Law Courts", bes. S. 124–125 Wolff bereits zugestimmt, als er erkannte, daß der König mittels dieses Funktionärs die Kontrolle über die Tribunale behielt, was er mit Vorläufern in phraraonischer Zeit vergleichen zu können glaubt.

[71] Wolff, „Justizwesen", S. 29 und S. 50; „Law in Ptolemaic Egypt", S. 74.

Eisagogeus eponyme Funktion.[73] Wolff interpretiert die Rolle des Eisagogeus als Repräsentanten des Königs auf der Grundlage von P.Gur. 2,4–8 und dem Duplikat M.Chr. 21 (= P.Petrie III 21 [g]), wo dieser nicht unter den Richtern aufgeführt ist, sondern eine andere Funktion ausübt; ihm war nämlich in einem Prostagma (Z. 8) aufgetragen worden, das Tribunal zusammenzurufen.[74] Im Dikasterion spielte der εἰσαγωγεύς eine zentrale Rolle. Nach Wolff hatte er im ptolemäischen Rechtswesen als „Geschäftsführer des Gerichts zu vermitteln"; seine Aufgabe war die des „Gehilfen der Richter bei der Vorbereitung und Abwicklung der Prozesse".[75] Der Eisagogeus „besorgte auch Zustellungen und traf andere prozeßfördernde Maßnahmen".[76] Er nahm an den Gerichtsverhandlungen teil und verlas das Urteil.[77]

---

[72] Siehe Gradenwitz, „Chrematisten", bes. S. 23. Gradenwitz zitiert S. 25 die Inschrift OGIS I 106 (= SB V 8877; 174–172 v. Chr.), die den Personalbestand eines Chrematistengerichts überliefert: Es besteht aus drei χρηματισταί, einem εἰσαγωγεύς, einem γραμματεύς und einem ὑπηρέτης.

[73] Vgl. z. B. u.a. P.Amh. II 33,8–11 (Soknopaiu Nesos; ca. 157 v. Chr.): συ[ν]εδρευόντων | καὶ τῶν ἐν τῶι προειρημένωι νομῶι τὰ βασιλικὰ καὶ προσο|δικὰ καὶ ἰδιωτικὰ κριν[όν]των χρηματ[ισ]τῶν ὧν εἰσαγω|γεὺς Δεξιός; P.Erasm I 1,31–32 (Oxyrhyncha; 148/7 v. Chr.): ἀποστεῖλαί μου τὴν ἔντευ(ξιν) ἐπὶ τοὺς τὰ ἰδιωτικὰ | κρίνοντας χρηματιστὰς ὧν εἰσαγωγεὺς Ἁρμόδιος; P.Mert. II 59,11 (Krokodilon Polis/Ars.; 12.2.154 oder 9.2.143 v. Chr.): [τοῖς χρηματισ]ταῖς, [ὧ]ν ε[ἰ]σαγωγεὺς Ἀρτεμίδωρος; BGU VIII 1827,11–12: (Herakleopolis; nach dem 15.2.51 v. Chr.): οἱ ἐν τῶι Ἡρακλεοπολίτηι τὰ βασιλικὰ καὶ προσοδικὰ καὶ ἰδιωτικὰ κρίνοντες χρη[μ]ατισταὶ | καὶ Διονύσιος ὁ εἰσαγωγεύς.

[74] P.Gur. 2,4–8 (≈ P.Petr. III 21 [g] [1] u. [2]; Krokodilopolis; 9.8.226 v. Chr.): [ἐπὶ προέδρου] | Ζηνοθέμιδ[ος· δικασ]ταὶ Διομήδης Πολυκλῆς Ἄν[δρ]ων Θεοφάνη[ς Μαιάνδριος] | Σώνικο[ς Διοτρέφης]. καθίσαντος ἡμᾶς Πολυδεύκου τοῦ εἰσαγω[γέως κατὰ τὸ] | παρὰ Ἀριστο[μάχου το]ῦ πρὸς τῆι στρατ[ηγ]ίαι τοῦ Ἀρσινοίτου νο[μοῦ τεταγμένου] | γραφὲν αὐτῶ[ι προστ]άγμα (vgl. aber das Duplikat M.Chr. 21,4–8).

[75] Wolff, *Justizwesen*, S. 29 mit Anm. 26. Seine Rolle als „Geschäftsführer des Gerichts" beschreiben auch Semeka, *Ptolemäisches Prozeßrecht*, S. 125–127; Berneker, *Prozeßeinleitung*, S. 72 (über den Eisagogeus im Chrematistengericht); Seidl, *Ptolemäische Rechtsgeschichte*, S. 77 und [Mélèze-]Modrzejewski, „Zum Justizwesen", S. 51. Zuletzt hat Kaltsas im Kommentar zu P.Heid. VIII 412 die Aufgaben des Eisagogeus im ptolemäischen Rechtswesen dem aktuellen Forschungsstand entsprechend beschrieben.

[76] Wolff, *Justizwesen*, S. 29–30: P.BrMus. Eg. 10591 recto, col I 6; col. IV 1 (Druckfehler für → IV 4); heute = Siut Arch. B (siehe dazu Seidl/Stricker, „Studien zu Papyrus B. M. eg 10591", bes. S. 277–280 und Wolff, *Justizwesen*, S. 190–191); UPZ I 118 (= M.Chr. 29 = P.Tor. 13 = Jur.Pap. 79 = Sel.Pap. II 246); P.Enteux. 86,3–5 (26. oder 27.2.221 v. Chr.): χρέαν [ἔχουσ]α μαρτυριῶν εἰς τὴν κρίσιν, ἔλαβον παρὰ τ[ο]ῦ εἰσαγωγέω[ς . . . .] | ἐπιστολὴ[ν πρὸς] Ἡρακλεόδωρον τὸν ἐ[π]ιστάτην, οὓς ἂν αὐ[τ]ῶι προσαγάγω μάρ|τυρας ἐνομόσ[α]σθαί μοι τὰς μαρτυρίας. Der Herausgeber Guéraud vermutet l.c., S. 212), daß das hier in Frage kommende Gericht das Dikasterion war: „Une facheuse lacune nous empeche de savoir devant qui se plaidait le procès. La mention de l'εἰσαγωγεύς (l. 3) nous porte à croire qu'il se déroulait devant un tribunal plutot que devant le stratège (...). À la ligne 2, nous avons cru lire un Δ suivi d'une haste droite, qui peut etre un I, mais a pu appartenir à beaucoup d'autres lettres differentes." Das ist nicht zwingend. Denn in BGU VI 1248 = Jur.Pap. 78 = SB I 3925 (149/148 v. Chr.), einem Bericht an den Eisagogeus über

Für Berneker hatte der Eisagogeus keinerlei juristische Funktion, und auch Wolff hatte festgestellt, daß er z. B. in P.Gur. 2 nicht unter den Dikastai aufgeführt wird, sondern eine eigene Funktion hat. Berneker stützt sich hauptsächlich auf Quellen, die die Aktivität des Eisagogeus beim Gericht der Chrematisten dokumentieren. Nach diesen war der εἰσαγωγεύς der Chrematisten „ein völlig untergeordneter Beamter, dem keinerlei richterliche Funktionen zustanden".[78] Es scheint jedoch nicht legitim, diesen Schluß bei einem Tribunal wie dem Dikasterion zu ziehen, wo der Eisagogeus Stellvertreter des Königs ist und die Richter keine vom König eingesetzten Richter waren. Dieser Vergleich scheint uns nicht zulässig zu sein, weil die Chrematisten vom König eingesetzte Berufsrichter sind und wir über die Identität unserer Losrichter so gut wie gar nichts wissen.

Die Tätigkeit des Eisagogeus ist bisher nirgendwo zusammenfassend beschrieben. Die neuen Gerichtsakten erlauben es jetzt, einige Aspekte seiner Aufgaben zu erschließen, wobei wir uns immer auf den Eisagogeus des Dikasterions beziehen.[79] Dabei ist davon auszugehen, daß manche dieser Aufgaben von dem Eisagogeus unterstellten Gerichtsdienern erledigt wurden.

Den Titel εἰσαγωγεύς trug im alten Athen der „Jurisdiktionsmagistrat",[80] der Aufgaben in der Gerichtsverwaltung wahrnahm. Aber der ptolemäische Eisagogeus hatte keine vergleichbare Position inne, sondern war ein vom König eingesetzter, dessen Justizhoheit unterstehender Beamter. Der im ptolemäischen Dikasterion auftretende εἰσαγωγεύς hat nach Wolffs und Allams Meinung mit dem attischen nur noch den Namen gemeinsam.[81]

---

die Zustellung einer Eingabe des Klägers und Aufforderung an den Beklagten, (Z. 4) παραγίνεσθαι ἐπὶ τὸ κριτήριον, wurde der Prozeß vor den Chrematisten geführt, welche auch als δικασταί bezeichnet werden (Z. 1–2): Ἀσκληπιάδης Φιλίνωι τῶι εἰσάγοντι τοῖς ἀπὸ τοῦ Πανοπολίτου καὶ τοῖς μεμερισ[μένοις] | τόποις δικασταῖς χαίρειν. Anders der in der DDbDP vorgeschlagene Lesetext: Ἀσκληπιάδης Φιλίνωι τῶι εἰσάγοντι τοῖς ἐν τῶι Πανοπολίτου καὶ τῶν μεμερισ[μένων] | τόπων δικασταῖς χαίρειν. Diese Änderung allein ist unbefriedigend; denn man erwartete dann auch Πανοπολίτηι und fragt sich, warum der dann dazu so gut passende Dativ τοῖς μεμερισ[μένοις] | τόποις zum Genitiv geändert wurde. Wir schlagen daher vor: → Ἀσκληπιάδης Φιλίνωι τῶι εἰσάγοντι τοῖς ἀπὸ τοῦ Πανοπολίτου καὶ τῶν μεμερισ[μένων] | τόπων δικασταῖς χαίρειν.

[77] Wolff, *Justizwesen*, S. 29–30.

[78] Jörs, „Erzrichter und Chrematisten", bes. S. 283-286; Berneker, *Prozeßeinleitung*, S. 72.

[79] Allerdings hatte der Eisagogeus in den Dikasterien dieselben Aufgaben und Befugnisse wie bei den Chrematisten; vgl. *Dikaiomata*, S. 5–6; Gradenwitz, „Chrematisten" und Mitteis, *Grundzüge*, S. 4–5.

[80] Wolff, *Justizwesen*, S. 30.

[81] Wolff, *Justizwesen*, S. 4, Anm. 13; 29–30; Allam, „Eisagogeus", S. 6: „The title eisagogeus happened to be derived from the classical polis, yet his functions in the Hellenistic Egypt had a wholly different character, so that we should not give much weight to his Greek title"; ders. „Egyptian Law Courts", S. 115–119 mit Zitat von Wolff, *Justizwesen*, S. 4 Anm. 13 u. S. 30. Nach Lipsius, *Das attische Recht* I, S. 84–86, bes. 84 waren die Eisagogeis „mit der Leitung der Verhandlungen im Gerichtshof über die Festsetzung der Bundestribute betraut". Nach Harrison, *Law*, S. 21–22 ist der Eisagogeus im allgemeinen Sprachgebrauch ein „magistrate", ... „who brings

Einen Vorgänger des ptolemäischen Eisagogeus im Ägypten pharaonischer Zeit sieht Allam in der Gestalt einer Person, die den Pharaoh vor Gericht vertritt.[82] Aber auch wenn der pharaonische Eisagogeus als Vertreter des Königs in dieser Hinsicht dieselbe Funktion ausübte, war das Umfeld seines Kollegen in der Ptolemäerzeit deutlich anders. Allein die verschiedenen Rechte, Gerichte und Völkerschaften machten die Situation erheblich komplexer. Das ins Demotische aufgenommene griechische Lehnwort *swyws* bzw. *swhys* darf uns daher nicht in die Irre führen.[83]

In den neuen Heidelberger, Trierer und Kölner Gerichtsakten begegnet der Eisagogeus in Person und indirekt durch seine Tätigkeit im Dikasterion in Herakleopolis. Er gehört nicht zu den ausgelosten und daher austauschbaren Richtern, sondern ist eine vom König eingesetzte feste Instanz. Auch hier zeigt er sich als eine Art Geschäftsführer, der die Prozesse vorbereitete, alle prozeßrelevanten Vorgänge koordinierte, den Schriftverkehr führte und für das Gerichtsarchiv zuständig war. Wie P.Heid. VIII 412 zeigt, wurden Anträge auf Wiederaufnahme eines Prozesses (ἀναδικία) an den Eisagogeus gerichtet.[84] Ein wichtiges neues Zeugnis für die Aufgaben des Eisagogeus stellt der kürzlich von Armoni herausgegebene P.Köln XIV 561 dar, aus dem hervorgeht, daß der

---

a case as president before a court", vgl. Dem. XXXVII 34 (*Contra Pantaenetum*): Τοῦτο τοίνυν ἐμοῦ παραγεγραμμένου πρὸς τῇ ἄλλῃ παραγραφῇ, καὶ οὐκ ὄντων εἰσαγωγέων τῶν θεσμοθετῶν ὑπὲρ ὧν λαγχάνει Πανταίνετος, ἐξαλήλιπται καὶ οὐ πρόσεστι τῇ παραγραφῇ. In dieser Funktion könnte der eisagogeus in Athen doch eine gewisse Ähnlichkeit mit unserem Eisagogeus haben. Allerdings bezeichnete man später mit diesem Titel einen durch das Los bestimmten Beamten, der die Aufgabe hatte, Gerichtsfälle zu entscheiden, die innerhalb eines Monats entschieden werden mußten, wie Aristoteles ausführt, Const. Ath. 52,2–3: κληροῦσι δὲ καὶ εἰσαγωγέας ε´ ἄνδρας, οἳ τὰς ἐμμήνους εἰσάγουσι δίκας, δυοῖν φυλαῖν ἕκαστος. εἰσὶ δ' ἔμμηνοι προικός, ἐάν τις ὀφείλων μὴ ἀποδῷ, κἄν τις ἐπὶ δραχμῇ δανεισάμενος ἀποστερῇ, κἄν τις ἐν ἀγορᾷ βουλόμενος ἐργάζεσθαι δανείσηται παρά τινος ἀφορμήν· ἔτι δ' αἰκείας καὶ ἐρανικὰς καὶ κοινωνικὰς καὶ ἀνδραπόδων καὶ **(3.)** ὑποζυγίων καὶ τριηραρχικὰς καὶ τραπεζιτικάς. οὗτοι μὲν οὖν ταύτας δικάζουσιν ἐμμήνους εἰσάγ[ον]τες, οἱ δ' ἀποδέκται τοῖς τελώναις καὶ κατὰ τῶν τελωνῶν, τὰ μὲν μέχρι δέκα δραχμῶν ὄντες κύρι[οι], τὰ δ' ἄλλ' εἰς τὸ δικαστήριον εἰσάγοντες ἔμμηνα. Vgl. auch Allam, „Eisagogeus", S. 17 und Anm. 42.

[82] Vgl. Allam, „Eisagogeus", S. 4–5 mit Anm. 5 und 6: „Now, in viewing the documentation relative to jurisdiction during the Hellenistic period we come across an official discharging his functions in conjunction with judicial proceedings, whose title is transcribed into Demotic, but undoubtedly corresponds to the Greek designation εἰσαγωγεύς". Als eine seiner Quellen zitiert er das Siut-Archiv. Er zeigt auch die Vorgänger besonders im Neuen Reich (S. 6–14) und faßt zusammen (S. 14): „The records at our disposal suggest abundantly that in the judicial machine of the New Kingdom many a scribe took action, not merely in writing down the minutes. In reality he used to act in judicial proceedings from start to finish".

[83] Zur demotischen Entsprechung *ꜣjsws* (Siut Arch B, Col. I 6) bzw. *swjws* (Siut Arch B Verso, Col. IV 4) für den εἰσαγωγεύς siehe Clarysse, „Loan-Words", S. 23, Nr. 23.

[84] P.Heid. VIII 412, S. 1–2: Παρμενίωνι, εἰσαγωγεῖ τοῦ | ἐν Ἡρακλέους πόλει κληρω|τοῦ δικαστηρίου.

Eisagogeus ein Amtstagebuch führte, in dem er Tag für Tag die Vorladungen, aber wahrscheinlich auch die anderen im Dikasterion erstellten Dokumente in vollem Wortlaut registrierte; diese Einträge werden als Registrierung (χρηματισμός)[85] bezeichnet. Wenn Anträge auf Wiederaufnahme eines Prozesses beim Eisagogeus gestellt werden mußten,[86] darf man anzunehmen, daß auch Anträge für die Aufnahme eines Prozesses an ihn zu richten waren.

Man hat auch früher schon die Funktion des εἰσαγωγεύς mit der Prozeßvorbereitung in Verbindung gebracht.[87] Bevor es zur Gerichtsverhandlung vor dem Dikasterion kam, mußte diese in einem Vorverfahren vorbereitet werden. Wie diese Phase ablief, in der aus praktischen Gründen die Vorbereitung des Zeugnisses, die Beibingung der Dokumente, die Redaktion der Abschriften der Dokumente, die Identifizierung der Beteiligten usw. erfolgen mußten, war bisher nicht hinreichend geklärt. Doch die Hinweise auf die Tätigkeit des Eisagogeus in den neuen Quellen deuten darauf hin, daß seine Rolle wichtiger gewesen zu sein scheint, als man bisher gedacht hatte, besonders im Rahmen der Prozeßeinleitung und hier wiederum vor allem in der Beschaffung und Vorbereitung der Beweise zur Vorlage in der Verhandlung. Zu seinen Aufgaben gehörte es daher auch, Klagen, Zeugenbekundungen und andere Schriftstücke entgegenzunehmen und sie durch Abschriften und amtliche Bearbeitung gerichtstauglich zu präparieren. Im Büro des Eisagogeus wurden daher die Signalements zur Verifizierung der Identität der beteiligten Personen aufgenommen, die Originale der Verträge geprüft und deren Abschriften amtlich bearbeitet, die Vorladungen und Zeugenaussagen entgegengenommen, in ein festes Formular gebracht,[88] abgeschrieben und mit den jeweiligen Signalements versehen.[89]

Dieses Vorverfahren ist klar zu unterscheiden von der Vorverhandlung vor einer anderen Instanz wie etwa dem Strategen. Aus den neuen Quellen geht klar hervor, daß die gesamte Vorbereitung des Prozesses vor dem Dikasterion dem Eisagogeus zufiel.

---

[85] Dieser Terminus ist in CPR XVIII I 2 auch für das Vertragsregister von Theogenis gebraucht; siehe dort den Komm. z. St.

[86] Wie z. B. P.Heid. VIII 412.

[87] Die Theorien, die vorgeschlagen wurden, um die Prozeßeinleitung zu rekonstruieren, waren meist irreführend, insbesondere wenn sie eine Beziehung zwischen dem attischen und dem römischen Prozeß herzustellen versuchten. Siehe dazu unten Kap. 3.

[88] Das geschah wahrscheinlich auch im Athen des 4. Jh. v. Chr.; siehe dazu unten Kap. 5.2 und 5.3.

[89] Siehe Kap. 1.4.1 und 1.5.

2.2.4. Die Schließung der Dikasterien und die Praxisklausel

Für das Dikasterion kannte Wolff nur die Belege aus dem 3. Jh. v.Chr.[90] Die späteren Quellen (besonders PUG III 126 von 176 v.Chr. sowie P.Gen. III 136 und P.Ryl IV 572, beide aus dem 2. Jh. v.Chr.) hatten bereits gezeigt, daß das Dikasterion noch im 2. Jh. v.Chr. weiter existierte (aber die beiden letztgenannten sind nicht genau datiert), und auch die Zeugnisse in P.Heid. VIII (186 [?] bis Februar 176 v.Chr.) weisen ebenso wie die neuen Trierer Dokumente (187/6 bis 184/3 v.Chr.) durchweg eine spätere Datierung auf. Die von Kaltsas in P.Heid. VIII, von Armoni in P.Köln XIV und hier in P.Trier I vorgelegten Gerichtsakten, die alle aus Herakleopolis stammen, zeugen vom Fortleben des Dikasterions in diesem Gau noch bis 172 v.Chr. Der späteste Beleg ist jetzt P.Köln XIV 561 aus der Zeit vom 3.1. bis 2.4.172 v.Chr.

Diese Datierung hat Konsequenzen für Wolffs Theorie über die Praxisklausel.[91] Diese Klausel, die mit Sicherheit in den in unserer Dokumentation zitierten Darlehensverträgen gestanden hat und die vielleicht auch in dem Pachtvertrag **12** greifbar ist, hat die Funktion, dem Kläger die Vollstreckung der Schuld aus dem Beklagten zu ermöglichen, der für die Haftung verantwortlich ist.[92] Sie spielt angeblich eine wichtige Rolle im griechischen Vertragswesen, aber es ist keineswegs nicht klar, ob die Vollstreckung selbst oder zumindest das Mahnverfahren direkt von der Nennung der Klausel im Vertrag abhängig war.

Nach der *communis opinio* kam die ältere Fassung der Praxisklausel im ptolemäischen Ägypten,[93] ἡ πρᾶξις ἔστω κατὰ τὸ διάγραμμα – „die Vollstreckung soll erfolgen nach dem Diagramma“ –, aus der Zivilprozeßordnung des neuen Gerichtssystems Ptolemaios’ II. Philadelphos.

Die spätere Fassung der Praxis-Klausel, ἡ πρᾶξις ἔστω καθάπερ ἐκ δίκης, „die Vollstreckung soll erfolgen wie aufgrund eines Gerichtsurteils“, welche den Hinweis auf das Diagramma nicht mehr enthält, hängt nach Wolff mit dem Ver-

---

[90] Wolff, *Justizwesen*, S. 48.

[91] Wolff, „Some Observations on Praxis“, bes. S. 533–535; Rupprecht, *Einführung*, S. 148–185. ders., „Urkundsformular“, bes. S. 283, Anm. 1. Zur Vollstreckung im allgemeinen siehe auch Taubenschlag, *Law*, S. 531–533; Préaux, „πράκτωρ ξενικῶν“; Kaltsas, P.Heid. VIII, S. 7–8; Armoni, Einleitung zu P.Köln XIV 561–563, S. 33–34.

[92] Vgl. Wolff, „The Praxis-Provision“, S. 418–438, bes. 427: „Duty (Schuld) and liability (Haftung) still were felt as two elements not necessarily combined“; dabei benutzt er die Termini „Schuld“ und „Haftung“, die von Brinz, *Pandekten* I, S. 106–107, geprägt hat. Nach Wolff hat Partsch (*Bürgschaftsrecht* I, S. 54–58) diese Begriffe zum ersten Mal auf das griechische Recht bezogen. S. auch Kap. 4.1.2.

[93] Eigentlich ist P.Eleph. 1, 12 von 310 v. Chr. das älteste Beispiel für die Praxis-Klausel in der Fassung ἡ δὲ πρᾶξις ἔστω καθάπερ ἐκ δίκης in Ägypten, und wahrscheinlich wurde diese Fassung durch das königliche Diagramma des Philadelphos modifiziert. Nach dem Verschwinden der Dikasterien kehrte man zu der alten Fassung zurück.

schwinden der Dikasterien zusammen. Nach der neuen Fassung konnten die Forderungen der δίκη erfüllt werden, auch nachdem die zuständigen Dikasterien nicht mehr existierten. Als die durch das große Justizdiagramma eingeführten Gerichte – und damit ihre Urteilssprechung – verschwunden waren, wurde die Formel κατὰ τὸ διάγραμμα durch καθάπερ ἐκ δίκης ersetzt.

Über die Bedeutung der Formel καθάπερ ἐκ δίκης existieren verschiedene Meinungen. Bereits ihre Übersetzung beinhaltet eine Stellungnahme: Wenn man wie Mitteis „als ob es ein Gerichtsurteil gegeben hätte" übersetzt, wird die faktische Existenz der δίκη, d.h. der Vorgang einer Gerichtsverhandlung, ausgeschlossen.[94] Auch Wolff hatte in seiner ersten Behandlung der Praxis-Klausel für die Wendung καθάπερ ἐκ δίκης die Übersetzung „als ob es ein Gerichtsurteil gegeben hätte" verwendet; später zog er die Übersetzung „gemäß den Regeln des δίκη-Verfahrens" vor. Wolff meint, daß καθάπερ mit der Vergleichspartikel „wie" und nicht wie ein hypothetischer Vergleich mit „als ob" übersetzt werden sollte, weil zur Bezeichnung eines hypothetischen Vergleichs im Griechischen passendere Termini existierten wie ὡσεί oder ὡσανεί. Ferner sollte δίκη lieber mit „Gerichtsurteil" übersetzt werden als mit „Gerichtsverhandlung".[95]

---

[94] In diesem Falle hatte der Gläubiger zumindest das Recht auf ein Mahnverfahren. Wolff beschreibt („Some Observations on Praxis", S. 528; vgl. *Vorlesungen*, S. 110–111) das Mahnverfahren (διαστολικόν) anhand der älteren Literatur und erkennt an, daß „there can be no quarrel with accepted opinion as to its premise that there existed in the legal system of Roman Egypt ways of extrajudicial enforcement of claims embodied in documents". Im Jahr 1983 (vgl. „Neue juristische Urkunden", S. 444) stellt Wolff auch fest, daß die Vollstreckung im ptolemäischen Ägypten sehr ähnlich funktionierte wie in der Kaiserzeit. Wolff lehnt die Möglichkeit einer schnelleren und leichteren Vollstreckung im griechischen und römischen Ägypten nicht ab, aber er ist der Meinung, daß zwischen der Vollstreckungsklausel in einer Urkunde und dem in einem Prozeß erteilten Recht der Vollstreckung keine Beziehung besteht (vgl. „Some Observations on Praxis", S. 528), ebenso, wie Schwarz, *Hypothek und Hypallagma*, S. 70–72 es in den Quellen der römischen Zeit beobachtet hatte. In „Some Observations", S. 529–531 vertieft Wolff die Theorie von Schwarz und behandelt die Wirksamkeit der Praxis-Klausel nicht nur in der Römerzeit, sondern auch in der Ptolemäerzeit, besonders aufgrund der Vorladung P.Hib I 30 (d) (= M.Chr. 20 = Jur.Pap. 77 = Sel.Pap. II 247). Hier macht ein makedonischer Soldat einem Kameraden den Prozeß aufgrund der von beiden geschlossenen συγγραφή, doch nicht aufgrund der in dieser natürlich enthaltenen Praxis-Klausel, und das in einer Urkunde, die vermutlich früher als das Diagramma des Philadelphos aufgesetzt wurde, nämlich für Wolff aus der Zeit um 271 v. Chr., jetzt nach Clarysse/Van der Veken/Vleeming, *Eponymous Priests*, S. 4, Nr. B aus der Zeit zwischen 282 und 274 v. Chr.; siehe auch oben Anm. 13. Deswegen schlußfolgert Wolff „Some Observations on Praxis", S. 530: „The Hibeh papyrus allows us to state that in Ptolemaic Egypt a creditor *might* apply for the employment of official pressure aimed at exacting payment forthwith on the strength of his συγγραφή alone". Die neuen Vorladungen bestätigen jetzt den Befund von P.Hib. I 30 (d): Auch in ihnen wird die Praxisklausel – ebenso wie die Kyria-Klausel – in der Wiedergabe des Vertragsinhalts niemals erwähnt, obwohl sie mit Sicherheit in den Darlehensverträgen selbst gestanden hat; der Hinweis auf die Syngraphe genügt für die Klagschrift. Siehe auch unten Kap. 5.6.

[95] Wolff, „Some Observations on Praxis", S. 531.

Auch sonst wurde die Formel lebhaft diskutiert. Die Frage war, ob die Praxisklausel es dem Gläubiger erlaubte, die Vollstreckung ohne vorheriges Gerichtsurteil vorzunehmen, und, wenn ja, auf welche Weise dies geschehen konnte.[96]

Die Vollstreckung, mit der der Schuldner angeblich aufgrund der Praxis-Klausel zur Haftung herangezogen wird, tritt im Fall der Nichterfüllung einer Obligation ein, weil im griechischen Vertragsrecht Schuld und Haftung voneinander getrennt gesehen wurden.[97] Auch wenn Wolff seine Meinung zur Wirkung der Praxis-Klausel geändert hat, beeinflußt dies nicht die Unterscheidung zwischen Schuld und Haftung, die weiterhin ein entscheidendes Element des griechischen Vertrages bleibt. Eigentlich bezog sich die Praxis-Klausel auf die δίκη in dem Sinne, daß diese durch das Diagramma reguliert war und daß man kraft des Diagramma die Vollstreckung im Rahmen der δίκη verlangen konnte.

Nach dem Verschwinden der Dikasterien wird die Praxis-Klausel der neuen Situation angeglichen; jetzt erwähnt sie nur noch die Dike, weil diese ihr Fundament dem Willen des Königs verdankt, und dies unabhängig davon, daß der Hinweis auf das Diagramma in der Formel nicht mehr angewendet wurde, weil die Dikasterien nicht mehr existierten.

Wolff hatte bereits einen Zusammenhang zwischen dem Verschwinden der Dikasterien und der Neufassung der Klausel beobachtet. Die letzte Wolff bekannte Urkunde, die die alte Fassung κατὰ τὸ διάγραμμα enthält, war P.Amh. II

[96] Mitteis hat als erster diese Möglichkeit der Praxis-Klausel, ohne Gerichtsurteil vollstrecken zu können, erkannt, siehe *Reichsrecht und Volksrecht*, S. 401–419; *Grundzüge*, S. 119–129, bes. 120: „Der Gläubiger wird sich dadurch den Zeitverlust der Prozeßführung ersparen und seine Rechtsverwirklichung sofort mit der Exekution beginnen dürfen". Schon Schwarz diskutierte die Bedeutung dieser Klausel, besonders Mitteis' Theorie (vgl. *Reichsrecht und Volksrecht*, S. 401–402), in *Hypothek und Hypallagma*, S. 70–76, bes. 70–72 und Anm. 2 (mit älterer Literatur); vgl. dazu Mitteis, „Rez. Schwarz", S. 485–489, und Wolff selbst hat seine Meinung im Laufe der Zeit modifiziert. Anfangs hatte er die Theorie, daß diese Klausel die direkte Vollstreckung ohne vorausgegangenes Gerichtsurteil ermöglicht, nicht diskutiert, denn er setzte ihre Funktion in Beziehung zu seiner Theorie über den griechischen und hellenistischen Vertrag. In „The Praxis-Provision", S. 418–438, bes. S. 428 meint er außerdem eine ähnliche Bedeutung der Vollstreckung zu erkennen wie Mitteis, *Reichsrecht und Volksrecht*, S. 416, Anm. 3), welcher die Klausel als Konsequenz aus dem Umstand, daß in den Verträgen die Haftung nicht erwähnt wird, betrachtet. Denn es ist die Praxisklausel, die eine Haftung bewirkt, die an anderer Stelle im Vertrag nicht vorgesehen ist. In einer anderen späteren Arbeit („Some Observations on Praxis", S. 527–535) sagt er, daß die Praxisklausel eine sofortige Vollstreckung durch die Gerichtsorgane implizierte, stellt aber andererseits fest, daß die neue Fassung mit dem Verschwinden der Dikasterien zusammenfiel.

[97] Vgl. Wolff, „The Praxis-Provision", S. 427. Im Artikel „Consensual Contracts?", S. 63–65 behandelt Wolff die Verwendung der Haftungsklauseln in den Pachtverträgen. Er interpretiert den Pachtvetrag wie Pringsheim den Kaufvertrag, d.h. wie einen Realvertrag, vgl. ibid. S. 55–56 und Anm. 2. An dieser Stelle entwickelt Wolff zum ersten Mal die Theorie von dem, was er später als Zweckverfügung bezeichnen wird; siehe dazu unten Kap. 4.1.2.

43,12–14 (173 v. Chr.).[98] Die neue Fassung, καθάπερ ἐκ δίκης, ist erstmals ein Jahr später, in P.Mich. III 190,24–27 (172 v.Chr.), dokumentiert.[99] Beide Dokumente stammen aus dem Arsinoites. Die dichte Aufeinanderfolge der Daten spräche für die Richtigkeit von Wolffs Theorie. Kürzlich ist mit dem schon mehrfach erwähnten P.Köln XIV 561 von 172 v.Chr. aus dem Herakleopolites die nunmehr jüngste Urkunde hinzugekommen, welche die Existenz der Dikasterien nachweist.[100] Wie erklärt sich aber der erheblich größere zeitliche Unterschied? Laut Kaltsas ist es „nicht undenkbar, daß man erst einige Zeit nach dem Verschwinden der Dikasterien zur neuen Fassung der Klausel überging".[101] Es ist aber ebensogut möglich, daß uns nur die passenden Belege fehlen; das Dikasterion könnte auch später noch aufgegeben worden sein. Mangels weiterer Zeugnisse muß diese Frage offen bleiben.[102]

Natürlich kann eine so wichtige Einrichtung wie das Dikasterion nicht einfach entschlafen sein. Dieser Eindruck mußte entstehen, wenn Wolff annahm, daß es aus zunehmendem Mangel an Interesse und Standesbewußtsein der griechischen Bevölkerung und aus Überdruß am umständlichen „Papierkrieg" im Lauf der Zeit verschwand.[103] Auch die zunehmende Bedeutung der mittlerweile in den Metropoleis etablierten, für alle Teile der Bevölkerung zuständigen Chrematistengerichte kann nicht einfach zum Verschwinden dieser bedeutenden Institution, „die in der königlichen Gesetzgebung verankert war und einen königlichen

---

[98] P.Amh. II 43,12–14 (= W.Chr. 105; 16.3.173 v. Chr.): καὶ ἡ πρᾶξις ἔστω | Μαρρῆτι τῶι κατὰ τὴν γραφὴν παρά τε <ἑ>αυτοῦ | Μενελάου καὶ ἐ[κ] τῶν ὑπαρχόντων | αὐτῶι πάντων πράσσοντι κατὰ τὸ διάγραμμα καὶ τοὺς νόμους.

[99] P.Mich III 190,24–27 (6.7.172 v. Chr.): ἡ πρᾶξις ἔστω Ἀριστο|κλεῖ (l. Θεο|κλεῖ) πράσσ[ο]ν-[τι] Ἀριστοκλῆν ἢ τὴν ἔγγυον αὐτ[ο]ῦ | καὶ παρ' ἑνὸς α[ὐ]τῶν οὗ ἂν αἱρῆται καὶ παρ' ἀμφο|τέρων καθάπερ ἐγ δίκης.

[100] Aus demselben Gau stammen aber auch zwei spätere, aber ungewöhnliche Formen der Praxisklausel, BGU XIV 2390,38 (160/159 v. Chr.) mit der alten Version in knapper Kurzform: ἡ πρᾶξις κατ̣ὰ̣ τ̣ὸ διάγραμμα, und P.Heid. inv. G 4868 von 145 v. Chr., wo weder auf das διάγραμμα noch auf die δίκη Bezug genommen wird; siehe dazu Kaltsas, P.Heid. VIII, S. 8 mit Anm. 26 u. 27 sowie Armoni, P.Köln XIV, S. 33 mit Anm. 5.

[101] Kaltsas, P.Heid. VIII, S. 7–8.

[102] Zwischen Wolffs erster („The Praxis-Provision") und zweiter Übersetzung der Praxis-Klausel („Some Observations on Praxis") besteht ein wichtiger Unterschied, den wir erwähnen müssen, aber nicht vertieft behandeln wollen. In seinem ersten Beitrag folgt Wolff durchgehend der Theorie von Mitteis, nach dessen Meinung die Praxis-Klausel ein einfacheres Vorgehen bei der Vollstreckung ermöglichte (d.h. in der Terminologie der §§ 608–703d ZPO durch „Mahnverfahren"). In dem zweiten Beitrag verneint Wolff diese Möglichkeit. Er behauptet, daß die Praxis-Klausel nicht einmal in der Ptolemäerzeit diese Folge hatte, sondern daß sie bedeutungslos war. Rupprecht, (*Kleine Einführung*, S. 184) stimmt dieser zweiten Theorie zu. Allerding bestreitet Wolff seine ursprüngliche These nicht, wonach die Einführung der Praxis-Klausel im griechischen und hellenistischen Vertrag auf der Unterscheidung zwischen Schuld und Haftung basiert.

[103] Wolff, „Organisation der Rechtspflege", S. 31–32.

Beamten als Geschäftführer hatte“,[104] geführt haben. Das Dikasterion kann nur durch einen auf königlichen Befehl durchgeführten Verwaltungsakt aufgegeben worden sein. Dieser Meinung von Kaltsas, die auch von Armoni befürwortet wird, schließen wir uns an. Nach Armoni könnte die Schließung dieser Einrichtung im Jahr 172 v.Chr. stattgefunden haben, zwischen der Abfassung von P.Köln XIV 561 (März/April 172 v.Chr.)[105] mit der bislang letzten Erwähnung des Dikasterions und derjenigen von P.Mich. III 190 (6.7.172 v.Chr.) mit dem bisher ersten Beleg für die neue Version der Praxisklausel.[106]

[104] Kaltsas, P.Heid. VIII S. 9; siehe auch Armoni, P.Köln XIV, S. 34.
[105] Der Papyrus ist datiert auf die Zeit vom 3.1. bis 2.4.172 v. Chr.
[106] Armoni, P.Köln XIV, S. 34.

3. Die Prozeßvorbereitung

3.1. Die Vorverhandlung

Bevor die Gerichtsverhandlung vor dem Dikasterion, die von den Juristen in der Regel als Hauptverhandlung bezeichnet wird, stattfand, bedurfte es einiger Vorbereitungen, die, wie soeben dargelegt, der Eisagogeus zu erledigen hatte. Dem Prozeß vor Gericht konnte eine Verhandlung vor einer anderen Instanz vorausgehen. Dies geht aus den P.Enteuxeis hervor, jenen Eingaben, die formal an den König, in Wirklichkeit aber an den Strategen gerichtet waren, welcher die Rechtsfälle in Stellvertretung des Königs zu entscheiden hatte.[1] Der Stratege ließ den jeweiligen Fall untersuchen und sich, wenn keine gütliche Einigung zustande kam, den Beklagten oder beide Kontrahenten durch einen Polizisten, den Epistates, vorführen. Diese Phase kann als Vorverhandlung bezeichnet werden, wenn der Stratege danach den Fall an ein Tribunal wie die Chrematisten oder das Dikasterion weiterleitete.[2] Alle folgenden Schritte der Prozeßvorbereitung regelte der jeweilige Eisagogeus.[3]

3.2. Die private Ladung und die Ladungszeugen

Nach Vorstufen zum Rechtsstreit durch wiederholte Mahnung des säumigen Vertragspartners und gegebenenfalls auch nach ergebnislosen oder auch erfolgreichen Eingaben an den König ist der erste Schritt auf dem Weg zum Prozeß in der Regel die private Ladung des Klägers. Sie erfolgt durch die Anklageschrift, das ἔγκλημα.[4] Während wir derartige Vorladungen bisher nur aus Zitaten in Prozeßprotokollen kannten, kommen nun nach der ersten selbständigen Ladung P.Thissen (= **3**) mit **1–2** und **4–6** fünf weitere selbständige Ladungen hinzu, gefolgt von P.Köln XIV 562, der Abschrift einer vollständigen Ladung im Amtstagebuch des Eisagogeus. Nachdem die Vorladung mit der Ladungsformel κέ-

---

[1] Siehe dazu Guéraud, ΕΝΤΕΥΞΕΙΣ; Mitteis, *Grundzüge*, S. 12–21; Berneker, *Prozeßeinleitung*, S. 11–29.

[2] Mitteis, *Grundzüge*, S. 17; Berneker, *Prozeßeinleitung*, S. 29–33.

[3] Die Ladung vor das Gericht nimmt nicht der Stratege vor.

[4] In SB III 7267,10 (19.6.184 v. Chr.) und in P.Hamb. II 168a,15 wird die private Ladung vor das Dikasterion auch als κλῆσις bezeichnet; siehe dazu Kaltsas, P.Heid. VIII, S. 3 Anm. 2; zur Datierung ibid. S. 6 Anm. 18.

κλησαι, „du bist vorgeladen“, geendet hat,[5] wird zusätzlich noch vermerkt, daß sie dem Beklagten vom Kläger selbst in Begleitung von zwei Ladungszeugen, den κλήτορες, persönlich überbracht wurde.[6]

Das Auftreten der Ladungszeugen war bereits aus M.Chr. 21,34 (= P.Petrie III 21 [g] ≈ P.Gur. 2,12–35 = Sel.Pap. II 256, mit diesem vereinigt zu CPJ I 19), ferner aus den alexandrinischen Dikaiomata P.Hal. 1,222–223 und aus anderen Dokumenten, die mit dem Dikasterion in Zusammenhang stehen wie dem oben schon mehrfach zitierten P.Hib. I 30 (d),21–22 (M.Chr. 20 = Jur. Pap. 77 = Sel. Pap. II 247) bekannt. In den neuen Gerichtsakten begegnen sie wieder: In P.Heid. VIII 412, einem Antrag auf Wiederaufnahme eines Prozesses, werden auch die Kletores erwähnt; in der Vorladung **3**,35–38 = P.Thissen werden sie namentlich und ibid. 39–42 mit vollem Signalement angeführt, ebenso wie in P.Köln XIV 561,22–23 und 24–26. In **2**,35 ist nur noch das Wort κλήτορε[ς erhalten; in den übrigen Vorladungen ist die Partie verloren. **7** und **8** enthalten die Signalements jeweils zweier Ladungszeugen. Auch in P.Lugd. Bat XXV 20,13–16 wurden Ladungszeugen mitsamt ihrem Signalement (ibid. 17–20) erkannt.[7] In M.Chr. 21 (= P.Petrie III 21 [g]; vgl. das Duplikat P.Gur. 2) fehlen die Signalements, weil in diesem Verhandlungsprotokoll nur der Text der Vorladung zitiert ist und die Klage vor Gericht verlesen wurde.

Die Institution der Ladungszeugen ist auch für Athen bezeugt; dort hießen sie κλητῆρες.[8] Die neuen Papyri lassen auch hier erkennen, daß das ptolemäische Dikasterion dem attischen Vorläufer in manchen Aspekten ähnlich ist:[9] Wie

[5] Vgl. **1**, [31]; **2**, 33; **3**, 34; **4**, 31; P.Köln XIV 561,22.

[6] Vgl. z. B. **3**,34–35 (= P.Thissen): τὸ ἔνκλημα δ̣έ̣[δ]ω̣κά [σοι] | ἐνωπίωι; anschließend folgt das Datum der Ladung und die Nennung der Ladungszeugen; ebenso in den Vorladungen **1**,31–32; **2**,34; **4**,31–32; P.Lugd. Bat. XXV 20,11–12 (vgl. P.Thissen, Anhang S. 231) und im Amtstagebuch des Eisagogeus P.Köln XIV 561,22–23.

[7] Neued. von P.Lugd. Bat XXV 20 in P.Thissen, S. 231–232.

[8] Plat. *Leges* 846b7–c1: λήξεών τε πέρι δικῶν καὶ προσκλήσεων καὶ κλητήρων; ferner Dem. XXXIV 13–14 (*Contra Phormionem*): κἀγὼ κλητῆρας ἔχων προσεκαλεσάμην αὐτόν; ibid. 15: λαβέ μοι τὴν μαρτυρίαν τῶν κλητήρων; Dem. XL 28 (*Contra Boeotum* 2): οὗτοι, ὥσπερ κλητῆρες, δύο μόνοι ὄντες μαρτυροῦσιν; Dem. XLVII 27 (*In Evergum et Mnesibulum*): Ὅτι μὲν τοίνυν προσεκλήθη ὑπ' ἐμοῦ, οἱ κλητῆρές μοι μεμαρτυρήκασιν. Siehe dazu Berneker, *Prozeßeinleitung*, S. 95 u. 97; Seidl, *Ptolemäische Rechtsgeschichte*, S. 32.

In den attischen Quellen sind die Kleteres auch in Zusammenhang mit der γραφὴ ψευδοκλητείας bezeugt, d.h., mit der Klage wegen falscher Außage von Ladungszeugen; vgl. Dem. LIII 17 (*Contra Nicostratum*); Lipsius, *Das attische Recht* II, S. 446–445. Zu den Kleteres siehe auch Harrison, *Law*, S. 85–86 und Thür, „Kleter“.

[9] Vgl. auch Berneker, *Prozeßeinleitung*, S. 95–98. Das Vorbild für die Ladung vor das Dikasterion sowohl in Alexandria wie in der Chora sieht Berneker in der attischen πρόσκλησις (siehe auch Harrison, *Law* II S. 85–88; Thür, „Prosklesis“), weil er in P.Hal. 1,222 die Wendung εἰς μαρτυρίαν κλῆσις gefunden hat. Nach dem Vorbild des attischen Rechts meint er S. 96, daß die κλήτορες sicherlich nicht „beim Gericht angestellte Ladungszeugen“ waren, wie Semeka, *Ptolemäisches Prozeßrecht*, S. 159 annimmt, sondern Privatleute.

oben gesagt, wurden die Richter nicht vom König ernannt, sondern aus einem Gremium von Honoratioren ausgelost; auch bei der Ladung wird im ptolemäischen Prozeß das heimatgriechische Recht fortgesetzt: Die Ladung erfolgte wie im attischen Recht nicht amtlicherseits, sondern durch Privatpersonen unter Hinzuziehung von zwei Ladungszeugen, die ebenfalls Privatpersonen waren; sie wurden von der klagenden Partei bestimmt.[10] Ihre Aufgabe war es, den Kläger bei der Überstellung der Klagschrift an den Beklagten zu begleiten, um später die Übergabe bestätigen zu können.

3.2.1. Die Formel διό σοι δικάζομαι

Im Zentrum der Vorladungen steht die durch die Rekapitulation des Vertrags und dessen Nichteinhaltung begründete Erklärung des Kreditgebers, daß er gegen den Schuldner prozessiert. Dafür verwendert er das Verb δικάζομαι. Wichtig ist die Beobachtung, daß er nicht im Futur spricht, sondern im Präsens; damit bringt er zum Ausdruck, daß seine Aktion bereits im Gange ist. Denn um die Vorladung überbringen zu können, muß sie beim Gericht bearbeitet und registriert sein.

Das Verb δικάζομαι, das in unseren Papyri für „jemandem den Prozeß machen, mit jemandem einen Prozeß führen" verwendet wird, entspricht der üblichen Terminologie der juristischen Papyri, vgl. z. B. in P.Hib. I 30 (d),19–20 (= M.Chr. 20); P.Gur. 2,26–27 (≈ P.Petr. III 21 [g] = M.Chr. 21). So übersetzen wir die Formel διό σοι δικάζομαι (**1**,17; **2**,16; **3**,18 (= P.Thissen); **4**,19; **5**,18; **6**,15) mit „deshalb mache ich dir den Prozeß", „deshalb prozessiere ich mit dir".

Es gibt eine umfangreiche juristische Literatur zum Terminus δικάζειν in Gegenüberstellung zum Terminus κρίνειν.[11] Dabei geht es um die Bedeutung dieser Verben im Aktiv als Bezeichnung der Tätigkeit der Richter. Wolff betont „die bekannte Trennung des δικάζειν vom κρίνειν, die sowohl in den attischen Quellen als auch im gortynischen Gesetz gleich deutlich zutage tritt".[12] Das Verb δικάζειν bezeichnete nach Wolff „die Verkündung des Jurisdiktionsmagistrats oder (etwa in der athenischen Demokratie) des Gerichts darüber, ob eine δίκη, d.h. ein auf Durchführung eines vollstreckungsweisen Zugriffs gerichtetes Vorgehen eines privaten Klägers, zulässig (...) war (...) oder ob

[10] Dies trifft jedoch nur für Prozesse unter Privatpersonen zu. Schon im Seebund von Delos treten in Steuerangelegenheiten Ladungszeugen auf, die von den Machthabern bestimmt wurden, siehe Koch *Volksbeschlüsse in Seebundangelegenheiten*, S. 314, Nr. 11 (= IG I³ 71; 425–424 v. Chr.), mit Komm. S. 366 zu Z. 37–39: τὸς δ[ὲ κέρυ]|κας πρ̣[οσκε]κλεμέ[νος ἀχθ]ἒναι h]υπ[ὸ τõ ν] δεμοσίον | κλετέ[ρον hίνα h] βολ̣[ὲ κολά]σ̣ε[ι αυτὸς ἐ]|ἀμ μὲ ὀ[ρθõς] δοκõσ[ι διακο]νε̃[ν·].

[11] Wolff, *Justizwesen*, S. 98–99; [Méléze]-Modrzejewski, „Justizwesen", S. 56 mit Anm. 60.

[12] Wolff, *Justizwesen*, S. 98.

sie unterbunden werden mußte“,[13] oder nach Modrzejewski „Entscheidung (...) nach dem Gesetz“[14] und ist zu unterscheiden von κρίνω mit einer seiner Bedeutungen „ein Urteil fällen“ oder, in Wolffs Worten, „eine Feststellung über das Bestehen oder Nichtbestehen einer tatsächlichen oder rechtlichen Lage, ohne daß damit schon ein bindender Ausspruch über deren rechtliche Folge abgegeben war“;[15] beide Verben werden in unterschiedlicher Situation verwendet. Das erste bedeutet, daß der Richter den Anspruch des Klägers anerkennt, das zweite meinst „eine Beilegung des Streites“.[16] Auf diese Weise folgt nach vielen Gelehrten wie z. B. Latte, Gernet oder Wolff selbst[17] die Terminologie des Dikasterions mit δικάζω der Tradition des griechischen Rechts, während κρίνω der Terminologie der Chrematisten oder der Beamtenjustiz angehört. Chrematisten und Beamte treffen ihre Entscheidungen als Funktionäre, die direkt vom König ernannt sind, und nicht als Mitglieder eines Gremiums oder als durch das Los Bestimmte.[18]

---

[13] Wolff, *Justizwesen*, S. 99.

[14] [Mélèze]-Modrzejewski, „Justizwesen“, S. 56 mit Anm. 60.

[15] Wolff, *Justizwesen*, S. 99.

[16] [Mélèze]-Modrzejewski, „Justizwesen“, S. 56 mit Anm. 60.

[17] Latte, *Heiliges Recht*, bes. S. 39-43; Gernet „Sur la notion de jugement“, S. 114–134 bzw. S. 61–81.

[18] Wolff, *Justizwesen*, S. 92–99; vgl. dazu [Mélèze-] Modrzejewski, „La justice des Lagides“, S. 127–128; Talamanca, „Δικάζειν e κρίνειν“. Talamanca stimmt Wolff nicht zu (bes. seinem Artikel „The Origin“), räumt aber ein, daß im allgemeinen beide Verben, die verschiedene Arten der richterlichen Entscheidung („attività decisoria del giudice“, „Δικάζειν e κρίνειν“, S. 123) ausdrücken, miteinander kontrastieren (vor allem im Gesetz von Gortyn, ICret. IV 72, col. V 28–44 und in anderen epigraphischen Quellen wie dem Gesetz Drakons, IG I[2] 115,11–13); er macht aber darauf aufmerksam, daß man den griechischen Quellen keine dogmatische Struktur überstülpen kann, die die griechische Welt nicht kannte. Talamanca weist in seinem Artikel „Δικάζειν e κρίνειν“, S. 123–124 auf die Mehrdeutigkeit der Termini – je nach Kontext – hin und kommt zu dem Schluß, daß eigentlich kein klarer Unterschied zwischen ihnen in den Quellen besteht. Aber das bedeutet im griechischen Prozeßrecht in der Praxis nicht notwendigerweise die Existenz von zwei Verben mit verschiedenen Bedeutungen des Richtens, sondern nur, daß die praktische Anwendung dieser Differenzierung nicht in allen Quellen erfolgt und daß sie manchmal, wenn sie denn in einer Quelle deutlich zutage tritt (z. B. in ICret. IV 72, col. V 28–44), sie dann wiederum in anderen Texten, die auf ebendiese Quelle zurückgehen, nicht mehr so deutlich erkennbar ist (z. B. ICret. IV 72, col. I 35–39). Wenn Talamanca a. a. O., S. 126 in seiner Kritik an Wolff zwischen δικάζειν („decisione del giudice ... vincolata alle risultanze di un esperimento probatorio formale“) und κρίνειν („decisione...presa in base al libero convincimento del giudice stesso“) keinen echten Gegensatz sieht, so läßt dies meines Erachtens nicht auf eine dogmatische Theoriebildung in dieser Frage schließen. Talamanca geht in seinem Beitrag von archaischen Quellen aus, aber anscheinend gibt es in Athen eine größere Übereinstimmung bei der Anwendung der Termini δικάζειν und κρίνειν, und diese Übereinstimmung lebt im hellenistischen Recht mit erkennbaren Nyancen fort. In diesem Punkt äußert Carawan, *Rhetoric and Law of Draco*, S. 57–58 Kritik an Talamanca.

Diese Terminologie entspricht der im attischen Recht einschließlich der früheren Perioden üblichen.[19] Im attischen Recht bedeutet κρίνω „Beilegung des Streites", während δικάζω die Entscheidung entsprechend dem Gesetz (durch die δικασταί) bezeichnet.[20] Möglicherweise gebrauchte man im Falle der Dikasterien das Verb δικάζω im technischen Sinne, weil die Richter ähnlich wie im alten Athen durch das Los ernannt und nicht vom König eingesetzt wurden, wenn dieser sie auch kontrollierte.

Aber in unseren Vorladungen heißt es nicht δικάζειν und auch nicht κρίνειν, sondern der Kläger verwendet das Verb δικάζεσθαι im Medium. Denn er ist nicht der Richter, sondern gewissermaßen der Kunde oder Klient, der den Dienst des Richters für sich in Anspruch nimmt. Das mediale δικάζομαι, das wir kurz mit „ich mache dir den Prozeß" übersetzen, bedeutet also genau genommen: „Ich will durch einen Prozeß mit dir eine richterliche Entscheidung durch das Dikasterion für mich herbeiführen."

3.3. Offizielle Ladung?

Lange bevor die Papyruszeugnisse bekannt wurden, beschäftigte sich die Forschung mit der Frage, ob es im Rahmen der Prozeßvorbereitung neben der privaten auch eine Art offizieller Ladung seitens des Gerichts gegeben habe, wie

---

[19] Diese Terminologie war Gegenstand einer Kontroverse, bei der es strittig war, ob sie aus den archaischen Texten (Homer, Il. I 536–43, 541–2 αἰεί τοι φίλον ἐστὶν ἐμεῦ ἀπὸ νόσφιν ἐόντα | κρυπτάδια φρονέοντα δικαζέμεν; XVIII 478-601 505: ἀμοιβηδὶς δὲ δίκαζον; Od. XII 437–41, bes. 440: κρίνων νείκεα πολλὰ δικαζομένων αἰζηῶν), aus dem Gesetz von Gortyn (z. B. Kol. I 35–36) oder dem Gesetz Drakons in die ptolemäische Zeit übernommen worden ist.

[20] [Mélèze-] Modrzejewski, „Zum Justizwesen", S. 56 Anm. 60 kritisiert Seidl, weil dieser in seiner Rezension zu Wolffs *Justizwesen* und in *Ptolemäische Rechtsgeschichte* die Merkmale der archaischen und der attischen Zeit einfach auf die Ptolemäerzeit übertragen hat und behauptet, „daß die zwei Säulen des frühptolemäischen Justizwesens – scil. die Dikasterien und die Laokriten – ungleich seien, und zwar wegen des Unterschieds zwischen κρίνειν (Beilegung des Streites) und δικάζειν (Entscheidung darüber nach dem Gesetz). Zu diesem auf die altgriechische Terminologie zurückgehenden, aber in der ptolemäischen Praxis verwischten (κριτήριον als das allgemeine Wort für „Gericht" kann als solches die Dikasterien mitumfassen!) begrifflichen Gegensatz siehe jetzt die gründliche Analyse in Wolffs *Justizwesen*, S. 96–112. Auch nach Wolff, *Justizwesen*, S. 110 und Anm. 44 erhält der Terminus κριτήριον, der immer die Bedeutung „Gericht" hatte, einen allgemeineren Sinn, als die Dikasteria verschwinden, und er erkennt in Nuancen an: „Die ältere ptolemäische Epoche unterschied bekanntlich zwischen δικαστήρια und κριτήρια" (*Justizwesen*, S. 96). Allerdings ändert [Mélèze-] Modrzejewski später seine Meinung in „La justice des Lagides", S. 127–128: „Quant à l'acte de rendre la sentence, il est désigné par le verbe δικάζειν, 'reconnaitre' ou 'écarter' la prétention du demandeur, et non pas κρίνειν 'prendre une décision d'autorité. Sur ce point encore, la justice des dicastères prolonge le passé poliade, par opposition aux chrematistes et aux fonctionnaires royaux qui 'tranchent' (κρίνουσιν) les litiges en vertu du pouvoir don't ils sont investis comme représentants directs du roi".

man sie für Athen aus dem Terminus δίκην γράφεσθαι geschlossen hat.[21] Aber die Frage, was dieser Instanzenweg eigentlich war, ob er vor Gericht oder außerhalb oder vielleicht vor einem Beamten stattfand, wenn ja, vor welchem und in welcher Beziehung dieser zu der privaten Ladung stand, blieb ungeklärt, denn die Papyri boten darauf seinerzeit noch keine Antwort.

Im 19. Jahrhundert meinte die Forschung, in Deutschland vor allem Mitteis, ausgehend von der damals allein bekannten Beamtenjustiz im ptolemäischen Recht, Hinweise auf eine offizielle Ladung zu finden. Mitteis versuchte, in CPR I 17, BGU I 226 (= M.Chr. 50 = FIRA III 167) und BGU I 242, die alle im Jahr 1895 publiziert wurden, Parallelen zum hellenistischen Prozeß zu entdecken,[22] der ja seinerzeit noch ganz unbekannt war und den zu rekonstruieren man damals gerade erst anfing. Nachdem Mitteis als erster bei Cicero, Verr. II 2,15 den Ausdruck *dicam scribere* gefunden und mit δίκην γράφειν übersetzt hatte, wurden verschiedene Lösungen für die Deutung dieses Ausdrucks angeboten.[23] Man hat versucht, auf dieser Wendung die Rekonstruktion einer Phase des attischen Prozesses aufzubauen, und weil es sich in den Verrinen um einen Prozeß im griechischsprachigen Sizilien handelt, wurde der Vorgang als Teil des hellenistischen Rechts betrachtet und mit dem Prozeß der Ptolemäerzeit in Verbindung gebracht. Infolgedessen glaubten die Juristen am Ende des 19. und am Anfang des 20. Jahrhunderts unter dem Einfluß des aus den literarischen Quellen rekonstruierten römischen Formularprozesses, gewisse Ähnlichkeiten zwischen diesem und dem griechischen Prozeß generell zu entdecken. Sie verglichen den römischen und den (vielleicht zu sehr vereinfachten) griechischen Prozeß miteinander, weil in den Digesten zwei Arten der *editio actionis* (Prozeßeinleitung durch „Bekanntgabe der Klage“)[24] unterschieden werden, eine, in der der Kläger den Beklagten privat und informell benachrichtigt und ihn über die Details der Klage informiert, und eine andere, in der beide Parteien vor dem Magistraten erscheinen und in der man bereits den Prozeßbeginn sah.

---

[21] Mitteis, „Neue Urkunden 1908“, S. 470–471; Boyé, *La denuntiatio*, S. 98–102; 181–185. Allerdings geht aus den literarischen Zeugnissen ebenso wie aus den papyrologischen Quellen hervor, daß δίκην γράφεσθαι eine private Ladung bezeichnet (siehe dazu unten Kap. 3.5) deshalb können wir die Theorien von Mitteis und Boyé nur wiedergeben, ihnen aber nicht folgen.

[22] Mitteis, „Nachtrag“, S. 270 und „Neue Urkunden 1908“, S. 470: „Ich habe auf Grund der älteren Papyruspublikationen im CPR I S. 271fg. angenommen, daß es (sc. das „*dicam scribere*“, d. Hrsg.) mit der außergerichtlichen Einreichung eines Schriftsatzes für den καταχωρισμός zusammenfällt, wie wir sie in der römischen Zeit in Ägypten vielfach finden, also nicht erst vor dem Gericht stattfindet (...), während man bis dahin das *dicam scribere* für einen gerichtlichen Akt gehalten hatte.“ Der καταχωρισμός dient der „Verwahrung der Klagschrift bei der zuständigen Behörde bis zum Tage der Gerichtsverhandlung“ (Preisigke, *Wörterbuch* s.v.).

[23] Siehe dazu neuerdings Maganzani, „L'editto provinciale“, bes. S. 137–138.

[24] So die Übersetzung von D. 2,13,1 (Ulp. 4 *ad ed.*) durch Behrends/Knütel/Kupisch/Seiler, *Digesten*. Vgl. auch C. 3.9.1 und C. 2.1.3, dazu Wlassak, *Anklage und Streitbefestigung*, S. 175.

Das Element, das den römischen und den griechischen Prozeß verbinden sollte, war dabei die Rolle, die in Rom der *Praetor peregrinus* spielte, der den Formularprozeß begründet hat[25] und der bei dessen Durchführung in Fällen, wo einer oder beide der Beteiligten, die vor ihm auftraten, Fremde, z. B. Griechen, waren, auf ein Element des griechischen Rechts zurückgegriffen haben könnte wie z. B. auf die außergerichtliche, private Ladung.

Im Prozeß der *legis actiones* des Zwölftafelgesetzes gab es nur die außergerichtliche, private Benachrichtigung, die *in ius vocatio,* die eine „abstrakte" Vorladung vor den Magistrat war, das heißt, daß der Beklagte außer der Vorladung keine andere Information erhielt.[26] Im römischen Formularprozeß gab es außer dieser privaten *in ius vocatio* als reine Vorladung vor den Praetor zu einem bestimmten Datum zuvor noch den Vorgang der oben schon erwähnten außergerichtlichen *editio actionis*, der „Bekanntgabe der Klage", in der der Kläger den Beklagten über den Grund und die Einzelheiten seiner Klage unterrichtete,[27] so daß dieser seine Verteidigung, z. B. zur Beschaffung von Beweisen, vorbereiten konnte. In diesem Sinne handelt es sich hierbei um eine außergerichtliche, private Ladung. Aber auch, nachdem die *editio actionis* schon außergerichtlich ergangen war, folgte noch eine weitere, die dem Beklagten in Gegenwart des Magistraten mitgeteilt wurde und den tatsächlichen Prozeßbeginn bezeichnete,[28] wobei allerdings die Quellen diese und die erstere mit demselben Terminus benennen.[29]

Wir wollen hier nicht in die Diskussion einsteigen, ob diese Rekonstruktion der römischen Prozeßeinleitung richtig ist, und vor allem, ob die *in ius vocatio*

---

[25] Das ist die vorwiegend akzeptierte These, anders nur Brennan *The Praetorship*, S. 604–606.

[26] Gaius IV 12–19. Siehe dazu Pugliese, *Il processo civile*, S. 353; Rüfner, „*In ius vocatio*".

[27] Nach D. 2,13,1 (Ulp. 4 *ad ed.*) bedeutet *editio actionis* allerdings die „nach der *in ius vocatio* in Gegenwart des Oberrichters in iure erfolgende mündliche Mitteilung des Klaggegenstandes von Seiten des Klägers an den Beklagten. Plaut. Pers. IV 9,8 apud praetorem dicam." Siehe auch Jörs/Kunkel/Wenger, *Römisches Recht*, S. 347: „Dabei ist regelmäßig der *in ius vocatio* eine außergerichtliche *editio actionis*, d.h. eine Angabe des Streitgegenstandes seitens des Klägers an den Beklagten, vorangegangen." Zur *editio actionis* siehe auch Partsch, Rez. Haussoullier, bes. S. 581 und Steinwenter, Rez. Wlassak, bes. S. 379–382.

[28] Jörs/Kunkel/Wenger, *Römisches Recht*, S. 347: „Sind die Parteien vor dem Prätor erschienen, so muß natürlich der Kläger die editio actionis, auch wenn diese schon außergerichtlich erfolgt war, vornehmen, muß doch auch der Praetor wissen, worum es sich dreht. Jetzt werden zunächst eine Reihe von Vorfragen erledigt, deren Bejahung überhaupt eine Voraussetzung des Weitergangs des Verfahrens ist."

[29] Der erste, der die beiden *editiones* unterscheidet, die außergerichtliche einerseits und die amtliche vor dem Praetor andererseits, ist Lenel, „Die Litiscontestation", bes. S. 385–386; siehe auch Wenger, „Editio", bes. Sp. 1962. Diese Unterscheidung wird mit Nuancen von Wlassak weiterentwickelt, siehe *Anklage und Streitbefestigung*, S. 175–177; ders., *Der Judikationsbefehl*, S. 105; ders., *Prozeßformel*, S. 72–85; Lenel, *EP*, S. 59–61. Heute ist diese Unterscheidung nicht mehr umstritten, siehe z. B. Kaser/Hackl, *ZPR*, S. 220 mit Anm. 2.

durch die außergerichtliche *editio actionis* ersetzt worden ist oder was für Folgen es gehabt hätte, wenn diese nicht eingeführt worden wäre.[30] Sinnvoller ist es zu zeigen, warum die Forschung sich auf dieses Problem konzentriert und welche Folgen dieser Vergleich gehabt hat. Anders sind die Diskussionen der Gelehrten, die sich mit den Quellen zum Prozeß vor dem Dikasterion befaßt haben, kaum zu verstehen.

So fragwürdig uns auch diese Rekonstruktionsmethode erscheinen mag, diente sie, zusammen mit der Konsultierung anderer Quellen, dazu, die Ladung im hellenistischen und griechischen Recht im allgemeinen zu charakterisieren. Auf die private oder halboffizielle Ladung sollte das δίκην γράφεσθαι folgen, welches beim Erscheinen beider Parteien vor einem Beamten erfolgte, wodurch der Prozeß einen formellen Anfang nahm, ähnlich wie die *editio actionis* beim Erscheinen vor dem Praetor.

Allerdings ist der Vergleich zwischen dem griechischen und römischen Recht nicht wirklich stimmig. Denn der Vorgang der *editio actionis* ist erheblich komplizierter, weil das *ius honorarium*, das dem Praetor innewohnte, diesem die Macht verlieh, ein rechtsverbindliches Edikt zu formulieren, das es ihm ermöglichte, die Klage (*actio*) zu modifizieren und neue *actiones* hinzuzufügen, wodurch ein ganzer Katalog von *actiones* entstehen konnte. Die Parteien können in der *litis contestatio* der *formula actionis* wie bei einem Vertrag unter Zeugen zustimmen oder sie ablehnen.[31]

Es scheint ziemlich sicher zu sein, daß das δίκην γράφεσθαι der ganzen griechischen Welt gemeinsam war. Die Forschung hielt demnach an der Idee fest, daß der Prozeß überall in der hellenistischen Welt — in Griechenland, auf den Inseln, in Kleinasien, Sizilien und Ägypten — in gleicher Weise ablief,[32] die auch in den Inschriften aus anderen Orten Griechenlands, die damals gerade publiziert wurden,[33] greifbar war,[34] oder im Provinzialprozeß in Sizilien, wie

---

[30] Eine jüngere Bewertung der These von Wlassak findet sich bei Paulus, *Betrachtungen* S. 16–18: „Die pompeianischen Urkunden und eine erneute Durchsicht der Quellen legen jedoch die Vermutung sehr nahe, daß die ältere Lehre das private Vorgespräch der Parteien in seiner Bedeutung unterschätzt und dadurch das Verfahren vor dem Prätor überschätzt hat."

[31] Vgl. Kaser/Hackl, *ZPR*, S. 291 und 308–320.

[32] Vgl. z. B. Mitteis, *Römisches Privatrecht*, S. 101 mit Anm. 55: „In Bezug auf das Prozeßrecht ist das provinziale System des *dicam scribere* fast unzweifelhaft der Einleitung des hellenistischen Prozesses entnommen". Dieser Idee kann man auch in jüngeren Werken begegnen wie z. B. bei Kunkel/Wittmann, *Staatsordnung und Staatspraxis*, S. 357, bes. Anm. 197: „Man darf annehmen, daß die schriftliche Klageerhebung in hellenistischer Zeit mehr oder weniger Gemeingut der griechischen Rechtskultur war." Siehe auch Kaser/Hackl, *ZPR*, S. 475 mit Anm. 28.

[33] Vgl. z. B. I.Knidos I 221, A 43 (IK 41) (= RIJG I 10 A = SGDI III 1, 3591 A, 20 (= Tit. Calymnii 79 = IG XII 4 = Syll.[3] 953; um 300 v. Chr.): τὰ δὲ ψαφίσματα καὶ τὰς προκλήσις καὶ τὰν γραφὰν τᾶς δίκας.

man aus den Reden gegen Verres ableiten kann (z. B. Cic. Verr. II. 2.15: *dicam scribere*),[35] außerdem aus den bereits erwähnten Papyrusurkunden aus römischer Zeit, welche nach dieser Theorie eine Praxis hellenistischen Ursprungs widerspiegelten.[36]

Die Publikation der Texte P.Petr. III 21 g,31: ἡ δὲ δίκη σοι γραφήσεται ἐν τῶι δικασ[τηρίωι] und P.Hib. I 30,25–26: ἡ δίκη σοι ἀναγραφήσετ[α]ι ἐν | [τῶι ἐν Ἡρ]ακλέους πόλει δικαστηρίωι veranlaßte Mitteis zunächst, auch für das ptolemäische Ägypten eine offizielle Ladung zu postulieren,[37] und auch Boyé[38] sieht einen Unterschied zwischen der halboffiziellen und offiziellen Ladung. Als offiziell betrachtete man die direkt vom Gericht übersandte, als halboffiziell die dem Beklagten vom Kläger mit Erlaubnis des Gerichts nach der Registrierung ausgehändigte Ladung.[39] Mit anderen Worten: Unter der ‚offiziellen' Ladung versteht man die ‚gerichtliche', d.h., wenn der Beklagte durch einen Vertreter des Gerichts vorgeladen wird, und unter der halboffiziellen, wenn die Ladung dem Beklagten vom Kläger überbracht wird, allerdings nach der amtlichen Bearbeitung durch das Gericht.[40]

[34] Der Parallelismus *dicam scribere* / δίκην γράφειν ist vor allem herausgestellt worden von Boyé, *La denuntiatio*, S. 101–102: „En réalité, on doît considerer le δίκην γράφειν ou γράφεσθαι au sens technique, comme une institution commune à toutes les souches grecques", wo er auch S. 101–102 die wichtigsten Inschriften zitiert und Plautus, *Aul.* 760 und *Poen.* 800 als Belege heranzieht. Siehe dazu unten den Exkurs zu „δίκην γράφεσθαι".

[35] Zur Verwendung des Griechischen im Sizilien römischer Zeit siehe Adams, *Bilingualism* S. 351 mit Anm. 100.

[36] Durch die *lex Rupilia*, die besagt: *Quod civis cum cive agat, domi certet suis legibus*, behält die griechische Bevölkerung Siziliens zum Teil ihr Prozeßrecht, siehe Rotondi, *Leges publicae*, S. 489. Zur *lex Rupilia* siehe auch Kunkel/Wittmann, *Staatsordnung und Staatspraxis*, S. 354–361.

[37] Vgl. Mitteis, „Neue Urkunden 1906", bes. S. 340–341 und „Neue Urkunden 1908", bes. S. 470–471, wo er P.Petr. III 21 (g),31 und P.Hib. I 30,25–26 so interpretiert, als ob „in dieser Zeit das diken graphein einen gerichtlichen Akt bedeute", d.h. daß eine offizielle Ladung durch das Dikasterion gemeint sei. Später kehrt er jedoch zu seiner ursprünglichen Theorie (siehe oben Anm. 23) zurück. In den *Grundzügen* erwähnt er sie nicht mehr; hier vertritt er S. 17 die Meinung, daß das diken graphein im Rahmen der privaten Klage „die Ankündigung der späteren mündlichen Klageedition" bezeichnet. Seine frühere These von der außergerichtlichen Prozeßeinleitung wurde geteilt von Girard, *L'organisation judiciaire*, S. 331 mit Anm. 2 und Fliniaux, *Vadimonium*, S. 137–142; ders., „La *dicarum scriptio*". Siehe dazu neuerdings auch Maganzani, „L'editto provinciale", bes. S. 137–138.

[38] Boyé, *La denuntiatio*, S. 98–102.

[39] Boyé *La denuntiatio*, S. 101–102. Man müßte danach unsere neuen privaten Ladungen als halboffiziell bezeichnen, weil sie vom Kläger ausgehen, aber erst nach Bearbeitung durch das Gericht — z. B. nach der Aufnahme der Signalements des Klägers und der Ladungszeugen— dem Beklagten überbracht werden.

[40] Siehe dazu oben Kap. 1.4 und 1.5.

Diese Terminologie ist jedoch zweideutig und bedarf der Präzisierung: Boyé macht, wie oben ausgeführt, einen Unterschied zwischen offizieller und halboffizieller Ladung, Mitteis wiederum benutzt zwar den Ausdruck ‚offiziell‘, aber im Sinne von ‚halboffiziell‘. Die Lösung ist dennoch in beiden Fällen, wie wir sehen werden, identisch: Die Ladung wird zwar privat überbracht, aber das Gericht ist daran beteiligt. Die Frage nach der Art dieser Beteiligung und der zuständigen Person ist umstritten; ihre Beantwortung wurde auf dem in attischen und hellenistischen Quellen verfügbaren Begriff des δίκην γράφεσθαι aufgebaut.

Bei der Rekonstruktion des δίκην γράφεσθαι ergeben sich jedoch zwei Probleme. Das erste ist nur materiell; es besteht im Mangel an Quellen. Das zweite ist methodologischer Art: Die Forschung setzt bei der Behandlung dieser Frage unzulässigerweise das Modell des römischen Formularprozesses voraus. Dabei verwenden noch heute die meisten Forscher römisch-rechtliche Kategorien wie z. B. *editio actionis,* auch wenn sie vom hellenistischen Prozeß sprechen.[41]

3.4. Ladung zur Hauptverhandlung

Fraglich war bisher, ob für die Hauptverhandlung vor dem Dikasterion eine amtliche Ladung erfolgt. Die neuen, auf dem Verso ausdrücklich als ἐγκλήματα bezeichneten Vorladungen geben keinen Hinweis darauf, und in als δίκην γράφεσθαι bezeichneten Vorgang sah man eine private Ladung, die man mit der *editio actionis* verglich. Damit werden ältere Theorien hinfällig, denn auch die früher bekannten Zeugnisse geben keine Auskunft über eine amtliche Ladung.

Mitteis meinte, daß die Ladung vor das Dikasterion in Ägypten nach dem Vorbild der privaten attischen πρόσκλησις erfolgt sei,[42] ebenso auch Berneker, der durch P.Hal. 1 schon etwas mehr Material als Mitteis kannte. Beide sahen in der privaten Ladung durch den Kläger zusammen mit den Ladungszeugen einen ersten Schritt der Prozeßeinleitung. Aber nach Berneker wurde „auf diese Weise --- der Beklagte „nur geladen, um dem δίκην γράφεσθαι, dem Akte der formellen Klageerhebung bei Gericht anzuwohnen“.[43] Diese Theorie war von Boyé suggeriert worden, doch es war Berneker, der sie entwickelt hat, vor allem aufgrund der seinerzeit neuen Publikation von P.Petrie III 21 (g)[44] durch Smyly,[45]

---

[41] So findet sich z. B. bei Mitteis, „Neue Urkunden 1908“, S. 470 die Übersetzung „Edition der Klage“. Mitteis vergleicht das δίκην γράφειν mit der *in iure*-Phase des römischen Formularprozesses; so auch Berneker, *Prozeßeinleitung*, S. 98–101; Kaltsas, P.Heid. VIII, S. 17. Nur Armoni, P.Köln XIV, S. 37 schreibt richtig „die sogenannte *editio actionis*“.

[42] Mitteis, *Grundzüge*, S.16–17.

[43] Berneker, *Prozeßeinleitung*, S. 95–96.

[44] P.Petrie III 21 (g) = M.Chr. 21,12–35; Duplikat: P.Gur. 2,12–35 = Sel.Pap. II 256, mit diesem vereinigt zu CPJ I 19.

[45] Boyé, La *denuntiatio*, S. 102; Berneker, *Prozeßeinleitung*, S. 99.

wo es Z. 31 heißt: ἡ δὲ δίκη σοι γραφήσεται ἐν τῶι δικασ[τηρίωι. In P.Gur. 2,33–35: καὶ τὸ ἔγκλημα ἔ[χ]εις κληθεῖσα ἐνωπία· κ[λήτορες (es folgen die Namen) sieht Berneker eine Bestätigung dafür, daß es eine Ladung in zwei getrennten Aktionen gab, zuerst die κλῆσις und dann die Zustellung des ἔγκλημα an den Beklagten, wobei er im Falle von P.Hib. I 30 (d),25–27: ἡ δίκη σοι ἀναγραφήσετ[α]ι ἐν | [τῶι ἐν Ἡρ]ακλέους πόλει δικαστηρίωι | [ἐ]νῴπιον [. . . . . ἔ]κ̣πλωι δι' Ἐπιμένους in dem abschließenden Vermerk von zweiter Hand eine Beteiligung des Gerichts an der Zustellung der Ladung an den Beklagten sieht. Die Graeca Halensis schloß aus P.Petr. III 21(g),12: „Aufgrund des ἔγκλημα --- erfolgte dann das δίκην γράφεσθαι"; sie sah also auch zwei Schritte: zuerst die Ladung durch das Enklema, danach die Ladung durch das δίκην γράφεσθαι, was in der Übersetzung an den einschlägigen Stellen mit „Klage bei Gericht einreichen" u.ä. wiedergegeben wird.[46]

Zu der später stattfindenden Hauptverhandlung wurden nach Berneker beide Parteien von Amts wegen vorgeladen; das schließt er aus P.Gur. 2,46–49: [. . συντάσσει ἐὰν δὲ] ἀμφοτέρων τῶν ἀντιδίκων [κληθέν|των ἐν τῶι δικαστ]η̣ρ̣ί̣ω̣ι̣ ἑκάτερος οὖν αὐτῶν μὴ βούλη[ται γραπ|τὸν λόγον θέσθαι κτλ.[47] Aber κληθέντων ist ergänzt, und außerdem geht es hier um das Nichterscheinen vor Gericht; deshalb schlägt Wolff, *Justizwesen*, S. 25, Anm. 19 (= BL V 39) eine andere Ergänzung für P.Gur. 2, 46–47 vor: ἐὰν δὲ] ἀμφοτέρων τῶν ἀντιδίκων [τοῦ μὲν παρόντος, τοῦ δὲ μὴ παρόντος ἐν τῶι δικαστ]ηρίωι ἑκάτερος οὖν κτλ. Auch aus Wolffs Ergänzung geht hevor, daß beide Parteien hätten erscheinen sollen.

Meiner Meinung nach ist es ohnehin fraglich, ob die Ladung vor das Dikasterion in P.Gur. 2 eine amtliche Ladung war, denn selbst wenn die Ergänzung von κληθέντων richtig ist, geht das daraus nicht hervor. Abgesehen davon, daß die Bedeutung von δίκην γράφεσθαι aus diesem Text nicht klar hervorgeht, ist er auch nicht geeignet, die normalen Rechtsfälle des Dikasterions generell zu erklären.

Berneker entwickelt in seiner Behandlung der Einleitungsphase des Prozesses eine „komplizierte Theorie"[48] zum Auftritt des Klägers und des Beklagten vor Gericht, wonach die mündliche Ladung von der Ladung durch Zustellung eines Schriftstücks unterschieden wird.[49] Berneker macht einen Unterschied zwischen der mündlichen Ladung, der κλῆσις, und der Ladungsschrift, dem ἔγκλημα. Das Enklema sei dem Gericht vom Kläger nach der mündlichen Vorladung einge-

[46] Siehe dazu Kap. 3.5.2.

[47] Das Folgende, .] . . . .ορην ἢ ἀποδέχ̣[ε]σθαι ἢ συ̣θασθαι [. . . . . . .] | [±10 κρινέ]τωσαν ἀδικῆσαι, ἀπεδικάσαμεν τ[ὴν δίκην], ist sehr zerstört und bleibt trotz verschiedener Verbesserungsvorschläge unklar. Siehe dazu zuletzt ausführlich Kaltsas, Einleitung zu P.Heid. VIII 412, S. 11–12.

[48] Kaltsas, P.Heid. VIII, S. 17.

[49] Berneker, *Prozeßeinleitung*, S. 95–101.

reicht und erst nach der Zustellung protokolliert worden; danach sei die Ladung von Amts wegen vorgenommen worden. Ausgangspunkt für Bernekers Rekonstruktion war P.Hib. 30 (d). Es gibt jedoch keine direkte Evidenz für dieses sehr komplizierte Verfahren.[50]

In den Papyri ist bisher nur die Form der privaten Ladung durch das ἔγκλημα bzw. die κλῆσις bezeugt; dabei ist in der Regel das ἔγκλημα, wie die neuen Vorladungen bestätigen, das Schriftstück und die κλῆσις der Vorgang der Ladung, die vocatio, die im attischen Recht πρόσκλησις hieß. Allerdings ist auch κλῆσις bisher zweimal als Bezeichnung für eine schriftliche Vorladung bezeugt, in SB III 7267 τὴν κλῆσιν κομίσῃς αὐτοῖς wie Kaltsas überzeugend nachgewiesen hat,[51] und in P.Hamb. II 168,15 τἀṿτίγραφα | [τῶν ἀποδεδο]μένων κλήσẹων. Daneben begegnet mehrfach der Ausdruck δίκην γράφεσθαι, der ebenfalls die private Ladung bezeichnet, dessen Bedeutung aber in der Kombination mit dem Zusatz ἐν τῷ δικαστηρίῳ bisher unklar geblieben ist.

Anhand der Quellen, die uns zur Verfügung stehen, ist es also nicht möglich, eine amtliche Ladung vor das Dikasterion zu bestätigen. Sie erfolgt jedenfalls nicht durch den Vorgang des δίκην γράφεσθαι.

3.5. Exkurs zu δίκην γράφεσθαι[52]

3.5.1 δίκην γράφεσθαι in literarischen Quellen

Um für die Bedeutung dieses Ausdrucks etwas mehr Klarheit zu gewinnen, stellen wir im folgenden zuerst die griechischen und lateinischen Testimonien für den Ausdruck δίκην γράφεσθαι bzw. dicam scribere zusammen, um sie in ihrem Kontext zu vergleichen. Dann folgen die Zeugnisse in den Papyri und

---

[50] Die Theorie von Berneker ist kaum kommentiert worden, obwohl sein Werk die letzte Arbeit ist, die dem Vorgang der Prozeßeinleitung gewidmet ist, und Wolff sich auf andere Fragen konzentriert hat. Allein Foti Talamanca, *Ricerche sul processo*, S. 7–11 hat sich dazu geäußert. Sie fragt sich, wozu die private klesis in einem System dienen sollte, in dem gleichzeitig eine offizielle Ladung existierte, in der auf die eine oder andere Weise das Gericht oder irgendein Beamter beteiligt war (S. 9, Anm. 25). Auch sieht sie keinen Unterschied zwischen der πρόσκλησις bzw. κλῆσις und der Bekanntgabe des enklema zusammen mit der Mitteilung des Datums der Gerichtsverhandlung undäußert Zweifel an Bernekers Interpretation der Quellen. Sie wendet ein, daß diese nur die private Ladung bezeugen (P.Gur. 2, 12–35) und daß in P.Gur. 2,46–49 keine offizielle Ladung festgestellt werden kann. Aus P.Hib. 30 (d) und P.Gur. 2, 12–35 geht nur „la notificazione privata, dinanzi a testimoni, dell'enklema con indicazione della data di comparizione" hervor. Siehe die eingehende Kritik a.a.O., Anm. 26.

[51] Mit ausführlicher Begründung in P.Heid. VIII, S. 3, Anm. 2 gegen Berneker, *Prozeßeinleitung*, S. 99 Anm. 2.

[52] Von B. Kramer.

schließlich die Behandlung der umstrittenen Formulierung δίκην γράφεσθαι ἐν τῶι δικαστηρίωι.

Wenn wir die wenigen griechischen Textstellen betrachten, so fällt als erstes auf, daß der in der juristischen Literatur verbreitete Ausdruck „δίκην γράφειν" gar nicht belegt ist; es gibt nur δίκην γράφεσθαι im Medium oder Passiv. Es finden sich auch nur vier Belegstellen, zwei aus der klassischen und eine aus der hellenistischen Zeit. Isokr. XVIII 12 [In Callimachum]: πείσας δὲ τὴν ἀρχὴν πάλιν τὴν αὐτὴν δίκην ἐγράψατο.[53] In den Wolken des Aristophanes fragt Sokrates den Strepsiades, wie er sich einer eventuellen Klage um fünf Talente entziehen würde, *Nubes* 758–9: Εἴ σοι γράφοιτο πεντετάλαντός τις δίκη, | ὅπως ἂν αὐτὴν ἀφανίσειας εἰπέ μοι. Nach verschiedenen Gedankenspielen antwortet Strepsiades, Nubes 770–772: ὁπότε γράφοιτο τὴν δίκην ὁ γραμματεύς, | ἀπωτέρω στὰς ὧδε πρὸς τὸν ἥλιον | τὰ γράμματ' ἐκτήξαιμι τῆς ἐμῆς δίκης. Strepsiades würde sich von seinem gegenwärtigen Standort weiter weg, ganz nah an die Sonne stellen und die Klageschrift (mit dem zuvor erwähnten Brennglas) schmelzen lassen. Aus der Aristophanesstelle geht hervor, wer die δίκη in Athen verfaßt: Es ist der γραμματεύς des Archon;[54] aber wir wissen nicht, durch wen und bei welcher Gelegenheit sie dem Beklagten zugestellt wird. Daß im alten Athen die Klage auf einer Wachstafel übermittelt wird, bringt den komischen Effekt hevor, daß man sie zusammen mit dem Wachs einfach dahinschmelzen lassen kann. Bei Menander, Fr. 824 Kassel-Austin = Fr. 601 Koerte findet sich der pietätvolle Spruch: δίκας γραφόμενος πρὸς γονεῖς μαίνει, τάλαν, „Wenn du eine Klage gegen die Eltern einreichst, bist du des Wahnsinns, Unseliger!"

Aus Menander wiederum haben als erste die römischen Dichter Plautus und Terenz den Ausdruck übernommen, wobei sie natürlich im Lateinischen das Aktiv verwenden. Mit einem Prozeß vor dem Praetor wird bei Plautus, *Aul.* 760 gedroht: iam quidem hercle te ad praetorem rapiam et tibi scribam dicam. Um Ladung vor den Praetor geht es auch in Pautus, Persa 745–746: Quid me in ius vocas? / Illi apud praetorem dicam. sed ego in ius voco. --- 750 Sine dicam. --- 752 sequere hac, me gnata, me usque ad praetorem. Ein Prozeß wird angekündigt bei Plautus, *Poen.* 800: cras susscribam homini dicam und bei Terenz, *Phormio* 127: Ego te cognatum dicam et tibi scribam dicam; vgl. 329 scriptam dicam; 668 scribito iam mihi dicam. Cicero, Verr. II 2,15: scribito Heraclio dica,

---

[53] Nach Lipsius, *Das attische Recht* I, S. 263–264 mit Anm. 1 bedeutet der Ausdruck γράφεσθαι δίκην im attischen Recht einfach „eine Privatklage anstellen"; dabei verweist er auf diese Isokratesstelle.

[54] Kock, der ἐγγράφοιτο druckt, kommentiert außer der Verbform den Inhalt von V. 770: „Die Klagschrift 'wurde, wenn sie angenommen war, entweder ganz oder wenigstens im Auszuge, *von dem Schreiber der Behörde auf eine Tafel geschrieben* und bei dem Amtslocale öffentlich ausgehängt, damit jeder, der etwa dabei interessiert sein mochte, Kunde davon erhalten könnte.' Schömann." Gemeint ist offenbar Georg Friedrich Schömann, vgl. Hermann/Meier/Schömann, *Der attische Process*.

hat denselben juristischen Fachterminus verwendet, der aus dem Griechischen teils entlehnt (*dicam*), teils übersetzt (*scribere*) ist.

Die Römer konnten das Verb γράφεσθαι nicht wörtlich übersetzen, weil es im Lateinischen das *genus verbi* des Mediums nicht gibt. Mitteis wiederum hat *dicam scribere* offenbar wörtlich ins Griechische zurückübersetzt, was δίκην γράφειν ergab,[55] und nachfolgende Juristen[56] haben diese Form übernommen.

3.5.2. δίκην γράφεσθαι in den Papyri

Auch in den Papyri sucht man den Ausdruck „δίκην γράφειν" vergeblich; denn auch hier sind nur Medium und Passiv δίκην γράφεσθαι bezeugt. Nach den beiden schon mehrfach zitierten P.Petr. III 21 g,31: ἡ δὲ δίκη σοι γραφήσεται ἐν τῶι δικασ[τηρίωι] und P.Hib. I 30 (d),25–26: ἡ δίκη σοι ἀναγραφήσετ[α]ι ἐν | [τῶι ἐν Ἡρ]ακλέους πόλει δικαστηρίωι kam 1913 noch P.Hal. 1 mit vielen Belegen hinzu, die die Graeca Halensis mit „Klage einreichen, Klage einbringen, Klage erheben"; mit Gen. „auf etwas klagen" übersetzt hat; vgl. P.Hal. 1,29–31: γραφέσ|θω δίκην αὐθημερὸν ἢ τῆι [ἐπο]μένηι ἡμιολίου | τοῦ τιμήματος τοῦ ἐν τῶι [ἐν]κλήματι ὄντος, „soll er die Klage am selben oder am folgenden Tag einreichen, lautend auf das Anderthalbfache des in der Klagschrift (des Hauptprozesses) angegebenen Streitwertes".[57] P.Hal. 1,45–46: ἐὰν δέ τις --- γράψηται | δίκην κατὰ τὸ διάγραμμα, „wenn jemand --- eine Klage gemäß der Prozeßordnung einreicht"; P.Hal. 1,57: γρ[αψ]άμενος δίκην, „mit der Klage"; P.Hal. 1,74: γραφέστωσαν (l. γραφέσθωσαν) οἱ ἀντίδικοι τὰς δίκας, „es sollen die Gegner ihre Klagen --- einreichen"; P.Hal. 1, [115]: ἐὰν δέ τ[ις γραψάμενος δίκην . . . . . .], „wenn jemand, der eine Klage --- eingebracht hat"; P.Hal. 1, [117–118]: ὅσοι δ' ἂν | γρ[αψάμενοι δίκας, „wer aber, nachdem er eine Klage --- eingebracht hat"; P.Hal. 1,127–121: ἐὰν δ[έ] τινες μὴ ἐν τοῖς αὐτοῖς δικαστηρίοις γράψωνται δί|κα[ς ἀλλήλοις, „wenn aber Parteien ihre Klagen gegeneinander nicht bei demselben Gericht einreichen"; P.Hal. 1,128: καὶ ἐάν τ[ινες] | δίκας γράψωνται, „wenn jemand --- Klage erhebt"; P.Hal. 1,199–200: ἐὰν δὲ [ἀ]μφισβητῆι, γραφέσθ[ω μιᾶς πληγῆς] | δίκην ρ (δραχμῶν), „wenn er (scil. der Herr des Sklaven) es aber auf gerichtliche Entscheidung ankommen läßt, soll (der Geschädigte) für einen Schlag auf 100 Drachmen klagen". Ergänzt ist P.Hal. 1,[154]: [--- γραψάμενοι] | δίκ[ας] πρὸ τ[οῦ] ε[ἰσ]αχ[θῆ]ναι. „ehe die von ihnen erhobenen Klagen zur Verhandlung gebracht worden sind".

In den Protokollen der Gerichtsverhandlungen wird die Verlesung der Anklageschrift mit dem Hinweis auf die Entscheidung des Gerichts im Fall der einge-

[55] So z. B. Mitteis, *Grundzüge*, S. 18.

[56] Boyé, La *denuntiatio*, S. 102.

[57] Wenn der Kläger die Zeugenaussage des Hauptprozesses anfechten will.

reichten Klagen eingeleitet: κατεδικάσθη δίκη, ἣν ἐγράψατο „Es wurde die Verurteilung des Gegners laut Klageantrag erwirkt" (vgl. Preisigke, *Wörterbuch* s.v. καταδικάζω); so auch P.Petrie III 21 (a),3.9; (b).2.9; (c),5–6.[7]; (d),3.[4].[6]. 11.12.15; (f),3.9; (g),12 (s.u.): δίκη ἔρημος. κατεδικάσθη[58] ἣν ἐγράψατο ὁ δεῖνα τῶι δεῖνι,[59] später meist gefolgt von κατὰ συγγραφήν oder κατὰ τὸ ἔγκλημα τόδε. Ähnlich M.Chr. 21,11–12 (= P.Petrie III 21 [g]): τάδε ἔγνωμεν π̣[ερὶ] | [τῆς δίκη]ς, ἧς ἐγράψατο | Δωσίθ[εος Ἡρ]ακλειαι κα[τὰ τὸ] ἔγκλημα τόδε· Δωσίθεος κτλ.; Duplikat P.Gur. 2,11–12: τά[δε ἔγ]νωμεν πε[ρὶ τῆς δίκης, ἧς ἐγράψατο] | Δωσίθεος Ἡράκ[λειαι κ]ατὰ τὸ ἔγκλημ[α τόδε. Δω[σίθεος κτλ.; M.Chr. 28, 9–10 (= P.Petr. II 21 [c] 7–8): [περὶ τῆς δίκ]ης, ἧς ἐγράψατο Σώταιρος Σώσωι | [κατὰ τὸ ἔγ]κλημα τόδε. Danach hat Mitteis in M.Chr. 20 (= P.Hib. I 30 [d]) vor Z. 13 ebenfalls die Entscheidungsformel ergänzt: [τάδε ἔγνωμεν περὶ τῆς δίκης, ἧς ἐγράψατο ὁ δεῖνα κτλ.], danach folgt wie üblich das ἔγκλημα.[60]

Aus diesen Zeugnissen geht hervor, daß die δίκη, ἣν ὁ δεῖνα ἐγράψατο, d.h. die Klage, die derjeweilige Kläger eingereicht hat, den Wortlaut hat (τόδε), der anschließend verlesen wird. Der Text der δίκη γραφεῖσα ist demnach derselbe wie derjenige des Enklema.

3.5.3. δίκην γράφεσθαι ἐν τῶι δικαστηρίωι

In den bisher betrachteten Testimonien bereitet das Verständnis von δίκην γράφεσθαι, „Klage erheben, Klage einreichen" keine Probleme, weil es außerhalb des Gerichts geschieht und in den Verhandlungsprotokollen als abgeschlossener Vorgang der Prozeßeinleitung behandelt wird. Doch zwei Texte, in denen das δίκην γράφεσθαι im Gericht, ἐν τῶι δικαστηρίωι geschehen soll, bereiteten Schwierigkeiten.

Die beiden oben schon mehrfach zitierten Zeugnisse für diese Kombination sind Fragmente aus Verhandlungsprotokollen. In dem jüngeren Text von 226/225 v. Chr. aus Krokodilpolis im Arsinoites, M.Chr. 21, 32–34 (= P.Petrie III 21 [g]) und dem Duplikat P.Gur. 2,31–33 lautet der Text (nach P.Gur.): ἡ δὲ δίκη σοι γραφήσεται ἐν τῶι δικασ[τηρίωι τῶι ὄντι ἐν] | τῶι ⟦δικα[στηριωι]⟧ Ἀρσινοίτηι νομῶι οὗ εἰσαγωγεὺς Πολυδε[ύκης (ἔτους) κα μη]|[ν]ὸς Περιτ[ίου

[58] In P.Petrie III 21 (a),3.9 heißt es ἀπεδικάσθη.

[59] Wir würden den Punkt nach ἔρημος tilgen sowie hier und in den folgenden Zitaten vor dem Relativpronomen ein Komma setzen: → δίκη ἔρημος κατεδικάσθη, ἣν ἐγράψατο ὁ δεῖνα τῶι δεῖνι.

[60] Mitteis' Ergänzung in Z. 5 [δηλῶ σοι ὅτι ὀφεί]λων (δραχμὰς) τλ κα[τὰ συγγραφὴν ---] kann ebensowenig richtig sein wie diejenige in Z. 10 [δηλῶ σο]ι ὅτι ὀφείλων μοι κατὰ συνγραφὴν | [(δραχμὰς) . .κτλ. Mit ὅτι beginnt der Text der Klageschrift; davor endet mit]ι die Nomenklatur des Beklagten; siehe Hagedorn/Kramer, Komm. zu P.Thissen 5 und vgl. oben Kap. 1.2.2.

. .] καὶ τὸ ἔγκλημα ἔ[χ]εις κληθεῖσα ἐνωπία· κ[λήτορες . . . .] κτλ. und in dem älteren P.Hib. I 30 (d),25–27 (= M.Chr. 20; 282–274 v. Chr.) heißt es: ἡ δίκη σοι ἀναγραφήσετ[α]ι[61] ἐν | [τῶι ἐν Ἡρ]ακλέους πόλει δικαστηρίωι [ἐ]νώπιον | [. . . . . ἔ]κπλωι (2. Hd.) δι' Ἐπιμένους.[62] Für die die juristische Diskussion waren sie von zentraler Bedeutung; seit Mitteis beruhte die ganze Argumentation für die Rekonstruktion der Prozeßvorbereitung auf dem δίκην γράφεσθαι. Unklar war die Deutung der Angabe ἐν τῶι δι[κ]αστηρίωι.

Die Verhandlungsprotokolle halten also fest, daß zum Zeitpunkt der Hauptverhandlung beide Vorgänge abgeschlossen sind, die κλῆσις durch das persönlich überbrachte ἔγκλημα und das in diesem ἔγκλημα angekündigte δίκην γράφεσθαι, wobei der Inhalt der Dike dem Wortlaut des Enklema entspricht. Das δίκην γράφεσθαι ist also ein Vorgang im Rahmen der Prozeßvorbereitung, der den Inhalt des ἔγκλημα, also die Anklage, zum Gegenstand hat. Daraus geht hervor, daß dem Beklagten die Klageschrift ein zweites Mal präsentiert werden soll, und zwar zu einem bestimmten Zeitpunkt im Gericht. Das verwundert zunächst, denn er hat schon bei der Klesis durch den Kläger und seine Ladungszeugen das Enklema erhalten.

Solange man unter δίκην γράφεσθαι eine Form der Ladung verstand, mußte δίκην γράφεσθαι ἐν τῶι δικαστηρίωι unverständlich bleiben. Es geht bei diesem Gerichtstermin aber nicht um eine Ladung, sondern um die Erläuterung der Anklage. Dem Beklagten wird die Klage noch einmal bei einem Termin vor Gericht präsentiert und, wenn nötig, vielleicht sogar vorgelesen und umfassend erläutert. Es findet also nunmehr eine offizielle Klageerhebung durch den Kläger im Gericht statt. Dieser Vorgang kann in gewissen Weise mit der *editio actionis*, der „Bekanntgabe der Klage"[63] vor dem Praetor verglichen werden. Wenn man dies auf den attischen Prozeß übertragen kann, wird die Theorie von Mitteis schön bestätigt, aber es bleibt festzuhalten, daß sie sich aus den griechischen Quelen und nicht aus dem römischen Recht erklären läßt.

Weil die beiden Textstellen bis vor kurzem die einzigen Beispiele für Vorladungen überhaupt waren, wurde die Ankündigung des δίκην γράφεσθαι in P.Thissen zunächst vermißt.[64] Auch die anderen neuen Enklemata, die alle demselben Formular folgen, enthalten diese Formel nicht, sondern sie enden alle mit der Angabe der Ladungszeugen.[65]

---

[61] Auffällig ist, daß in den beiden Texten zwei verschiedene Verben gebraucht werden, δίκην γράφεσθαι und δίκην ἀναγράφεσθαι. Sie müssen sich aber beide auf die Klageschrift beziehen; um die Registrierung kann es hier nicht gehen.

[62] In dem Namen hatte Berneker, *Prozeßeinleitung*, S. 98–99 einen Beamten gesehen.

[63] So übersetzen Behrends/Knütel/Kupisch/Seiler, *Digesten*, D. 2,13,1.

[64] Hagedorn/Kramer, P.Thissen, Einleitung, S. 221 und Komm. zu Z. 26–33, S. 228; dazu Armoni, P.Köln XIV 561 Einleitung, S. 38 mit Anm. 10.

[65] Siehe dazu oben Kap. 1.5.

Wie kommt der Satz in die Klageschriften, die die in den Protokollen zitiert werden? Die Abfassung der Klageschrift und die Übergabe der privaten Ladung an den Beklagten in Gegenwart der Ladungszeugen waren die ersten Schritte, mit denen die Prozeßeinleitung in Gang kam. Eine Möglichkeit der Prozeßvorbereitung könnte es gewesen sein, die besagte Formel in eine Abschrift der Klageschrift einzufügen (M.Chr. 21,32–34 = P.Petrie III 21 [g] ≈ P.Gur. 2,31–33) oder an sie anzuhängen (P.Hib. I 30 [d],25–27 = M.Chr. 20), um dem Beklagten den Termin der Klageerhebung mitzuteilen.

Die selbständigen Klageschriften enthalten den Passus jedoch, wie gesagt, nicht. Oben in Kap. 1.5. war erwogen worden, dass die gerichtlich mit Signalements und Registrationsvermerk bearbeitete Abschrift als Grundlage für die Klageerhebung im Gericht dienen konnte. In diesem Falle dürfte es keine Gelegenheit gegeben haben, noch einmal schriftlich auf diesen Termin hinzuweisen.

Man könnte daher annehmen, daß in den Vorladungen des 2. Jahrhunderts bewußt auf die Formel verzichtet wurde; das wäre vielleicht damit zu erklären, daß man ein umständliches Verfahren, das man im 3. Jahrhundert v. Chr. praktiziert hatte, später aufgegeben hat. Die Gerichtstermine könnten durch Aushang bekanntgegeben oder den Beteiligten mündlich übermittelt worden sein. Letztlich könnte es auch eine Gepflogenheit der Gerichte im Arsinoites gewesen sein, die im Herakleopolites nicht üblich war. Für alle diese Hypothesen mangelt es uns an Belegen.

3.6. Die Beweisaufnahme (Anakrisis)

Im alten Athen gab es, nachdem die Klage eingereicht und die Ladung überbracht war, vor der Hauptverhandlung im Dikasterion noch einen als ἀνάκρισις bezeichneten Vorgang, bei dem die Prozeßparteien zusammenkamen, um dabei die Möglichkeit zu einem außergerichtlichen Vergleich und gegenseitiger Befragung zu nutzen. Dieses als Anakrisis bezeichnete Verfahren diente der Vorbereitung der Beweisaufnahme für die Hauptverhandlung im Dikasterion.[66] Der Terminus, der eigentlich nur die „Befragung“[67] bezeichnet, wurde von den Rechtshistorikern auf die gesamte Vorbereitungsphase des Prozesses übertragen.

Das Vorverfahren der Anakrisis, das in Athen vor dem Gerichtsmagistrat, d.h. den Archonten, durchgeführt wurde, diente zur Vorbereitung des Hauptverfahrens vor dem Gericht und besonders zur Vorbereitung und Bereitstellung der

[66] Thür, „Anakrisis“.

[67] Der Terminus hat den Sinn „Befragung“ sowohl im Kontext des Prozesses (vgl. RIJG 29, S. 200–201) als auch außerhalb desselben, siehe dazu Lemosse, *Cognitio*, S. 29–30.

Beweismittel.[68] Wenn auch die Anakrisis sehr schlecht bezeugt ist, so hat man doch versucht, aus dieser Anfangsphase des attischen Prozesses Schlüsse auf den ptolemäischen Prozeß zu ziehen. Unter anderem fragte man sich, ob auch im ptolemäischen Recht die Kontrahenten vor dem Prozeß in einem Termin zur Beweisaufnahme vor dem Gericht oder vor einem Beamten erscheinen mußten.

Dabei ist zu fragen, wie das Vorverfahren ablief und ob es überhaupt legitim ist, das Schema des attischen Rechts auf die Lösung dieses Problems anzuwenden. Wenn es die Quellenlage auch schwer macht, Parallelen zwischen dem Vorverfahren im attischen und im hellenistischen Recht ziehen, so muß die Frage, obwohl von der Forschung ausführlich behandelt, dennoch erneut gestellt werden.

Trotz des Mangels an Quellen hat man in der attischen Anakrisis ein Modell gesehen, um das Vorverfahren im Prozeß vor dem Dikasterion in der ägyptischen Chora zu erklären. In Thürs Worten war dieses Vorverfahren ein Instrument der „Abgrenzung und Vorbereitung des Prozeßstoffes für die Verhandlung".[69] Unsere mangelhafte Kenntnis der Anakrisis sowohl im attischen Prozeßrecht als auch im Recht der ptolemäischen Papyri macht einen Vergleich allerdings schwierig.[70]

---

[68] Harrison, *Law*, S. 94–105; Thür, *Beweisführung*, S. 76–77; 154–158; Thür, „Anakrisis".

[69] Thür, *Beweisführung*, S. 76–77.

[70] Eine interessante Methode zur Bereitstellung der in der Verhandlung zu verwendenden Beweise ist bei Aristoteles, *Ath. Const.* 53,2–3 überliefert, die sowohl mit der Anakrisis als auch mit dem öffentlichen Schiedsgericht verbunden wird (vgl. Harrison, *Law* S. 66–68; MacDowell, *Law*, S. 207–208): ἂν δ' ὁ ἕτερος ἐφῇ τῶν ἀντιδίκων εἰς τὸ δικαστήριον, ἐμβαλόντες τὰς μαρτυρίας καὶ τὰς προκλήσεις καὶ τοὺς νόμους εἰς ἐχίνους, χωρὶς μὲν τὰς τοῦ διώκοντος, χωρὶς δὲ τὰς τοῦ φεύγοντος, καὶ τούτους κατασημηνάμενοι, καὶ τὴν γνῶσιν τοῦ διαιτητοῦ γεγραμμένην ἐν γραμματείῳ προσαρτήσαντες, παραδιδόασι το[ῖ]ς δ̅ τοῖς τὴν φυλὴν τοῦ φεύγοντος δικάζουσιν. οἱ δὲ παραλαβόντες εἰσάγουσιν εἰς τὸ δικαστήριον, τὰ μὲν ἐντὸς χιλίων εἰς ἕνα καὶ διακοσίους, τὰ δ' ὑπὲρ χιλίας εἰς ἕνα καὶ τετρακοσίους. οὐκ ἔξεστι δ' οὔτε νόμοις οὔτε προκλήσεσι οὔτε μαρτυρίαις ἀλλ' ἢ ταῖς παρὰ τοῦ διαιτητοῦ χρῆσθαι ταῖς εἰς τοὺς ἐχίνους ἐμβεβλημέναις. Danach wurde also das Beweismaterial (Zitate von Gesetzen, Dokumente und Erklärungen von Zeugen, die mindestens seit dem 4. Jh. v. Chr. in schriftlicher Form vorlagen) in zwei gesiegelten *echinoi* deponiert und aufbewahrt (siehe dazu auch Rhodes, *Commentary*, S. 590). Dabei ist immer noch fraglich, ob es auch dann, nachdem die versiegelten echinoi dem Gericht übergeben worden waren, noch gestattet war, zusätzlich neue Beweise beizubringen.

Es gibt eine alte Diskussion darüber, ob dieses Vorverfahren bei allen Prozessen existierte oder nur beim Schiedsgericht. Lipsius (*Recht* III, S. 867) nimmt an, daß man die Beschreibung des Aristoteles auch auf andere Fälle anwenden kann; Bonner, *Athenian Courts*, S. 48 gibt zu bedenken, daß außerhalb des Schiedgerichts keine *echinoi* bezeugt sind, wenngleich er nicht völlig ausschließt, daß sie in anderen Prozessen verwendet wurden. Harrison, *Law*, S. 96 beschränkt den Gebrauch der *echinoi* auf das Schiedsgericht. Thür jedoch spricht im Zusammenhang mit der Anakrisis von einer Vorbereitungsphase für alle Prozesse vor dem Dikasterion (Thür, „Anakrisis": „Alles vor dem Dikasterion zu verwendende Beweismaterial wird in zwei Tonbehältern gesammelt"). Ein Deckel eines solchen Tonbehälters (ἐχῖνος) samt Inschrift, in der eine Zeugenaussage

Die Frage, ob es nach der Sammlung der Beweise während der Prozeßvorbereitung noch möglich war, neue Beweise in der Hauptverhandlung zu präsentieren, ist bis heute nicht beantwortet.[71]

Auch wenn ein Beweis vorbereitet war, bedeutet das nicht notwendigerweise, daß wir alle Regeln für seine Vorlage in der Hauptverhandlung kennen. Die Verlesung der Beweise in der Hauptverhandlung bedeutet wiederum nicht, daß sie in der Phase der Anakrisis vorbereitet worden wären; sie können auch auf andere Weise wie etwa durch Verteilung der Dokumente vor der Sitzung eingebracht worden sein.

Alle diese Kritikpunkte an der Anakrisis im attischen Recht helfen uns nicht, den ptolemäischen Hintergrund unserer Quellen zu verstehen, aber sie zeigen, wie schwierig es ist, Hypothesen ohne ausreichende Quellenbasis aufzustellen.[72]

In den Papyri ist die Anakrisis lediglich in zwei Privatbriefen aus dem Zenonarchiv (Philadelphia; 240 v. Chr.) ausdrücklich erwähnt, PSI IV 392,2 (Philadelphia; Ars.; 2.3.241 v. Chr.): τῆς ἀνακρίσεως ἡμῶν γεγενημένης κατὰ λόγον καὶ

(διαμαρτυρία) im Vorfeld der Anakrisis zitiert wird, wurde kürzlich erstmals publiziert von Boegehold, „A Lid with Dipinto"; Neued. mit Komm. von Soritz-Hadler, „Echinos", (SEG XXXVI 296 = IG II^2; Athen; sp. 4. Jh. v. Chr.): [ἔνεστι : τά]δε : τέτταρ[α : τῶ]ν̣ ἐκ[: τῆς :]| [ἐπιδικασίας : δ]ιαμαρτυρία : ἐξ ἀνακρίσεως [:] | [νόμος : ἐπικλήρω]ν κακώσεω[ς : μαρτυρία(ι) :] | [γραφαὶ : ἀντ]ιδί[κων : Name]ρ : ἐπέθ̣[ηκεν] | Name | Name. Thür hat sich später mit dieser Inschrift beschäftigt (Thür, „Sackgasse?", bes. S. 328 und ders., „The Role of the Witness", S. 156–157 mit Anm. 32) und bestätigt erneut zu Recht, daß durch diese Inschrift deutlich wird, daß diese Vorbereitung des Beweises sowohl beim öffentlichen Schiedsgericht als auch bei der Anakrisis des normalen Prozesses angewendet wurde. Nach Todd, *Athenian Law*, S. 129, geht aus der Wendung ἐξ ἀνακρίσεως (Z. 2) nicht hervor, ob es um ein Schiedsgericht oder einen Prozeß geht, da auch seiner Meinung nach der echinos sowohl für Dokumente des öffentlichen Schiedgerichts zur Anwendung kam als auch für solche der Anakrisis des Prozesses. Wallace, „Diamarturia", S. 100 lehnt die Lesung ohne Begründung ab, ebenso Cossa, „Brevi riflessioni", S. 765–766, Anm. 80. Auf alle Fälle ist es offensichtlich, daß der Beweis im Vorfeld vorbereitet wurde, unabhängig davon, ob er in einem Schiedsgericht oder bei einem anderen Vorgang verwendet wurde.

[71] Das ist das Hauptproblem für Bonner, (*Athenian Courts*, S. 40–41; Bonner/Smith, *The Administration of Justice*, S. 285–289), Lämmli, (*Prozeßverfahren*, S. 17) und Lemosse (*Cognitio*, S. 31), die behaupten, daß auch nach der Anakrisis noch neue Beweise vorgelegt werden durften, aber ihre Begründung basiert nur auf Isokr. XVIII 52–54 (*In Callimachum*), wo der Beklagte eine Sklavin vorführt, die er angeblich ermordet hatte. Der Fall darf aber meines Erachtens nicht mit unseren Dokumenten verglichen werden, da es in der Rede *In Callimachum* um einen strafrechtlichen Fall geht und wir privatrechtrechtliche Prozesse behandeln. Dazu vgl. auch Thür, „Fairness", bes. S. 137: „Ein durch echinoi kontrolliertes Neuerungsverbot kann natürlich nur für 'Schriftstücke' gelten, die vom Schreiber vor Gericht verlesen werden. Aus diesem Grund ist das leibhaftige Vorzeigen der angeblich getöteten Sklavin im Blutprozeß (Isokr. 18,52) ... für unser Thema irrelevant." Talamancas Antwort darauf (ibid., bes. S. 151): „Anch'io penso che il sistema dell'echinos si praticasse tendezialmente in tutti i processi".

[72] Vgl. Lämmli, *Prozeßverfahren*, S. 74–125. Die Kritik von Lämmli konzentriert sich auf den attischen Prozeß.

ἐπιδεδομένης εἰς αὐλήν[73] und P.Mich. I (= P.Mich. Zen. = C.Pap. Jud. I 127a; Febr./März ca. 240 v. Chr.) 55,20–26: καὶ τὴν ἀνάκρισιν τὴν ὑπὲρ | αὐτοῦ γεγραμμένην, ἣ καὶ | ἐπέλυεν αὐτὸν πάντων τῶν ἐπικληθέντων εἶχεν ἤδη Δωσί|θεος ὁ ὑπομνηματογράφος, ἵνα | ὁ βασιλεὺς ἐπαναγνῶι πρὸ τοῦ | ἀφεθῆναι \`αὐτόν´. Der als πρὸς ταῖς ἀνακρίσεσι bezeichnete Beamte ist in der Landliste P.Tebt. I 86,1–2 (spätes 2. Jh. v. Chr.) offenbar als Anrainer verzeichnet: β[ορ-] ρ̣[ᾶ] Ἀπολλώνιος ὁ πρὸς | ταῖς ἀνακρ[ί(σεσι); derselbe auch in Z. 3.[74] Hier scheint das Königsgericht eine Rolle zu spielen.[75] Beide Dokumente betreffen jedoch nicht das im Dikasterion verhandelte Privatrecht, sondern die königliche Kognition im Strafrecht, vermutlich wegen Fiskalvergehen. Dann kann auch der zuständige Beamte nicht der Eisagogeus sein.[76] Im Zusammenhang mit den Dikasterien kennen wir bisher keinen Beleg für das Wort ἀνάκρισις.[77]

Aufgrund der Papyruszeugnisse hat die *Graeca Halensis* die Anakrisis durch das Dikasterion auch für das ptolemäische Recht in Ägypten postuliert. Denn in dem Terminus ἀρχή in P.Hal. 1,225–226: [ὁ] δὲ κληθεὶς μαρτυρείτω ἐ[π]ὶ [τῆ]ι | ἀρχῆι καὶ ἐπὶ τ[ῶι] δικαστηρίωι hat sie für Alexandria[78] einen „Beamten, der den Prozeß instruiert",[79] gesehen.[80] Demnach hatten die Eisagogeis die Anakrisis zu leiten.[81] Obwohl wir bisher keine direkten Zeugnisse von der Tätigkeit des Eisagogeus hatten, war immer schon damit gerechnet worden, daß er vor allem in der Phase der Prozeßvorbereitung eine wichtige Rolle gespielt hat.[82] Die neuen

---

[73] Im Komm. zur Stelle heißt es: „L'istruttoria gli era favorevole (cfr. Dikaiom. p. 32). Ma non sappiamo di che natura fosse la vertenza di Hermokrates, che dall'uffizio d'istruzione preliminare (cioè dal funzionario che è detto ὁ πρὸς ταῖς ἀνακρίσεσι PTebt 86,1.3 Peisigke *Sammelbuch* 1568,2 sq.) passava, seconda la procedura normale, al re."

[74] Im Komm. zu Z. 2 heißt es: „This judicial office is not known from other sources."

[75] Berneker, *Prozeßeinleitung*, S. 37.

[76] Zur Anakrisis in den genannnten Papyri siehe Wolff, *Justizwesen*, S. 6–7.

[77] Wolff, *Justizwesen*, S. 6–7.

[78] Die Gesetzgebung für Alexandria ist zweifellos, wie oben schon gesagt, auf die Chora übertragbar. So meinte auch Wolff; siehe oben Kap. 2.1, S. 22.

[79] Graeca Halensis, *Dikaiomata* S. 128, Komm. zu P.Hal. 1,225–6; weiterhin ibid.: „Unterstützt wird diese Auffassung dadurch, daß auch die griechischen Gerichtshöfe in der ägyptischen χώρα einen solchen Instruktionsbeamten gehabt haben." Im folgenden geht der Komm. auf die εἰσαγωγεῖς in den Zehnmännergerichten ein: „Wir haben oben S. 32 (vgl. auch S. 56) für die Chrematisten wie für das Zehnmännergericht der χώρα die εἰσαγωγεῖς als diejenigen Instanzen charakterisiert, die den Prozeß zu instruieren und im besonderen die ἀνάκρισις zu führen hatten." Vgl. auch P.Hal. 1,39–43: P.Hal. 1, 39–40: ἀπὸ μὲν | τοῦ δικαστηρίου ἐπιφερέτω ὁ [εἰσ]αγωγεὺς ἐπὶ | τὴν τοῦ ψευδομαρτυρίου κτλ.

[80] Siehe auch Hellebrand, *Prozeßzeugnis*, S. 77 und Anm. 249.

[81] P.Hal. 1 S. 32. Vgl. auch Kaltsas, P.Heid. VIII, S. 55 mit Anm. 77.

[82] Diese Frage ist jedoch unabhängig von der Frage, ob es auch im ptolemäischen Prozeßrecht eine Anakrisis nach attischem Vorbild gab. Lemosse, *Cognitio* S. 68, vertritt eindeutig die Ansicht, daß im ptolemäischen Ägypten der Eisagogeus die Aufgabe hatte, den Prozeß in Gang zu bringen. Er bestreitet jedoch, daß es in der Ptolemäerzeit eine der athenischen Anakrisis entsprechende

Quellen bestätigen, daß Vorgänge der Prozeßvorbereitung wie die Prüfung der Beweisurkunden durch den Eisagogeus erfolgten.[83] Gestützt auf dieselbe Textstelle P.Hal. 1,225–125 meinte Hellebrand, zwei Phasen der Beweisaufnahme rekonstruieren zu können, die eine, die Anakrisis, in der Vorbereitungsphase vor der Behörde (der ἀρχή), also vor dem Eisagogeus, und die zweite vor den Richtern des Dikasterions in der Hauptverhandlung.

Wie auch immer, ob man in Ägypten dem attischen Vorbild der Anakrisis folgte oder nicht, in jedem Falle ist klar, daß die Beweisaufnahme in der Phase der Prozeßvorbereitung geleistet werden mußte,[84] und die neuen Quellen erlauben es anzunehmen, daß dies im Büro des Eisagogeus geschah. Im Darlehensprozeß, der im Wesentlichen auf dem Dokument, dem Darlehensvertrag, basiert, war die Rolle der Richter und die der Hauptverhandlung vermutlich weniger wichtig als die des Eisagogeus und seines Büros. Dort nämlich wurden alle prozeßvorbereitenden Arbeiten geleistet und sowohl die Anklageschrift als auch die Beweise vorbereitet, die in der Hauptverhandlung Verwendung finden sollten.

Wie wir unten sehen warden,[85] wurde in Athen vom 4. Jh. an die Beweisaufnahme schriftlich vorbereitet. Der Zeuge mußte sich vor dem Gericht präsentieren, um seine Aussage zu bestätigen oder auch nicht, was auch passieren konnte, wie aus IPArk 17 hervorgeht.[86] Für das ptolemäische Prozeßrecht hatte Wolff bezweifelt[87], daß der Zeuge persönlich vor dem Dikasterion erscheinen mußte, um seine Aussage zu bestätigen. Nach den neuen Quellen ist es jetzt offensichtlich, daß die prozeßrelevanten Dokumente und die Zeugenaussagen – zumindest diejenigen von Syngraphophylakes – im Dikasterion bearbeitet wurden. Stil, Struktur und Terminologie deuten darauf hin, daß sie von professionellen Gerichtsschreibern aufgesetzt wurden, aber das von zweiter Hand

---

Vorbereitungsphase gab. Für Lemosse waren die Eisagogeis „veritables instructeurs" in den Chrematistengerichten, aber auch in den Dikasteria in Alexandria und in der Chora.

[83] Vgl. Kap. 1.5 und 2.2.3.

[84] Es gibt allerdings laut Bonner, *Athenian Courts*, S. 49f. keinen Beweis dafür, daß es notwendig war, die Zeugenaussagen in der *anakrisis* vorzubereiten, sondern es habe genügt, wenn sie vor der Urteilssprechung vorlagen, vgl. Is. VI 12 (*De Philoctemonis hereditate*): Ὅτε γὰρ αἱ ἀνακρίσεις ἦσαν πρὸς τῷ ἄρχοντι καὶ οὗτοι παρακατέβαλον ὡς ὑπὲρ γνησίων τῶνδ' Εὐκτήμονος ὄντων, ἐρωτώμενοι ὑφ' ἡμῶν τίς εἴη αὐτῶν μήτηρ καὶ ὅτου θυγάτηρ, οὐκ εἶχον ἀποδεῖξαι.

[85] Kap. 5.2.

[86] IPArk 17,41–46: Οἱ̣ δὲ κα̣τὰ ἐ̣|π̣ιδέκατα κα̣τ̣[αβαλ]ό̣ν̣τες πὰρ τῶν συν̣λ̣[υτᾶν . . . τᾶς ποτ]α̣χ̣θείσ̣α̣[ς δί|κ]α̣ς καὶ τὰ̣ν̣ [ἀμέρ]α̣[ν] | [λ]α̣χόντω [φέρ]οντες ἐπ̣ὶ̣ τὸ δικαστήριο̣[ν τάς τε μαρτυρίας πάσας γεγραμ]μένας καὶ τὰ̣[ς συνγ]||[ρα]φὰς γεγρ<α>μμέ̣ν̣ας καὶ π̣[αρ]τιθέντω ἐ̣ν̣ τ̣[οῖς ἐχίνοις? ἕως κακρίνηι τὸ δικ]α̣σ̣τήριον σύνκλ̣η̣τ̣ο̣[ν· ε]||[ἰ] δέ τινες τῶ[ν τὰ]ς δίκα̣ς ἐχόντω̣ν μὴ [φέ]ρ̣ω̣[ντι πὸτ τοὺς συνλύτας γράψ]α̣ντες τὰς μ̣[αρτ]υ̣ρ̣[ία]||[ς], μὴ χρήσθω̣[ν ἐ]ν̣ τôι δ̣ικαστηρίο̣ι̣ [ἄλλαις μαρτυρίαις ἢ ταῖς πὸτ τοὺς | συ]ν̣λ̣ύτας ἀ̣ν̣δ̣ειχ̣[θείσαις]. Siehe den Kommentar von Thür und Taeuber, S. 236–240, zu Z. 42–50.

[87] Wolff, *Vorlesungen*, S. 48.

nachgetragene Signalement deutet die Intervention eines Beamten an, vor dem der Zeuge zur Aufnahme seiner Personalangaben wahrscheinlich persönlich zu erscheinen hatte. Der Urkundenhüter mußte erscheinen, um seine Identität prüfen zu lassen, den Vertrag vorzulegen und seine Aussage zu machen. Die Identität des aufnehmenden Beamten war bisher nicht eindeutig geklärt. Jetzt können wir mit ziemlicher Sicherheit sagen, daß die Schritte, die zur Vorbereitung des Prozesses erforderlich waren, im Büro und unter der Aufsicht des Eisagogeus oder sogar von diesem selbst vorgenommen wurden.[88]

[88] Die Tätigkeiten des εἰσαγωγεύς und seiner Mitarbeiter, die in unserer Dokumentation erkennbar sind, sind in Kap. 1.5 und 2.2.3 beschrieben.

4. Der Beweis

4.1. Die Syngraphe

Die Vorladungen **1–6** beziehen sich jeweils auf einen Darlehensvertrag, der allerdings in keinem der Fälle im Original erhalten ist. Dieser Darlehensvertrag war in der Form einer Sechszeugenhüterurkunde abgefaßt; denn immer, wenn der Vertrag angeführt wird, wird auf den Syngraphophylax verwiesen. Das Dokument, auf dem die Vorladung basiert, wird dementprechend im Text als συγγραφή oder συγγραφὴ δανείου bezeichnet[1] wie die meisten erhaltenen Darlehensgeschäfte.[2] Zweifellos lagen auch die Verträge selbst dem Gericht vor; denn wie wir aus **9–11** und P.Heid. VIII 414 wissen, wurden im Rahmen der Prozeßvorbereitung auch die Syngraphophylakes zur Vorlage des Vertrags und zur Zeugenaussage herangezogen. Bei dieser Gelegenheit wurde zusammen mit der Abschrift der Zeugenaussage auch eine Abschrift des zugrundeliegenden Darlehensvertrags angefertigt und dieser angefügt; das neue Schriftstück wurde amtlich bearbeitet und diente zusammen mit der Zeugenaussage als Beweis für die Rechtmäßigkeit der Klage. Aber auch aus der Rekapitulierung des Vertragsinhalts in den Vorladungen lassen sich die wesentlichen Züge des jeweils zugrundeliegenden Vertrags rekonstruieren.

Nach Mitteis ist eine Syngraphe kein besonderer Typ der Urkunde, weil der Terminus nur als allgemeine Bezeichnung für verschiedene Urkundenformen dient. Allerdings widerspricht er sich in gewisser Weise selbst durch seine Theorie von der Dispositiv-Urkunde, die auf der Syngraphe basiert, welche das

---

[1] „Syngraphé“ bezeichnet im griechischen und hellenistischen Recht nicht nur das Dokument, sondern den Vertrag an sich, d.h. die dem schriftlichen Dokument zugrundeliegende mündliche Vereinbarung; siehe dazu Kunkel „Συνγραφή, syngrapha“, Sp. 1377, welcher den Grammatiker Pollux VIII 14 (Druckfehler für 140) zitiert, der συγγραφή, συνάλλαγμα, συμβόλαιον, γραμματεῖον, συνθήκη, ἔγγραφος, ὁμολογία ἔγγραφος quasi als Synonyme in einem Zuge nebeneinandersetzt. Die Wichtigkeit, die das Vertragsdokument im hellenistischen Recht auf den ersten Blick hatte, veranlaßte u.a. Mitteis, *Reichsrecht und Volksrecht*, S. 471–474 zu seiner Theorie der Dispositivurkunden. Auf jeden Fall ist mit der Möglichkeit von mündlich geschlossenen Darlehen zu rechnen (Rupprecht, *Darlehen*, 33–35). Diese Terminologie wird von einigen abgeschwächt; z.B. von Rupprecht, der *Darlehen*, S. 49–50 auf die von Steinacker, *Die antiken Grundlagen*, S. 13 geprägte Formulierung verweist, die zwischen Dispositiv-Urkunde im engeren und im weiteren Sinne unterscheidet. Zur Dispositivurkunde siehe Kap. 5.7.

[2] Rupprecht, *Darlehen*, S. 13.

Rechtsgeschäft verkörpert.[3] Denn eine Dispositiv-Urkunde ist dasselbe wie eine Syngraphe. Wenn man diese Terminologie auf den Darlehensvertrag anwenden und die Syngraphe als Dispositivurkunde ansehen will, muß man sich dessen bewußt sein, daß das griechische Obligationsrecht nicht auf der Nichteinhaltung des Vertrags, sondern auf dem Vermögensschaden basierte.[4] Das Darlehensgeschäft kommt durch die Auszahlung zustande, nicht durch die Aufsetzung der Urkunde. Die Wendung κατὰ τὴν συγγραφήν,[5] die in dem Formular oft angeführt wird, heißt nur, daß über das Darlehensgeschäft eine Urkunde errichtet wurde, ohne daß diese weiter als „Dispositiv-Urkunde" charakterisiert würde.[6]

Die Frage der Beweiskraft der Syngraphe im Darlehensvertrag ist von Bedeutung, weil es auch fiktive Vereinbarungen gab, bei denen das Darlehen dazu diente, andere Geschäfte zu verbergen.[7]

4.1.1. Das Delikt (ἀδίκημα)

Die Syngraphe bzw. die Wiedergabe des Vertragstextes diente aber auch dazu, den Vertragsbruch, das Delikt, das den Prozeß überhaupt erst erforderlich machte, deutlich zu machen. Das wichtigste Novum, das die Vorladungen enthalten, ist die Bezeichnung des Delikts als ἀδίκημα[8] in der Formel τὸ ἀδίκημα ἐγένετο, ὅτε --- οὐκ ἀπέδωκάς μοι, mit der die Vorladung letztlich begründet

---

[3] Nach Mitteis, *Grundzüge*, S. 72 ist jedes „objektiv stilisierte" Dokument eine Syngraphe; vgl. auch Thür, „Syngraphe", der sich Sp. 1148 auf die „Austauschbarkeit der Urkundentypen" bezieht, die gegen die Dispositivwirkung der Syngraphe spricht. Vgl. auch Wolff, *Recht* II, S. 136–137 und 143.

[4] Siehe unten Kap. 4.1.2.

[5] Rupprecht, *Darlehen*, S. 52. Diese Wendung darf nicht interpretiert werden als „Gegenstück zu den lateinischen Wendungen *convenire per epistulam*, *per litteras*", d.h. als „Litteralvertrag", was „Dispositiv-Urkunde" bedeutet. Wenn man die Syngraphe als „Litteralvertrag" versteht, dann bedeutet das, daß sie im Gegensatz zu anderen Beweismitteln eine „schuldbegründende Wirkung" enthielt, vgl. Nelson/Manthe, *Gai Institutiones III 88–181* S. 524. Zum Litteralvertrag siehe auch Kaser, *Privatrecht*, S. 543–545.

[6] Wir lehnen an dieser Stelle die Theorie ab, daß die Syngraphe die Kraft einer Dispositiv-Urkunde hatte, wie sie Mitteis, *Reichsrecht und Volksrecht*, S. 460–468, verteidigt hatte, und die noch bis vor kurzem allgemein verbreitet war (siehe dazu Wolff, *Recht* II, S. 141–144); heute halten nur noch wenige daran fest wie etwa Gröschler, *Die tabellae-Urkunden*, S. 304 mit Anm. 18. Man hat sie allgemein aufgegeben, weil sie jeder Grundlage in den Quellen entbehrt (vgl. Wolff, *Recht* II, S. 144; Meyer, *Legitimacy and Law*, S. 18–19; siehe dazu auch Sánchez-Moreno Ellart, sehepunkte; Platschek, „'*Contra fidem veritatis*'", bes. S. 254–258).

[7] Z. B. Kauf mit Zahlungsaufschub/Stundung, weil der griechische Kaufvertrag die sofortige Bezahlung des Kaufpreises verlangte, um wirksam zu sein. Siehe dazu Rupprecht, *Darlehen*, S. 141.

[8] Darauf machte uns Hans-Albert Rupprecht nach der Publikation von P.Thissen per e-mail aufmerksam.

wird. Sie lautet z. B. in **3**,24–26 (P.Thissen) vollständig: τὸ ἀδίκημ̣[α] | ἐγένετ[ο ὅτ]ε̣ ἀπαι̣τ̣η̣θεὶς ὑπ' ἐμοῦ τὰς '[Β (δρ.)] | τοῦ χαλκοῦ καὶ τὸν̣ [τόκ]ον οὐκ ἀπέδωκ[άς μοι; ähnlich in **2**,23–25: [τὸ ἀδίκημα] ἐ̣γένετο ὅτε ἀπαιτηθεὶς ὑπ' ἐμοῦ | τὸ προειρημένον δάνειον καὶ τὸν τόκον | οὐκ ἀπέδωκάς μοι; vgl. auch **1**,24–25; **4**,24–26; **6**,19–21.

Das Konzept des ἀδίκημα ist nach Wolff ein wesentliches Element im griechischen Vertragsrecht.[9] Neu ist jetzt daran, daß das Formular die griechische Vorstellung zum Ausdruck bringt, daß die Schuld nicht so sehr in der Nichterfüllung des Vertrags besteht, sondern vielmehr in der Nichthaftung für den Schaden, der der anderen Partei zugefügt worden ist; sie basiert also auf der δίκη βλάβης, des Schadens, worunter allgemein Vermögensschaden zu verstehen ist.[10] Dieses generelle Konzept umfaßt das unerlaubte Zurückhalten einer Sache und findet direkte Anwendung beim Darlehen. Wenn der Schuldner dem Gläubiger durch die Nichteinhaltung des Vertrags Schaden an seinem Vermögen zugefügt hat, haftet er diesem gegenüber. Die Haftung des Schuldners ermöglicht es dem Gläubiger, ihn zum Prozeß vorzuladen.

Rupprecht konnte 1965[11] noch schreiben: „Die von Wolff angeregte Untersuchung,[12] ob die Nichtrückzahlung des Darlehens eine δίκη βλάβης auslösen könnte, scheint für unseren Zeitraum keinen Erfolg zu versprechen." Unsere Vorladungen bieten jetzt mehrere positive Belege dafür. Sie entsprechen genau jener Beschreibung, die Diodor I 75 von Klageschriften gegeben hat: ἔθος ἦν τὸν μὲν κατήγορον γράψαι καθ' ἓν ὧν ἐνεκάλει καὶ πῶς γέγονεν καὶ τὴν ἀξίαν τοῦ ἀδικήματος ἢ τῆς βλάβης.[13]

4.1.2. Die Haftung

Da die Vorladungen auf Darlehensverträgen beruhen, müssen wir auf die Frage eingehen, worauf die Haftung im hellenistischen Recht basierte. Nach traditioneller Theorie war bei allen Verträgen der Konsens der Parteien entscheidend für die Haftung; denn dessen Verletzung machte den Weg zu einer Klage wegen

---

[9] Wolff, „Grundlagen", bes. S. 63–66; „L'obligation contractuelle", S. 569–583; *Vorlesungen*, S. 128–130.

[10] Der Ausdruck δίκη βλάβης ist kein *terminus technicus* der Gesetzessprache, sondern eine Prägung der Lexikographen, die verschiedene Fälle unter diesem Ausdruck subsumieren wollten; dennoch ist aber, wie Wolff, *Vorlesungen*, S. 120 schreibt: „die hinter ihm (sc. dem terminus δίκη βλάβης, d. Hrsg.) stehende einheitliche dogmatische Vorstellung ist aber für das attische Recht nachweisbar".

[11] Rupprecht, *Darlehen*, S. 107.

[12] Rupprecht, *Darlehen*, S. 107, Anm. 27.

[13] Zitiert bei Taubenschlag, *Strafrecht*, S. 30 Anm. 5.

Nichterfüllung frei.[14] Dieser traditionellen Forschungsmeinung war Partsch nach Wolff[15] ursprünglich gefolgt, hatte sie aber später als irrtümlich erkannt und korrigiert.[16] Pringsheim wies in seinem klassischen Werk *The Greek Law of Sale*[17] darauf hin, daß die Beobachtungen von Partsch die Entwicklung der Studien zum griechischen Recht und vor allem zum hellenistischen Recht beeinflußt haben, besonders Wolffs Theorie über das ἀδίκημα.[18] Pringsheim machte die Beobachtung — und das ist das wichtigste Ergebnis seiner Arbeit — daß, auch wenn zweifellos im Kaufvertrag Übereinkunft besteht, diese nicht ausreicht, um Verpflichtungen zwischen den Parteien zu schaffen. Diese These wurde von der Mehrheit der Forscher im wesentlichen akzeptiert.[19]

Nach Wolff folgt die Haftung in einem Vertrag nicht aus dem Konsens, sondern aus der Zweckverfügung.[20] Das bedeutet, daß in allen Arten von Verträgen das „reale Moment" entscheidend ist, nicht nur in Verträgen über Darlehen. Ein griechischer oder hellenistischer Vertrag basiert immer auf dem „realen Element",[21] was Pringsheim in *The Greek Law of Sale* „hand to hand"

[14] Diese Theorie findet sich schon in den älteren, aber immer noch grundlegenden Studien von Beauchet, *Histoire du droit privé*, S. 14–20 und Lipsius, *Das attische Recht*, S. 682–684.

[15] Wolff, „Grundlagen", S. 26 Anm. 1.

[16] Partsch, „Juristische Literaturübersicht", S. 258–287, bes. 269–274 mit Rez. zu Weiß, *Griechisches Privatrecht* I, bes. S. 273: „Den Exkurs des Verfassers über Willens- und Geschäftsmängel halte ich nicht für glücklich. Wir dürfen die Nachrichten der Philosophen über die Notwendigkeit des ernstlichen und freien Willens zum wirksamen Rechtsgeschäft nicht übertreiben".

[17] Pringsheim, *GLS*, S. 13–85.

[18] Wolff erkennt an, daß er Pringsheim folgt, vgl. „Grundlagen", S. 28–29.

[19] Bisweilen ergeben sich Widersprüche wie bei Wenger, *Quellen*, S. 783–786, der das System der griechischen Verträge anhand römischer Modelle entwickelt hat, aber dennoch gleichzeitig den Kaufvertrag nach der griechisch basierten Theorie von Pringsheim erklärt. Das heißt, daß er einerseits die Besonderheit des griechischen Rechts anerkennt, aber andererseits die Struktur seiner am römischen Recht ausgerichteten Darstellung beibehält. Auch Taubenschlag, *Law*, S. 317–340, ist nicht konsequent, weil er in Übereinstimmung mit Pringsheim den Verkauf als „real contract" bezeichnet, aber anschließend weiter dem römischen Schema folgt.

[20] Wolff entwickelt diese Theorie in verschiedenen Arbeiten, die im Jahr 1979 in seinem Artikel „Zum Problem der dogmatischen Erfassung" gipfeln. Eine sehr gute Zusammenfassung dieser Theorie liefert Thür in seinem Artikel „Zweckverfügung": „Er (scil. Wolff) weicht von den heutigen, vom römischen Recht geprägten Vorstellungen wesentlich ab: Nicht die Willenseinigung zwischen den Vertragsparteien (*consensus*) habe das Forderungsrecht des Gläubigers bzw. die Leistungspflicht des Schuldners erzeugt, sondern indirekt das Delikt der Schädigung (βλάβη) des Gläubigervermögens durch das abredewidrige Verhalten des Schuldners. Als Grundlage für diese Vorstellung habe es einer Verfügung – normalerweise des Gläubigers – zu einen bestimmten Zweck bedurft".

[21] Vgl. Wolff, *Vorlesungen*, S. 120–121: „Es ist zuzugeben, daß hier keine direkte Spur mehr auf den deliktischen Ursprung der gebräuchlichen Ausgestaltungen weist, und die Wahrscheinlichkeit spricht dafür, daß den griechischen Urkundenverfassern der ptolemäischen oder gar der römischen und byzaninischen Periode dieser Ursprung auch keineswegs mehr bewußt war. Gleich-

nannte.[22] Die Theorie von Wolff hingegen, wonach die Haftungswirkung aus dem realen Moment der „Zweckverfügung“ und nicht aus der Abmachung abgeleitet wurde,[23] geht davon aus, daß im griechischen und hellenistischen Recht der Konsensualvertrag nicht existiert hat, d.h., daß die Übereinkunft an sich nicht ausreicht, um die Obligationen zu schaffen, die aus dem Vertrag abgeleitet werden.

Gegen alle diese Theorien spricht, daß dabei Kategorien des römischen Rechts und der Pandektistik auf das griechische Vertragswesen angewendet werden.[24] Nicht nur das griechische Recht kennt keine Konsensualverträge; auch im römischen Recht begegnen sie erst nach einer längeren Entwicklung.[25]

---

wohl lassen die Urkunde, namentlich die frühptolemäischen, die Zusammenhänge noch durchscheinen. Sie zeigen sich in dem "realen" Charakter, den alle Verträge der Zeit haben". Siehe auch unten S.70.

[22] Pringsheim, *GLS*, S. 132; vgl. auch S. 25, Anm. 9. Die Obligation entsteht nicht durch den Konsens der Vertragspartner, sondern durch die Übergabe der Sache durch den Verkäufer und des Geldes durch den Käufer.

[23] Wolff, *Vorlesungen*, S. 130. Wolffs Theorie ist praktisch einhellig akzeptiert, abgesehen von einigen Autoren, deren Bedenken nicht schlüssig sind. Biscardi, *Diritto greco antico*, S. 144–146 führt Texte an, in denen der Wille erwähnt wird; Wolff hingegen ist der Meinung, daß der Wille für den Vertrag irrelevant und nicht unbedingt ein bindendes Element war. Andere sind m.E. unscharf (vgl. z. B. Todd, *Athenian Law*, S. 267; Cohen, „Consensual Contracts“; Carter, „Greek Oath“ und Carawan, „Oath and Contract“). Ihre Kritik an Wolff scheint mir nicht fundiert. Rupprecht, „Greek Law in Foreign Surroundings,“ bes. S. 336–337, faßt die Frage zusammen: „Even if the consent of the parties is required, this by itself does not create a consensual contract, because obviously a real moment was always required in addition – even if, when necessary, it is only a fictitious moment“; ibid. S. 337: „The consequences of concluding a contract in the area of liability law remain tob e discussed. The dominant opinion (...) today follows the view of H.-J. Wolff (...), which was contested most of all by A. Biscardi (...). In this view, in Greek law, there is no obligation that compels one to perform or fulfill the contract. Instead, the result is an indirect compulsion to fulfill the contract. The so-called penalty fee oft he penalty clause (timema) is, in the end, the sum for which the contract is forcibly executed. And this process serves to avoid the tortious liability oft he debtor because he damaged the property oft he creditor to forcibly execute the contract. In sum, it is constructed as a delict.“

[24] Jakab, „Antwort auf Edward Cohen“, hat die Pandektistik als Modell für diese Theorien hervorgehoben.

[25] Die Verwirrung ist entstanden, als man das sogenannte „Dekret von Ephesus“ (RIJG 4 = Syll^{3} 742 II = I.Eph. 8,20–62 + Add. S. 1) auf römische Weise, d.h. in den von Gaius aufgestellten Kategorien des römisches Rechts interpretiert hat (Gai 3,89), vgl. bes. Z. 49–55: προελθόντες | δὲ εἰς τὸν δῆμον καὶ οἱ δεδανεικότες <κατὰ> τὰ συμβόλαια τά τε ναυτικὰ καὶ κατὰ χειρό|γραφα καὶ κατὰ παραθήκας καὶ ὑποθήκας ^{καὶ} ἐπιθήκας καὶ κατὰ ὠνὰς καὶ ὁμολογί|ας καὶ διαγραφὰς καὶ ἐκχρήσεις πάντες ἀσμένως καὶ ἑκουσίως συνκαταθεμέ|[νοι] $^{\text{τῶι δήμωι}}$, ἀπέλυσαν $^{\text{τοὺς χρεωφ}}${ε}ιλέτας τῶν ὀφειλημάτων μενουσῶν τῶν | [ἐμβάσεων κ]αὶ διακατοχῶν παρὰ τοῖς νῦν διακατέχουσιν, εἰ μή τινες ἢ ἐνθάδε ἢ ἐπ' ἐ|[τέρας γῆς ξ]ένοις δεδανείκασιν ἢ συνηλλάχασιν. Die Herausgeber von RIJG 4, Dareste, Haussoullier und Reinach, bemerken in ihrem Kommentar zur Stelle (S. 29): „On croit reconnaitre que à Ephèse il y avait trois grandes classes de contrats: *consensu* (ὁμολογία), *litteris* (διαγραφή), *re* (ἔκχρησις); il ne manque que le contrat *verbis*, particulier au droit romain“, aber

Im griechischen Recht beruht die Haftung, die sich aus einem Vertrag ableitet, nach Wolff auf dem Delikt, d.h. auf dem materiellen Schaden, der der anderen Partei zugefügt worden ist. Dieser muß im Vertrag in einer dem Delikt entsprechenden Terminologie benannt sein, und das ist so, weil es trotz des freien Willens kein allgemeines Konzept gab, welches den Konsens einschloß. Wolff behandelt dieses bereits im attischen Recht bezeugte Phänomen[26] und weist sein Fortleben im Recht der Papyri nach.

Das Konzept der βλάβη im griechischen Recht betrifft den materiellen Schaden und schließt im Fall des Darlehens, der uns hier beschäftigt, unrechtmäßiges Eigentum ein. Im römischen Recht wird der Darlehensvertrag errichtet aufgrund eines entwickelten Konzepts von Eigentum; hier wird das Eigentum, nämlich das Geld, als iusta causa durch den Vertrag auf den Schuldner übertragen, und dem Gläubiger entsteht ein Recht an dem Darlehen gegenüber dem Empfänger.[27]

In der griechischen Tradition, die sich im Formular unserer Texte widerspiegelt, ist das Konzept des Eigentums des Geldes fraglich, und man betont lieber den materiellen Schaden als das Problem des unrechtmäßigen Eigentums.[28] Wie Wolff zeigt, bestand dieses Konzept der βλάβη, welches als Grundlage der Haftung aufgrund des Vertrags anstelle des *consensus* diente, in den griechischen Städten bereits im 4. Jh. v.Chr. und war die Grundlage für das hellenistische Recht.[29]

---

meines Erachtens darf dieser Text nicht auf diese Weise interpretiert werden: Eigentlich enthält diese Inschrift keine technische Klassifikation der Vertragstypen, sondern nur eine Aufzählung von Verträgen, aus denen verschiedene Schuldner entlassen werden. So auch Walser, *Bauern und Zinsnehmer*, S. 105–121, bes. S. 119–120 mit Anm. 59.

[26] Wolff, „Grundlagen“, S. 69–70, bes. dort im Kommentar zur Rede des Demosthenes „*Contra Olympiodorum*“ (XLVIII).

[27] Eine gute Zusammenfassung bietet Kaser, *Privatrecht* I, S. 524–526 und 545–547, wo der Ursprung der vertraglichen Verpflichtungen im griechischen demjenigen im römischen Recht gegenübergestellt wird.

[28] Wolff „Grundlagen“, S. 49–50: „Wo immer in den attischen Reden von Darlehen gesprochen wird, da hören wir den Darlehensgeber sagen, daß der Entleiher sein Geld habe und ihn dadurch, daß er nicht zahle, um sein Geld beraube (ἀποστερεῖν). Von der scharfen Abgrenzung des entwickelten römischen Rechts, bei welcher das als *mutuum* oder *depositum irregulare* kreditierte Geld ins Eigentum des Schuldners übergeht, der dann auf Grund der angeknüpften Schuldbeziehung auf Rückgabe haftet, ist nichts zu bemerken.“ Wolff zitiert dazu z. B. Dem. XXXV (*Contra Lacritum*) 39: τοῖς χρήμασιν ἐχρῶντο τοῖς ἡμετέροις ὥσπερ ἰδίοις οὖσιν αὐτῶν; Dem. LVI (*Contra Stephanum* II) 16: ἔχει δεύτερον ἔτος τὰ ἡμέτερα καὶ χρῆται τοῖς χρήμασιν. Partsch (*Bürgschaftsrecht* I S. 84–85): „Der Gedanke, daß die Nichterfüllung des Realvertrages einst als ein Delikt gegenüber dem Gläubiger betrachtet wurde, der seine Sache vertrauensvoll dem Schuldner hingab, wird danach jedenfalls nicht mit Sicherheit auszuschließen sein, und diese Unmöglichkeit nimmt mir den Mut für jede Hypothese, welche die klassische Haftung des Darlehensschuldners, des Leiheempfängers, des Depositars mit der Bürgenstellung verknüpfen könnte.“

[29] Wolff „Grundlagen“, S. 49: „Im übrigen finden wir die gleiche Vorstellung des Habens von fremdem Geld auch sonst in den Quellen sowohl der klassischen als auch der hellenistischen Zeit.“

Ausgehend von der Theorie der „Zweckverfügung" ist es leicht zu verstehen, daß zwischen Delikt und Nichterfüllung keine deutliche Trennung besteht. Wie Julia Velissaropulos-Karakostas neulich gezeigt hat, bildeten die Nichterfüllung der Darlehensverträge und das Delikt für die Griechen kein diametral entgegengesetztes Konzept[30] wie im römischen Recht.

In dieser Weise ist also die Klausel in unseren Vorladungen τὸ ἀδίκημα ἐγένετο zu verstehen. Sie impliziert, daß die Haftung dafür, daß das Geld des Darlehens nicht zurückgezahlt wird, auf diesem Ursprung aus dem Delikt beruht und nicht auf der Nichterfüllung gemäß der vertraglichen Vereinbarung. Deswegen ist dieser Teil des Formulars, der bisher noch nicht bezeugt war, eine Bestätigung für diese Theorie. Andererseits wird die zugrundeliegende Terminologie darüber hinaus durch andere zeitgenössische Quellen, sowohl papyrologische als auch epigraphische, bestätigt.

Was die epigraphischen Quellen betrifft, so findet sich der Terminus ἀδίκημα in derselben Bedeutung („Delikt") auch in hellenistischen Inschriften. Das ist z. B. der Fall in SGDI II 1432,[31] einem Schiedsgerichtsverfahren zwischen den Städten Erythrai und Hypata in Ainis um die Rechte an einem Berg, datiert zwischen 167 und 146 v.Chr.[32] Dort heißt es Z. 8–14:

ἀπολελυμ[έναν]
εἶμεν τὰμ πόλιν τῶν Ὑπαταίω[ν τοῦ]
ἐνκλήματος καὶ τὸ ὄρος Πεν[. . . . ἐπί-]
κλην τᾶς πόλιος τῶν Ὑπατ[αίων εἶμεν]
καὶ ὅσα ἐκ τοῦ ἐ̣[νκλήματος τούτου γέ-]
γονεν ἀδικήμα[τα Ὑπαταίοις καὶ]
Ἐρυθρηΐοις ποτ̣ [ἀλλάλους λελύσθαι(?)

[30] Velissaropoulos-Karakostas, *Droit grec* II, S. 191: „Les contrats et les délits ne furent pas pour les Grecs des entités diamétralment opposées". Es ist bezeichnend, daß der Terminus *Synallagma*, der im römischen Recht Gegenstand einer komplexen Bearbeitung im Rahmen von Verträgen, die auf gegenseitigen Verpflichtungen beruhen, gewesen ist, keine Entsprechung im attischen Recht hat. Im attischen Recht bezieht sich συνάλλαγμα maßgeblich auf das Vorhandensein einer Verbindlichkeit, und zwar sowohl bei den Verträgen als auch bei den Delikten. Ein Beweis dafür ist Aristot., Eth. Nic. 5,2,13 (1131a2–9), wo zwischen freiwilligem und unfreiwilligem συνάλλαγμα unterschieden wird: τῶν γὰρ συναλλαγμάτων τὰ μὲν ἑκούσιά ἐστι τὰ δ' ἀκούσια, ἑκούσια μὲν τὰ τοιάδε οἷον πρᾶσις ὠνὴ δανεισμὸς ἐγγύη χρῆσις παρακαταθήκη μίσθωσις (ἑκούσια δὲ λέγεται, ὅτι ἡ ἀρχὴ τῶν συναλλαγμάτων τούτων ἑκούσιος), τῶν δ' ἀκουσίων τὰ μὲν λαθραῖα, οἷον κλοπὴ μοιχεία φαρμακεία προαγωγεία δουλαπατία δολοφονία ψευδομαρτυρία, τὰ δὲ βίαια, οἷον αἰκία δεσμὸς θάνατος ἁρπαγὴ πήρωσις κακηγορία προπηλακισμός. Vgl. dazu Velissaropoulos-Karakostas, *loc.cit.*: „Dans les sources héllenistiques, le terme synallagma –en même temps que les mots symbolaion, homologon, syngraphé et autres– est employé à propos de rapports volontairement établis entre personnes et non pas dans des situations résultant d'un délit".

[31] SGDI II 1432 = IG IX 2,7 mit Corr. p. VIII.

[32] Zu dieser Inschrift siehe auch Velissaropoulos-Karakostas, *Droit grec* II, S. 195; Ager, *Interstate Arbitrations*, S. 125; Chaniotis, *War*, S. 130.

Der Text unterscheidet zwischen ἀδίκημα (Z.13) und ἔγκλημα (Z. 10 und [12]) in demselben Sinn wie unsere neuen papyrologischen Quellen. Der erste Ausdruck bezieht sich auf das Delikt, das als Schaden verstanden wird und nicht als Bruch des vertraglichen Einvernehmens, der zweite auf die Anklage.[33]

Schließlich zeigt uns dieser Teil des Formulars die Fortdauer des attischen und hellenistischen Konzeptes des Vertrags, bei dem sich die Haftung eher auf den verursachten Schaden als auf die Nichtzurückzahlung der Schuld gründet. Das Formular stützt, wie oben bereits gesagt, unseres Erachtens diese griechische Konzeption des Vertrags (deutlich gemacht von Pringsheim und weiterentwickelt von Wolff), wonach – für unser Verständnis seltsam[34] – das Delikt als Grund der Haftung wichtiger ist als der freie Wille. Darlehensverträge sind keine Konsensualverträge; das bedeutet aber nicht, daß in ihnen der Parteiwille keine Rolle spielte.[35] Entscheidend ist vielmehr, wie Rupprecht es zugespitzt formulierte, die Verfügung des Darlehensgebers, wobei das „begleitende Willensmoment" nur „eine determinierende Bedeutung" hat.[36]

4.1.3. Die Strafklausel

In die Inhaltsangaben der Verträge, die in den Vorladungen rekapituliert werden, sind einige ursprünglich darin enthaltenen Klauseln nicht aufgenommen worden; dies sind die Kyria-Klausel[37] und die Praxis-Klausel;[38] denn diese beiden bleiben immer gleich und haben keinen Einfluß auf den Inhalt der Verträge.

---

[33] In Vélissaropoulos-Karakostas' Übersetzung von Z. 12–14 (*Droit grec* II, S. 196): „Que toute accusation entre Hypatéens et Erythréens, occasionnée par ce différend, (soit révoquée?)" sind die Termini wohl versehentlich vertauscht, es müßte heißen: „que touts les delicts occasionées mutuellement par cette accusation (soient révoquées?). „Und daß jegliches Unrecht / (= jeglicher Schaden), das nach der Anklageschrift den Hypateern und den Erythreern gegenseitig entstanden ist, aufgehoben sei."

[34] Rupprecht, *Darlehen*, S. 57–58 mit Anm. 116, behandelt den Gegensatz zwischen dem modernen und dem griechischen Konzept des Vertrags. Er zitiert als Beispiel den Kommentar zum allgemeinen Teil des BGB Staudinger-Coing (§ 145): „Vertrag ist ein juristischer Tatbestand, in dem die Willenseinigung mehrerer Personen über bestimmte rechtliche Folgen durch übereinstimmende Erklärungen festgestellt wird". Er stellt klar, daß sich das griechische Konzept des Darlehens von unserem Konzept des Vertrags unterscheidet: „Als Vertrag im modernen Sinn wird man das Darlehen deshalb nicht bezeichnen dürfen, jedoch wohl insoweit von einem griechischen Vertrag sprechen können, als durch das nicht als Konsens zu fassende ‚Einverständnis' der Parteien – wenn auch nur in Verbindung mit dem realen Moment – bindende Festsetzungen getroffen werden konnten."

[35] Vgl. Wolff, *Vorlesungen*, S. 130.

[36] Rupprecht, *Darlehen*, S. 57–58 mit Anm. 116.

[37] Siehe dazu auch Kap. 5.6.

[38] Siehe dazu auch Kap. 2.2.4.

Hingegen wird die Strafklausel in allen Vorladungen in der Wiedergabe der Darlehensverträge erwähnt, weil die Höhe der Strafe individuell verschieden ausfallen kann. Reste einer Strafklausel für den Fall der Nichtrückzahlung eines Gelddarlehens enthält auch der unter der Zeugenaussage **10** in Abschrift angehängte Vertrag selbst, wo es in Z. 42–43 wahrscheinlich hieß: ἐὰ]ν̣ δ̣[ὲ [Διο]ν̣[υ-σό]δωρος μὴ ἀπ[οδῶι, ἀποτεισάτω | Ἑρμαίωι ἡμιόλιον] τὸ̣ δάνειον κα̣ὶ̣ τ̣[οὺς τόκους ἁπλοῦς]. In dem fragmentarischen Pachtvertrag **12**, der als Teil unserer Gerichtsakten sicherlich auch Gegenstand einer Vorladung war, sind mehrere Strafklauseln erhalten oder greifbar: **12**, I 20: [ἐὰν δὲ μ]ὴ κατα[σπείρηι, ἀ]ποτει-σάτω αὐτῷ̣[ι τὰ] ἐκφόρι̣[α], wenn der Pächter nicht vertragsgemäß aussät, muß er (trotz ausbleibender Ernte) den Pachtzins bezahlen; **12**, II 50–52: ἀναπαυσάτω δὲ Πύρρος --- | --- χόρτ̣ω̣ι κ̣α̣ὶ̣ ἀράκ̣[ωι· ἐὰν δὲ μὴ | ποιῆι καθὰ γέ]γραπ̣ται, ἀπο-τεισάτω τῆς (ἀρ.) ἐ̣κάσ̣[της (πυροῦ) ἀρτ.) ̣], wenn der Pächter den Boden nicht durch Brachfrüchte ausruhen läßt, muß er ein Bußgeld bezahlen; **12**, II 46–47: ἐ̣[ὰν δὲ μή βεβαιῷ̣, ἀποτει]|σ̣[άτω Βάκχιος] χα(λκοῦ) νο(μίσματος) (ταλ.) κ καὶ τὸ βλάβος ̣[, d.h. wenn der Verpächter die Pacht nicht gewährleistet, muß er dem Pächter 20 Kupfertalente zahlen und den Schaden ersetzen.[39]

Die Texte bieten im Hinblick auf die Strafklausel nichts Neues.[40] Bei den Gelddarlehen sind als Vertragsstrafe Hemiolia und Verzugszinsen vorgesehen, Bei den Naturaldarlehen wird für das Bußgeld ein Festpreis vereinbart (in **4**,15 200 Dr. pro Artabe Arakos und in **5**,12 350 Dr. pro Artabe Weizen; in **6**,11 lassen sich 375 Dr. pro Artabe Weizen errechnen, aber der Betrag ist noch nicht so hoch wie am Ende des 2. Jh. v.Chr.)[41]. Was das Kapital und die Zinsen angeht, die in den Darlehensverträgen genannt werden, ist zu beobachten, daß wir uns noch in der Zeit des Übergangs von der Silberwährung zur Bronzewährung befinden[42]. In der Zeit der Trierer Dokumente erfolgтen die Transaktionen, wenn sie in Geld vorgenommen werden, bereits immer in Bronze; nur in **4**, einer Klage wegen eines nicht erfüllten Arakos-Darlehens wurde der Streitwert offenbar zum einen schon in Bronzewährung, letztlich aber auch noch einmal im Silberstandard berechnet.[43] Im 2. Jh. v.Chr. gewann die Bronzewährung zunehmend an Bedeutung, im Unterschied zum vorangehenden Jahrhundert, welches Maresch als „die Zeit des Silberstandards" charakterisiert.

Die klassische Monographie zur Strafklausel stammt von Berger, der 1911 zwischen den verschiedenen Typen der Nichterfüllung von Verträgen keinen

[39] Unklar ist **12**, II 56: ἐὰν δὲ μὴ μισθ[-.

[40] Berger, *Strafklauseln*, S. 20–25; S. 102–124; Rupprecht, *Darlehen*, S. 94–104.

[41] Rupprecht, *Darlehen*, S. 99 und Anm. 54, wo die Entwicklung der Beträge aufgeführt ist. Vgl. die Zusammenstellung der Strafgelder bei Maresch, *Bronze und Silber*, S. 199–205, speziell in Darlehensverträgen S. 201–202.

[42] Maresch, *Bronze und Silber*, S. 12–14.

[43] Maresch, *Bronze und Silber*, S. 27; von Reden, *Money in Ptolemaic Egypt*, S. 75.

Unterschied gemacht hat.[44] Dagegen hat Schwarz 1962 eine Hypothese aufgestellt, nach der er zwischen zwei verschiedenen Arten der Nichterfüllung von Verträgen unterscheidet.[45] Die erste Art der Nichterfüllung findet er in den Verträgen, in denen man eine Geldsumme oder einen Betrag in Natur verspricht wie in unseren Darlehensverträgen; die zweite Art basiert seiner Meinung nach auf Verpflichtungen im Unterschied zu Geldsummen oder Beträgen in Natur. Es handelt sich in diesem zweiten Fall um Verpflichtungen, etwas zu tun oder nicht zu tun, wie im Fall der Garantie des Verkäufers bei Immobilienverkäufen und des Verpächters im Pachtvertrag sowie seinem Verzicht darauf, bestimmte Rechte auszuüben. Beide hatten nach Schwarz unterschiedliche Konsequenzen: die ersteren sahen für den Fall der Nichtzahlung das ἡμιόλιον vor, das bei Verzug fällig wurde; die zweite die Zahlung des ἐπίτιμον in festgesetzter Höhe.[46]

Anders als Berger, der gar keinen Unterschied gemacht hatte, hält Schwarz nur die zweite für eine wirkliche Strafklausel. Bei den erstgenannten Verträgen gibt es eine echte Schuld, gesichert durch die Praxisklausel, und das ἡμιόλιον wäre in diesem Zusammenhang ein zusätzliches Element, das die Schuld einfach nur erhöht.[47] Der zweite Typ der Nichterfüllung basiert hingegen auf Verträgen, in denen die Nichterfüllung eindeutig strafrechtliche Konsequenzen hat und

---

[44] Berger, *Strafklauseln*, S. 20–25; S. 102–124.

[45] Schwarz hatte diesen Unterschied bereits in *Die öffentliche und private Urkunde*, S. 179–181 im Zusammenhang mit der Fiskalmult gemacht, die in einigen Dokumenten zusammen mit der Konventionalstrafe auftritt (Berger, *Strafklauseln*, S. 52). Dabei stellt er klar: „Den Schuldscheinen, in welchen die primäre Verpflichtung des Schuldners auf die Leistung einer bestimmten Summe oder Quantität gerichtet ist und die in der Regel mit einer πρᾶξις–Klausel versehen sind (...), ist eine Fiskalmult grundsätzlich fremd. Demgegenüber begegnet eine solche nicht allein in den im vorstehenden betrachteten Übereignungsgeschäften, sondern in der großen Mehrzahl aller Strafklauseln, die in betreff einer auf ein facere oder ein Unterlassen gerichteten Verpflichtung verbrieft erscheinen: da soll stets der vertragsbrüchige Teil dem anderen den Betrag seines (mitunter anderthalbfachen oder doppelten) Schadens, auch noch ein besonderes ἐπίτιμον und außerdem in der Regel noch εἰς τὸ δημόσιον eine Fiskalmult entrichten.“ Er muß natürlich Ausnahmefälle einräumen wie z. B. P.Reinach I 14,41 (= P.Dion. 14,41 = M.Chr. 132; 110 v. Chr.), ein Naturaldarlehen, d.h. eines des ersten Typs, wo es heißt: ἐπίτιμον τῆς (ἀρτάβης) (δραχμαὶ) Γ καὶ εἰς τὸ βασ(ιλικὸν) ἀ̣ρ̣[γ(υρίου)] (δραχμαὶ?) ξ. Gleichzeitig behauptet er, daß ein Verhältnis zwischen der Fiskalmult und dem zweiten Vertragstyp besteht. Weiter unten fährt er fort (S. 181): „Das unterscheidende Merkmal dieser beiden Gruppen dürfte wohl in folgendem liegen. Bei der erstgenannten Geschäftsgruppe ist eine Haftung des Schuldners bereits durch den primären Inhalt des Schuldverhältnisses begründet: wer eine Summe Geldes oder eine Quantität vertretbarer Sachen verspricht, der haftet dafür, soll dafür der πρᾶξις in seine Person und sein Vermögen unterworfen sein. Die Vertragsstrafe (meist die ἡμιολία oder das Duplum usf) bezweckt in diesen Fällen bloß eine Steigerung dessen, wofür gehaftet wird. Demgegenüber wird in den Fällen auf ein facere oder non facere gerichteter Obligationen für den Fall des Vertragsbruches eine Haftung des Schuldners erst durch die Strafklausel begründet.“

[46] Schwarz, „L'inexécution des contrats“, S. 15.

[47] Schwarz, „L'inexécution des contrats“, S. 17.

durch die Vereinbarung des ἐπίτιμον eine echte Strafklausel gegeben ist.[48] Das wäre zum Beispiel der Fall bei der δίκη βλάβης. Diese Rekonstruktion von Schwarz über die Nichterfüllung von Verträgen ist auf den ersten Blick plausibel und wurde auch von Kränzlein akzeptiert.[49] Aber wie wir sehen werden, stimmt diese Hypothese nicht überein mit dem Formular der Vorladungen **1**–**3**.

In den Vorladungen wegen nicht erfüllter Gelddarlehen **1**, **2** und **3** wird die Nichterfüllung zwar mit dem ἡμιόλιον bedroht, aber da sie ein ἀδίκημα darstellt, fällt sie unter die δίκη βλάβης. Deswegen können unsere neuen Quellen ein Argument dafür liefern, daß der Unterschied zwischen den beiden Typen der Nichterfüllung keine wirkliche Basis im hellenistischen Recht hat.

---

[48] Schwarz, „L'inexécution des contrats", S. 17: „Nous constatons donc une différence fondamentale qui se résume de cette façon: d'une part, contrats où l'inéxecution peut entraîner l'exécution forcée, d'autre part contrats où l'inéxecution a pour effet une pénalité envers la partie lésée comme ἴδιον χρέος".

[49] Kränzlein, „Praxisklausel", bes. S. 633.

5. Das Zeugnis

5.1. Die Zeugenaussagen

Vor der Publikation von P.Heid. VIII waren in den Papyri nur wenige, meist fragmentarische Zeugenaussagen erhalten, so daß sich bisher auch nur wenige Gelehrte mit diesem Aspekt des ptolemäischen Prozeßrechts beschäftigt haben. Diese waren bei der Auswertung der zu ihrer Zeit neuen papyrologischen Quellen vor allem auf den Vergleich mit den attischen Zeugenaussagen angewiesen.[1] Durch P.Heid. VIII und P.Trier I ist neues Material hinzugekommen, so daß erneut eine Untersuchung vorgenommen werden kann.

In den Papyri begegnen verschiedene Arten von Zeugen: Vertragszeugen wie die Syngraphophylakes in **9–11** und P.Heid. VIII 413, 414 und 415,[2] Tatzeugen, wie z. B. in P.Heid. VIII 413 und 416, die etwas (nicht) wissen, (nicht) gesehen oder (nicht) gehört haben, und Ladungszeugen wie in den Vorladungen P.Heid. VIII 412, P.Trier **1–6** und den Signalements **7–8** sowie P.Köln XIV 561 und 562. Von Ladungszeugen kennen wir bisher keine Aussagen, auch wenn eine solche Situation durchaus vorstellbar ist. Hinzu kommen noch Identitätszeugen (γνωστῆρες), die für die Ptolemäerzeit seltener belegt sind[3] und in den hier behandelten Gerichtsurkunden keine Rolle spielen.

---

[1] Zu Zeugenaussagen im attischen Recht siehe Lipsius, *Das attische Recht* III, S. 880–887; Bonner, *Athenian Courts*; Leisi, *Der Zeuge*; Latte, „*Martyria*", bes. Sp. 2032–2039; Bonner/Smith, *The Administration of Justice*; Hellebrand, *Prozeßzeugnis*; Kaser, „*Testimonium*", bes. Sp. 1054–1061; Taubenschlag, *Law*, S. 515–517; Préaux, „La preuve"; Wolff, *Justizwesen*, S. 24–27; 32–33; Harrison, *Law*, S. 94–105; 136–138; 198 mit Anm. 5; Soubie, „Les preuves", bes. S. 186–209; Thür, *Beweisführung*, bes. S. 316–319; MacDowell, *Law*, S. 242–246; Todd „The Purpose of Evidence"; Kaltsas. P.Heid. VIII, S. 45–68; Thür, „The Role of the Witness"; Lanni, *Law and Justice*, S. 149–174; Lanni, „Athenian Approaches", S. 226–235.

[2] P.Heid. VIII 415 enthält nur den Versovermerk einer Syngraphophylax-Zeugenaussage; 416 ist der Bericht eines Tatzeugen, der für eine Verhandlung vor dem Strategen des Herakleopolites aus dem Ägyptischen übersetzt worden ist.

[3] PSI IV 341,9 (Philadelphia; vor dem 22.11.256 v. Chr.): καὶ γνωστῆράς σοι παραστησόμεθα; SB VI 8974,[40] (Busiris/Hera.; Anfang 1. Jh. v. Chr.): [γνωστὴρ πάντων τ]ῶν προγεγραμμέν[ων Θε]όφαντος und 57–58 Θεόφαντος Ἀ[νθαγόρου] Ῥόδιος τῶν Ἀμμ[ωνίου καὶ] Νικοστράτου κατοίκων | ἱππέων ἐπι[γέγ]ρ̣[αμμαι γ]νωστὴρ τῶν προ[γεγραμμένων πάντων]; P.UB Trier S 135-2,15–17 (ed. N. Quenouille, APF 48/1, 2002, S. 67–97; noch nicht im SB): καὶ γνωστῆρας κατέστησαν Ζηνόδωρος μὲν | Ἡρακλείδην --- | --- Σωσίβιος δὲ Λίχαν κτλ. Siehe dazu zuletzt Maresch, Komm. zu P.Köln V 227, B 10 (Amtsjournal einer Katökenbehörde; Ars.; 12–13 n. Chr.).

Die neuen Zeugenaussagen **9–11** sind in Kap. 1.3–5 präsentiert und analysiert worden. Sie leisten einen Beitrag zu unserer Kenntnis der Rolle des Zeugen im ptolemäischen Prozeß und darüber hinaus zur Beantwortung der umstrittenen Frage nach der Wirksamkeit und Kraft der Urkunde vor dem Gericht.

Zunächst soll das Verhältnis zwischen den Zeugenaussagen und ihrer Verwendung im ptolemäischen Prozeßrecht einerseits und denjenigen, die wir aus den literarischen Quellen für das attische Recht kennen, andererseits untersucht werden. Eine treffende Beobachtung von Claire Préaux kann als Einführung dienen. Préaux weist nämlich darauf hin, daß es auch schon in Athen im 4. Jh. v. Chr. eine Vorwegnahme der hellenistischen Institutionen gab, welche sich aus dem allzu engen Bereich des in den Poleis entwickelten Rechts befreien sollten, „une prefiguration des institutions hellénistiques qui devaient échapper au cadre trop étroit du droit élaboré dans les cités“.[4] Diese betrifft allerdings einzig und allein den Bereich des Seehandels.

In dieser Phase des Übergangs vom attischen zum hellenistischen Recht sind Probleme wie Mündlichkeit und Schriftlichkeit im Prozeß zu analysieren; denn dieses Thema betrifft sowohl die Frage, wie die Zeugenaussagen zustande kamen, als auch diejenige nach der Beweiskraft der Dokumente.[5] Zweifellos gibt es einen Bruch zwischen den Institutionen der Polis und denen der hellenistischen Königreiche, aber es existiert dennoch eine gewisse Kontinuität und Entwicklung bereits vom 4. Jh. v. Chr. an, als im attischen Prozeß die Schriftlichkeit zunehmend an Bedeutung gewinnt. Hier kam die Syngraphe[6] mit ihrer Beweiskraft im Prozeß[7] erstmals in den dikai emporikai des Seehandels auf. Seither wurde im hellenistischen Recht das schriftliche Dokument immer wichtiger.

---

4 Préaux, „De la Grèce classique à l' Égypte hellénistique“, S. 104–105; siehe auch „La Preuve“, S. 161.

5 Siehe dazu unten Kap. 5.6.

6 Dem. XXXII 1 (*Contra Zenothemin*): οἱ νόμοι κελεύουσιν, ὦ ἄνδρες δικασταί, τὰς δίκας εἶναι τοῖς ναυκλήροις καὶ τοῖς ἐμπόροις τῶν Ἀθήναζε καὶ τῶν Ἀθήνηθεν συμβολαίων, καὶ περὶ ὧν ἂν ὦσι συγγραφαί· ἂν δέ τις παρὰ ταῦτα δικάζηται, μὴ εἰσαγώγιμον εἶναι τὴν δίκην; Dem. XXXIII 3 (*Contra Apaturium*): ἐγκαλοῦντος δέ μοι Ἀπατουρίου τὰ ψευδῆ καὶ παρὰ τοὺς νόμους δικαζομένου, καὶ ὅσα μὲν ἐμοὶ καὶ τούτῳ ἐγένετο συμβόλαια, πάντων ἀπαλλαγῆς καὶ ἀφέσεως γενομένης, ἄλλου δὲ συμβολαίου οὐκ ὄντος ἐμοὶ πρὸς τοῦτον, οὔτε ναυτικοῦ οὔτ' ἐγγείου, παρεγραψάμην τὴν δίκην μὴ εἰσαγώγιμον εἶναι κατὰ τοὺς νόμους τουτουσί; Dem. XXXIV 42 (*Contra Phormionem*): ὑπὲρ δὲ τοῦ τὴν δίκην εἰσαγώγιμον εἶναι ὁ νόμος αὐτὸς διαμαρτύρεται, κελεύων τὰς δίκας εἶναι τὰς ἐμπορικὰς τῶν συμβολαίων τῶν Ἀθήνησιν καὶ εἰς τὸ Ἀθηναίων ἐμπόριον, καὶ οὐ μόνον τῶν Ἀθήνησιν, ἀλλὰ καὶ ὅσα ἂν γένηται ἕνεκα τοῦ πλοῦ τοῦ Ἀθήναζε. Zur Rolle der Syngraphe in den dikai emporikai nach diesen Texten siehe Cohen, *Maritime Courts*, S. 99–105 und neuerdings Schuster, *Seedarlehen*, S. 140–149.

7 Faraguna, „Oralità e scrittura“, S. 63 und Anm. 1. Die traditionelle Vorstellung vom attischen Prozeß als ἀγὼν λόγων zwischen Kläger und Beklagtem ist richtig, erklärt aber nicht, welche Rolle die Dokumente spielten und wie man mit den schriftlichen Zeugenaussagen verfuhr.

5.2. Mündlichkeit und Schriftlichkeit im attischen Prozeß

Für die Untersuchung dieser Entwicklung sind die Forschungen zur Mündlichkeit und Schriftlichkeit in der griechischen Welt zu berücksichtigen. Heutzutage besteht die Tendenz, nicht so sehr einen direkten Einfluß der Schriftlichkeit auf das Rechtswesen und auf die griechische Kultur generell anzunehmen, sondern vielmehr einen langsamen Prozeß, in dem sich die Bedeutung der Mündlichkeit nicht sehr geändert hat. So dürfte es auch beim hellenistischen Recht sein.[8]

Der hellenistische Prozeß ist entgegen der Behauptung von Modrzejewski nicht allein ein „procès de documents",[9] weil er durchaus verschiedene Elemente von Mündlichkeit enthält wie Zeugenaussagen, darunter z. B. die Zeugenaussage des Syngraphophylax, mit der wir uns auch hier befassen. Denn Zeugenaussagen bedürfen, auch wenn sie niedergeschrieben und protokolliert werden, dennoch zunächst der mündlichen Darlegung. Dies war so schon im attischen Recht und später auch in den Seehandels-Prozessen, in denen sich der Beweis auf den schriftlichen Vertrag und seine Zeugen stützte: Hier mußte die Syngraphe dem Gericht zusammen mit der auf einer mündlichen Aussage basierenden schriftlichen Zeugenaussage vorgelegt werden, um Glaubwürdigkeit zu erreichen (vgl. Dem. XXXV 15 [*Contra Lacritum*]: Κατὰ τὴν συγγραφὴν ταύτην, ὦ ἄνδρες δικασταί, ἐδάνεισα τὰ χρήματα Ἀρτέμωνι τῷ τούτου ἀδελφῷ, κελεύοντος τούτου καὶ ἀναδεχομένου ἅπαντα ἔσεσθαί μοι τὰ δίκαια κατὰ τὴν συγγραφήν, καθ' ἣν ἐδάνεισα τούτου αὐτοῦ γράφοντος καὶ συσσημηναμένου, ἐπειδὴ ἐγράφη).[10] In den anderen Fällen, die nichts mit den Seehandels-Prozessen zu tun haben, z. B. bei Dem. XLVIII (*In Olympiodorum*), ist die Bedeutung des schriftlichen Beweises viel geringer; sie spielt nur eine sekundäre Rolle im Vergleich zu Fragen der Moral und des privaten Verhaltens der Person, die den Vertrag gebrochen hat.[11] Vor diesem Hintergrund muß die Wichtigkeit des Dokuments in hellenistischer Zeit relativiert werden. So wie schon Claire Préaux

[8] Lanni, *Law and Justice*, S. 159, mit Verweis auf Thomas, *Oral Tradition and Written Record*, S. 34–60. Lanni geht zurück auf so einflußreiche Studien wie Havelock, *Preface to Plato*; ders., *The Muse Learns to Write;* Goody, *The Interface*, in denen gezeigt wird, wie die Schriftlichkeit dazu führt, die Realität in anderer Weise wahrzunehmen als zuvor. In unserem Kontext hat vor allem Thomas in „Written in Stone?" das Thema der Schriftlichkeit behandelt, nicht nur im Prozeßrecht, sondern auch in der Gesetzgebung. Die Rolle der Mündlichkeit und Schriftlichkeit im Rechtswesen wurde von Gelehrten wie Clanchy, *From Memory to Written Record*, S. 125; 148–149; 193 und Ong, *Orality and Literacy*, auch für andere historische Zeiten untersucht.

[9] [Mélèze-] Modrzejewski, „Le document grec", S. 1186.

[10] Humphreys, „Social Relations on Stage", S. 322; Todd, „The Purpose of Evidence", S. 29 mit Anm. 15: „Athenian juries throughout our period remained consistently and deeply suspicious of unattested written documents, even after the introduction of privileged status for written contracts in dikai emporikai".

[11] Siehe den Kommentar in Lanni, „Athenian Approaches", bes. S. 228.

vermutet hat, der damals viel weniger Quellen zum Syngraphophylax zur Verfügung standen und die diese Vermutung noch vor der Diskussion über Mündlichkeit und Schriftlichkeit zum Ausdruck brachte, blieb der Zeuge im hellenistischen Recht wie früher im attischen Recht weiterhin ein fundamentales Element neben der Syngraphe.[12]

Im attischen Prozeß ist also die mündliche Zeugenaussage von größerer und das schriftliche Dokument von geringerer Bedeutung. Zwar sprach Bonner den mündlichen Zeugenaussagen denselben Wert zu wie schriftlichen Dokumenten,[13] doch werden seine Schlußfolgerungen, die bis vor kurzem noch allgemein akzeptiert waren, neuerdings von jüngeren Forschungen in Frage gestellt. Hier kann Lannis Untersuchung der Zeugenaussage im attischen Recht dazu dienen, die besondere Wichtigkeit des schriftlichen Dokuments, die zum ersten Mal in den dikai emporikai des Seehandels greifbar ist, zu erklären. Hier ermöglichte das schriftliche Dokument im Falle auswärtiger Vertragspartner eine größere Planbarkeit als mündliche Aussagen (Lanni verwendet hier den Ausdruck „predictability" aus der Schule von „law and economics"). Dadurch ist es möglich, zwei Eigentümlichkeiten der antiken Zeugenaussage zu erklären, die diese, wie Todd gezeigt hat,[14] von heutigen Anschauungen unterscheidet: Der Zeuge diente eher als Stütze seiner Auftraggeber denn als Mittel zur Wahrheitsfindung, und weil er nicht von der Gegenpartei befragt werden durfte, fehlte jegliche „cross-evidence".[15] Die „predictability", die das schriftliche Dokument als Hauptbeweis

[12] Préaux, „La preuve", S. 182, mit Verweis auf Pringsheim, *GLS*, S. 44 mit Anm. 3, wo dieser auf eine ähnliche Entwicklung in anderen Kulturen aufmerksam macht: Es bedarf einer gewissen Zeit, bis das schriftliche Dokument unabhängig und selbständig neben der mündlichen Zeugenaussage über seinen Inhalt steht.

[13] Bonner, *Athenian Courts*, S. 26.

[14] Todd, „The Purpose of Evidence", S. 23: „Traditional interpretation of the Athenian law of evidence rests on the unstated assumption that an Athenian witness had the same primary function as a modern witness: to tell the truth". Die soziale Stellung des Zeugen war in jedem Fall wichtiger als seine Aussage. Unter Verweis auf Humphreys klassische Studie „Social Relations on Stage" unterstreicht Todd, daß die Hauptrolle des Zeugen mehr darin besteht, als „supporter" zu fungieren, als darin, die Wahrheit der Fakten zu bestätigen.

[15] Bonner, *Athenian Courts*, S. 46–48; Todd, „The Purpose of Evidence" , S. 29. Wie Thür, *Beweisführung*, S. 318, Anm. 7, berichtet, meinte man früher (so z. B. Lipsius, *Das attische Recht*, S. 883), daß es bis 390 v. Chr. möglich war, den Zeugen zu befragen, aber die Quellenlage ist unzureichend. Sie beschränkt sich auf Andokides I 14 (*De mysteriis*): Καί μοι κάλει Διόγνητον. Ἦσθα ζητητής, ὦ Διόγνητε, ὅτε Πυθόνικος εἰσήγγειλεν ἐν τῷ δήμῳ περὶ Ἀλκιβιάδου; Ἦ. Οἶσθα οὖν μηνύσαντα Ἀνδρόμαχον τὰ ἐν τῇ οἰκίᾳ τῇ Πουλυτίωνος γιγνόμενα; Οἶδα. Τὰ ὀνόματα οὖν τῶν ἀνδρῶν ἐστι ταῦτα, καθ' ὧν ἐκεῖνος ἐμήνυσεν; Ἔστι ταῦτα. Ibid. 18: Κάλει δὲ καὶ Φίλιππον καὶ Ἀλέξιππον· οὗτοι γάρ εἰσιν Ἀκουμενοῦ καὶ Αὐτοκράτορος συγγενεῖς, οἳ ἔφυγον ἐπὶ τῇ Λυδοῦ μηνύσει· τοῦ μὲν ἀδελφιδοῦς ἐστιν Αὐτοκράτωρ, τοῦ δὲ θεῖος Ἀκουμενός· οἷς προσήκει μισεῖν μὲν τὸν ἐξελάσαντα ἐκείνους, εἰδέναι δὲ μάλιστα δι' ὅντινα ἔφυγον. Βλέπετε εἰς τούτους, καὶ μαρτυρεῖτε εἰ ἀληθῆ λέγω. Ibid. 69: Σὺ δέ μοι αὐτοὺς κάλει τοὺς λυθέντας δι' ἐμέ· ἄριστα γὰρ ἂν εἰδότες τὰ γενόμενα λέγοιεν εἰς τούτους. Οὑτωσὶ δὲ ἔχει, ὦ ἄνδρες· μέχρι τούτου ἀναβήσονται καὶ λέξου-

in die Verhandlung einführt, impliziert im Falle des Seehandels größere Sicherheit für die auswärtigen Vertragspartner, die nicht der Gemeinde von Athen angehörten und nicht mit der Möglichkeit rechnen konnten, auf Qualitätszeugen, d.h. solche von Rang bzw. von ebenbürtiger sozialer Stellung, zurückgreifen zu können.[16]

In den Seehandels-Prozessen ließ man auch die Aussage von auswärtigen Zeugen zu, die in anderen Verhandlungen nicht zugelassen worden wären.[17] Dieser Umstand zeigt, daß dort zur Beglaubigung des Dokumnets auch der Fremde über Zeugen verfügen konnte. Diese „predictability" erleichterte den Handel.[18] Denn infolge der Freiheit des athenischen Dikasterions[19] bei der Beurteilung der Beweise bestand für einen Fremden selbst in Fällen von normaler ökonomischer Wichtigkeit ein Risiko darin, einen Vertrag mit einem Athener zu schließen.[20]

σιν ὑμῖν, ἕως ἂν ἀκροᾶσθαι βούλησθε, ἔπειτα δ' ἐγὼ περὶ τῶν ἄλλων ἀπολογήσομαι. Die Rede des Andokides behandelt ein Problem des sakralen Rechts. Aristophanes, *Vesp.* 963–966: ἄκουσον, ὦ δαιμόνιέ, μου τῶν μαρτύρων. | ἀνάβηθι, τυρόκνηστι, καὶ λέξον μέγα· | σὺ γὰρ ταμιεύουσ' ἔτυχες. ἀπόκριναι σαφῶς schildert, natürlich in komischem Kontext, die Befragung eines Hundes, wobei wir nicht wissen, ob diese etwas mit der Realität zu tun hatte. Manche halten dies für möglich, wie z. B. MacDowell, *Law* S. 242. Auch wenn es vorstellbar ist, daß die Befragung nach 390 v. Chr. verboten wurde und dies damit in Verbindung gebracht werden könnte, daß nun die Zeugenaussage schriftlich aufzunehmen und zu registrieren war, ist dieses Verbot nicht ausreichend bewiesen; außerdem könnte es sich theoretisch um zwei voneinander unabhängige Maßnahmen handeln.

[16] Lanni, *Law and Justice*, S. 153. In den Seehandelsprozessen finden wir Auswärtige, vgl. z. B. bei Dem. XXXII 4–5 (*In Zenothemin*) Massalioten; XXXIV 38–39 (*Contra Phormionem*) Metöken.

[17] Dem. XXXV (*Contra Lacritum*) 45: καὶ εἴ γέ τις ἡμῶν φεύγων δίκην ὑπὸ τούτου παραγραφὴν ἐτόλμησε παραγράφεσθαι, μὴ εἰσαγώγιμον εἶναι τὴν δίκην, εὖ οἶδ' ὅτι ἠγανάκτει ἂν αὐτὸς καὶ ἐσχετλίαζε πρὸς ὑμᾶς, δεινὰ φάσκων πάσχειν καὶ παρανομεῖσθαι, εἰ μή τις αὐτῷ τὴν δίκην ψηφιεῖται εἰσαγώγιμον εἶναι, ἐμπορικὴν οὖσαν. Siehe dazu Lanni, *Law and Justice*, S. 153 mit Anm. 22 und 25.

[18] Lanni, „Athenian Approaches", S. 225: „In these cases, speakers focus more narrowly on the terms of the written agreement. I argue that the distinctive notion of relevance in the dikai emporikai was designed to enhance predictability in these cases and thereby to attract foreign merchants to Athens".

[19] Einige Gelehrte haben in der Annahme, daß die Athener diese Fälle als Sonderfälle behandelt haben, auf die Komplexität der Seehandelsverträge verwiesen (z. B. MacDowell, *Law*, S. 231–233), aber es ist nicht klar, ob die dikai emporikai aus diesem Grund vor besonderen, spezialisierten Gerichtshöfen verhandelt wurden und nicht vor dem Dikasterion, wie Cohen, *Maritime Courts*, S. 93–95, vermutet.

[20] Vgl. Dem. LVI 48–50 (*In Dionysodorum*): Χωρὶς δὲ τούτων, ἄνδρες Ἀθηναῖοι, μὴ ἀγνοεῖτε, ὅτι νυνὶ μίαν δίκην δικάζοντες νομοθετεῖτε ὑπὲρ ὅλου τοῦ ἐμπορίου, καὶ παρεστᾶσι πολλοὶ τῶν κατὰ θάλατταν ἐργάζεσθαι προαιρουμένων ὑμᾶς θεωροῦντες, πῶς τὸ πρᾶγμα τουτὶ κρίνετε. εἰ μὲν γὰρ ὑμεῖς τὰς συγγραφὰς καὶ τὰς ὁμολογίας τὰς πρὸς ἀλλήλους γιγνομένας ἰσχυρὰς οἴεσθε δεῖν εἶναι καὶ τοῖς παραβαίνουσιν αὐτὰς μηδεμίαν συγγνώμην ἕξετε, ἑτοιμότερον προήσονται τὰ ἑαυτῶν οἱ ἐπὶ τοῦ δανείζειν ὄντες, ἐκ δὲ τούτων αὐξηθήσεται ὑμῖν τὸ ἐμπόριον. εἰ μέντοι ἐξέσται τοῖς

Für die Rechtsfälle zwischen athenischen Stadtbürgern nimmt Lanni an, daß die von ihnen geteilten gemeinsamen sozialen Werte eine ausreichende Voraussetzung für die „predictability“ waren, vor allem wenn es enge persönliche Beziehungen zwischen den Parteien gab, was nach den Quellen üblich war.[21] Im militärischen Kontext unserer Zeugnisse ist die Situation kaum anders: Es ist offensichtlich, daß die Persönlichkeit eines Syngraphophylax im Offiziersrang, wie z. B. in **10**,2, der in seinem sozialen Umfeld anerkannt ist, von entscheidender Bedeutung ist, um der Syngraphe Glaubwürdigkeit zu verleihen.

Die Rolle, die das schriftliche Dokument in einem Zusammenhang spielte, in dem man gewöhnlich mit Griechen anderer Poleis Verträge schloß, führte dazu, daß das Element des Auswärtigen, das die dikai emporikai an sich hatten, nicht völlig verschwand, so wie sich auch die griechische Bevölkerung in Ägypten aus verschiedenen Poleis mit verschiedenen Gesetzen zusammensetzte: Das Dokument verleiht eine Sicherheit, durch die sich das Urteil nur auf seine Echtheit des Dokuments und nicht auf andere Kriterien beschränkt. Allerdings gibt es weder im athenischen noch im hellenistischen Recht eine klare gesetzliche Regulierung für die Beweismittel.

5.3. Zeugenaussagen im hellenistischen Recht

Der erste Vergleich des hellenistischen mit dem attischen Rechtswesen wurde im Jahr 1913 von der Graeca Halensis anhand der neuen Belege der von ihr herausgegebenen Dikaiomata (P.Hal. 1) unternommen. In diesem Gesetzestext werden erstmals in den Papyri Zeugenaussagen erwähnt, zuerst in Form falscher (ψευδομαρτύρια, P.Hal. 1, II 24 – III 78 mit Komm. S. 48–63), dann aber auch in Form echter Zeugenaussagen (P.Hal. 1, X 222–233, s.u. Anm. 33). Hierbei sind Ähnlichkeiten und Unterschiede[22] zum attischen Recht zu beobachten. So

---

ναυκλήροις, συγγραφὴν γραψαμένοις ἐφ' ᾧ τε καταπλεῖν εἰς Ἀθήνας, ἔπειτα κατάγειν τὴν ναῦν εἰς ἕτερα ἐμπόρια, φάσκοντας ῥαγῆναι καὶ τοιαύτας προφάσεις ποριζομένους οἵαισπερ καὶ Διονυσόδωρος οὑτοσὶ χρῆται, καὶ τοὺς τόκους μερίζειν πρὸς τὸν πλοῦν ὃν ἂν φήσωσιν πεπλευκέναι, καὶ μὴ πρὸς τὴν συγγραφήν, οὐδὲν κωλύσει ἅπαντα τὰ συμβόλαια διαλύεσθαι. τίς γὰρ ἐθελήσει τὰ ἑαυτοῦ προέσθαι, ὅταν ὁρᾷ τὰς μὲν συγγραφὰς ἀκύρους, ἰσχύοντας δὲ τοὺς τοιούτους λόγους, καὶ τὰς αἰτίας τῶν ἠδικηκότων ἔμπροσθεν οὔσας τοῦ δικαίου; μηδαμῶς, ὦ ἄνδρες δικασταί· οὔτε γὰρ τῷ πλήθει τῷ ὑμετέρῳ συμφέρει τοῦτο οὔτε τοῖς ἐργάζεσθαι προῃρημένοις, οἵπερ χρησιμώτατοί εἰσιν καὶ κοινῇ πᾶσιν ὑμῖν καὶ ἰδίᾳ τῷ ἐντυγχάνοντι. διόπερ δεῖ ὑμᾶς αὐτῶν ἐπιμέλειαν ποιεῖσθαι. Siehe dazu auch Thomas, *Oral Tradition*, S. 40–45; Lanni, „Athenian Approaches“, S. 230–232.

[21] Dem. XXXIII 6–7 (*Contra Apaturium*): διὰ δὲ τὸ ἀφῖχθαι πολλαχόσε καὶ διὰ τὸ εἶναί μοι τὰς διατριβὰς περὶ τὸ ἐμπόριον γνωρίμως ἔχω τοῖς πλείστοις τῶν πλεόντων τὴν θάλατταν· τούτοις δὲ τοῖς ἐκ Βυζαντίου καὶ πάνυ οἰκείως χρῶμαι διὰ τὸ ἐνδιατρῖψαι αὐτόθι; Dem. LIII 9 (*Contra Nicostratum*). Siehe dazu Lanni, „Athenian Approaches“, S. 232–234.

[22] Auf Unterschiede hat die Graeca Halensis, *Dikaiomata*, S. 50–51, bereits aufmerksam gemacht. So existierte z. B. die δίκη ψευδομαρτυρίου (P.Hal. 1, II 24, 41, 49, 57, 66, 73) unter

zeigt sich z. B. in P.Hal. 1,223, daß die Ladungszeugen, die unter der Bezeichnung κλητῆρες bereits im attischen Recht vorhanden waren, im hellenistischen Recht der Papyri als κλήτορες weiterlebten.[23] Und zwischen dem ältesten auf Papyrus erhaltenen Vertrag aus dem ägyptischen Elephantine[24] mit einer Kyria-Klausel[25] und der frühesten literarischen Quelle über eine Seehandels-Syngraphe, in der eine Kyria-Klausel greifbar ist,[26] liegt nur ein Zeitraum von ca. 30 Jahren.[27] Wolff hat auf diese Kontinuität vom attischen bzw. griechischen zum hellenistischen bzw. ptolemäischen Recht aufmerksam gemacht, als er zeigte, daß das attische Dikasterion in gewisser Weise in Ägypten fortlebt.[28] Auch in der älteren Literatur, z. B. bei Berneker oder Hellebrand, wurde diese Kontinuität schon bemerkt.[29]

In unseren Texten **9–11** und in P.Heid. VIII 414 haben wir ausschließlich schriftliche Aussagen von Syngraphophylakes vor uns. Sie wurden wahrscheinlich nach deren mündlichen Angaben auf der Basis der maßgeblichen, miteinge-

derselben Bezeichnung auch in Attika; der Unterschied besteht nur darin, daß für diesen Terminus in Attika nur der Plural δίκη ψευδομαρτυρίων belegt ist (Leisi, *Zeuge*, S. 138). In Athen hat die Klageerhebung gegen die gegnerische falsche Zeugenaussage vor der Abstimmung der Richter zu erfolgen, in Alexandria sogleich nach der Verlesung der γνῶσις. In Alexandria bewirkte die Klageerhebung wegen eines ψευδομαρτύριον, daß die Vollstreckung des Urteils aufgeschoben wurde, in Athen aber trat die aufschiebende Wirkung nur da ein, wo nach Leisi, *Zeuge*, S. 127 „'es sich um das Leben, die Freiheit, die Epitimie des Beklagten handelte', --- während alle Urteile, die auf Geld- und Geldeswert lauteten (...) sofort vollstreckbar waren." Zur aufschiebenden Wirkung der δίκη ψευδομαρτυρίου im attischen Prozeß siehe auch Paoli, *Studi*, S. 144 mit Anm. 2 (mit älterer Bibliographie) und Harrison, *Law*, S. 85 und 198 mit Anm. War in Alexandria die Klage gegen das ψευδομαρτύριον erfolgreich, so wurde das frühere Urteil für den zuvor Unterlegenen sofort aufgehoben; in Athen bedurfte es dazu der Wiederaufnahme des Prozesses, der ἀναδικία, die aber nur bei Erbschaftsstreitigkeiten erlaubt war. Ein weiterer Unterschied zwischen dem attischen Recht und P.Hal. 1 besteht in der Festsetzung des Streitwertes: In Alexandria betrug er das Anderthalbfache (ἡμιόλιον) des ursprünglich festgesetzten Streitwertes, in Athen bestand er in im Streitwert zuzüglich der Entschädigung für etwaige Kosten und Schadenersatz.

23 Vgl. ferner P.Petr. III 21 (g), 34 (= M.Chr. 21); P.Hib. I 30(d),[21] (= M.Chr. 20 = Jur.Pap. 77). Hinzugekommen sind inzwischen P.Heid. VIII 412,19; P.Trier I **1**,[32]; **2**,35; **3**,[35]; P.Köln XIV 561,22; 562,[18]. Siehe auch Kap. 3.2.

24 P.Eleph. 1,13–15 (= M.Chr. 283; Sel.Pap. I 1; Jur.Pap. 18): ἡ δὲ συγγραφὴ | ἥδε κυρία ἔστω πάντηι πάντως ὡς ἐκεῖ τοῦ συναλλάγματος γεγενημένου, ὅπου ἂν ἐπεγφέρηι Ἡρακλείδης κατὰ | Δημητρίας ἢ Δημητρία τε καὶ τοὶ (l. οἱ) μετὰ Δημητρίας πράσσοντες ἐπεγφέρωσιν κατὰ Ἡρακλείδου.

25 Die in P.Hal. XI 256 im Hinblick auf einen Kaufvertrag negiert wird: τοῖς δὲ [± 18]|μένοις μὴ κυρία ἔστω ἡ ὠνή.

26 Dem. XXXV 13 [*Contra Lacritum*]: κυριώτερον δὲ περὶ τούτων ἄλλο μηδὲν εἶναι τῆς συγγραφῆς.

27 Préaux, „La preuve", S. 161.

28 Wolff *Justizwesen*, S. 56.

29 Berneker, *Prozeßeinleitung*, S. 98. Hellebrand, *Prozeßzeugnis*, S. 71, hat meines Erachtens zwischen attischem und hellenistischem Recht nicht genügend differenziert.

reichten Originalverträge von professionellen, mit dem einschlägigen Formular vertrauten Schreibern im Dikasterion, d.h. wahrscheinlich im Büro des Eisagogeus, aufgesetzt, um im Prozess verwendet zu werden.[30] Wir wissen nicht, ob in der Verhandlung die Aussage außerdem auch mündlich erfolgte oder ob nur die schriftliche Aussage verlesen wurde. Im attischen Recht gab es jedenfalls eine Entwicklung von der rein mündlichen Aussage im 5. Jh. v. Chr. (die die geschriebene Aussage nicht ausschließt)[31] hin zu der hauptsächlich geschriebenen Aussage, die im 4. Jh. v. Chr. üblich war.[32] Diese Tradition blieb im hellenistischen Prozeß erhalten, und zwar ebenso in Alexandria wie in der Chora, wie schon die Dikaiomata,[33] die Protokolle in P.Petr. II 21 (b) (c) (d) (= M.Chr. 28)[34] und P.Petr. I 24 (2)[35] sowie jetzt auch unsere neuen Quellen zeigen.

---

[30] Vgl. **9**,6:] κ̣υρίαν̣ ἐπιφέ[ρω ἐπὶ τὸ δικαστήριον τῶι δεῖνι πρ(ὸς) Πρώταρχον], ergänzt nach **10**,16–18: [τ]ὴν συγγραφὴν --- [--- ἣν καὶ νῦν] --- ἐπιφ[έρω κυρίαν] | ἐπὶ τὸ δικαστήριον; ibid. 45–47: φέρ̣ει Ἑρμαίωι πρ(ὸς) | Διονυσόδωρον εἰς | [δ]ι̣κα̣[στήρ]ι̣ο[ν]. Aus **9** und **10** geht jedoch nicht hervor, vor welchem Dikasterion — dem in Herakleopolis oder dem in Krokodilopolis — die Aussage erfolgt; allerdings läßt die Fundgemeinschaft mit den übrigen Trierer Texten und die Übereinstimmung im Formular mit P.Heid. VIII 413–416 vermuten, daß alle unsere Papyri aus dem Gerichtsarchiv von Herakleopolis stammen. Auch wenn einzelne Texte dort nicht urspünglich abgefaßt wurden, so hat man sie doch dort kopiert und den Gerichtsakten einverleibt.

[31] Mitteis, *Reichsrecht und Volksrecht*, S. 141 und S. 521–523 hält die schriftliche Zeugenaussage für typisch griechisch, worin ihm Hellebrand *Prozeßzeugnis*, S. 75 folgt. Dafür gibt es im attischen Recht zahlreiche Quellen.

[32] Dazu siehe z. B. Cohen, „Writing, Law and Legal Practice"; Bonner, *Athenian Courts*, S. 46. Aus Dem. XLVII 61 (*In Evergum et Mnesibulum*) geht hervor, daß der Beweis auch schriftlich vorgelegt werden mußte: ὡς δὲ ταῦτα ἀληθῆ λέγω, ἀναγνώσεται ὑμῖν τὰς μαρτυρίας. Wie diese Stelle, so zeigen auch andere Texte der Redner eindeutig, daß die Zeugenaussagen von einem Gerichtsdiener vorgelesen wurden, z. B. Dem. XLVII 48 (*In Evergum et Mnesibulum*): ἀνάγνωθί μοι αὐτῶν τὰς μαρτυρίας; Is. VI 11 (*De Philoctemonis hereditate*): Καίτοι τούτους εἰκὸς πιστοτάτους εἶναι νομίζειν μάρτυρας· τοὺς γὰρ οἰκείους εἰδέναι προσήκει τὰ τοιαῦτα. Καί μοι τούτους κάλει πρῶτον καὶ τὰς μαρτυρίας ἀνάγνωθι. Laut Bonner, *Athenian Courts*, S. 54 erfolgte die Beweisstellung zumindest nach Isaios auf diese Weise; vgl. auch ibid. S. 46f. Als Beleg für die Vorbereitung der Aussagen zieht Bonner auch Dem. XX 84 (*Adversus Leptinem*) heran: Λαβὲ δὴ καὶ τὸ τῷ Χαβρίᾳ ψήφισμα ψηφισθέν. ὅρα δὴ καὶ σκόπει· δεῖ γὰρ αὔτ' ἐνταῦθ' εἶναί που. Daraus geht hervor, daß man die Zeugenaussage vor dem Prozeß vorbereitete, wie wir es für das ptolemäische Ägypten auch aus unserer Dokumentation ableiten können. Man las jedoch nicht immer alle Aussagen vor, die vorbereitet waren, vgl. Dem. XLII 26 (*Contra Phaenippum*): λέγε πρῶτον μὲν τὴν μαρτυρίαν, ἔπειτα τὴν ἀπόφασιν αὐτοῦ. – Ἔα ταῦτα. καίτοι πολλὰ τῶν ἔνδοθεν ἐκφορήσας, ὦ ἄνδρες δικασταί, Φαίνιππος, ἀνοίξας τὰ παρασεσημασμένα τῶν οἰκημάτων, ὡς ὑμῖν μεμαρτύρηται, καὶ καταλιπὼν ὅσα ἔδοξεν αὐτῷ, δευτέρῳ μηνὶ τὴν ἀπόφασιν ἔδωκέ μοι τῆς οὐσίας. ἀλλ' ὅμως ἔα ταῦτα. λέγε δ' ἐντευθενί 'ἐπὶ τούτοις τάδε ὀφείλω'.

[33] P.Hal. 1,222–228: εἰς μαρτ[υρί]αν κλῆσις. ε[ἰς] μαρτυρίαν καλείσθω ἐναντίον | δύο κλ[η]τόρων παρόντα ἀγορεύοντα καθ' ἓν ἕκαστον ὅτι ἃ[ν] | δέηι μ[αρ]τυρεῖν. ὁ δὲ καλεσάμενος γραφέτω τὴν μαρ|τυρίαν εἰς π[ι]ν[ά]κι[ο]ν, [ὁ] δὲ κληθεὶς μαρτυρείτω ἐ[π]ὶ [τῆ]ι | ἀρχῆι καὶ ἐπὶ τ[ῶι] δικαστηρίωι ἐφ' οἷς παρῆν ἢ εἶδε[ν ὀ]μόσας | τὸν ν[ό]μιμον ὅρκ[ο]ν ἀληθῆ μαρτυρεῖν τὰ ἐν τῶι π[ινα]κίωι | γεγρα[μμέν]α, ἄλλην δι μὴ μαρτυρείτ[ω.

Ursprünglich war man dazu übergegangen, mündliche Zeugenaussagen auch schriftlich zu fixieren und zu verlesen, um sicherzustellen, daß der Zeuge bei seiner Aussage geblieben war. Dieses Vorgehen war sinnvoll und blieb durch die Jahrhunderte erhalten, was die Hinweise auf die Zeugenaussagen bei den attischen Rednern, die sich ja immer nur auf die Angabe μάρτυρες beschränken, und die auf Papyrus erhaltenen Aussagen bestätigen. Für den Fall, daß ein Zeuge sich später bewußt von seiner schriftlichen Aussage distanzierte, gab es in Athen das Mittel der ἐξωμοσία, des beeideten Widerrufs, vgl. Is. IX 18 (*De Astyphili hereditate*): Καὶ γὰρ αὐτὸν τυπτόμενον ἰδὼν Ἱεροκλῆς, ὁ τὸ γραμματεῖον φάσκων παρ' ἑαυτῷ τεθῆναι, οἶδ' ὅτι οὐκ ἂν ἐθελήσειε μαρτυρῆσαι ἐναντία ταῖς διαθήκαις αἷς αὐτὸς ἀποφαίνει. Ὅμως μέντοι καὶ κάλει Ἱεροκλέα, ἵνα ἐναντίον τούτων μαρτυρήσῃ ἢ ἐξομόσηται (es folgt die ἐξωμοσία); Plat. *leg.* XI 936d6–937a3: Ἐάν τις ἑκὼν μὴ 'θέλῃ μαρτυρεῖν, προκαλεῖσθαι τὸν δεόμενον, ὁ δὲ κληθεὶς ἀπαντάτω πρὸς τὴν δίκην, καὶ ἐὰν μὲν εἰδῇ καὶ ἐθέλῃ μαρτυρεῖν, μαρτυρείτω, ἐὰν δὲ εἰδέναι μὴ φῇ, τοὺς τρεῖς θεοὺς Δία καὶ Ἀπόλλωνα καὶ Θέμιν ἀπομόσας ἦ μὴν μὴ εἰδέναι ἀπαλλαττέσθω τῆς δίκης· ὁ δ' εἰς μαρτυρίαν κληθείς, μὴ ἀπαντῶν δὲ τῷ καλεσαμένῳ, τῆς βλάβης ὑπόδικος ἔστω κατὰ νόμον, oder ibid. 949a6–8: τῶν δὲ ὁπόσα ἐξαρνηθέντι καὶ ἐξομοσαμένῳ κέρδος μέγα φανερὸν εἶναι δοκεῖ, ταῦτα δὲ διὰ δικῶν ὅρκων χωρὶς κρίνεσθαι σύμπαντας τοὺς ἐπικαλοῦντας ἀλλήλοις.

Diese Möglichkeit der ἐξωμοσία findet sich auch in den Papyri.[36] Armoni sieht in P.Poethke 1 (Bericht über einen Versteigerungskauf, Herakleopolites; 2. Jh. v. Chr.) sogar möglicherweise im „Passus Fr. b 2 – Fr. c 1 die gesetzliche Regelung der Exomosie zitiert: [ὑπάρχοντος δ' ἐν τῶι διαγράμματι παραγίγνε-

[34] Neuedition mit Korrekturen und Ergänzungen in P.Petrie II, p. III–XIV und P.Petrie III 24 von Wilcken, „Papyrus-Urkunden", S. 514–516.

[35] Mit P.Petr. III 52 [b] [2] und Verbesserungsvorschlägen abgedruckt von Kaltsas, P.Heid. VIII 414, Einleitung, S. 87, Anm. 1; vgl. auch Scheuble-Reiter, *Katökenreiter*, S. 353.

[36] S. auch P.Hal. 1, X 228–233: ἐ]ὰν <δὲ> μὴ φῆι ⟦παρα⟧ | παρεῖναι μηδὲ ἰδεῖν περὶ ὧν ἂν κελεύηι μαρτυρεῖν | ἐξομοσάσθω τὸν νόμιμον ὅρκον παραχρῆμα μήτε εἰδέ[ν]αι | μήτε παρεῖναι περὶ ὧν ἂν κληθῆι εἰς μαρτυρίαν. ἐὰν δ[ὲ] |τῆς μαρτυρίας τὰ μὲν φῆι εἰδέναι, τὰ δὲ μή, ἃ μὲν ἂν φῆ[ι] | συνειδέναι, μαρτυρείτω, ἃ δ' ἂν φῆι μὴ συνειδέναι, ἐξομο[σ]άσθ[ω]; P.Eleph. 23,8–18 (Königseid; Apollonopolis; 29.9.222 v. Chr.): 8 ὀ̣μ̣ν̣ύ̣ω̣ --- 13 ἦ μὴν τὴν | γῆν τὴν ἐν Τμουνε̣τὸλ (ἀρούρας?) β ἐν Πετλαρης | ἐν Τσενενη τοῦ Ἀπολλωνοπολίτο̣υ, ἣν προκη|ρύσσεις ὡς οὖσαν Ψεντεῆτος τοῦ Ἐσθφήνιος, μὴ εἶναι | αὐτοῦ ἀ̣λ̣λ̣' ἡ[μετέρ]α̣ν κα̣[ὶ ἔ]χ̣ε̣ι̣ν̣ με ταύτης προσβολὴν | καὶ κατ[α]βολήν, ἃ καὶ ἐπιδέδειχά σοι; P.Hib. I 32,17–19 (= M.Chr. 37; Oxyrhynchites; 16.2.245 v. Chr.): ἐξωμό[σα]|το Μένιππος Μενεμάχου | Μυσὸς τῆς ἐπιγονῆς [. . .] | φάμενος αὐ̣τ̣[οῦ εἶναι o.ä. (M.Chr.); zuletzt Armoni, „Exomosie". Inschriftlich z. B. SEG XIII 521,94–100 (Pergamon, vor 133 v. Chr.): λαμβανέτωσαν αὐτῶν οἱ ἀμφοδάρχαι | ἐνέχυρα καὶ τιθέσθωσαν ἐνεχυρασίαν | πρὸς τοὺς ἀστυνόμους αὐθημερὸν ἢ τῆι ὑ|στεραίαι καί, ἐὰν μηθεὶς ἐξομόσηται τὰ ἐ|νεχυρασθέντα ἐν ἡμέραις πέντε, πωλεί|τωσαν αὐτὰ ἢ ἐν φράτρηι ἢ ἐν τῆι ἀγορᾷ πλη|θυούσῃ συνπαρόντων τῶν ἀστυνόμων.

σθαι τ]οὺς ἀντιποιουμένους [--- καὶ ἃ] ἔχουσιν δίκαια ἐπιδ[ε]ικνύειν [καὶ ἐξόμνυσθαι τὰ ἔγγαια ἐ]ν ἡμέραις δέ[κα ---]."

Bis Isaios ist noch zu beobachten, daß im attischen Recht die Aussage des Zeugen mündlich erfolgte. Seit Isaios wurde sie niedergeschrieben, um vor Gericht verlesen zu werden. Eigentlich ist dies jedoch ein *argumentum ex silentio*, da wir kein Gesetz kennen, durch das die Form der Zeugenaussage – ob mündlich oder schriftlich – geregelt wurde, wie auch Bonner selbst[37] oder z. B. Soubie indirekt[38] zugeben. Bonner stützt sich auf die Beobachtung, daß die Vorladungen der Zeugen vor das Gericht von den spätesten Reden des Isaios an bei den Rednern verschwinden.[39] Für Demosthenes ist diese Theorie von den griechischen Rechtshistorikern allgemein akzeptiert.[40]

Der Zeuge war bei der Urteilssprechung anwesend.[41] Wenn er aber z. B. wegen Krankheit oder aus einem anderen Grund verhindert war und nicht vor Gericht aussagen konnte, dann erfolgte die Aussage an seinem Aufenthaltsort vor dem Zeugensteller mündlich,[42] wurde niedergeschrieben[43] und später vor Gericht verlesen.

---

[37] Bonner, *Athenian Courts*, S. 46, führt Dem. XLV *In Stephanum* I; XLIV *In Leocharem*; XLII *In Phaenippum;* XVIII *De Corona* (ohne nähere Angaben) an: „Demosthenes states very explicitly that all evidence had to be reduced to unity and presented to the court in the form of affidavits". Später stimmen Bonner/Smith, *The Administration of Justice* I, S. 360, Calhouns Vorschlag zu, der in seinem Aufsatz „Oral and Written Pleading", bes. S. 189–191, für die Umstellung die Zeit des Archontats von Nausinikos (378–377 v. Chr.) vorschlägt. Das genaue Datum ist nur eine Hypothese, aber die Theorie wird z. B. auch von Christ, *The Litigious Athenian*, S. 27, akzeptiert, der diese Reform in das Jahr 380 v. Chr. verlegt. Die Regelung, daß die Zeugenaussage schriftlich erfolgen soll, impliziert nicht, daß der Zeuge nicht auch von den Parteien und vom Gericht befragt werden kann.

[38] Soubie, „Les preuves", S. 188.

[39] Bonner, *Athenian Courts*, S. 46 und Anm. 3: „Before Iseus they summoned the witnesses to come forward". Er zitiert keine genaue Isaios-Stelle, aber passend ist z. B. Isaios I 16 *de Cleonymi hereditate*: ὡς οὖν ἀληθῆ λέγω, κάλει μοι τούς μάρτυρας. V 6 *(De Dicaeogenis hereditate)*: ὧν ἐγὼ τοὺς τότε παρόντας ὑμῖν μάρτυρας παρέξομαι. Aber in VIII 11 (*De Cironis hereditate*) sagt er: ἀλλὰ μὴν ὡς ἀληθῆ λέγω, λαβέ μοι πρῶτον ταύτην τὴν μαρτυρίαν καὶ ἀνάγνωθι, und in IX 6 (*De Astyphili hereditate*): ὣς δὲ ταῦτ' ἔλεγεν, ἀνάγνωθί μοι ταύτην τὴν μαρτυρίαν. Vor Isaios wurden von dem Gerichtsbeamten nur die Gesetze und Dekrete, zur Zeit des Isaios und nach ihm auch die Zeugenaussagen vorgelesen.

[40] Rhodes, „Judicial Procedures", bes. S. 310–311; Rubinstein, *Litigation and Cooperation*, S. 72 und Anm. 143; Cohen, „Writing, Law and Legal Practice", bes. S. 80–83 vgl. Lanni, *Law and Justice*, S. 157–159, die das erstere nicht verneint, aber betont, wie wichtig die mündliche Zeugenaussage sogar noch im 4. Jh. ist, als das schriftliche Dokument bereits Bestandteil der dikai emporikai ist.

[41] Dem. XX 84 (*Adversus Leptinem*): Λαβὲ δὴ καὶ τὸ τῷ Χαβρίᾳ ψήφισμα ψηφισθέν. ὅρα δὴ καὶ σκόπει· δεῖ γὰρ αὔτ' ἐνταῦθ' εἶναί που.

[42] Dem. XLVI 6–8 (*In Stephanum* II): Ἀλλὰ μὴν εἰ φησὶ Φορμίωνος λέγοντος πιστεύειν ταῦτ' ἀληθῆ εἶναι, τοῦ αὐτοῦ ἀνδρός ἐστιν πιστεύειν τε λέγοντι τούτῳ ταῦτα καὶ κελεύοντι μαρτυρεῖν. οἱ δέ γε νόμοι οὐ ταῦτα λέγουσιν, ἀλλ' ἃ ἂν εἰδῇ τις καὶ οἷς ἂν παραγένηται πραττομένοις, ταῦτα

Wahrscheinlich war dies auch vor dem Dikasterion in Ägypten immer noch die übliche Praxis. Außer der Abwesenhheit wegen Krankheit konnte noch der Fall eintreten, daß Personen, die in der Zwischenzeit an einem anderem Ort lebten, z. B. Soldaten, die versetzt worden waren, nicht vor Gericht auftreten konnten oder daß verängstigte Zeugen nicht persönlich zu erscheinen wagten wie in P.Enteux. 86.[44] In P.Sorb. III 132 ist der Grund der Abwesenheit der Zeugen nicht erwähnt. Hier wurden die Zeugen vereidigt, machten ihre Aussage, die schriftlich niedergelegt, versiegelt – hier vermutlich durch den Epistates – an die zuständige Behörde, hier an den Strategen, gesandt[45] und dann im Prozeß verlesen wurde. Allerdings galt dies bisher für Tatzeugen, deren Anwesenheit, wie wir gesehen haben, vor Gericht durch eine beeidete schriftliche Aussage ersetzt werden konnte. Im Fall des Syngraphophylax ist das nicht klar, aber bei Verlegung einer Truppe in einem militärischen Kontext dürfte auch diese Möglichkeit nicht ausgeschlossen werden. Wichtig war jedenfalls vor allem, daß die von ihm aufbewahrte Urkunde dem Gericht vorlag.

Der Zeugenbeweis ist also der einzige Beweis, der diese Bezeichnung verdient. In Athen hatte man laut Thür in der kurzen Zeit der Urteilsfindung keine Möglichkeit, die Dokumente zu prüfen. Die Bestätigung ihrer Echtheit beruhte

---

μαρτυρεῖν κελεύουσιν ἐν γραμματείῳ γεγραμμένα, ἵνα μήτ' ἀφελεῖν ἐξῇ μηδὲν μήτε προσθεῖναι τοῖς γεγραμμένοις. ἀκοὴν δ' οὐκ ἐῶσι ζῶντος μαρτυρεῖν, ἀλλὰ τεθνεῶτος, τῶν δὲ ἀδυνάτων καὶ ὑπερορίων ἐκμαρτυρίαν γεγραμμένην ἐν τῷ γραμματείῳ· καὶ ἀπὸ τῆς αὐτῆς ἐπισκήψεως τήν τε μαρτυρίαν καὶ ἐκμαρτυρίαν ἀγωνίζεσθαι ἅμα, ἵν' ἐὰν μὲν ἀναδέχηται ὁ ἐκμαρτυρήσας, ἐκεῖνος ὑπόδικος ᾖ τῶν ψευδομαρτυρίων, ἐὰν δὲ μὴ ἀναδέχηται, οἱ μαρτυρήσαντες τὴν ἐκμαρτυρίαν.

[43] Nach Bonner, *Athenian Courts*, S. 25–27, war wenigstens laut Dem. XLVI 7–8 (*In Stephanum* II, siehe die vorige Anm.) und Aesch. II 19 (*De falsa legatione*): Καὶ ὅτι ταῦτ' ἐστὶν ἀληθῆ, λαβέ μοι τὰ ψηφίσματα, καὶ τὴν ἐκμαρτυρίαν ἀνάγνωθι τὴν Ἀριστοδήμου, καὶ κάλει πρὸς οὓς ἐξεμαρτύρησεν, ἵν' εἰδῶσιν οἱ δικασταὶ τίς ὁ Φιλοκράτους ἑταῖρος, καὶ τίς ὁ τὰς δωρεὰς Ἀριστοδήμῳ φάσκων πείσειν δοῦναι τὸν δῆμον, die Praxis, „undoubtedly to have the statement reduced to writing" (S. 26). Nach den Lexikographen hätten die Zeugen die Aussage mündlich gemacht, und das wäre „not at all inconsistent with a written statement".

[44] In P.Enteux. 86 (Magdola; 26. oder 27.2.221 v. Chr.) waren die vom Gegner eingeschüchterten Zeugen der Klägerin in die Wüste geflohen, weil sie nicht vor Gericht aussagen wollten; die Klägerin war daraufhin vom Eisagogeus aufgefordert worden, die Aussagen ihrer Zeugen vom Epistates aufnehmen zu lassen und ihm zu übersenden.

[45] P.Sorb. III 132 (= P.Turner 16) ist ein Begleitbrief zu einer Übersendung zweier beeideter Zeugenaussagen im versiegelten Umschlag (oder Paket), die vom Epistates Demetrios zur Verwendung in zwei Prozessen angefordert worden waren, zusammen mit zwei Listen der jeweiligen Zeugen. Angesichts der großen Zahl (einmal 12, einmal 11) muß es sich um Tatzeugen handeln (8–16 und 21): ἐ̣νομοσάμενος οὖν τὰς | μαρτυρίας ἀπέσταλκα | ἐ̣ν̣ ἐ̣γκ̣υ̣λ̣ισ̣μ̣[ο]ῖ̣ς δ̣υσίν | σφραγισάμενος ⟦δακτυ⟧ | κονδυλίωι οὗ ἐπίσημ[ι]ον | Ἡλίου πρόσωπον. ὑποτ̣έ̣|θεικα δέ σοι καὶ τὰ ὀνό|ματα τῶν μεμαρτυρηκό|των πρὸς μὲν Ζώπυρον (es folgen 12 Namen)· (21) Πτολεμαῖον (es folgen 11 Namen). (Interpretation nach Scherer zu P.Turner 16.)

allein auf den Zeugenaussagen.[46] Im ptolemäischen Prozeßrecht hatte sich das nicht geändert.

5.4. Zeugenaussagen der Syngraphophylakes

Über den Urkundenhüter bzw. συγγραφοφύλαξ und seine Aufgaben unterrichten allein die Papyri;[47] denn er begegnet nur in Verträgen, die in Form einer Sechszeugenhüterurkunde abgefaßt sind, wo er zusammen mit den Vertragspartnern und den anderen fünf Zeugen die Urkunde siegelt und neben dem Siegel unterschreibt; häufig ist er der zuerste genannte Zeuge. Er erhält eine Version der Vertrags zur Aufbewahrung, um sie im Falle eines Rechtsstreits dem Gericht vorlegen zu können.

Genau diese seine Tätigkeit beleuchten die neuen Zeugenaussagen besonders deutlich. In den Zeugenaussagen **9–11** und P.Heid. VIII 414–415 reicht der jeweilige Urkundenhüter einem Dikasterion seine Aussage ein, zusammen mit dem von ihm aufbewahrten Vertrag.[48] In **10**,6–7 war er beim Vertragsabschluß anwesend und wurde als Zeuge zu den anderen Vertragszeugen hinzugeschrieben: παρὼν ἐν τῆ[ι Κροκοδείλων] | [πόλει τοῦ Ἀρσινοί]τ̣[ο]υ̣ ἐπεγράφην μάρ[τυς. Das Dokument wird von den Vertragspartnern, der Garantin mit ihrem mutmaßlichen Kyrios und den Zeugen, darunter auch von dem zukünftigen Urkundenhüter, versiegelt, **10**,12–15: σφραγισθείσης τ̣[ῆς συγγραφῆς ὑπό τε Διονυ|σοδ]ώρου <καὶ Ἑρμαίου>[49] καὶ τῆς ἐγγύου Π̣[ραξοῦς τῆς Διονυσοδώρου | καὶ Δ]η̣μ̣ητρίου Δ[ι]ο̣νυσοδώρου κ[ἀμοῦ καὶ τῶν ἄλλων | τῶν] συνεπιγραφέντων μοι μαρ̣[τύρων κτλ.]. Danach händigt man ihm – vermutlich beide Vertragspartner im Einvernehmen – das von den Zeugen gesiegelte Exemplar des Vertrags aus, daß er als das maßgebliche Dokument aufbewahren und gegebenenfalls dem

[46] Thür, *Beweisführung*, S. 316–319, bes. 318: „Einen selbständigen Urkundenbeweis gab es vor dem Dikasterion nicht. Da den athenischen Massengerichtshöfen die Prüfung einer Urkunde schon rein technisch unmöglich war, hing alles wieder an den Zeugen, welche für den Inhalt und die Echtheit des Dokuments geführt wurden". Zu dem Mißtrauen (siehe z.B Isaios III 20–21) gegenüber den Dokumenten ohne Zeugen siehe z. B. Jones, *The Law and the Legal Theory*, S. 219; Garner, *Law and Society*, S. 177–178; Thomas, *Oral Tradition*, S. 41–42; Todd, „The Purpose of Evidence", S. 29 Anm. 15; S. 33 Anm. 23; Christ, *The Litigious Athenian*, S. 199.

[47] In literarischen Quellen ist der Urkundenhüter nicht belegt. Der TLG bietet keinen Eintrag für συγγραφοφυλ-. Inschriftlich begegnet er nur einmal in einer Inschrift aus Naukratis, OGIS I 120 (= I.Delta I 751,15 = SB I 352; 181–146 v. Chr.?).

[48] Aus **9** und **10** geht nicht hervor, vor welchem Dikasterion – dem in Herakleopolis oder dem in Krokodilopolis – die Aussage erfolgt. Allerdings spricht die Fundgemeinschaft mit den übrigen Trierer Gerichtstexten und die Übereinstimmung mit P.Heid. VIII 413–416 und P.Köln XIV 561 und 562 dafür, daß alle unsere Akten aus dem Gerichtsarchiv von Herakleopolis stammen, auch wenn einzelne Texte urspünglich dort nicht abgefaßt worden sind.

[49] Zur Ergänzung des Gläubigers siehe den Komm. zu **10**,12–14.

Gericht vorlegen soll. Im Falle einer gerichtlichen Auseinandersetzung bestätigt er, daß er es immer noch in Verwahrung hat und dem Gericht vorlegen kann, **10**,15–18: [ἔδωκάν μοι | τ]ὴν συγγραφὴν κυρίαν φυλάσ̣[σειν, ἣν ἔτι καὶ νῦν] | ἔχων κυρίαν φυλάσσω καὶ ἐπιφ̣[έρω κυρίαν] | ἐπὶ τὸ δικαστήριον. Dieser Schritt wird auf dem Verso der Zeugenaussagen bestätigt, **10**,45–47: φέ̣ρει (sc. der Urkundenhüter Demetrios) Ἑρμαίωι πρ(ὸς) | Διονυσόδωρον εἰς | [δ]ι̣κ̣α̣[στή-ρ]ι̣ο̣[ν]. Eine weitere Aufgabe besteht offenbar darin, eine Abschrift des Vertrags zur Registrierung ins Grapheion zu bringen; so heißt es in der Subskription des Vertrags P.Petr. II 47,34–38 (= M.Chr. 135) (210–209 v. Chr.): ἐχρηματίσθη ἀνενεχθὲν τὸ [ἀντί]|γραφον τοῦτο \`ὑπὸ Ἱστιαίου´ ἐν Κροκοδίλων [πόλει] | (ἔτους) ιγ Παῦνι πεντεκαιδεκά[τηι] | διὰ τὸ τὸν συγγραφοφύλακα λει[τουρ-γεῖν(?)] (?) | ἐν Ἀλαβάστρων πόλει. Hier wäre es wohl eigentlich die Aufgabe des Syngraphophylax gewesen, eine Abschrift des Vertrags registrieren zu lassen;[50] da dieser aber im entscheidenden Moment anderswo tätig ist, übernimmt der Vertragspartner Histiaios diese Aufgabe.[51]

Vor der Publikation der Gerichtsakten in P.Heid. VIII standen den Juristen nur zwei Exemplare zur Verfügung, P.Petr. I 24 (2)[52] und P.Petr. II 21 [d] 2–13 (= M.Chr. 28,18–29). Der Zustand des ersten ist so schlecht, daß Hellebrand dieses Dokument in seiner Monographie über das Prozeßzeugnis noch gar nicht genau identifizieren konnte. Das zweite, im folgenden zitiert aus M.Chr. 28,18–29, ist ebenfalls nur so fragmentarisch erhalten, daß es von Hellebrand für die Errichtung einer Syngraphe gehalten und kaum kommentiert wurde.[53] In Wirklichkeit enthält M.Chr. 28 das Protokoll einer Gerichtsverhandlung mit Auftritt und Verlesung der Aussage eines Zeugen. Alle anderen bisher bekannten Zeugenaussagen vor einem Dikasterion stammen von anderen Prozeßzeugen aus dem Zeitraum vom 3. bis zum Anfang des 2. Jhs., bisher nach dem 17.1. 269[54] bis in die siebziger Jahre des 2. Jhs. v. Chr.[55]

[50] Zur Registrierung von Verträgen im Grapheion siehe CPR XVIII; zur Registrierung von Vorladungen im Dikasterion durch den Eisagogeus siehe P.Köln XIV 561.

[51] Zum Syngraphophylax siehe Lotter, „συγγραφοφύλαξ"; zu dessen Rolle in den Darlehensverträgen siehe ibid. bes. S. 219–221.

[52] Mit P.Petrie III 52 [b] [2], abgedruckt in P.Heid. VIII 414 Einleitung, S. 87, Anm. 1 mit Korrekturvorschlägen. Siehe dazu auch Scheuble-Reiter, *Katökenreiter*, S. 353.

[53] Hellebrand, *Prozeßzeugnis*, S. 74, sagt zu M.Chr. 28 nur: „Es ist anzunehmen, daß es sich um eine vollständig und wörtlich wiedergegebene martyria handelt". Er stellt richtig fest (S. 80) „Allerdings hat der Autor der martyria nicht reine Zeugenfunktion, sondern ist syngraphophylax. Das ändert aber nichts an seiner Auch-Zeugenfunktion". Man darf aber nicht vergessen, daß der Syngraphophylax auch immer einer der Vertragszeugen war, der unterhalb des Vertrags als einer der μάρτυρες aufgeführt war.

[54] Dies ist die Datierung von P.Petrie I 24 (2) (= P.Petr. III 52 [b] [2]; siehe auch die Korrekturvorschläge bei Kaltsas, P.Heid. VIII, S. 45 und S. 87–88 mit Anm. 2.

[55] Vgl. die Tabellen bei Kaltsas, P.Heid. VIII, S. 45–46.

Bevor wir die Besonderheiten der Zeugenaussagen der Syngraphophylakes behandeln, müssen wir die Charakterzüge betrachten, die ihnen aufgrund ihrer weitgehend übereinstimmenden Struktur und Formeln mit den anderen Zeugenaussagen gemeinsam sind.[56]

5.4.1. Die Stilisierung der Zeugenaussagen

Über die Stilisierung der Zeugenaussagen ist schon viel geschrieben worden, noch bevor das neue Material von P.Heid. VIII publiziert wurde.[57] Früher haben die Gelehrten die attischen Quellen nur mit den zwei fragmentarischen Zeugenaussagen des Urkundenhüters in M.Chr. 28,17–29[58] und P.Petr. I 24 (2)[59] vergleichen können, heute aber ermöglichen P.Heid. VIII 413 und 414 und die neuen Trierer Texte **9–11** einen besseren Vergleich. In der Einleitungsformel der Heidelberger Zeugenaussagen steht zuerst der Name des Zeugen (in P.Heid. VIII 414 des Syngraphophylax) mit Nomenklatur, gefolgt von einer Form des Verbs μαρτυρέω (die Kaltsas in P.Heid. VIII 413,[3], 414,[2] und 416,[3] zu μαρτυρεῖ ergänzt) und dem Namen der Person, zu deren Gunsten er Zeugnis ablegt, ferner die Angabe des Prozeßgegners, gegen den er als Zeuge auftritt, wie folgt:

P.Heid. VIII 413, 1–2:
Σίλα[ς Πτολ]ẹμ̣αίου Θρᾶιξ τῆς ἐπιγονῆς.
μαρ̣[τυ]ρ[εῖ] Ạὐτομένει, πρὸς ὃν καθίστατ̣αι Κότυς.

P.Heid. VIII 414,2–3:
[Κρατεύας Μακεδὼν τ]ῶ̣ν Αὐτομέδον[τος ἰδιώτης. μαρτυρεῖ]
[Πτολεμαίωι, πρὸς ὃν] καθ̣ί̣σ̣ταται Νι[κάδας.

Kaltsas hat diese ganze Partie wie eine Überschrift aufgefaßt und nach der Angabe des Zeugen einen Punkt gesetzt. Im Kommentar zu P.Heid. VIII 414,2 betont er, „die Ergänzung“ werde „nur mit Vorbehalt angeboten, da sie der Beobachtung widerspricht, daß in den hier edierten herakleopolitischen Zeugenaussagen mit dem μαρτυρεῖ-Satz im Normalfall eine neue Zeile beginnt (vgl. die Einleitung zu 413–416 S. 47)“. Der Vorbehalt bezieht sich also auf die Stellung

[56] Hellebrand *Prozeßzeugnis* S. 74–75; Kaltsas, P.Heid. VIII, S. 47–54.

[57] Hellebrand *Prozeßzeugnis*, S. 74-75 vergleicht die Stilisierung des M.Chr. 28 mit den literarischen Gerichtsreden, die von Leisi, *Der Zeuge*, S. 105–106, kommentiert worden waren; er vertieft jedoch diesen Vergleich nicht, da er nur Leisi und nicht die literarischen Quellen selbst benutzt.

[58] M.Chr. 28 = Neuedition von P.Petrie II 21 (d),2–13 mit Korrekturen und Ergänzungen in P.Petrie III 24 durch Wilcken, „Papyrus-Urkunden“, S. 514–516.

[59] Mit P.Petr. III 52 (b) und Verbesserungsvorschlägen in P.Heid. VIII 414 Einleitung, S. 87, Anm. 1.

der Verbform im fortlaufenden Text und nicht auf die Ergänzung der 3. Person. Zur Interpunktion bzw. der Syntax siehe **10**,1–3 mit Komm. zu 1.

Mit der Ergänzung der 3. Person folgt Kaltsas dem Formular τῶι δεῖνι μαρτυρεῖ ὁ δεῖνα, wie es in allen anderen ihm seinerzeit bekannten auf Papyrus erhaltenen Zeugenaussagen – P.Zen. Pestman 21,1; P.Hamb. I 105,1; P.Petr. II 21 (d),2 (= M.Chr. 28,18); PUG III 116,1–2 und 117,1–2 – und denjenigen aus den athenischen Gerichtsverhandlungen überliefert ist;[60] auch diese haben normalerweise die objektiv stilisierte Fassung mit dem Formular ὁ δεῖνα μαρτυρεῖ κτλ.[61] Hierbei handelt es sich in der Regel um Aussagen von Zeugen, die den Tathergang beobachtet haben oder von etwas Kenntnis haben, also von Tatzeugen.[62] Im Unterschied zu den Syngraphophylaxaussagen müssen aber die Aussagen der Tatzeugen nicht vor Gericht erfolgen, sondern können den Zeugen von irgendwelchen Beamten am Ort des Geschehens – in der Metropolis oder in der Chora – unter Eid abgenommen, protokolliert und versiegelt an das Gericht weitergeleitet werden.[63]

Der auf die Einleitungsformel folgende Text der Aussage selbst war in allen bisher bekannten Papyri durchgehend subjektiv stilisiert.[64] Kaltsas hebt in seinem Kommentar hervor, daß die subjektive Fassung der Zeugenaussagen üblich und nicht auf Ägypten beschränkt ist, wofür er literarische und epigraphische Quellen anführt. Die von ihm ergänzte objektiv stilisierte Einleitungsformel μαρτυρεῖ mit anschließend subjektiv stilisierter Zeugenaussage findet sich auch bei den attischen Rednern, z. B. Aesch., I 50, 66 und 68 (*In Timarchum*),[65] wobei es sich bei diesen μαρτυρίαι nach Meinung der Gelehrten um spätere Einfügungen aus hellenistischer Zeit handelt.[66] Es ist aber nicht so einfach, die Echtheit der in den Reden zitierten Dokumente, Gesetze und Aussagen zu beurteilen.[67]

Kaltsas stützt sich bei seiner Ergänzung der subjektiven Form u.a. auch auf die Arbeit von Leisi, der das Formular der in die attischen Gerichtsreden einge-

---

[60] Das Verb ist in derselben Formel ergänzt in P.Cair. Zen. III 59347,[1] und P.Pintaudi 17,[1].

[61] Leisi, *Der Zeuge*, S. 101–103; Thür, *Beweisführung*, S. 130–132.

[62] Zu den verschiedenen Möglichkeiten siehe Kaltsas, Einleitung zu P.Heid. VIII 413–416, S. 48–49.

[63] Vgl. P.Enteux. 86 und P.Sorb. III 132 (= P.Turner 16); siehe oben Anm. 44 und 45.

[64] Z. B. P.Heid. VIII 413,3 κ̣ατοικῶ; weitere Stellen im Komm. zu **10**,3–5.

[65] Zitiert unten S. 90.

[66] So auch Kaltsas mit MacDowell, *Demosthenes, Against Meidias*, S. 43–45, der wiederum Harris, „Demosthenes *Against Meidias*“ folgt. Vgl. auch Harris, Rez. MacDowell, bes. S. 75–76; ders. *Demosthenes, Speeches 20–22*, S. 86–87 u. S. 89 mit Anm. 48; S. 103–104; S. 106.

[67] Vgl. z. B. Canevaro, *The Documents in the Attic Orators* S. 2–28, der die Forschungsgeschichte zu diesem Thema von der Renaissance über das 19. Jahrhundert bis heute behandelt und Gründe für den Zweifel an der Echtheit der in den Reden zitierten Dokumente anführt. Canevaro kommt zu dem Schluß, daß jeder Text gesondert für sich untersucht werden muß und die Echtheit eines Textes nicht nur deswegen auszuschließen ist, weil andere interpoliert sein könnten.

fügten Zeugenaussagen untersucht hat.[68] Dieser zitiert für das Formular „in seiner klassischen Form“ Dem. LIV 31,3–32,1 (*In Cononem*)[69] und Dem. XLV 55 (*In Stephanum* I)[70] mit seinen drei Teilen: Namen der Zeugen, Verb in der 3. Person, Aussage im AcI. Dabei bezeichnet der Infinitiv die eigene Handlung des Zeugen. Die anderen literarisch überlieferten Zeugenaussagen weichen von diesem Schema ab, indem entweder die Namen ganz oder teilweise fehlen und die Aussage erweitert wird. Das Fehlen der Namen erklärt Leisi damit, daß der Leser vielleicht nur am Inhalt interessiert war.[71] Die Erweiterung der Formel besteht in der Bezeugung der Anwesenheit oder der Kenntnis von einer Handlung anderer Personen durch Augenschein oder vom Hörensagen, eingeleitet durch eine Form von παρεῖναι/παραγενέσθαι ὅτε, εἰδέναι + AcP, ἀκούειν τοῦ δεῖνος ὅτι o.ä. Leisi behandelt nur objektiv stilisierte Aussagen, weil es wahrscheinlich in den Protokollen der Gerichtsverhandlungen nur solche gegeben hat. Demnach ist der durch seine Ergänzung μαρτυρεῖ hergestellte „Befund“ der Papyri nach Kaltsas gut hellenistisch, und durch die Versionen der griechischen Autoren sieht er die Ergänzung der dritten Person gestützt.

Wie in den Heidelberger Zeugenaussagen ist der Übergang von der dritten zur ersten Person in ein und derselben Zeugenaussage auch bei den attischen Rednern bezeugt.[72] Kaltsas zitiert dafür als Beispiele Aeschines I (*In Timarchum*) 50: Μισγόλας Νικίου Πειραιεὺς μαρτυρεῖ. Ἐμοὶ ἐγένετο ἐν συνηθείᾳ Τίμαρχος; 66: Μαρτυρεῖ Γλαύκων Τιμαίου Χολαργεύς. Ἐγὼ ἀγόμενον εἰς δουλείαν ὑπὸ Ἡγησάνδρου Πιττάλακον ἀφειλόμην εἰς ἐλευθερίαν und 68: Ἡγήσανδρος Διφίλου Στειριεὺς μαρτυρεῖ. Ὅτε κατέπλευσα ἐξ Ἑλλησπόντου, κατέλαβον κτλ.), wo jeweils die Einleitung in der dritten Person (μαρτυρεῖ) objektiv und die Aussage in der ersten Person subjektiv stilisiert ist.

---

[68] Leisi, *Der Zeuge*, S. 105–106.

[69] Dem. LIV 31,3–32,1 (*In Cononem*): Διότιμος Διοτίμου Ἰκαριεύς, Ἀρχεβιάδης Δημοτέλους Ἁλαιεύς, Χαιρέτιμος Χαιριμένους Πιθεὺς μαρτυροῦσιν ἀπιέναι ἀπὸ δείπνου μετὰ Κόνωνος, καὶ προσελθεῖν ἐν ἀγορᾷ μαχομένοις Ἀρίστωνι καὶ τῷ υἱεῖ τῷ Κόνωνος, καὶ μὴ πατάξαι Κόνωνα Ἀρίστωνα.

[70] Dem. XLV 55 (*In Stephanum* I): Δεινίας Θεομνήστου Ἀθμονεὺς μαρτυρεῖ τὴν θυγατέρα <τὴν> αὑτοῦ ἐκδοῦναι Ἀπολλοδώρῳ κατὰ τοὺς νόμους γυναῖκα ἔχειν, καὶ μηδεπώποτε παραγενέσθαι μηδὲ αἰσθέσθαι, ὅτι Ἀπολλόδωρος ἀφῆκε τῶν ἐγκλημάτων ἁπάντων Φορμίωνα.

[71] Das ist nicht nur in den Reden, sondern auch in den Inschriften aus der Zeit der attischen Redner üblich; vgl. Leisi, *Der Zeuge*, S. 105 mit Quellen und Literatur.

[72] Kaltsas, P.Heid. VIII, S. 50; ferner Thür, *Beweisführung*, S. 94, der dort Anm. 15 wegen der „sprachlichen Inkonsequenz“ Dem. LIX 54 (*In Neaeram*) anführt: Φράστωρ Αἰγιλιεὺς μαρτυρεῖ --- καὶ τὴν δίκην τοῦ σίτου, ἣν ἔλαχεν ἐμοὶ Στέφανος. Anfangs spricht der Zeuge in der dritten Person (μαρτυρεῖ), aber später in der ersten Person von sich selbst (ἐμοί). Dies läßt sich auf dieselbe Weise erklären wie der Personenwechsel in P.Petr. II 21 (d),2 (= M.Chr. 28,18) μαρ]τυρεῖ, anschließend in Z. 5 bzw. 21 ἐπεγράφην μάρτυς und in Z. 23 bzw. 28 μαρτυρῶ: In dem Verhandlungsprotokoll wird zunächst der Auftritt des Zeugen in der 3. Person berichtet, später wird seine in der Verhandlung verlesene Aussage in der 1. Person zitiert.

Das Einleitungswort μαρτυρεῖ fehlt bei Dem., *In Midiam* 21–22 Λέγε μοι τὴν τοῦ χρυσοχόου πρώτην λαβὼν μαρτυρίαν. [Παμμένης Παμμένους Ἑρχιεὺς ἔχω χρυσοχοεῖον ἐν τῇ ἀγορᾷ, ἐν ᾧ καταγίγνομαι καὶ ἐργάζομαι τὴν χρυσοχοϊκὴν τέχνην κτλ.] (so auch 82, 93 und 107), aber die Aussagen selbst sind subjektiv formuliert.[73]

Im Gegensatz dazu bleibt Dem. XVIII 135 (*De corona*) auch in der Aussage selbst bei der dritten Person. Sie wird mit der dritten Person Plural eingeleitet: [Μαρτυροῦσι Δημοσθένει ὑπὲρ ἁπάντων οἵδε, Καλλίας Σουνιεύς, Ζήνων Φλυεύς, Κλέων Φαληρεύς, Δημόνικος Μαραθώνιος, ὅτι κτλ.]; ebenso Dem. XVIII 137 (*De corona*): Καὶ ὅτι ταῦτ' ἀληθῆ λέγω, κάλει μοι τούτων τοὺς μάρτυρας. [Τελέδημος Κλέωνος, Ὑπερείδης Καλλαίσχρου, Νικόμαχος Διοφάντου μαρτυροῦσι Δημοσθένει καὶ ἐπωμόσαντο ἐπὶ τῶν στρατηγῶν εἰδέναι κτλ.]. Da die soeben zitierte Zeugenaussage für echt gehalten wird und als paradigmatisch für ihre Zeit gilt, dient sie Kaltsas als Grundlage für den Vergleich mit den für unecht gehaltenen. Kaltsas hat seine Ergänzung der dritten Person (μαρτυρεῖ) in der Einleitung der Zeugenaussage mit ihrem Vorkommen in den Zeugenaussagen bei den attischen Rednern begründet, u.a. auch deswegen, weil diese zum Teil von hellenistischen Herausgebern in die oben angeführten Reden von Aeschines und Demosthenes eingefügt wurden.

Auch in μαρτυρίαι klassischer Zeit finden wir Zeugenaussagen durchgehend in der ersten Person, doch fehlt dabei das Einleitungswort μαρτυρεῖ. Das führte zu der Theorie, daß diese im Prozeß nicht vorgelesen, sondern mündlich vorgetragen wurden. Wahrscheinlich verwendete der Zeuge in der originalen Zeugenaussage, die er schriftlich vor der Gerichtsverhandlung vorbereitet hatte, die erste Person Singular. Bei der Verlesung durch den Gerichtsdiener behielt man möglicherweise den originalen Wortlaut bei, aber bei der Redaktion des Verhandlungsprotokolls setzte man die dritte Person ein, wenn auch in vielen Fällen aus Versehen die erste Person beibehalten wurde.

Außerdem stützt sich Kaltsas auf die Zeugenaussagen, die in den Inschriften und in den Papyri erhalten sind. Der Übergang von der dritten zur ersten Person und die anschließende subjektive Stilisierung findet sich z. B. auch in den Inschriften IG IX 2, 521,6–8 (Larissa, 2. Jh. v. Chr.): μαρτ[υ]|ρεῖ Λάδικος Ἁρμ[οδ]ίου Ἀσκυριεὺς | Κονδαιεῦσιν· ἐπ[ίστ]αμ[αι] κτλ. und I.Gonnoi II 93 B,10–11 (3. Jh. v. Chr.): μαρτυρεῖ Μ̣ε̣[νι]ππ[ος --- τῇ] Γον̣[ν]έων πόλει· ἔβοσκον κτλ.[74] In der ersten Inschrift sind nur Zeugenaussagen erhalten; vom Inhalt des Prozesses erfahren wir nicht viel. Kaltsas zitiert diese Texte, um seine Theorie zu recht-

[73] Vgl. auch Kaltsas, P.Heid. VIII, S. 50.

[74] Beide Texte betreffen Entscheidungen über Grenzprobleme bei städtischem Eigentum, im ersten Fall zwischen Kondaia und einer unbekannten Stadt, im zweiten zwischen Gonnoi und Herakleion Piccirilli, „L'arbitrato"; ders., *Gli arbitrati interstatali*; Ager, *Interstate Arbitrations*, S. 184–186; Helly, „Modèle de l'archéologie", bes. S. 100–102. Chaniotis, *War*, S. 141.

fertigen, wonach der Übergang von der 3. zur 1. Person in ein und demselben Text hellenistisch ist; denn dieser kommt ebenso in den Inschriften der hellenistischen Zeit wie auch in den Papyri und in den Zeugenaussagen vor, die den erwähnten Reden des Demosthenes und des Aischines in hellenistischer Zeit nachträglich hinzugefügt worden sind.

Mit dem Zitat von Dem. LIX 54 (*In Neaeram*),[75] in dem die Aussage in der 3. Person beginnt, aber später die 1. Person verwendet wird, wurde bereits auf den Wechsel der Person des Sprechers bzw. Zeugen aufmerksam gemacht. Allein aufgrund der Zeugenaussagen (der hellenistischen Nachträge) bei den attischen Rednern läßt sich kaum sagen, wie das Formular in Athen wirklich gelautet hat.

5.4.2. Das einleitende Verb in den Papyri: μαρτυρεῖ / μαρτυρῶ

Die Papyri, in denen die entsprechenden Verbformen erhalten sind, zeigen folgenden Befund: Alle bis jetzt publizierten Aussagen von Tatzeugen weisen den Übergang von der dritten zur ersten Person auf, das heißt, die Einleitung μαρτυρεῖ in der 3. und die Aussage selbst in der 1. Person (z. B. οἰκῶ). In den bisher publizierten Syngraphophylaxaussagen ist das einleitende Verb μαρτυρεῖ nur einmal, in P.Petr. II 21 (d),2 (= M.Chr. 28,18), tatsächlich erhalten, sonst ist es überall ergänzt worden.

Die neuen Papyri enthalten zum ersten Mal eine Variante der einleitenden Verbform und eröffnen somit die Möglichkeit zu einer neuen Theorie. In der Syngraphophylaxaussage **10**,3 ist das einleitende Verb in aller Deutlichkeit erhalten, und zwar in der ersten Person:

2 (m1) [Δ]ηṃήτριος Κλεάνδ̣ρ̣ου̣ .[*Ethnikon* ἱππάρχης ἐπ']
3 [ἀ]ν̣δρῶν μαρτυρῶ Ἑρμαί̣[ωι κατὰ Διονυσοδώρου.

„Ich, Demetrios, Sohn des Kleandros, --- , Mannschaftskommandant der Reiter, bin Zeuge zugunsten des Hermaios gegen Dionysodoros."

Dieselbe Stelle im Formular ist in den Paralleltexten **9** und **11** verloren, aber da alle drei Texte aus derselben Kartonage stammen und dieselbe Struktur aufweisen (Signalement – Zeugenaussage – Abschrift des Vertrags), gehen wir davon aus, daß sie auch dasselbe Formular enthalten haben. Warum unterscheidet sich **10** in diesem Punkt von den anderen Aussagen, in denen das Verb erhalten ist? Worin besteht der Unterschied zwischen der Aussage des Deme-

[75] Zitiert oben Anm. 72.

trios und P.Petr. II 21 (d), 2 (= M.Chr. 28,18)? Wir vermuteten einen Grund zunächst darin, daß wir nicht die Aussage eines Tatzeugen, sondern die eines Vertragszeugen und Urkundenhüters vor uns haben. Das kann aber nicht der Grund für den Wechsel in der Person sein; denn es handelt sich sowohl in **10** als auch in P.Petr. II 21 (d),2 (= M.Chr. 28,18) um Syngraphophylaxaussagen. Es gibt jedoch einen anderen Unterschied.

Im Verhandlungsprotokoll P.Petr. II 21 (d) (= M.Chr. 28) wird in Z. 2–13 bzw. 18–29 die Aussage des Syngraphophylax vorgelesen. Der Tagesordnungspunkt der Verlesung wird mit der 3. Person eingeleitet; die Aussage selbst erfolgt danach in der 1. Person.[76] Die 3. Person ist hier also dadurch zu erklären, daß die Verlesung des dem Gericht eingereichten Textes im objektiv stilisierten Protokoll eingeführt und in subjektiv stilisierter Aussage festgehalten wird.

Im Unterschied zu den bisher angeführten Fällen liegt in **10** die erste selbständige, nicht durch Zitat oder Protokoll überlieferte Zeugenaussage eines Syngraphophylax vor, in der die Verbform μαρτυρῶ erhalten ist, so wie dieser selbst sie vorgetragen hat und wie sie niedergeschrieben wurde. Die Aufgabe des Syngraphophylax ist es, wie er selbst darlegt, die betreffende Urkunde aufzubewahren und persönlich bei Gericht vorzulegen. Dies gibt er in seiner Aussage auch zu Protokoll, natürlich in der 1. Person (**10**,15–18):

15 ἔδωκάν μοι]
16 [τ]ὴν συγγραφὴν κυρίαν φυλάσ̣[σειν, ἣν καὶ νῦν]
17 ἔχων κυρίαν φυλάσσω καὶ ἐπιφ̣[έρω κυρίαν]
18 ἐπὶ τὸ δικαστήριον.

Dann legt er seine Aussage zusammen mit dem Originalvertrag dem Gericht vor, das von alledem eine Abschrift anfertigen läßt. Dies dürfte für alle Syngraphophylaxaussagen gelten.

Auch P.Heid. VIII 413 und 414 sind selbständige Syngraphophylaxaussagen, ebenfalls in Abschrift, versehen mit dem amtlich hinzugefügten Signalement. Es wäre sinnvoll, auch hier das einleitende Verb in der ersten Person zu ergänzen. Wenn man zudem nach dem Namen des Zeugen nicht interpungiert, ergibt sich ein flüssiger griechischer Satz, und das Problem der Textverteilung im Hinblick auf die Stellung des Verbs, das Kaltsas zu Recht gesehen hatte,[77] wird gelöst:[78]

P.Heid. VIII 413, 1–2:
Σίλα[ς Πτολ]ε̣μ̣αίου Θρᾶιξ τῆς ἐπιγονῆς.
Μαρ̣[τυ]ρ[εῖ] Α̣ὐτομένει, πρὸς ὃν καθίστατ̣αι Κότυς.

[76] Siehe oben Anm. 72.

[77] Komm. zu P.Heid. VIII 414,2–3.

[78] Dasselbe gilt für P.Heid. VIII 414,2–3; siehe dazu auch den Kommentar zu **10**,2–3 mit weiteren Korrekturvorschlägen.

Wir würden jetzt schreiben:

→ Σίλα[ς Πτολ]ε̣μ̣αίου Θρᾶιξ τῆ̣ς ἐπιγονῆς |
μαρ̣[τυ]ρ[ῶ] Α̣ὐτομένει, πρὸς ὃν καθίστα̣ται Κότυς.

„Ich, Silas, Sohn des Ptolemaios, Thraker von Abkunft, lege Zeugnis ab zugunsten des Automenes, gegen den Kotys auftritt."

Zusammenfassend kann man festhalten, daß das einleitende Verb in der 3. Person steht, wenn es in einem Protokoll festgehalten wird, und in der 1. Person, wenn es in einer selbständigen Aussage erscheint. Wir möchten daher die Erklärung vorschlagen, daß der Sprecherwechsel durch das Formular des Gerichtsprotokolls begründet ist: Zuerst wird der Zeuge in der Verhandlung mit der 3. Person eingeführt, dann folgt seine Aussage in der 1. Person; diese wird dann auch im Protokoll in der 1. Person zitiert. Das setzt voraus, daß der Zeuge oder jemand anderes die Aussage in der Verhandlung verliest.

Die Rekonstruktion des Formulars der ptolemäischen Zeugenaussagen nach dem Vorbild der Zeugenaussagen in den attischen Reden, die ebenfalls in hellenistischer Zeit abgefaßt wurden, war unvermeidlich, solange kein anderes Formular bekannt war. Die Zeugenaussage **10** mit der subjektiven Formulierung in Z. 3, die Kaltsas noch nicht vorlag, zeigt jetzt, daß in der direkten, selbständigen Zeugenaussage vor dem Eisagogeus die 1. Person verwendet wurde.

5.4.3. Das einleitende Verb in Aussagen von Tat- und Vertragszeugen

Vertragszeuge: ὁ δεῖνα μαρτυρῶ τῶι δεῖνι
Tatzeuge: μαρτυρεῖ τῶι δεῖνι ὁ δεῖνα

In den Aussagen der Vertrags- und Tatzeugen läßt sich ein stilistischer Unterschied feststellen, und zwar in dem Passus, in dem unmittelbar nach der Einleitungsformel die Prozessparteien genannt werden. Vielleicht gewinnen wir durch deren Untersuchung ein weiteres Argument dafür, daß die Ergänzung der 1. Person in den oben angegebenen Fällen richtig ist.

In P.Petr. II 17 (3),1 (mit P.Heid. VIII S. 47) und den Trierer Zeugenaussagen **10**,3 und **11**,3 lautet das Formular ὁ δεῖνα (scil. der Zeuge) μαρτυρῶ τῶι δεῖνι (scil. zugunsten des Zeugenstellers). Hier ist nur der Zeuge selbst mit Namen und Personalangaben angeführt, aber nicht die Kontrahenten, vielleicht weil deren Personalien dem Gericht bekannt und sie in dem gleichzeitig eingereichten maßgeblichen Vertrag selbst mit allen Angaben aufgeführt waren, wie es die Nomenklaturregel für Darlehensgeschäfte verlangte.[79] Daneben begegnen in den

[79] Vgl. P.Hamb. II 168 und BGU XIV 2367; dazu Kaltsas, P.Heid. VIII, S. 47 und Komm. zu 416,2 und Kramer, CPR XVIII, S. 63–69.

Aussagen der Tatzeugen dieselben Angaben in der Reihenfolge μαρτυρεῖ τῶι δεῖνι ὁ δεῖνα, vgl. P.Zen. Pestm. 21,1; P.Cair. Zen. 59347,1; P.Hamb. I 105,1; P.Petr. II 21 (d),2 (= M.Chr. 28,18); P.Pintaudi 17,1; PUG III 116,1; 117,1–2. Hellebrand hatte aus dieser Anordnung in den ihm seinerzeit bekannten Texten geschlossen, daß der an zweiter Stelle genannte Zeuge gesellschaftlich unter dem Zeugensteller stand, aber diese Theorie läßt sich nicht beweisen.[80] Die neuen Texte führen uns auf die, wie wir meinen, richtige Erklärung.[81] Während die Tatzeugen in den soeben angeführten Aussagen den Prozessgegner gar nicht oder erst später (so nur P.Pintaudi 17,1) nennen, haben die Zeugenaussagen der Syngraphophylakes **10**,2–3, **11**,3–4; P.Petr. II 17 (3),1 (mit P.Heid. VIII S. 47), P.Heid. VIII 413,2–3 und 414,2–3 mit dem Formular ὁ δεῖνα μαρτυρῶ τῶι δεῖνι alle die Gemeinsamkeit, daß in ihnen auf die Nennung des Zeugenstellers jedes Mal diejenige des Prozessgegners unmittelbar folgt, sei es in einem Relativsatz, der auf den Zeugensteller bezogen ist, wie in P.Heid. VIII 413,2–3 und 414,2–3; in P.Petr. II 17 (3),1 [ὁ δεῖνα μαρτυρῶ Λαμί]σ̣κηι πρὸς ἣν δικάζεταί Ἄτταλος;[82] durch ein Partizip wie in P.Heid. VIII 416,2–3:[83] Ἑρ̣ι̣εὺς Σ[--- Ἡ]ρακλεοπολί-της βασιλικὸς ̣ε[---] ̣ ̣ ἄμισθος | [μαρτυρῶ Περιγέ]ν̣ε̣ι τῶι καθισ̣τ̣αμένωι ἐφ' Ἑρμο[--- und **11**,3–4: [ὁ δεῖνα τοῦ δεῖνος ---]σ̣ης φυλακίτης [--- | μαρτυρῶ Ἀπολλωνίωι δι]κ̣αζομένωι Ζήνω[νι oder auch durch einen präpositionalen Ausdruck, wie er aus Platzgründen in **10**,2–3 ergänzt ist: [Δ]η̣μήτριος Κλεάν-δ̣ρ̣ου ̣[± 12 ἱππάρχης ἐπ'] | [ἀ]ν̣δρῶν μαρτυρῶ Ἑρμαί̣[ωι κατὰ Διονυσοδώρου]. Ein solcher Anschluß wäre nach der Formel τῶι δεῖνι μαρτυρεῖ ὁ δεῖνα nicht sinnvoll, denn der Zeuge prozessiert nicht mit dem Gegner.

5.4.4. Das Signalement des Zeugen

Einige Zeugenaussagen tragen vor dem Haupttext ein von zweiter Hand hinzugefügtes Signalement des Zeugen, das in **10** und **11** sowie in P.Heid. VIII 413 und 414 erhalten ist. Wie bei den Vorladungen (vgl. **1–8**) ist es von einem Gerichtsdiener im Büro des Eisagogeus, wo der Zeuge für seine Aussage und deren Niederschrift persönlich erscheinen mußte, auf dem Dokument nach-

---

[80] Hellebrand *Prozeßzeugnis*, S. 74: „Ob der Dativ vor dem Nominativ stand oder umgekehrt, mag bei der ägyptischen Mentalität von der gesellschaftlichen Stellung der beiden Personen zueinander abgehangen haben". Wir lehnen diese Theorie mit Kaltsas, P.Heid. VIII, S. 47 eindeutig ab. In militärischen Kontext unserer Texte kann von „ägyptischer Mentalität" keine Rede sein.

[81] Kaltsas hat diese Erklärung durch seine Sammlung der Textstellen P.Heid. VIII, S. 47 bereits nahegelegt, aber nicht formuliert.

[82] Nach der Ergänzung von Kaltsas, P.Heid. VIII, S. 47, mit unserer Tilgung der Interpunktion und Ergänzung der 1. Person.

[83] Mit der vorgeschlagenen Tilgung der Interpunktion und Korrektur der Verbform von der 3. zur 1. Person.

träglich eingetragen worden.[84] Dieser Usus ist erst durch die Heidelberger Gerichtsurkunden wirklich deutlich geworden.[85] Aber in den Editionen von P.Zen. Pestman 21,1 und in P.Cair. Zen. III 59347,[1] ist das Signalement so gedruckt, als sei es als Korrektur oberhalb der Zeile nachgetragen und gehöre zum Text von Z. 1. Das erweist sich jetzt als falsch; wir schlagen deshalb vor, den Text der Editionen richtig auf die Zeilen zu verteilen und diese neu zu zählen, wie es im Komm. zu **10**,2–3 aufgeführt ist.

Die Aufgabe des Syngraphophylax ist es, die Urkunde beim Gericht einzureichen; er muß allein dazu schon persönlich dort erscheinen. Bei den Aussagen von Tatzeugen liegt eine andere Situation vor; anscheinend brauchen diese nach den Papyri nicht immer selbst vor Gericht zu erscheinen. Es gibt Fälle, in denen Bamte in der Chora die Aussagen von Tatzeugen aufgenommen haben;[86] sie mußten nur beeidet werden, und der Beamte schickte sie versiegelt an das zuständige Gericht. So erklärt es sich, daß die Aussagen von Tatzeugen im Protokollstil mit dem einleitenden Verb in der 3. Person formuliert sind.

5.5. Die Entgegennahme der Zeugenaussagen

Schon Berneker hatte die Frage gestellt, welche Behörde die Zeugenaussage entgegennahm, als er P.Petrie II 21 (d) (mit III 24[d]) kommentierte und mit P.Hal. 1,225–226: [ὁ] δὲ κληθεὶς μαρτυρείτω ἐ[π]ὶ [τῆ]ι | ἀρχῆι καὶ ἐπὶ τ[ῶι] δικαστηρίωι verglich. In Alexandria konnte man seine Aussage also sowohl vor dem Beamten (ἐ[π]ὶ [τῆ]ι ἀρχῆι) als auch vor dem Gerichtshof (ἐπὶ τ[ῶι] δικαστηρίωι) abgeben; in besagter ἀρχή hatte die Graeca Halensis den das Gericht „instruierenden Beamten“, d.h. den Eisagogeus, gesehen.[87]

Diese Theorie findet in den neuen Quellen ihre Bestätigung. Die Zeugen mußten wahrscheinlich persönlich vor dem Eisagogeus auftreten, um ihre Aussage einzureichen oder mündlich abzugeben und um ihr Signalement aufnehmen zu lassen. Deswegen finden wir das Signalement als Nachtrag eines Schreibers des Eisagogeus am Kopf der Zeugenaussagen.[88] Man könnte fragen, ob allein der Eisagogeus autorisiert war, eine Zeugenaussage aufzunehmen; es kämen dafür vielleicht auch die Losrichter in Frage. Allerdings sind diese wahrschein-

[84] Siehe Kap. 1.4 und 5.

[85] Zum Signalement am Kopf der Urkunde siehe Kaltsas, P.Heid. VIII, Einleitung zu 413–416, S. 50–51.

[86] P. Enteux. 86 und P.Sorb. III 132 (siehe oben Anm. 44 und 45).

[87] Siehe Kap. 2.2.3.

[88] Kaltsas, P.Heid. VIII, S. 56 mit Bezug auf San Nicolò, „Einiges aus dem P.Hal 1“, bes. S. 251: „Durch das Signalement wurde die Anbringung einer eigenhändigen Unterschrift oder die Siegelung der Aussage durch den Zeugen, die demselben Zweck gedient hätte, überflüssig.“

lich Laien und gehören als Privatleute nicht zum ständigen Gerichtspersonal, während der Eisagogeus gewissermaßen die gerichtliche Kontinuität repräsentiert und somit alles für ihn spricht.

Im Hinblick auf P.Petrie II 21 (d) (mit P.Petrie III 24) stellt Berneker fest, daß man vor dem Dikasterion in der Chora dieselbe „Trennung zwischen dem Gericht und der die Zeugenaussagen protokollierenden Behörde“ entdecken kann wie in Alexandria.[89] In P.Petrie II 21 (d),25–27 (= M.Chr. 28) sagt der Zeuge: ἔδωκεν ἐμ[ο]ὶ | [Σώταιρος] καὶ Σῶσος τὴν συγγαραφὴν κυρίαν φυλάσσειν | [καὶ ἐπιφέρειν(?)] ἐπὶ τὸ δικαστήριον Σωταίρωι. Diese in einem Prozeßprotokoll erhaltene Zeugenaussage eines Syngraphophylax ist eine der wenigen Parallelen zu unseren Texten **9–11**. Berneker hat gesehen, daß der Vertragsort, das Dorf Theogonis im Arsinoites, an dem der Zeuge die Urkunde mit unterschrieb (παρὼν ἐν Θεογονίδι τοῦ| [Ἀρσινοίτου νο]μοῦ), ein anderer war als der Gerichtsort (Z. 19–20), das sich wahrscheinlich in der Gaumetropole Krokodilopolis befand.[90] Aus dem Protokoll geht nicht hervor, von welchem Beamten und an welchem Ort diese Zeugenaussage aufgenommen wurde, doch Meyer[91] und Berneker vermuteten aufgrund von P.Petr. II 21 a–d, daß der Epistates des Gaues die zuständige Behörde gewesen sei; das geht aber aus dem Text gar nicht hervor; er sagt nur, wo der Vertrag geschlossen, bezeugt und gesiegelt wurde. Auch in **10** ist deutlich gesagt, daß der Zeuge an einem anderen Ort als an dem des Vertragsabschlusses wohnte, und dies scheint auch in P.Heid. VIII 414 der Fall gewesen zu sein. Der Umstand, daß der Syngraphophylax nicht nur seine Zeugenaussage, sondern auch den Vertrag selbst bei Gericht präsentieren mußte (ἐπιφέρειν(?)] ἐπὶ τὸ δικαστήριον), beweist zur Genüge, daß er dies nicht vor dem Epistates getan haben kann, sondern daß er ihn beim Eisagogeus vorgelegt hat.

In unserem militärischen Kontext, in dem die Soldaten an einem anderen Ort stationiert sein können als dort, wo sie den Vertrag abschlossen, scheint es sinnvoll, die Frage zu stellen, wo die Aussage erfolgte. In **10**,3–4 zum Beispiel erklärt der Zeuge, er lebe in Euergetis im Oberen Kynopolites, während der Ort des Vertragsabschlusses Krokodilopolis im Arsinoites war und der Prozeß wahrscheinlich in Herakleopolis stattfand. Dafür spricht der Umstand, daß **10** Teil des aus derselben Mumienkartonage gewonnenen Gerichtsarchivs aus Herakleopolis ist. Dann mußte der Syngraphophylax die von ihm aufbewahrte συγγραφή und seine Zeugenaussage vor dem Eisagogeus des dortigen Dikasterions abgeben. Für die Aussagen von Syngraphohylakes scheint demnach festzustehen, daß sie bei Gericht, vor dem Eisagogeus, getätigt wurden, weil dort gleichzeitig auch die von diesen aufbewahrten Verträge eingereicht werden mußten.

---

[89] Berneker, *Prozeßeinleitung*, S. 74.

[90] Vgl. dazu auch Uebel, *Kleruchen*, S. 197, Anm. 7 und den Zeilenkommentar zu **10**,31.

[91] Meyer, „Rechts- und Urkundenwesen“, S. 461.

Nur im Falle von Tatzeugen konnte der Ausnahmefall eintreten, daß lokale Behörden Zeugenaussagen und Signalements aufnahmen und an den Eisagogeus schickten, der sie seinerseits in der Verhandlung verlesen ließ und ins Protokoll aufnahm. Wir kennen den Sonderfall von P.Enteux. 86, in dem die Zeugenaussage von einem Epistates aufgenommen und danach an den Eisagogeus weitergeleitet wurde.[92] Allerdings reicht dieser nicht für eine daraus abzuleitende allgemeine Regel aus.[93]

5.6. Die Wirksamkeit des Dokuments und die κυρία-Klausel

Der Umstand, daß in den Zeugenaussagen der Papyri der Vertragszeuge, der die Urkunde hütet, d.h. der Syngraphophylax, die „Maßgeblichkeit" der Urkunde so stark betont, deutet darauf hin, daß die bekannte κυρία-Klausel,[94] die in der Regel lautet: ἡ δὲ συγγραφὴ ἥδε κυρία ἔστω,[95] bereits in dem Vertragstext selbst gestanden hat. Daher wird mit der Formel **10**,15–18: ἔδωκάν μοι/ἔλαβον] | [τ]ὴν συγγραφὴν κυρίαν φυλάσ̣[σειν, ἣν ἔτι καὶ νῦν] | ἔχων κυρίαν φυλάσσω καὶ ἐπιφ̣[έρω κυρίαν] | ἐπὶ τὸ δικαστήριον die juristische Frage nach der Wirksamkeit oder der „Maßgeblichkeit" eines Dokuments und danach, welche Rolle es im Prozeß spielte, angeschnitten.[96]

Mit der Kyria-Klausel hängt wiederum die Frage der Beweiskraft der Urkunde und ihrer mutmaßlichen Dispositivnatur zusammen, die jedoch von ihrer Produzierbarkeit vor dem Gericht zu unterscheiden ist.[97] Im folgenden Abschnitt soll es um die Beweiskraft gehen. Im Falle der Sechszeugenurkunden konnte das Exemplar, das der Urkundenhüter zur Aufbewahrung erhalten hatte, jederzeit vor Gericht vorgelegt, d.h. produziert werden; der griechische Terminus dafür ist ἐπιφέρω.[98]

---

[92] P.Enteux. 86, beschrieben oben S. 85 mit Anm. 46. Ein auf den ersten Blick anderer Fall ist die Zeugenaussage im Kontext eines Prozesses vor dem Dikasterion (δ[), wo das Zeugnis vermeintlich vor einem Beamten abgelegt wird, in P.Hamb. I 105, aber der Wortlaut in der Edition ist suspekt und daher mißverstanden worden; vgl. dazu Kaltsas, P.Heid. VIII, S. 51, Anm. 63.

[93] Theoretisch könnte auch der Fall eintreten, daß der Syngraphophylax nicht in der Lage war, die von ihm aufbewahrte Urkunde selbst dem Gericht vorzulegen, etwa wenn er auf einem Feldzug, krank oder verstorben ist. Ein solcher Fall ist aber bisher nicht bezeugt.

[94] Hässler, *Κυρία–Klausel*.

[95] Oft auch mit Erweiterungen wie etwa οὗ ἂν ἐπιφέρῃι o.ä.; diesen „Bestandteil der Kyriaklausel" nannte Hässler „die sogenannte Inhaber-Klausel", vgl. dens., *Κυρία-Klausel*, S. 68.

[96] Diese Klausel begegnet zum ersten Mal in den Gerichtsverhandlungen über den Seehandel (dikai emporikai) zwischen Athen und anderen Poleis, vgl. Cohen, *Maritime Courts*, S. 135 u. 184–186.

[97] Wolff, *Recht* II, S. 144–146; 261.

[98] Hässler, *Κυρία-Klausel*, S. 40–42. Die Formel ἐπιφ[έρω κυρίαν] begegnet so ähnlich in der berühmten Inschrift der Nikareta, die der Stadt Orchomenos in Böotien Geld geliehen hat, vgl. IG

Neben die Aufbewahrung durch den Urkundenhüter trat später die Registrierung der Privaturkunden im Grapheion; da die Verträge hier allerdings nur in Kurzform festgehalten wurden, waren sie zur Vorlage bei Gericht nicht geeignet. In unseren neuen Quellen wird ebenso wie in P.Heid. VIII und P.Köln XIV keine Registrierung der Syngraphophylaxurkunden erwähnt, obgleich diese schon viel früher praktiziert wurde;[99] daraus läßt sich schließen, daß die Registrierung keine Voraussetzung für die Verwendung von Privatverträgen im Prozeß war.[100]

Die Aussage des Syngraphophylax ist auf die Errichtung und den Inhalt der συγγραφή beschränkt und somit eine die Bestätigung der συγγραφή. Deshalb wird sie auch noch einmal im vollen Wortlaut zitiert.

5.7. Die Dispositivurkunde

Wie im Kapitel IV.1. über die Syngraphe gesagt wurde, kann man deren Wert nicht unabhängig von der Theorie des 19. Jahrhunderts behandeln, daß diese eine Dispositivurkunde sei, und auch nicht unabhängig von der Wirksamkeit aufgrund der umstrittenen Kyria-Klausel, welche in direktem Verhältnis zu dieser Theorie steht.

Ältere Gelehrte von Mitteis[101] über Kunkel bis hin zu Zeitgenossen wie Manthe haben seit mehr als einem Jahrhundert zu verstehen versucht, ob das griechische Recht die Syngraphe als dispositive Urkunde begriffen hat. Das Konzept einer „dispositiven Urkunde“ bedeutet, daß erst, wenn die Urkunde errichtet ist, ihr Inhalt wirksam wird; laut Kunkel[102] ist die Errichtung einer Urkunde die „Voraussetzung für die Wirksamkeit des darin beurkundeten Rechtsgeschäfts“.[103]

Die Frage der Wirksamkeit der Dispositivurkunde und die der Beweiskraft des Dokuments hängen miteinander zusammen, sind aber nicht notwendigerweise voneinander abhängig. Meines Erachtens läßt sich die Kyria-Klausel ohne die Theorie von der Dispositivurkunde nicht verstehen. Im Kontext der Be-

---

VII 3172,35 (= RIJG XIV 112; 223 v. Chr.): ἡ δὲ συγγαφὴ κυρία ἔστω κἄν ἄλλος ἐπιφέρῃ ὑπὲρ Νικαρέτας. Vgl. auch den Darlehensvertrag der Stadt Arkesine auf der Insel Amorgos (IG XII 67): εἶναι τὴν συγγραφὴν κυρίαν οὗ ἂν ἐπιφέρηι ὁ δανείσας ἢ οἱ πράσσοντες.

[99] Vgl. CPR XVIII; P.Tebt. III 2, 969; P.Tebt. III 1, 815; P.Freib. III 12–33; vgl. dazu Kramer, CPR XVIII, Einleitung, S. 16–25; Kaltsas, P.Heid. VIII, S. 91.

[100] So auch Rupprecht, „Sechs-Zeugenurkunde und Registrierung“, bes. S. 47–48.

[101] Mitteis, *Reichsrecht und Volksrecht*, S. 123–140; 474–479; ders., *Grundzüge*, S. 116–117; Kunkel, „Syngraphe“; Wolff, *Recht* II, S. 76–80.

[102] Kunkel, „Syngraphe“, Sp. 1384–1385.

[103] Die in diesem Zusammenhang häufig gestellte Frage nach der Abstraktion der Syngraphe ist hier nicht von Belang.

handlung der Kyria-Klausel wurde auch die Theorie diskutiert, ob κυρία mit „maßgeblich“ zu übersetzen sei. Denn nur, wenn das Rechtsgeschäft durch die Errichtung einer Urkunde wirksam wird, ist diese Urkunde maßgeblich, d.h. beweiskräftig. Diese Interpretation von Hässler[104] wurde widerspruchslos akzeptiert, solange auch die Theorie von der Dispositivurkunde akzeptiert war. Die ersten Zweifel daran kamen auf, als man auch diese in Frage stellte.

Eigentlich liegen hier zwei Theorien vor, die zueinander in Beziehung gesetzt werden: zum einen diejenige, daß die (Dispositiv-) Urkunde das Geschäft wirksam macht, und zum anderen diejenige, nach der die Urkunde durch die Kyriaklausel Beweiskraft erhält. Diese Beziehung besteht aber nicht notwendigerweise, doch wenn man darauf besteht, daß das Dokument „maßgeblich“ ist, können beide Theorien leicht ineinander übergehen.

Wenn die Dispositivurkunde *per definitionem* das einzige Beweismittel ist, dann kann in diesem Sinne die Übersetzung „maßgeblich“ nur als Anerkennung dieser Theorie verstanden werden. Allerdings bedeutet ein verstärkter oder privilegierter Beweis (wie ihn die Übersetzung von κυρία mit „maßgeblich“ impliziert) nicht notwendigerweise, daß die Syngraphe Dispositivcharakter hat; denn sie ist keine Dispositivurkunde.

Die Theorie von Hässler schreibt den Dokumenten, in denen die Kyria-Klausel vorkommt, zu, sie seien mit „absoluter Beweiskraft für die Richtigkeit ihres Inhaltes ausgestattet, so daß das in ihnen als geschehen Beurkundete als unwiderleglich vermutet und jedes Gegenvorbringen sowie jeder Gegenbeweis ausgeschlossen wurde“.[105]

Die erste Kritik daran, daß die Kyria-Klausel dem Dokument absolute Beweiskraft verleihen sollte, wurde von den Herausgebern von P.Dion.,[106] Boswinkel und Pestman, formuliert.[107] Sie interpretierten κύριος als „valable, c'est à dire ayant effet, opposé à ἄκυρος, non valable, c'est à dire sans effet“.[108] Damit machen sie einen Unterschied zwischen einem abgeschlossenen und einem wirksamen Geschäft. Ein Geschäft ist abgeschlossen, wenn der Vertrag die Formalitäten erfüllt, aber es ist so lange nicht wirksam, bis er „remis aux mains de l'interessé“, d.h. bis die Urkunde dem Vertragspartner ausgehändigt oder, wie in unserem Falle, dem Syngraphophylax übergeben worden ist.

Modrzejewski sieht die Theorie von Hässler kritisch, lehnt aber die Ansicht von Pestman als neue Anwendung der Theorie von der Dispositivurkunde ebenfalls ab.[109] Mit Recht äußert er die Beobachtung, daß das Problem der Wirkung

[104] Hässler, *Κυρία-Klausel*.
[105] Hässler, *Κυρία-Klausel*, S. 116.
[106] Boswinkel/Pestman, P.Dion., S. 28–30.
[107] Vgl. [Mélèze-] Modrzejewski, „Le document grec“, S. 1181–1182.
[108] Boswinkel/Pestman, P.Dion., S. 28.
[109] [Mélèze-] Modrzejewski, „Le document grec“, S. 1182.

nicht im Kontext des Geschäfts zu behandeln ist, sondern im Kontext des Beweises, aber er stimmt darin zu, daß die Kyria-Klausel den Beweis nicht unangreifbar macht.[110] Modzejewski bestreitet, daß die Qualität einer Urkunde als κυρία davon abhängt, ob die Klausel im Vertrag steht oder nicht (wie wir oben auch bei der Praxisklausel und der Vollstreckung gesehen haben). Jedes korrekt durchgeführte Geschäft ist wirksam,[111] und ein Geschäft, das gut durchgeführt ist, ist nicht nur deshalb wirksam, weil es die Kyria-Klausel enthält.

Um die Formel, die wir behandeln, zu verstehen, muß man nach unserem Verständnis berücksichtigen, daß das schriftliche Dokument bereits im attischen Recht in den dikai emporikai große Bedeutung erhält und diese Bedeutung im hellenistischen Recht, ohne daß es eine juristische Lehre über die Beweismittel gegeben hätte, dazu geführt hat, daß dieses Dokument als privilegierter Beweis angesehen wurde.

Modrzejewski äußert sich nicht eindeutig in der Frage, ob das Dokument andere Beweismittel völlig ausschließen kann oder nicht. Rupprecht jedenfalls hat, wie oben schon gesagt wurde, die Möglichkeit des mündlichen Darlehensvertrags anerkannt.[112] Modrzejewski verweist auf P.Amh. II 30 (= W.Chr. 9; 169–164 v. Chr.), allerdings ohne weiteren Kommentar. Es handelt sich dabei um ein Protokoll eines Prozesses, in dem man nicht auf ein schriftliches Dokument, sondern auf eine Zeugenaussage als Beweis zurückgreift, weil die Beweisurkunden selbst, die συγγραφαί, im thebanischen Aufstand vernichtet worden sind.[113] Ein weiterer komplizierter Fall wird in P.Enteux. 49 (= M.Chr. 224 = Jur.Pap 44) von 221 v. Chr. beschrieben: Eine Kurtisane hatte mit einem Minderjährigen einen Vertrag über ein fiktives Darlehen abgeschlossen (wahr-

---

[110] [Mélèze-] Modrzejewski, „Le document grec“, S. 1183–1184.

[111] Wolff, *Recht* II, S. 158–159.

[112] Rupprecht, *Darlehen*, S. 33–35; s. auch oben Kap. 4.1, Anm. 1.

[113] Der Fall von P.Amh. II 30 (= W.Chr. 9; zw. 169 und 164 v. Chr.) ist komplex. Der erwähnte Aufruhr ist nach Grenfell, Hunt und Wilcken wahrscheinlich der Aufstand in der Thebais. Die verbrannten Syngraphai sind keine Darlehensverträge, sondern Verträge, die den Kauf eines Hauses durch den ägyptischen Priester Tesenuphis in Soknopaiu Nesos bezeugt hatten. Tesenuphis beansprucht sein Eigentum gegenüber dem Priester Thembos, der als Eigentümer auftritt. Das Protokoll enthält die Zeugenaussage der Person, die die Syngraphai über den Hauskauf besaß und von den Aufständischen gezwungen worden war, sie zu verbrennen (Z. 28–36): ὁμοίως καὶ Κονδύλου, ἑνὸς | τῶν ἁλιείων, προσεμαρτύρει | ἔχειν τὰς τοῦ πατρὸς τοῦ | Τεσενούφιος συνγραφὰς τῆς | δηλουμένης οἰκίας. καὶ „ἐν τῆι | πόλει ἠναγκάσθην ὑπὸ | τῶν Αἰγυπτίων ἀποστατῶν | ἐνέγκαι τὰς συνγραφὰς | καὶ ταύτας κατακαῦσαι“. Es ist möglich, daß der Zeuge die Syngraphai als Erbe der Papiere seines Vaters besessen hatte, aber es ist auch nicht auszuschließen, daß er sie in seiner Eigenschaft als Syngraphophylax aufbewahrt hatte, wie Wilcken in der Einleitung und Anm. zu W.Chr. 9,30 meint. Wenn die Syngraphai Dispositivurkunden gewesen wären, dann wäre wahrscheinlich jede Beweismöglichkeit verloren gewesen. Das Auftreten des Zeugen aber zeigt, daß sein Zeugnis seinen Wert besaß. Wir wissen allerdings nicht, ob die politischen Umstände eine Rolle in dem Fall spielten.

scheinlich hat er es als Preis für ihre Dienste ausgegeben), und der Vater des Jungen beantragt mit seiner Enteuxis die Rückgabe der Syngraphe und die Bestrafung der Kurtisane. Deshalb will er, daß sie zusammen mit ihrem Kyrios und dem Syngraphophylax des Vertrags vor den Strategen geladen wird.[114] In diesem Fall ist die Syngraphe ein Beweismittel, das eine Untersuchung erlaubt. Der Stratege muß untersuchen, ob das Dokument auf Grund eines echten oder eines fiktiven Vertrags aufgesetzt wurde. Auch hier muß die Syngraphe zusammen mit der Aussage des Syngraphophylax vor einem Beamten oder einem Gerichtshof vorgelegt werden, da das Dokument allein, wie oben gezeigt wurde, kein ausreichendes Beweismittel ist. Der Fall ist außergewöhnlich, weil ein Minderjähriger beteiligt ist.[115]

Die Frage nach der Wirksamkeit eines Dokuments in hellenistischer Zeit ist auch mit dem heimatgriechischen Recht in Verbindung gebracht worden. So schreibt Wolff: „Seit den Anfängen der juristischen Papyrologie sind Art und Maß der rechtlichen Wirksamkeit [...] der Verbriefung eines privatrechtlichen Geschäfts Gegenstand lebhafter Erörterung".[116] Wolff unterschied zwischen der Wirksamkeit des Dokuments und seiner prozessualen Verwendbarkeit. Beide Probleme haben mit unserer Dokumentation zu tun, besonders mit der Rolle, die die Zeugen im Vertrag und im Prozeß spielen.

Die Zeugenaussagen der Syngraphophylakes ermöglichen es jetzt, das Verhältnis zwischen privatem Dokument und Zeugen im ptolemäischen Prozeß zu bewerten: Waren die Dokumente wichtiger als die Zeugen oder waren sie schon selbst genug? Nach Préaux spielt die Syngraphe im ptolemäischen Recht dieselbe Rolle wie im attischen Prozeß, nämlich die eines bezeugten Vertrags;[117] denn der wichtigste Beweis bei den attischen Gerichten war die Zeugenaussage.

Wir haben gesehen, wie die Zeugenaussage im Lauf der Zeit schriftliche Form annahm, wie sie im Prozeß mündlich verlesen und wie sie in den Gerichtsakten protokolliert wurde; immer war also der Zeuge von größter Wichtigkeit.

Die Syngraphe wird jedoch nur langsam zur Beweisurkunde,[118] und zwar vorwiegend in den dikai emporikai, in denen beide Parteien verschiedenen Poleis

---

[114] P.Enteux. 49,5–8 (= M.Chr. 224 = Jur.Pap. 44): δέομαι οὖν σοῦ, βασιλεῦ, | [εἴ σο]ι δοκεῖ, συντάξαι Διοφάνει τῶι στρατηγῶι ἀνακαλέσασθαι | [τή]ν τε Δημοῦν καὶ τὸν ἐπιγραφέντ᾽ αὐτῆς κύριον καὶ τὸν συγ||[γραφο]φύλακα.

[115] Vgl. auch Kaltsas, P.Heid. VIII, S. 90.

[116] Wolff, *Recht* II, S. 141.

[117] Préaux, „La preuve" , S. 180–182 mit Verweisen auf Dem. XXXV 10–11 (*Contra Lacritum*) und XXXII 1 (*Contra Zenothemin*).

[118] Erst in der Zeit des Demosthenes begegnen Verträge, die als Beweisurkunden verwendet wurden; weder Lysias noch Isaios erwähnen Beweisurkunden, vgl. Gernet, „Sur les actions commerciales", bes. S. 194–198; Préaux „La preuve" , S. 181.

angehörten und der Vertrag als einziges sicheres Beweismittel diente.[119] Dank des Seehandels gewinnt die Syngraphe die Bedeutung, die sich im hellenistischen Recht durchgesetzt hat, aber sie hatte m.E. nicht die Funktion der Dispositivurkunde. Man muß differenzieren zwischen dem Wert, den die Parteien dem geschriebenen Dokument intuitiv zubilligten, und dem Wert, den eine Theorie ihm im 19. Jahrhundert verlieh. Die richtige Interpretation beruht, wie Modrzejewski zeigt, mehr auf dem historischen Hintergrund als auf einer dogmatischen Konstruktion, die nicht direkt aus den Quellen hergeleitet werden kann.

Es wurde bereits festgestellt, daß in der Wiedergabe des Vertragsinhaltes auf die Praxisklausel verzichtet wurde, die selbstverständlich in jedem Darlehensvertrag enthalten war. Gleichwohl ist klar, daß der Schuldner, wenn er nicht zur Zahlung des Streitwertes willens oder in der Lage war, der Vollstreckung anheimfiel; denn die Syngraphe hat den Wert eines Exekutionstitels und reichte wie auch schon in den dikai emporikai aus, um die Vollstreckung anzuordnen.[120] Die Echtheit des Vertrags wird jedoch durch die Zeugenaussage bestätigt und nicht durch die Kyria-Klausel.

5.8. Die Rolle und Funktion der Zeugen

Im folgenden Abschnitt wollen wir erklären, welche Funktion die Zeugen haben, die die Syngraphe unterschreiben, und besonders, welche Rolle der Syngraphophylax spielt. Wir beziehen uns auf das frühere attische Recht, in dem wir Züge beobachten können, die in unseren Papyri fortleben.

Es ist bereits im attischen Recht eine wichtige Frage, welche Bedeutung ein Dokument hatte, wenn an ihm keine Zeugen mitgewirkt hatten. Üblicherweise erforderten die attischen Dokumente die Beteiligung von Zeugen.[121] Es war normale Praxis – wenn nicht gar Verpflichtung – daß die in den Verträgen genannten Zeugen vor Gericht erschienen.[122] Im Laufe der Zeit wurden zwar die

[119] Paoli, *Studi di diritto attico*, S. 121–137, bes. 124, schließt die Theorie der Dispositiv-Urkunde implizit aus. Er behauptet lediglich, daß die Syngraphe in den dikai emporikai „necessaria all'esperimento dell' azione" war, aber „non già in quanto essenziale ad substantiam actus".

[120] Paoli, *Studi di diritto attico*, S. 125; Lanni, *Law and Justice*, S. 161–167. Schuster, *Seedarlehen*, S. 133–136.

[121] Mit Ausnahme der Buchführung der Bankiers, wenn diese vor Gericht vorgelegt werden mußte, vgl. u.a. Bonner, *Athenian Courts*, S. 39–40; ebenso Leisi, *Der Zeuge*, S. 148 zu Dem. XLIX 2 und 12 *(In Timotheum)*.

[122] Todd, „The Purpose of Evidence", S. 33, Anm. 23; danach ist schwer zu beweisen, ob ein Zeuge vor Gericht erscheinen mußte, bloß weil er bereit war, als Zeuge aufzutreten.

schriftlichen Dokumente im attischen Prozeß immer wichtiger, aber man verzichtete nie auf die mündliche Aussage.[123]

Für die Bezeugung der Syngraphe finden sich viele Beispiele aus der Blütezeit der attischen Redner, welche Hinweise auf ihr Konzept und ihre Entwicklung geben können.[124] Normalerweise treten sie im Kontext des Seehandels auf.[125] Bei Dem. XXXV 9–14 (*In Lacritum*) ist eine Darlehenssyngraphe im Wortlaut zitiert, deren Aufbewahrung einem Syngraphophylax anvertraut wurde,[126] ibid. 14 (in der Zeugenaussage): Ἀρχενομίδης Ἀρχεδάμαντος Ἀναγυράσιος μαρτυρεῖ συνθήκας παρ' ἑαυτῷ καταθέσθαι Ἀνδροκλέα Σφήττιον, Ναυσικράτην Καρύστιον, Ἀρτέμωνα, Ἀπολλόδωρον Φασηλίτας, καὶ εἶναι παρ' ἑαυτῷ ἔτι κειμένην τὴν συγγραφήν. Aber der Wert dieses Dokuments ist nicht größer als derjenige der Zeugenaussagen, die weiterhin obligatorisch bleiben (Dem. XLII 12–13 [*Contra Phaenippum*]: ἀλλ' ἀνθ' ἑνὸς δύο νόμους ἥκει πρὸς ὑμᾶς παραβεβηκώς, ἕνα μὲν τὸν κελεύοντα τριῶν ἡμερῶν ἀφ' ἧς ἂν ὀμόσῃ τὴν οὐσίαν ἀποφαίνειν, ἕτερον δὲ τὸν κελεύοντα κυρίας εἶναι τὰς πρὸς ἀλλήλους ὁμολογίας, ἃς ἂν ἐναντίον ποιήσωνται μαρτύρων). Wenn eine Schuld beglichen war, wurde das Dokument im Beisein von Zeugen annulliert[127] (Dem. XXXIII

---

[123] Sogar im Fall der Prozesse zum Seehandel (dikai emporikai), bei denen normalerweise Fremde beteiligt waren und der schriftliche Beweis große Bedeutung hatte, ja sogar unverzichtbar war, waren die athenischen Gerichte mißtrauisch gegenüber Dokumenten ohne Beglaubigung durch Zeugen. Anders ist die Rolle der Zeugen in Dem. XXXVI 26–27 (*Pro Phormione*); vgl. MacDowell, *Law*, S. 233f.; Todd, „The Purpose of Evidence“ , S. 29 Anm. 15.

[124] Préaux lehnt „Preuve“, S. 180: „L'attestation de témoins est la preuve par excellence devant les tribunaux grecs“, die Theorie von Mitteis über den dispositiven Wert der Syngraphe zu Recht ab. Kaltsas, P.Heid. VIII, S. 90 verweist auf „die Hinterlegung eines Schriftstücks bei einem Vertrauensmann“ bereits in Athen im 4. Jh v. Chr. und zitiert Dem. XXXV (*In Lacritum*) 9–14 (zitiert oben im Text), aber die Funktion der Zeugen und ihr Verhältnis zu der Syngraphe vertieft er meines Erachtens nicht; denn er geht nicht darauf ein, daß die dort behandelte dike emporike im attischen Recht ein Sonderfall war, und auch nicht auf die neuen Möglichkeiten, die die Syngraphe im hellenistischen Recht bekam.

[125] Die besondere Wichtigkeit des Vertragszeugen im attischen Prozeß unterstreicht Gernet, „Sur les actions commerciales“, der die Seedarlehen als Sonderfälle betrachtet und den Wert des von Zeugen bestätigten und vor Gericht vorgelegten Dokuments hervorhebt. Für unseren Zusammenhang ist es irrelevant, wie die Gerichtsbarkeit im Falle von Seedarlehen funktionierte; vgl. Cohen, *Maritime Courts*, S. 125–132; 184–90.

[126] Wolff, *Recht* II, 61; Vélissaropoulos-Karakostas, „Remarques“; Kaltsas, P.Heid. VIII, S. 90.

[127] In den Papyrusurkunden finden sich schriftliche Bescheinigungen für die Rückzahlung von Darlehen wie z. B. die staatsnotarielle Quittung über die Rückzahlung eines Darlehens BGU XX 2844 (4.6. oder 4.7.68 v. Chr.) mit Registrierungsvermerken am Kopf (Inhaltsangabe) und unterhalb des Textes (Signalements der Vertragspartner). Eine private Schuldurkunde konnte dem Schuldner auch einfach zurückgegeben werden; Rupprecht, Quittung S. 81 mit Anm. 29. In den römerzeitlichen Papyri kann die Annullierung von Darlehensverträgen auch durch kreuzweises Durchstreichen erfolgen, vgl. z. B. P.Fam. Tebt. 66 (= P.Lugd. Bat. VI 22; Pestman, *Primer* 31); P.Med. 4 (24.1.2 v. Chr.; Abb. in Montevecchi, *Papirologia*, Tav. 32); P.Corn. 6 (4.2.17); SB XIV 11491 (19.6.59); P.Mich. III 192 (18.4.60); SB XIV 12105 (11.5.129); 12017 (28.9.–27.10.156);

12 [*Contra Apaturium*]: ἀποδοθεισῶν δὲ τῶν τριάκοντα μνῶν ἐπὶ τὴν τράπεζαν καὶ τῶν δέκα μνῶν τῷ Παρμένοντι, ἐναντίον πολλῶν μαρτύρων τάς τε συγγραφὰς ἀνειλόμεθα, καθ' ἃς ἐδανείσθη τὰ χρήματα, καὶ τῶν συναλλαγμάτων ἀφεῖμεν καὶ ἀπηλλάξαμεν ἀλλήλους, ὥστε μήτε τούτῳ πρὸς ἐμὲ μήτ' ἐμοὶ πρὸς τοῦτον πρᾶγμα εἶναι μηδέν).[128] Die Syngraphe war also erst dann wirksam, wenn die Zeugen sie unterzeichnet hatten. Demosthenes benutzt zur Erklärung der Wirksamkeit der Syngraphe das Adjektiv κύριος, vgl. XLVII 77 (*In Evergum et Mnesibulum*): ἀνάγνωθί μοι τὸν νόμον καὶ τὴν μαρτυρίαν, ὃς κελεύει κύρια εἶναι ὅ τι ἂν ἕτερος ἑτέρῳ ὁμολογήσῃ; LVI 27 (In Dionysodorum) τὴν συγγραφήν, ὡς οὐκ ἔστιν ἡμῖν κυρία; XXXV 43 (*Contra Lacritum*): ἢ ὅτι τὰς ναυτικὰς συγγραφὰς οὐ δεῖ κυρίας εἶναι; vgl. auch XXXV 3 (*In Lacritum*): κυριώτερον δὲ περὶ τούτων ἄλλο μηδὲν εἶναι τῆς συγγραφῆς.

5.9. Der Wert der Aussage des Syngraphophylax

Über den Gebrauch der Syngraphe und die Rolle, die der Syngraphophylax in **9–11** und in den übrigen zitierten Fällen spielt, sind vorab einige Fragen zu stellen. Ist es wirklich so, daß sich in hellenistischer Zeit die Bedeutung des Dokuments und besonders die der Syngraphe ändert? Basierte der Prozeß in dieser Periode vorwiegend auf den Dokumenten, wie Mélèze-Modrzejweski meinte, als er im Zusammenhang mit der Interpretation von P.Tebt I 5 (= C.Ord. Ptol. 53), des berühmten Prostagmas Ptolemaios' VIII. Euergetes' II. über die Jurisdiktion und die Kompetenzen der Laokriten und der Chrematisten, den Prozeß der Ptolemäerzeit als dokumentenbasierten Prozeß („procès sur documents") bezeichnete?[129] In jedem Fall scheinen zwei Dinge deutlich zu sein:

1. Die Registrierung der Verträge ersetzte nicht die Vorlage der Beweisurkunde und den Auftritt der Zeugen vor Gericht. Die Aussage der Zeugen war im ptolemäischen Ägypten ebenso wichtig wie in der Zeit der attischen Redner. Die Syngraphe hatte Beweiskraft, aber nicht unabhängig von den Aussagen der Zeugen.

2. Der Umstand, daß die Syngraphe in der Praxis von Wichtigkeit war, bedeutet nicht notwendigerweise, daß sie auch die Wirkung einer Dispositivurkunde hatte; sie war eben nur eine Beweisurkunde.

Der erste Punkt ist, wie wir glauben, ausreichend behandelt worden, als es um die wichtige Rolle der Zeugenaussage in Athen und ihr Weiterleben im hellenistischen Recht ging, jedenfalls soweit er sich auf unsere Dokumente bezieht.

P.Cair. Isid. 93 (20.6.22) (alle aus PapPal); siehe dazu auch Rupprecht, *Quittung*, S. 80 mit Anm. 25.

[128] Andere Beispiele bei Préaux, „La preuve", S. 181–182.

[129] Mélèze-Modrzejewski, „Le document grec", bes. S. 1186.

Der zweite Punkt wurde auch behandelt, aber wir werden im folgenden auf einige Punkte speziell im Zusammenhang mit den neuen Papyri eingehen. Nach der traditionellen Theorie von Ludwig Mitteis, die noch von vielen anderen Juristen unterstützt wird,[130] haben beide, sowohl die Syngraphe als auch der Prozeß, in hellenistischer Zeit eine Änderung erfahren: Die Syngraphe wurde eine „Dispositivurkunde“,[131] und im Prozeß kam mehr und mehr die Wichtigkeit des geschriebenen Beweises zum Ausdruck. Die Dokumente – und besonders die Syngraphe – sind in der hellenistischen Zeit „Dispositivurkunden“ in dem Sinn, daß die (mündliche) Abmachung und die Urkunde, die diese wiedergibt, als Einheit fungieren. Diese Theorie von Mitteis hat allerdings keine Basis in den Quellen, und auch die Zeugenaussage **10** mit Abschrift der Syngraphe bietet nichts Neues zu ihrer Wirkung.[132] **10** folgt demselben Schema, das wir aus P.Heid. VIII 414 kannten und das auch in den zum Teil sehr fragmentarisch erhaltenen Paralleltexten P.Petr. I 24 (2)[133] und P.Petr. II 21 (d) 2–13 (= M.Chr. 28,18–19) greifbar ist.

In unserer Dokumentation beobachten wir einen Typ der Inhaltsangabe des Vertrags, der demjenigen in den Reden des demosthenischen Corpus sehr ähn-

---

[130] Mitteis, *Reichsrecht und Volksrecht*, S. 468–485; Nelson/Manthe, *Gai Institutiones III, 88–181*, S. 524. Siehe Kap. 4.1.

[131] Zur Dispositivurkunde siehe Kap. 5.7; ferner Wolff, *Recht* II, S. 141–144.

[132] Die Theorie von der Dispositivurkunde hat, wie wir oben gesagt haben, in der Forschung an Glaubwürdigkeit verloren, wenn auch nur nach und nach. Rupprecht, *Darlehen*$_2$ S. 49–50, verweist noch auf die von Steinacker geprägte Formulierung, die zwischen Dispositiv-Urkunde im engeren und im weiteren Sinne unterschied (vgl. Steinacker, *Grundlagen*$_2$ S. 13: „Vielleicht läßt sich dabei folgender Vorschlag verwerten: man scheide dispositive U. im engerem und weiteren Sinn, je nachdem die U. das Rechtsverhältnis allein begründet, oder an seinem Zustandekommen nur beteiligt ist. Bei den dispositiven U. im engeren Sinn wären kausale und abstrakte U. (antiker Literalkontrakt, Wechsel) zu sondern: die letzeren, bei denen die Schrift allein und als solche Quelle der Verpflichtung ist, könnte man als dispositive U. im engsten Sinn bezeichnen. Auch die dispositive U. im weiteren Sinn umfaßt verschiedene Möglichkeiten: die U. erscheint entweder als Symbol (uzw. allein oder neben anderen Symbolen), oder als Gegenstand eines förmlichen Beurkundungsaktes, oder als formlos begebene U., neben der aber noch andere Vollzugsakte nötig sind, wie z. B. eine öffentliche Registrierung“). Rupprecht, *Darlehen*$_2$ S. 50 mit Anm. 66, wies 1968 darauf hin, daß bei einigen Gelehrten noch das engere Konzept von dispositiven Urkunden üblich war, z. B. bei Wolff, „Consensual Contracts?“$_2$ S. 76, Cvetler, „Daneion“, bes. S. 131 (Zusammenfassung seiner Dissertation auf Tschechisch) und Segrè, „L'obbligazione letterale“, bes. S. 75–79. Bei Wolff selbst ist allerdings eine Entwicklung zu beobachten. Am Anfang hatte er noch in „Consensual Contracts?“$_2$ S. 76 die Theorie in ihrem engeren Sinn verteidigt, modifizierte aber, wie Rupprecht a.a.O. zeigt, seine Position später in „Zwei Miszellen“, bes. S. 365, wo er das weitere Konzept der Dispositivurkunde vertrat. Später stellten dann Bianchini, „ΣΥΓΓΡΑΦΗ“ und in der Diskussion dazu Wolff ibid., S. 258–259, Rupprecht, S. 259–260, Gofas, S. 260–261, Talamanca, S. 261–262, Karavelias, S. 262 und [Mélèze-] Modrzejewski, S. 263 übereinstimmend fest, daß die Syngraphe nur ein Beweisdokument war.

[133] Mit P.Petr. III 52 [b] [2] und Verbesserungsvorschlägen von Kaltsas, P.Heid. VIII 414, Einleitung, S. 87, Anm. 1; vgl. auch Scheuble-Reiter, *Katökenreiter*, S. 353.

lich ist. Der Zeuge beschränkt sich darauf, den Inhalt des Dokuments zu bestätigen, weil der Originaltext der Urkunde in Abschrift zusammen mit seiner Aussage vorgelegt wird. Das verleiht der Urkunde ihre Beweiskraft, da sie ohne die Zeugenaussage keinen Wert hätte. Das impliziert jedoch — wenigstens in diesem Stadium — noch nicht automatisch, daß der Vertrag mehr Wert als den einer Beweisurkunde hat.

Es ist interessant, daß von den 113 Erwähnungen von Dokumenten im Corpus des Demosthenes bereits 100 in den drei Reden über die Seedarlehen angeführt werden.[134] Wir haben bereits mehrfach erklärt, daß im Seehandel das schriftliche Dokument notwendigerweise mit der Beteiligung von Auswärtigen am Vertragsabschluß verbunden war, und daß dieser Umstand es erlaubte, daß der Prozeß sich einzig und allein auf die Echtheit des schriftlichen Vertrags konzentrierte und so auf die Beweiskraft der Zeugen in Belangen verzichtete, die nicht in besagtem Vertrag enthalten waren. Nach Modrzejewski läßt sich die Wichtigkeit des schriftlichen Dokuments in hellenistischer Zeit ebenfalls mit dem Moment der Auswärtigkeit[135] erklären, nämlich in einer Welt, in der Griechen, die aus verschiedenen Poleis gekommen waren, mit ihren Gesetzen und Traditionen zusammenlebten.

Das Überleben von Klauseln wie der Kyria-Klausel läßt erkennen, daß das Dokument nicht so sehr eine Voraussetzung für die Gültigkeit eines Geschäfts, sonder eher ein reines Beweismittel ist, welches es erlaubt, den Prozeß auf schriftlicher Grundlage zu verhandeln.[136] Zu dieser intuitiven, von einer dogmatischen Theorie weit entfernten Betrachtung des Dokuments kam man, weil es im hellenistischen Recht keine Hierarchie der juristischen Quellen gibt, die es zuließe, die verschiedenen juristischen Traditionen nach ihrer Wichtigkeit zu bewerten.[137] Die Kyria-Klausel und ihre Bedeutung für das Dokument dient als

---

[134] Lanni, *Law and Justice*, S. 161–162.

[135] [Mélèze-] Modrzejewski, „Le document grec“, S. 1186–1187.

[136] Die wichtigste Unterscheidung in der Behandlung des Dokuments in Athen einerseits und der hellenistischen Welt andererseits besteht darin, daß im Hellenismus z. B. ein Fall wie bei Isaios V 25–26 (*De Dicaeogenis hereditate*) schwer zu finden wäre; denn dort ging die Diskussion teilweise um den Inhalt des geschriebenen Vertrags und teilweise um andere Vertragsbestimmungen, die mündlich und vor Zeugen vorgetragen wurden: Ταῦτα μὲν πεπόνθαμεν ὑπὸ Δικαιογένους, ὦ ἄνδρες· ὁ δ' ἐγγυησάμενος αὐτὸν Λεωχάρης καὶ τῶν πάντων ἡμῖν κακῶν αἴτιος οὔ φησιν ἐγγυήσασθαι ἃ καταμαρτυρεῖται αὐτοῦ, ὅτι ἐν τῷ γραμματείῳ τῷ ἐπὶ τοῦ δικαστηρίου γραφέντι οὐκ ἔνεστι ταῦτα. Ἡμεῖς δέ, ὦ ἄνδρες, τότ' ἐπὶ τοῦ βήματος σπεύδοντες τὰ μὲν ἐγράψαμεν, τῶν δὲ μάρτυρας ἐποιησάμεθα· οὗτοι δέ, ἃ μὲν αὐτοῖς συμφέρει τῶν ὁμολογηθέντων τότε, κύριά φασιν εἶναι, εἰ καὶ μὴ γέγραπται, ἃ δ' οὐ συμφέρει, οὐ κύρια, εἰ μὴ γέγραπται. Ἐγὼ δ', ὦ ἄνδρες, οὐ θαυμάζω ὅτι ἔξαρνοί εἰσι τὰ ὡμολογημένα· οὐδὲ γὰρ τὰ γραφέντα ἐθέλουσι ποιεῖν. Bei Vertragsabschlüssen in Athen waren, wie oben gezeigt worden ist, anders als in den dikai emporikai, andere Argumente ebenso wichtig wie der Vertragstext selbst: Dieser hatte keine besondere Relevanz.

[137] Vélissaropoulos-Karakostas, „Remarques “, bes. S. 110–114.

Mittel, dieses Problem zu überwinden. Mit anderen Worten: Unabhängig von jeder dogmatischen Konstruktion, das heißt, ohne theoretischen Überbau, ermöglicht die Syngraphe eine juristische Absicherung oder – in der Terminologie des „common law“ – eine „predictability“ zwischen den Vertragsparteien.

II. Die Trierer Gerichtsakten

(P.Trier I)

2. Teil

Die Trierer Gerichtsakten

(P.Trier I)

1. Vorladung wegen Nichtrückzahlung eines Gelddarlehens (Amyntas gegen Archepolis)

8.10.–6.11. od. 7.11.–6.12.184 v.Chr.	22,7 x 26,5 cm	Herakleopolis
Fr. a: Inv. 188-76+77	15,2 x 26,5 cm	
Fr. b: Inv. 188-115:	7,6 x 7,5 cm	
Fr. c: Inv. 188-114:	8,3 x 13,6 cm	
Fr. d: Inv. 188-121:	1,2 x 2,5 cm	
Fr. e: Inv. 188-118: R u. V	5,5 x 7,5 cm	

Der Text ist aus einem großen, drei kleineren und einem winzigen Fragment zusammengesetzt worden. Der obere Rand ist zu einem Teil erhalten; er betrug ursprünglich maximal 3,5 cm und nach der Eintragung des Signalements des Klägers oberhalb des Haupttextes noch 2 cm. Zwischen Signalement und Haupttext ist eine Zeile in Höhe von max. 1,5 cm frei geblieben. Unten ist der Text mit dem Papyrus abgebrochen bzw. abgeschnitten worden. Am rechten Rand könnte das Blatt aufgrund einer Klebung der Länge nach abgebrochen sein. Teile des linken Randes sind in Z. 1–3 und 13–19 erhalten; in Z. 1–11 reicht die Schrift bis zum rechten Rand; in den übrigen Zeilen fehlen rechts und links zwischen 1 (Z. 4, 12) bis 22 (Z. 25, 28) Buchstaben, doch dank des aus den Parallelen **2–6** und P.Köln XIV 561 und 562 bekannten Formulars lässt sich der Text nahezu vollständig ergänzen. Im unteren Teil, von Z. 28 an, wird die Schrift immer enger; die Anzahl der Buchstaben pro Zeile übersteigt in Z. 26, 28–31 die 50, aber auch schon oben in Z. 2, 3 und 7. Der Schreiber wollte wohl mit seinem Papyrusblatt auskommen.

Die Schrift könnte von demselben Schreiber stammen wie Vorladung **5**; sie ist hier etwas größer. Die Buchstabenformen erinnern an P.Tebt. III 1, 698 (170/169 v.Chr.; Abb. bei del Corso, „La scrittura greca di età ellenistica“ S. 235).

Vorladung **1** hat eine besondere Vorgeschichte: Der Kläger Amyntas, Sohn des Machatas, hat den Besitz eines gewissen Protion geerbt (Z. 3–4 κληρονόμος τῶν Π̣ρωτίωνος τετ̣ελευτηκότ̣ο̣ς | [ὑ]π̣α̣[ρ]χόντων). In Protions Nachlass befand sich unter anderem auch ein noch nicht erfüllter Darlehensvertrag, der Gegenstand der vorliegenden Klageschrift ist. Laut diesem Darlehensvertrag hatte besagter Protion dem Thessaler Archepolis im 17. Regierungsjahr Ptolemaios' V. Epiphanes ein Gelddarlehen in Höhe von 3.000 Drachmen gegeben; der Jahreszins betrug wie üblich 2 Drachmen pro Mine und Monat (24%). Der Schuldner Archepolis hatte einen gewissen Diokles als Bürgen gestellt und in die Sechszeugenurkunde eintragen lassen, zu deren Hüter Ptolemaios bestellt wurde. Die Rückzahlung sollte nicht zu einem festen Termin, sondern 10 Tage nach Aufforderung erfolgen. Falls diese Frist nicht eingehalten würde, sollte eine Vertragsstrafe in Höhe der Hälfte des Kapitals und der aufgelaufenen Verzugszinsen in derselben Höhe wie die vereinbarten Zinsen fällig werden. Amyntas versuchte vergeblich, das Darlehen einzutreiben, doch trotz Aufforderung bezahlte Archepolis dem Erben seines Kreditgebers Amyntas die Schuld nicht (Z. 15–17): τοῦ δὲ Πρ[ωτίων]ος ἀπογε[νο]μ̣έ[νου μηδὲν λαβόντος ?] | παρὰ σ̣ο̣ῦ σὺ̣ ἀπ̣α[ιτούμε]νος ὑπὸ μ[οῦ] τ[ὰς ͵Γ (δρ.) καὶ τὸν τόκον] | οὐ̣κ̣ [ἀ]πέδωκάς μοι. Deshalb lädt dieser ihn zum Prozess vor das Losgericht in Herakleopolis, für den ein Streitwert in Höhe von 7.500 Drachmen, zusammengesetzt aus 3.000 Dr. Kapital, 1.500 Dr. Bußgeld und 3.000 Dr. aufgelaufener Zinsen angesetzt wird, woraus sich beim Zinssatz von 24% (= 60 Dr./Monat) eine Laufzeit von 50 Monaten errechnen lässt, das sind 4 Jahre und 2 Monate. Anstelle des Archepolis hätte Amyntas auch den Bürgen Diokles auf Zahlung verklagen können, aber er hält sich wie üblich zuerst an den Hauptschuldner.[1] Am Ende fehlen die Namen und die Signalements der beiden Ladungszeugen. Auf dem Verso ist noch ein Rest einer Datumsangabe zu sehen, die zu einem anderen Text gehören muss.

Die Vorladung ist auf ein unbekanntes Datum des 22. Regierungsjahres datiert (Z. 26 [ἔτου]ς̣ δευτέρ̣ο̣υ̣ καὶ ε̣[ἰκοστοῦ), der zugrundeliegende Vertrag an einem Tag im letzten Drittel des Audnaios/Epeiph des 17. Jahres (Z. 5 τοῦ̣ ἑ̣[π]τ̣α̣καιδεκάτου ἔτους | [μηνὸ]ς Αὐδ‖ν̣α̣ί̣[ου . . .]τη̣ κ̣α̣ὶ̣ εἰκάδι) geschlossen worden. Die Laufzeit hat noch am selben Tag nach der Übergabe des Geldes begonnen hat. Zwischen Epeiph und Thoth liegen die 48 Monate vom 18.–21. Jahr. Dabei sind für den letzten Monat noch Zinsen fällig, so dass die Klagschrift möglicherweise am Ende des ersten Monats Dystros/Thoth (8.10. – 6.11.184 v.Chr.) oder im ersten Drittel des zweiten, Xandikos/Phaophi (7.11.–6.12.184 v.Chr.) abgefasst wurde.

Der Vertrag könnte demnach im Epeiph des 17. Jahres, d.h. zwischen dem 5. August und 3. September 188 v.Chr., geschlossen worden sein (Z. 5–6).

Aus dem Text geht nicht hervor, in welchem Verhältnis Amyntas bei Lebzeiten des Protion zu diesem gestanden hatte. Ein Verwandtschaftsverhältnis ist nicht angegeben. Es war in der Ptolemäerzeit möglich, dass nicht verwandte Soldaten sich gegenseitig als Erben einsetzten[2], aber wir wissen nicht einmal, ob

---

[1] Siehe unten den Komm. zu Z. 9–10.

[2] So vermacht auch in P.Petrie[2] 1,93–98 (238/237 v.Chr.) der Kleruche Antigenes dem Kleruchen Dorotheos all seinen Besitz. Clarysse nimmt im Komm. zu Z. 96–98 an: „--- Dorotheos, apparently a cleruch and army officer like the testator himself. Since no family tie is is mentioned, Dorotheos was probably not a relative but a συστρατευόμενος of Antigenes.“ In der Schenkungsurkunde für einen Stathmos an die Schankwirtin Tanupis SB XXIV 15973 und der Reinschrift 15974 ist festgelegt, dass sie diesen zwar den engsten Familienmitgliedern vererben darf, aber

Protion dem Militär angehörte. Amyntas ist Alexandriner, noch nicht in einen Demos eingeführt worden und steht noch nicht im aktiven Dienst, aber als Angehöriger der ἐπιγονή ist er ein Kleruchensohn.[3]

Literatur zum Darlehen: Taubenschlag, *Law*, 341–349; Kühnert, *Kreditgeschäft*; Rupprecht, *Darlehen*; ders., *Quittung*; Van Soest, *ἐγγύη*; vgl. auch Montevecchi, *Papirologia* S. 225–229 mit Ergänzungen S. 570; W. Schäfer, Einleitung zu P.Köln V 218; Kramer, CPR XVIII, Einleitung S. 45–46. Zu den Strafklauseln bei Gelddarlehen siehe Berger, *Strafklauseln* S. 115–120. Zur Laufzeit von Darlehensverträgen siehe Rupprecht, *Darlehen* S. 84 Anm. 55.

Rand

m^{2} (ἐτῶν) ν εὐ̣μ̣εγέθ̣ης λ[ευ]κ̣ό̣χρως τετα̣[νὸ]ς φακ[ὸ]ς μετώπω̣ι μ̣έ̣σωι.

m^{1} Ἀμ̣ύντας Μ̣αχάτου Ἀλεξανδ̣ρεὺς τῆς ἐπιγ[ο]νῆς τῶν οὔπω ἐ̣π̣ηγμένων
εἰς δῆμον Ἡράκ̣λει[ο]ν̣ κληρονόμος τῶν Π̣ρωτίωνος τετ̣ελευτ̣ηκότ̣ο̣ς
[ὑ]π̣α̣[ρ]χόντων Ἀ[ρχε]πόλει Θεσσάλωι τῶν Πτολεμαίου ἰδιώτηι,
[καθ]ὰ̣ συνήλλαξ[εν] τ̣ῶ̣ν̣ Χάρητος. ὅτι τοῦ ἑ̣[π]τ̣α̣καιδεκάτου ἔτους
[μηνὸ]ς Αὐδν̣α̣ί̣[ου . . .]τ̣η̣ κ̣α̣ὶ̣ εἰκάδι δανεισάμενος παρὰ Πρωτίωνος
[τοῦ π]ρ̣ογεγρ̣α̣[μμένο]υ̣ χαλκοῦ νομίσματος ὀφθαλμοφανοῦς δραχμ̣ὰ̣ς̣
[τρισχιλ]ί̣ας τό[κου ὡς ἐκ] δ̣ύ̣ο̣ δραχμ̣ῶ̣ν τὴν μνᾶν τὸμ μ̣ῆνα ἕκασ̣τ̣[ο̣]ν̣
[κατὰ συ]γγραφ[ὴν, ἧ]ς συγ]γραφοφ̣ύ̣λαξ Πτολεμαῖος, ἐφ᾽ ἧ̣ς̣ ἔγγυο̣[ς]
[ἐπε]γ̣ράφη τ[οῦ δαν]ε̣ί̣[ο]υ̣ ε̣ἰ̣ς ἔκτεισιν Διοκλῆς Πέρσ̣η̣ς τῶν οὔπω̣
[ὑπ]ὸ̣ ἡγεμ̣όνα τρ̣ι̣[ακοντ]άρουρος, καὶ τῆ̣ς συ̣[γγρ]α̣φῆ̣ς̣ δ̣ι̣α̣γο[ρ]ευού̣-
[σ]ης ἀποδοῦναί σε Π̣[ρω]τ̣ί̣ωνι τὸ δ̣ά̣ν̣ειο̣ν̣ [τοῦτ]ο̣ [καὶ τὸν τόκον]
ἐν ἡμέραις δέκ̣α [ἀφ᾽ ἧς ἂν] ἀ̣παιτηθῆ̣ις· ἐ̣[ὰν δὲ μ̣ὴ ἀποδῶις καθὰ]
γέγραπται, ἀ̣π̣οτ̣[εῖσαί σε] ἡ̣μιόλιον [τὸ] δ̣ά̣[νειον, τὸν δὲ τόκον]
ἁ̣πλοῦν· τοῦ δὲ Πρ[ωτίων]ος ἀπογε[νο]μ̣έ̣[νου ± 12]
παρὰ σ̣ο̣ῦ σὺ̣ ἀπ̣α̣[ιτούμε]νος ὑπὸ μ[οῦ] τ[ὰς Ἵ (δρ.) καὶ τὸν τόκον]
οὐ̣κ̣ [ἀ]π̣έδωκ̣ά̣ς μοι. διό [σοι] δ̣ι̣κάζομ[αι] κ[ληρονόμος τῶν τοῦ]
Π̣ρ̣ω̣τ̣ί̣ω̣νος ὑπαρχ̣ό̣ν̣των ἐν τ̣[ῶι] ἐ̣ν̣ [Ἡρακλέους πόλει τῆι]
ὑ[π]ὲρ Μέμ̣[φ]ι̣ν̣ κλη[ρ]ω̣τ̣ῶι δικαστηρίωι κ[ατὰ τὴν συγγραφὴν τῶν]
[Ἵ] (δ̣ρ̣.) [τοῦ δ]α̣[ν]είου [σ̣ὺν] ἡ̣μιολίαι χαλκοῦ ν̣[ομίσματος]
[δραχ]μ̣ῶ̣[ν] χ̣ιλίων π̣[εντ]α̣κ̣οσίων καὶ το[ῦ τόκου χαλκοῦ νομισμα-]
[τ]ο̣ς δραχμ̣ῶν τ̣[ρισχιλ]ί̣ων, τοῦ παντ̣[ὸς χαλκοῦ ν[ομίσματος δρα-]
[χ]μ̣ῶν ἑπτακ̣ι̣[σχιλίων] πεντακοσί[ων. τίμημα τῆς δίκης χαλ-]
κο̣ῦ [ν]ομ̣ίσμ̣α̣τ̣[ος δραχμα̣ὶ ἑπτακ[ισχίλιαι πεντακόσιαι. τὸ ἀδί-]
[κ]ημα ἐγέ̣[νετο] ὅ̣[τε σὺ ἀπαι]τ̣ούμε[νος τὰς Ἵ (δρ.) οὐκ ἀπέδωκας μοι.]

nicht verwandte Erben dem Militär angehören müssen. Siehe dazu Kramer, „Boethos“, bes. S. 321–323 und unten den Komm. zu Z. 3–4.

[3] Zur ἐπιγονή siehe unten den Komm. zu Z. 2.

26 [(ἔτους)] δευτέ[ρ]ο̣υ̣ καὶ ε̣[ἰκοστοῦ ἐ]φ' ἱερέως̣ [Μαρσύου τοῦ Δημητρίου Ἀλε-]
27 [ξ]ά̣[ν]δ̣ρ̣[ο]υ̣ καὶ θ̣ε̣ῶ̣ν̣ [Ἀδελφῶ]ν καὶ θεῶ[ν Εὐεργετῶν καὶ θεῶν Φιλο-]
28 [πατ]ό̣ρ̣ω̣[ν κα]ὶ̣ θεῶ̣[ν Ἐπιφαν]ῶ̣ν ἀθλοφ[ό]ρ̣[ου Βερενίκης Εὐεργέτιδος Δημο-]
29 [νίκης τ]ῆ̣ς̣ Λ̣ε̣ο̣ν̣[νάτου κα]νηφόρου Ἀρσινόη[ς Φιλαδέλφου Ἀναξιβου-]
30 [λης τῆς Τελέ]σ̣τ̣[ο]υ̣, ἱε[ρείας Ἀρσινό]ης Φιλοπάτορος [Εἰρήνης τῆς Πτο-]
31 [λεμαίου μηνὸς . . . . κέκλησαι καὶ] τ̣ὸ ἔγκλημα δέδωκά̣ [σοι ἐνω-] 51
32 [πίωι (ἔτους) κβ μηνὸς . . . . κλήτορες·] . . . α̣π̣ε . . [

- -

1 ⌊ **4** [υ]πα̣[ρ]χοντων □ α[ρχε]πολει **8** l. τὸν **10** l. ἔκτισιν **16** σ̣ο̣υ □ συ̣ **26** [⌊] **32** (⌊)

Zeilenkommentar

1 Dieser vom Haupttext durch eine halbe Zeile Abstand abgesetzte Eintrag enthält das von einem Gerichtsdiener hinzugefügte Signalement des Klägers; es ist auch in **3**,1–2 (= P.Thissen) komplett und in **4**,1–2 und **5**,1–2 teilweise erhalten. Zur nachträglichen Anbringung des Signalements in den Gerichtsakten siehe Kaltsas, Komm. zu P.Heid. VIII 412,24–29 und P.Heid. VIII 413,1; Hagedorn/Kramer, Einleitung zu P.Thissen S. 221 und Komm. zu Z. 1–2 S. 223 und oben 1. Teil, Kap. I.4.1.

(ἐτῶν) ν: Vor der Altersangabe ist nicht genügend Platz für ὡς, welches auch in **3**,1 nicht steht. Die Tintenspuren könnten von der ausgewischten Vorbeschriftung stammen wie unten am Ende von Z. 4. Es fällt auf, dass überall in unseren Gerichtsakten die Altersangaben in großzügigen Fünfer- und Zehnerschritten vermerkt sind; auf genauere Daten legte man entweder keinen Wert oder man kannte sie nicht. Zu Altersangaben in den ptolemäischen Papyri s. Clarysse, P.Petrie^2, Einleitung S. XX mit Anm. 6–8; Kramer, CPR XVIII, Einleitung S. 13 mit Anm. 35.

τετα̣[νό]ς: gleichbedeutend mit τετανόθριξ, „mit glattem Haar" nach Clarysse, P.Petrie^2 I, Einleitung S. 52–53; siehe auch Hagedorn/Kramer, Komm. zu P.Thissen, 1; Kaltsas, Komm. zu P.Heid. VIII 412,25.

Zum Signalement siehe Hasebroek, *Signalement*; Caldara, *L'indicazione dei connotati*; Hübsch, *Personalangaben*; Wolff, *Recht* II S. 89–90; Kramer, CPRXVIII, Einleitung S. 13–15; Clarysse, P.Petrie^2 I, Einleitung S. 49–55; Cernuschi, *Nuovi contributi*.

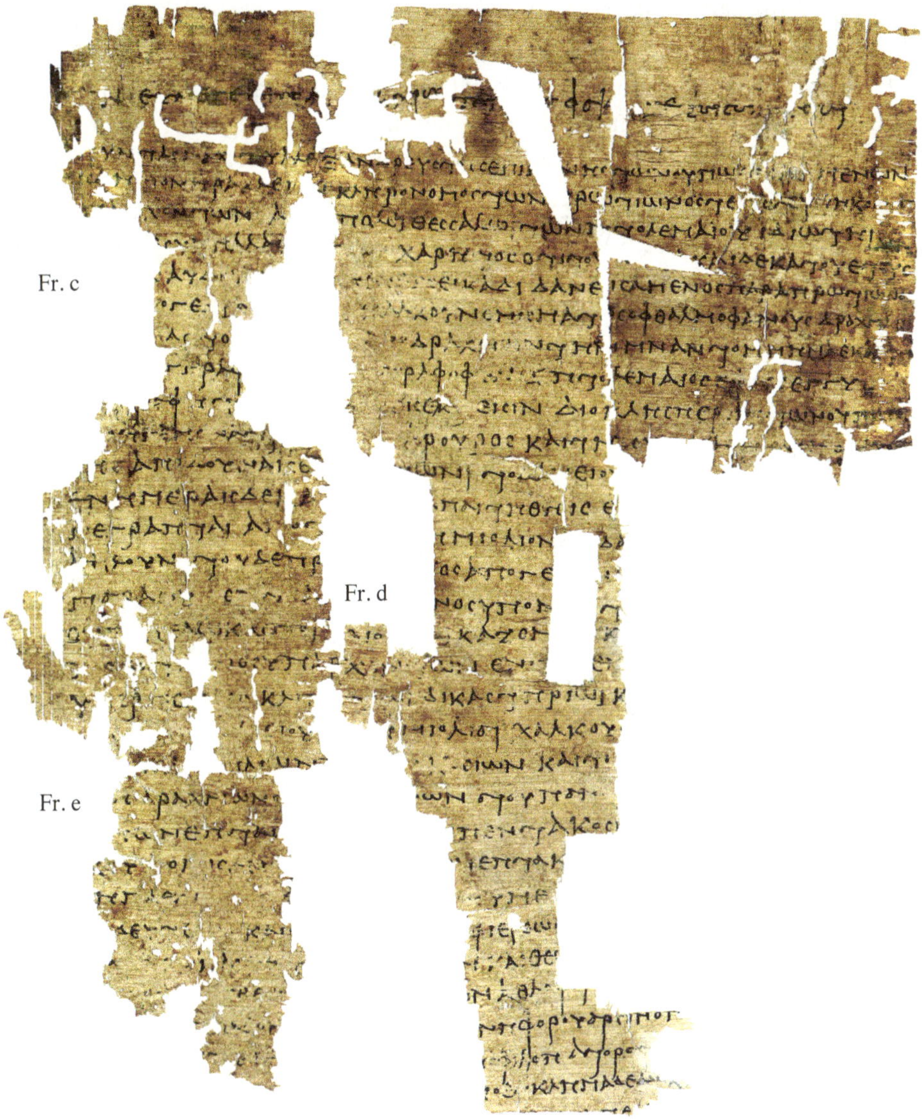

1. Recto

2 Ἀμ̣ύντας Μαχάτου: Machatas kommt in den Gerichtsakten noch zweimal vor: So heisst in **7**,2 der Vater des Ladungszeugen und in P.Heid. VIII 412,11 vom 19.11.186 v.Chr. der Vater des Beklagten im Antrag auf Wiederaufnahme eines Prozesses. Identitäten sind kaum feststellbar. In P.Heid. IX 422,46 (Eingabe; Eingangsvermerk vom 26.5.158 v.Chr.) heißt der Petent, ein Königsbauer, Machatas. Die DDbDP gibt außerdem nur noch 11 Belege an, davon 6 aus ptolemäischer Zeit, darunter ein Klerosname von 335 n.Chr. aus Herakleopolis.

Ἀλεξανδρεὺς τῆς ἐπιγ[ο]νῆς: Vgl. dazu zuletzt eingehend Scheuble-Reiter, *Katökenreiter* S. 119–122. Wie Láda, „Who Were Those?" S. 567–8 gezeigt hat, lautet nach P.Ryl. dem. 21,6–7 das ägyptische Äquivalent zu τῆς ἐπιγονῆς in voller Form *ms n Kmy ḫn nꜣ ḫrṭ.w na srtyts*, „geboren in Ägypten unter den Kindern der Soldaten" und bezeichnet, wie schon früher vermutet (vgl. a.a.O. Anm. 35), Söhne von Soldaten auswärtiger Herkunft, die (noch) nicht in der Armee dienten. Damit ist meine CPR XVIII, Einleitung S. 72–73 geäußerte Theorie, die τῆς ἐπιγονῆς seien reine Zivilisten, hinfällig. Siehe auch unten den Komm. zu **12**,9.

2–3 τῶν οὔπω ἐ̣π̣ηγμένων | εἰς δῆμον Ἡράκλειο̣ν̣: Zum Demos siehe Fraser, *Ptolemaic Alexandria* I S. 49–50 mit Anm. 104–106. Wendet man die soeben beschriebene Theorie von Scheuble-Reiter und Láda auf Alexandriner an, so handelt es sich hier um den in Ägypten geborenen Nachkommen eines alexandrinischen Soldaten mit Migrationshintergrund, der noch nicht in die Armee eingetreten und auch noch nicht in einen Demos aufgenommen worden ist, aber das Anrecht auf die Aufnahme in einen Demos besitzt. Über die Zulassung zu einem Demos wissen wir bis heute immer noch nichts Genaues (so schon Fraser, op.cit. S. 51 u.ö.).

3 εἰς δῆμον Ἡράκλειο̣ν̣: Zur Angabe des Demotikons s. Fraser, Ptolemaic Alexandria I S. 43. Herakleios ist einer der Demennamen, die den olympischen Göttern gewidmet sind, siehe Fraser, op.cit. S. 44–46 mit Anm. 38. Die Ptolemäer führen ihre Abkunft über das makedonische Königshaus auf Herakles zurück; siehe dazu auch den Komm. zu **10**,32–33 sowie Schorn, *Satyros* S. 442–454.

4 Ἀ[ρχε]πόλει: Den Personennamen Ἀρχέπολις trägt noch einmal ein Alexandriner in I.Alex. Ptol. 19,4 (= SB I 597; vor 217 v.Chr.): Ἀρχέπολις | Κόσμου Λεοννατεύς.[4] Für den Namen gab es in den Papyri bisher nur vier Belege, wobei die Genitivbildung schwankt: BGU XIV 2448,10 (Herakleopolites; 2./1. Jh.; Steuerzahler): Ἀρχεπόλιδος τοῦ . . . . [und die Klerosnamen in BGU XIV 2441, II 20,42 und III 50 (Herakleopolites; 2./1. Jh.; Scheuble-Reiter, Katökenreiter S. 333: spätestens Ende 2. Jh. v.Chr.) und noch in römischer Zeit P.Flor. I 50,54

[4] Siehe dazu Breccia, „Tribù e demi" S. 169–173; zuletzt Bricault, „Sarapis et Isis" S. 343, Doc. 6.

(Hermupolis; 10.12.269 n.Chr.): ἐκ τοῦ ʼΑρχε̣[πόλεω]ς̣ καὶ Π[υ]ρρίου und 91–92 ἐκ τοῦ ʼΑρχε|πόλεως καὶ Πυρ<ρ>ίου sowie P.Oxy. VI 988, Verso (nach 224 n.Chr.) ʼΑρχεπόλιδος κλήρου in Isiu Panga.

Θεσσάλωι: Zu den Thessalern siehe Láda, Pros.Ptol. X E 635–689; Scheuble-Reiter, „Hipparchien" S. 365. Die Angabe des Ethnikons allein ist kein Hinweis darauf, dass Archepolis einer ethnischen Truppe angehörte wie etwa der τῶν Θεσσαλῶν καὶ τῶν ἄλλων Ἑλλήνων ἱππαρχία (CPR XVIII 10,3; P.Petr. III 112,8–9; P.Enteux. 15,3; P.Tebt. I 137 descr.; P.Freib. III 34,6–7; P.Freib. III 36+37,10; P.Amh. II 42,7; P.UB Trier S 77–43, Fr. E 6, ed. Scheuble-Reiter, „Hipparchien" mit Einl. S. 365 oder P.Sorb. III 112,11 τῶν Θεσσαλῶν.

4–5 τῶν Πτολεμαίου ἰδιώτηι, | [καθ]ὰ̣ συν̣ήλλαξ[εν] τ̣ῶ̣ν Χάρητος: Vgl. auch **3**,5 (= P.Thissen) und **5**,4–5; P.Köln XIV 561,[10] mit Komm. In den Vorladungen wird die Wendung καθὰ συνήλλαξεν immer dann gebraucht, wenn seit dem Vertragsabschluss eine Änderung in der Nomenklatur eines Vertragspartners eingetreten ist. So steht Archepolis zur Zeit der Vorladung als einfacher Soldat unter dem eponymen Offizier Ptolemaios; früher, zur Zeit des Vertragsabschlusses, stand er aber unter dem bisher unbekannten Eponymen Chares. An seinem niedrigen Rang hat sich nichts geändert.

Der eponyme Offizier Ptolemaios begegnet auch in **3**,36 (= P.Thissen). Eponyme namens Ptolemaios sind einige bekannt, aber wegen der Häufigkeit des Namens führen sie in der Regel ihren Vatersnamen oder eine Verwandtschaftsbezeichnung als Zusatz wie z.B. etwa: τοῦ Ναυτᾶ, τοῦ ʼΕτεωνέως, καὶ τῶν υἱῶν, καὶ τῶν ἀδελφῶν; vgl. Pros.Ptol. II 1984–1997; VIII 1983a–1992). So sind Stellen, in denen der Text nach dem Namen abbricht, zum Vergleich nicht hilfreich. Vgl. aber vielleicht P.Tebt. III 2, 968,12 (Herakleopolis; 192–180 v.Chr.): τῶν Πτολεμαί[ου (?) und P.Phrur. Diosk. 18,44 (14.11.145 v.Chr.): τῶν Πτολεμαίο̣υ̣ π̣εζ̣ῶ̣ν̣.

Zur Angabe der Statusänderung siehe Hagedorn/Kramer, Komm. zu P.Thissen, 4–5 (= **3**) mit Parallelstellen; hinzu kommt der kürzlich von N. Quenouille publizierte BGU XX 2844 mit Komm. zu Z. 6. Im Komm. zu P.Thissen, 4–5 wurde vorgeschlagen, danach auch in den großen Lücken in P.Gur. 2,13 und dem Duplikat P.Petrie III 21 (g) (= M.Chr. 21,13–14) sowie in P.Petrie II 21 (b) (c) (d) (= M.Chr. 28,11–12) die Wendung → καθὰ [συνήλλαξεν] zu ergänzen.

ἰδιώτηι: Am Ende der Zeile sind in kräftiger Tinte drei auf dem Kopf stehende Buchstaben sichtbar:] ̣ οικ oder] ̣ σ̣ικ. Es ist unklar, wie sie dorthin gekommen sind. Sie können mit dem Text der Zeile nichts zu tun haben.

Der ἰδιώτης kann sowohl der Infanterie als auch der Kavallerie angehören; vgl. Lesquier, *Institutions* 97; Kaltsas zu P.Heid. VIII 414,27. Da der eponyme Offizier nicht bekannt ist, können wir Archepolis nicht zuordnen.

5 ὅτι: Die Konjunktion ὅτι korrespondiert mit διό σοι δικάζομαι in Z. 17: ὅτι – 6 δανεισάμενος – 11 καὶ – 16 ἀ̣π̣α̣[ιτούμε]νος – 17 ο̣ὐ̣κ [ἀ]πέδωκας – διό [σοι] δ̣ικάζομ[αι]; vgl. **2**, [1] – [2] – [7] – 13 – 15 – 16; **3**,5 – 10 – 16 – 18; **4**,7 – [16] – [18] – 19; **5**,[5] – 14 – [16] – 18; **6**, 3 – [11] – 14; P.Köln XIV 561,[10] – 15; 562,[1]–2. Dieselbe Konstruktion liegt vor in P.Hib. I 30 (d),15–19 (= M.Chr. 20,15), danach ergänzt in P.Hib. I 30a,5 und wohl auch in P.Gur. 2,14–26 im Zitat der Anklageschrift; siehe dazu den Kommentar zu P.Thissen, 5.

τοῦ̣ ἑ̣[π]τ̣α̣καιδεκάτου: Die Spur vor dem ersten Kappa kann nur zu einem Alpha gehören, und die Spur nach τοῦ̣ ist am besten mit Epsilon vereinbar. Von den Ordnungszahlen auf -α̣καιδεκάτου kommen nur ἑπτακαιδεκάτου und ἐννεακαιδεκάτου in Frage; für die klassische Variante ἑβδόμου καὶ δεκάτου ließ sich mit P.Oxy. III 478,50 (= W.Chr. 218) ἔτο̣υ̣ς ἑ̣β̣[δόμου καὶ δεκάτου] nur ein einziger, zudem noch ergänzter Beleg finden. Wenn die Berechnung der Zinsen richtig ist, betrug die Laufzeit des Darlehens vier Jahre und zwei Monate, gerechnet vom Epeiph des angegebenen Jahres an, und da in Z. 26 als Datum der Abfassung der Klagschrift das 22. Jahr angegeben ist, wäre das 19. Jahr zu spät; denn nach Ablauf der ersten zwei Monate wäre schon das 20. Jahr erreicht und die Laufzeit der fehlenden vier Jahre reichte bis zum Ende des 23. Jahres. Auch diese Berechnung spricht für die Ergänzung ἑ̣[π]τ̣α̣καιδεκάτου.

Wenn die Laufzeit des Darlehens im 17. Jahr begonnen hat, müsste der erste Monat der Laufzeit der Mesore gewesen sein; dann kämen die vier Jahre des 18.–21. Jahres, und der zweite fehlende Monat wäre der Thoth = Dystros des 22. Jahres, in dem die Klagschrift erstellt wurde.

6 [μην]ὸ̣ς Αὐδνα̣[ίου . . .]τη̣ κ̣α̣ὶ̣ εἰκάδι: Der dem Audnaios entsprechende ägyptische Monat ist zu dieser Zeit Epeiph. Auf Αὐδνα̣[ίου] kann nur noch ein kurzes Zahlwort gefolgt sein, τρί]τη̣ oder ἕκ]τη̣, vielleicht noch ἐνά]τη̣; τετάρ]τη und πέμπ]τη sind für die Lücke zu lang. Das Datum des Vertragsabschlusses könnte also der 23., 26. oder vielleicht auch 29. Epeiph des 17. Regierungsjahres Ptolemaios' V. Epiphanes gewesen sein, d.h. der 27. oder 30. August oder der 2. September 188 v.Chr.

In den Trierer Gerichtsakten findet sich einmal die Gleichsetzung des makedonischen Monats Artemisios mit dem ägyptischen Hathyr und einmal die des Audnaios mit Epeiph, jeweils auf dem Verso einer Vorladung: **4**,33 Ἀρτεμισίο[υ κ̄ .] Ἁθὺρ κ̄[.; **3**,44 Αὐδνα[ίο]υ̣ Ἐπεὶφ ε (in **6**,25 sind die Spuren vor Ἐπεὶφ ε̄ unklar). Damit entspricht der Gebrauch der Monatsnamen der „2. Gleichsetzung"[5], die im ersten Drittel des 2. Jhs. v.Chr. unter Ptolemaios V. Epiphanes vorgenommen wurde:

[5] Samuels „first assimilation" (vgl. Samuel, *Ptolemaic Chronology* S. 129–135) muss nunmehr als „zweite Angleichung" bezeichnet werden, seit Koenen erkannt hat, dass es bereits zuvor am

Dystros	Thoth	Panemos	Tybi	Dios	Pachon
Xandikos	Phaophi	Loios	Mecheir	Apellaios	Payni
Artemisios	Hathyr	Gorpiaios	Phamenoth	Audnaios	Epeiph
Daisios	Choiak	Hyperberetaios	Pharmuthi	Peritios	Mesore

7 ὀφθαλμοφανοῦς: Vgl. auch **2**,3.[20] und **3**,7. Der Ausdruck bedeutet, dass das Geld in sichtbarer, d.h. barer Münze bezahlt worden ist. Pringsheim, *GLS* S. 70–74, hatte den Ausdruck als „sichtbar für die Augen der Zeugen" erklärt, aber erst Rupprecht, *Darlehen* S. 27–29 deutet ihn richtig als „sichtbar" = „bar", da der Begriff auch in Verträgen ohne Zeugen vorkommt. Siehe auch die Komm. zu P.Hamb. IV 239,14 und zu P.Thissen, 7.

8 τό[κου: Der lange, unten nach links umgebogene Fuß des Anfangsbuchstabens ist in dieser Hand charakteristisch für Tau  ; Ypsilon ist meist nach rechts eingekringelt:  ; vgl. aber auch das gerade υ in ὑπὸ Z. 16:  .

8–9 τό[κου ὡς ἐκ] δ̣ύ̣ο̣ δραχμῶν τὴν μνᾶν τὸμ μῆνα ἕκασ̣τ̣[ο̣]ν̣: Vgl. auch **2**,4–5 und **3**,7–8 (= P.Thissen). Zinsen werden nur bei Gelddarlehen vereinbart. Zwei Drachmen pro Mine und Monat, also 2% und 24 % im Jahr, sind der normale Zinssatz in der Ptolemäerzeit sowohl bei den Zinsen als auch bei den Verzugszinsen; vgl. Finckh, *Zinsrecht* S. 20–23 und 42; Rupprecht, *Darlehen* S. 74–75 mit Anm. 7. Cowey/Maresch zu P.Polit. Iud. 8,16.

9 κατὰ συ]γγραφ[ὴν: Eine Ergänzung δανείου wie z.B. in **2**,5–6 und **3**,8–9 (= P.Thissen) wäre zu lang.

κατὰ συ]γγραφ[ὴν, ἧς συγ]γραφοφύλαξ Πτολεμαῖος: Ergänzt nach **2**,7; vgl. auch P.Thissen, 9 mit Komm. (= **3**,9); **4**,6; **6**,5–6; P.Heid. VIII 417,23 (Herakleopolis; 19.11.190 oder 17.2.189 (?) v.Chr.) mit Komm., wo Kaltsas u.a. auch die Varianten ἐφ' ἧς συγγραφοφύλαξ ὁ δεῖνα oder κατὰ συγγραφὴν τὴν κειμένην παρὰ συγγραφοφύλακι τῶι δεῖνι anführt, und P.Köln XIV 561,11. Für die vorliegende Wendung war seinerzeit nur P.Giss. Univ. I 5,7–9 bekannt (Eingabe; Euhemeria, 132–131 v.Chr.): κατὰ συγ|[γρα]φ̣ὴν μισθώσεως, ἧς συγγραφοφύλ̣α̣ξ | [. . .]ων. Für ἐφ' ἧς wie in **4**,5–6: κ]ατὰ σ̣υ̣γγραφὴν | [δανείου ἐφ' ἧς σ]υ̣γγρ̣α̣φοφύλαξ Θ̣ε̣ό̣δωρος; **3**,8–9 (= P.Thissen): [κατὰ | συγγραφὴν δανεί]ο̣υ ἐ̣φ' ἧς συγγραφοφύλαξ [---]; P.Tebt. III 1, 818,18–19 (CPJ I 24; Erneuerung eines Darlehensvertrags; Trikomia; 16. 4. 174 v.Chr.): κατὰ συγγραφὴν ὁμο|λογίας ἐφ' ἧς συγγραφοφύλαξ Ἀνανίας; vgl. auch P.Cair. Zen. III 59366, 11–13 mit Komm. zu

---

Ende des 3. Jhs. v.Chr. eine erste Angleichung gegeben hatte, wonach der Thoth dem Xandikos und der Mesore dem Dystros entsprach, vgl. Koenen, „Calendar Problems"; ders., „The Double Date"; Maresch, P.Köln VI S. 158; Kaltsas, P.Heid. VIII, 412, Einleitung S. 18–20; Hagedorn/Kramer, Komm. zu P.Thissen 5–6.

12 (= SB III 6767; Philadelphia; 243–241 v.Chr.) reicht der Platz nicht aus. Vielleicht ist wegen des folgenden ἐφ' ἧς ἔγγυος an dieser Stelle auf ἐφ' verzichtet worden.

Alle den Klagschriften unserer Dokumentation zugrundeliegenden Darlehensverträge waren, wie die Erwähnung des Syngraphophylax zeigt, in Form einer Sechszeugenhüterurkunde, die einfach mit συγγραφή bezeichnet wird, abgefasst. Zur Wendung κατὰ συγγραφήν vgl. Rupprecht, *Darlehen* S. 52. Wir übersetzen Syngraphe mit „Vertrag", wobei im Deutschen die im griechischen Wort enthaltene Bedeutung der schriftlichen Abfassung nicht zum Ausdruck kommt; siehe oben, 1. Teil, Kap. IV.1.

Der Verweis auf den Urkundenhüter ist wichtig, weil dieser den zugrundeliegenden Vertrag aufzubewahren und dem Gericht vorzulegen hatte. Dabei konnte er sogar zur Zeugenaussage herangezogen werden wie unten in **9–11** und in P.Heid. VIII 414. Zur Syngraphophylaxurkunde siehe Wolff, *Recht* II S. 57–71; zum Urkundenhüter Lotter, „συγγραφοφύλαξ"; Wolff, *Recht* II S. 59 und Anm. 14; Kramer, CPR XVIII S. 11; Kaltsas, Einleitung zu P.Heid VIII 414, bes. S. 87 mit Lit. und S. 91 sowie im 1. Teil Kap. V.4, V.6 und V.9.

9–10 ἐφ' ἧς ἔγγυο[ς] | [ἐπε]γράφη τ[οῦ δα]ṿ[είου] ẹἰς ἔκṭεισιν: Die Rückzahlung war in dem Darlehensvertrag durch einen Bürgen garantiert. Der Gläubiger konnte das Darlehen aus dem Schuldner, aber auch aus dessen Bürgen oder aus beiden vollstrecken lassen. Meist haben sich die Kreditgeber aber wie hier zunächst an die Schuldner direkt gewandt. Nach Van Soest, *ἐγγύη* S. 41 und 93, haftet der Bürge im selben Umfang wie der Hauptschuldner mit seiner Person und seinem Vermögen, aber erst, wenn der Hauptschuldner zum Fälligkeitstermin nicht bezahlt hat: „Wir halten es für wahrscheinlich, dass der Gläubiger, der sich entschloss, den Bürgen zu beklagen, verpflichtet war, sich auf die Nichtbezahlung der Schuld durch den Hauptschuldner zu berufen und diese bei Bestreitung zu beweisen". Vgl. Kaltsas' ausführliche Einleitung zu P.Heid. VIII 417 S. 181 mit Literatur sowie den Komm. zu Z. 21–22 und 22. Siehe auch unten **10**,10–12 mit Komm.

10 Πέρσ̣ης: Das Ethnikon bezeichnet vermutlich einen Abkömmling schon vor den Ptolemäern in Ägypten sesshafter griechischer Familien, der noch nicht militärisch aktiv ist; siehe dazu Kramer, CPR XVIII Einleitung S. 69–72; Kaltsas, P.Heid. VIII 416,48–49; Clarysse/Thompson, *Counting the People* II S. 154 und 157–159; Vandorpe, „Persian Soldiers" S. 89–90; Clarysse/Fischer-Bovet, Komm. zu P.Stan. Class. inv. 2,9–10 S. 40 (dort viel Lit.); Láda, „Who Were Those"; ders., Pros.Ptol. X, E 1965–2082 S. 229–243. Siehe auch unten den Komm. zu **12**, I 9.

11–12 καὶ τῆς συ[γγρ]αφῆς διαγο[ρ]ευού|[σ]ης: Ebenso **5**,8; etwas ausführlicher **2**,7–8 [καὶ τῆς συγγ]ρ[α]φῆς τοῦ δανείου ἄλλα τε δια|[γορε]υούσης καί; ebenso **3**,10–11 (= P.Thissen) und **4**,12. In **6**,7 ist das Verb variiert: ἄ[λλ]α τε διασαφούσης καί; in P.Köln XIV 561,11 ist vor ἄλλα τε καί nur die Endung des Verbs erhalten. Die Formel besagt, dass hier nur die für die Klage relevanten Punkte des Vertrags wiederholt werden. Vgl. auch die folgenden Parallelen, die im Komm. zu P.Thissen, 10–11 ausgeschrieben sind: P.Enteux. 85,2 (Magdola; 26.2.221 v.Chr.); P.Fay. 11,12–16 (= M.Chr. 14; Eingabe; Theadelpheia; nach 116 v.Chr.); P.Heid. III 228,8–9 (H.u.; 1. Hälfte 2. Jh. v.Chr.); UPZ I 114, Kol. I 21 (= Stud.Pal. XIV 2; Quittung; Memphis; 3. 5. 150 v.Chr.); UPZ I 123,6–8 (= P.Paris 13 = M.Chr. 280 = Jur.Pap. 20; Eingabe wegen nicht erfolgter Rückzahlung einer Mitgift; Memphis; ca. 157–156 v.Chr.). Vgl. auch P.Hib. II 235 descr.,3: ο]ὐκ ἐβεβαίωσέμ μοι καθάπ[ερ ἡ συγγραφὴ διαγορεύει] und 6 καθ]άπερ ἡ συγγρα[φὴ διαγορεύει].

13 ἐν ἡμέραις δέκα [ἀφ' ἧς ἂν] ἀπαιτηθῆις: Hier wie auch in **2**,8–10 ist die Rückgabe innerhalb von 10 Tagen auf Abruf vereinbart; in den anderen in unseren Vorladungen zitierten Darlehensverträgen ist ein Monat — übrigens immer der ägyptische — festgesetzt, vgl. **3**,11–12: ἀποδοῦνα[ί] σε ἐμοὶ τὸ δάνει[ον τοῦτο] | καὶ [τὸν τ]όκον ἐμ μηνὶ Αἰγυπτίων Φαμεν[ώθ] (ohne Jahresangabe); **4**,12–14: [ἀποδο]ῦν[αί σε μοι] τ[ὸν] ἄρακον τοῦτον ἐμ μηνὶ Αἰγυπτίων | [Monatsname] (ohne Jahresangabe); **5**,8–10: ἀπ[οδοῦναί] | [σε ἐμοὶ τὸ]ν σῖτον τοῦτον ἐν μην[ὶ] Αἰγυπτ[ίων] | [. . . . . τοῦ] ἐννεακαιδεκάτου ἔ[τ]ους (= desselben Jahres); **6**,7–9: ἀποδοῦναί σ[ε ἐμοὶ τὸν] | [σ]ῖτον τοῦτον ἐμ μηνὶ Αἰγυπτ[ί]ων Πα[. . .] | τοῦ αὐτοῦ ἔτους; P.Köln XIV 561,12. Wahrscheinlich ist, wenn kein Jahr genannt ist, davon auszugehen, dass die Rückgabe noch im selben Jahr erfolgen soll.

Zur Rückgabe von Darlehen 10 Tage nach der Aufkündigung siehe Taubenschlag, „Periods and Terms“ S. 185–186; Rupprecht, *Darlehen* S. 68; Kramer/Hagedorn, APF 33, S. 20 (Komm. zu P.Hamb. inv. 676,21–22 [= SB XVIII 13255]; Tholtis; 17.6.–16.7.231 v.Chr.); P.Hibeh I 88 (Herakleopolites; 6.8.–4.9.263 v.Chr.); SB X 10251,7–8; 252/1); SB XIV 11376,10–14 (= P.Hibeh 89; Ankyron; 239 v.Chr.); BGU X 1961,7 (Tholthis; 213/12 v.Chr.).

13–15 ἐ[ὰν δὲ μὴ ἀποδῶις καθὰ] | γέγραπται, ἀποτ[εῖσαί σε] ἡμιόλιον [τὸ] δά[νειον, τὸν δὲ τόκον] | ἁπλοῦν: Mit anderer Reihenfolge **2**,1–13: ἐὰν δὲ μὴ ἀποδῶις καθὰ [γ]έγραπται, | ἀποτεῖσαί σε ἐμ[ο]ὶ τὸ μὲ[ν] δάνειον ἡμ[ιό]λιον, | τὸν δὲ τόκον ἁ[π]λοῦν; ebenso auch **3**,13–14 (= P.Thissen). In allen Fällen wird auf die schriftliche Fassung des Vertrags verwiesen. Die Vertragsstrafe bestand in der Zahlung des Anderthalbfachen, ἡμιόλιον, d.h. des ausgezahlten Kapitals plus dessen Hälfte, im vorliegenden Fall also 4.500,00 Dr.; vgl. den Komm. zu

P.Thissen, 11–13; Berger, *Strafklauseln* S. 14–26; Rupprecht, *Darlehen* S. 90–96, bes. 94–95.

15–16 τοῦ δὲ Πρ[ωτίων]ος ἀπογε[νο]μ̣έ̣[νου ± 12] | παρὰ σ̣ο̣ῦ: In der Lücke könnte gestanden haben, dass Protion das Darlehen zu seinen Lebzeiten nicht zurückerhalten hat. Sinngemäß könnte man am Ende von Z. 15 z.B. μηδὲν λαβόντος oder auch πρὶν ἢ ἀπολαβεῖν ergänzen; vgl. P.Enteux. 66,2–3 (= P.Lille II 29; M.Chr. 366; 13.1.218 v.Chr.): τοῦ γὰρ υἱοῦ μου Εὔκτου μισθωσαμένου μεθ' (l. μετ') αὐτοῦ `κοινῆι´ τόπον ψιλὸν --- κα[ὶ] | ἀπογενομένου πρὶν ἢ διελέσθαι τὸν κοινὸν τόπον κτλ.

16 ἀπα[ιτούμε]νος: Das Alpha ist sicher, so dass nicht wie in den Parallelen die Perfektform ἀπη[τημέ]νος gelesen werden kann; siehe auch unten Z. 25. Die Kombination Partizip Präsens mit Prädikat im Aorist begegnet nur hier und in P.Fouad I 27,14–18 mit N. Lewis, BL III 60 (Oxyrhynchos; nach dem 29.11.43 n.Chr.): καὶ ἀποδοῦναι | τὰς τοῦ ἀργυρίου δραχμὰς τεσ|σεράκοντα καὶ τὰς θύρας [π]ο̣λ̣|λάκεις ἀπαιτούμενος οὐκ ἀ|πέδωκεν.

In der Regel steht dabei im Hauptverb das Präsens, weil die Schuldner noch nicht gezahlt haben, sondern sich noch in der Mahnungsphase befinden: P.Hibeh I 30 (d),17–18 (= M.Chr. 20; Jur.Pap. 77; Herakleopolites; 282–274 v.Chr.): [ταύτας] ἀπαιτούμενος ὑπό μου πολλάκις οὐκ ἀ|[ποδίδ]ω̣ις. P.Mich. I 71,6 (= SB IV 7446; Ars.; 246–222 v.Chr.): ἀπαιτούμενος ὑπό μου τὰς μγ (δραχμὰς) `οὐκ ἀποδίδωσι´; P.Enteux. 36,2–3 (Magdola; 27.2.221 v.Chr.): καὶ ἔτι καὶ νῦν ἀπαιτούμενος ὑπό μου τὴν τιμὴν | οὐκ ἀποδίδωσιν; ebenso 42,3 (Magdola; 26.2.221 v.Chr.); P.Enteux. 2,6 (= CPJ I 38; Krokodilopolis/Ars.; 11.5.218): ἀπαιτούμενός τε ὑπ' ἐμοῦ τὰ ἔρια [οὐκ ἀποδίδωσι; P.Enteux. 48,7; 52,6–7 (beide Magdola; 13.1.218 v.Chr.); P.Cair. Zenon IV 59618,3 (= CPJ I 16; Ars.; Mitte 3. Jh. v.Chr.): [--- πλεονά]κ̣ις ἀπαιτούμενος οὐ[κ ἀποδίδωσιν ---]; P.Diosk. 8,11–13 (= P.Münch. III 52; Herakleopolis; Mitte 2. Jh. v.Chr.): ταύτα̣ς ἀπα[ι]τούμενος | πλεονάκις ο̣[ὐ]χ̣ ὑπομένει | ἀποδιδόναι. Einmal steht dabei das Prädikat im Perfekt: P.Enteux. 3,5 (Krokodilopolis/Ars.; 16.1.–14.2.222): ἀπαι]τούμενο̣[ς] τὰ ἔρια ἀποδέδωκέμ μοι πόκους μ, τοὺς δὲ | [λοιπούς ---].

Hier und bei den Naturaldarlehen **5**, **6** und P.Köln XIV 562 wird nicht auf mehrmalige Zahlungsaufforderung hingewiesen, anders als in **2**,13–14; **3**,16–17 und P.Köln XIV 561,14. Zum Gebrauch des Partizips im Perfekt siehe **2**,13–14 mit Komm.

17 διό [σοι] δ̣ι̣κάζομ[αι]: Mit diesen Worten wird die Klage eingeleitet; vgl. **2**,16; **3**,18; **4**,19; **5**,18; **6**,14–15; P.Köln XIV 561,15; 562,[1]–2; siehe dazu oben, 1. Teil, Kap. III.2.1. In anderen Paralleltexten lautet die Formel διό δικάζομαί σοι: P.Hib. I 30 (d),19 (= M.Chr. 20); P.Gur. 2,26 (= Sel.Pap. II 256) sowie im Duplikat P.Petr. III 21 (g) (1) (= M.Chr. 21,27).

18–19 ἐν [Ἡρακλέους πόλει τῆι] | ὑ[π]ὲρ Μέμ̣[φ]ι̣ν̣ κληρ̣[ω]τ̣ῶι δικαστηρίωι: So auch **2**,16–18; **3**,18–20 (= P.Thissen); **4**,19–20; **5**,18–20 und **6**,15–16; P.Köln XIV 561,15–[16]; 562,2–3. Der erste Beleg für dieses Losgericht kam erst im Jahr 2000 mit den von Kaltsas edierten Papyri aus demselben Gerichtsarchiv ans Licht; vgl. dazu Kaltsas, P.Heid. VIII, Einleitung S. 4–5; Einleitung zu P.Heid. VIII 412–417 S. 3–9 und Komm. zu 412,2–3. Wolff, *Konkurrenz von Rechtsordnungen* S. 52–53 hatte bereits vermutet, dass die Richter „von Fall zu Fall durch das Los bestimmt wurden“, ebenso [Mélèze-] Modrzejewski, „Nochmals zum Justizwesen“ S. 172–174, was nun durch die Heidelberger und die neuen Trierer Papyri bestätigt wird. Siehe auch den Komm. zu P.Thissen, 18–20.

Das κληρωτὸν δικαστήριον in Herakleopolis ist als Gerichtsort in P.Heid. VIII 412,2–3 u. 9, den Vorladungen **1–6** und P. Köln XIV 561,[16] und 562,3 genannt. Für das δικαστήριον in Herakleopolis führt Kaltsas überhaupt erst vier Belege an. Nachdem früher angenommen worden war, dass die Dikasterien am Ende des 3. Jhs. v.Chr. aufgelöst wurden — nach Wolff, *Konkurrenz von Rechtsordnungen* S. 58 wurden sie „schon um die Wende vom 3. zum 2. Jh.“ allmählich durch die Chrematisten verdrängt —, zeigt sich jetzt in P.Köln XIV 561,15–16 dass das Gericht in Herakleopolis bis mindestens zum Jahr 172 v.Chr. bestanden hat. Zum ptolemäischen Dikasterion siehe Wolff, *Justizwesen* passim (vgl. Kaltsas S. 3, Anm. 2); Kaltsas, Einleitung zu P.Heid. VIII 412, S. 3–9; Armoni, Einleitung zu P.Köln XIV 561–563 S. 32–34. Zu diesen Fragen siehe 1. Teil, Kap. II. 2.4.

19–24 Zur Berechnung des Streitwertes, bei der noch einmal ausdrücklich auf den zugrundeliegenden Vertrag Bezug genommmen wird, siehe die Einleitung zu dieser Nr. Vgl. auch die Berechnungen in **2**,18–22; **3**,20–24 (= P.Thissen); **4**,21–24; **5**,20–25; **6**,17–19. In P.Köln XIV 561,16–17 und 562,4–6 sind die Summen nicht erhalten.

19–20 κ[ατὰ τὴν συγγραφὴν τῶν | Ἠ] (δ̣ρ̣.) [τοῦ δ]α̣[ν]είο̣υ]: Ergänzt nach **5**,20; vgl. auch **2**,18–19: κατὰ τὴν τοῦ δανείου | συγγραφήν; ebenso **3**,20 (= P.Thissen); **4**,21; **6**,16–17; P.Köln XIV 561,16.

Die Sequenz κ̣ατὰ τὴν̣ συγ̣[findet sich auch auf einem kleinen Papyrusstreifen, der in **5**,14 angesetzt wurde. Vorladung **5** stammt wahrscheinlich von demselben Schreiber, der auch Vorladung **1** geschrieben hat, nur sind die Buchstaben dort etwas kleiner ausgeführt, so dass das Fragment besser dorthin passt. In **1**,19 würde es auch allein über die rechten Abbruchkante hinausragen.

[Ἠ] (δ̣ρ̣.): Hier muss die Darlehenssumme gestanden haben. Die Tintenspur passt nicht gut zu einem Drachmenzeichen; eher zu Ypsilon. Aber für [χαλ|κο]ῦ̣ [δρ. Ἠ τοῦ δ]α̣[ν]είο̣υ] reicht der Platz nicht aus.

24–25 [τὸ ἀδί|κ]ημα ἐγ[ε̣][νετο] ὅ̣[τε σὺ ἀπαι]τ̣ούμε[νος τὰς 'Γ (δρ.) οὐκ ἀπέδωκας μοι]: Ergänzt nach **2**,23–25: [τὸ ἀδίκημα] ἐ̣γένετο ὅτε ἀπαιτηθεὶς ὑπ' ἐμοῦ | τὸ προειρημένον δάνειον καὶ τὸν τόκον | οὐκ ἀπέδωκάς μοι; ebenso auch **3**,24–26 (= P.Thissen); **4**,24–26; **6**,19–21; P.Köln XIV 561,17–[18]; 562,6–8.

In den Vorladungen wird an dieser Stelle zum ersten Mal in den Papyri deutlich gesagt, dass das Delikt durch die Nichtzurückzahlung der Schuld, d.h. in der Schädigung des Gläubigers, besteht. Siehe dazu 1. Teil, Kap. IV.1.1.

[ὅτε ἀπαιτ]ούμε[νος τὰς (Summe) οὐκ ἀπέδωκάς μοι]: Die Buchstaben]ουμε[sind sicher, was auch hier so wie oben in Z. 16 auf die Ergänzung des Partizips Präsens führt.

26 [(ἔτους)] δευτέ[ρ]ο̣υ̣ καὶ ε̣[ἰκοστοῦ: Am Zeilenanfang ist aus Platzgründen das Symbol für ἔτους anzunehmen.

26–31 Ergänzt nach **2**,25–33 und **3**,27–33 (= P.Thissen).

31 und **32** [μηνὸς . . . .]: Nach der Berechnung der Laufzeit des Darlehens oben in Z. 19–24 könnte man hier vielleicht den Xandikos ergänzen; vgl. oben die Einleitung zu dieser Nr. Auf die makedonischen Monate folgt an diesen Stellen im Formular in **2**,33 und 35; **3**,32 (= P.Thissen); **4**,31 und P.Köln XIV 561,22 kein Tagesdatum; anscheinend hat es aber in **3**,35 gestanden.

32 [(ἔτους) κβ]: Die Jahresangabe ist ergänzt nach Z. 26. Die Formel ist ergänzt nach **3**,34–35 (= P.Thissen); vgl. auch **2**,33–35; P.Köln XIV 561,22–23; vgl. auch P.Lugd. Bat. XXV 20,11–12 (vgl. P.Thissen, Anhang S. 231).

α̣π̣ε .[: eher als α̣μ̣ε .[oder α̣π̣ε .[.

Verso: Auf dem Verso sieht man dicht am Rand rechts unten in Schreibrichtung von unten nach oben parralel zu den Fasern recht deutlich: Φ[αρμ]ο̣ῦθι κ̣̅[. Diese Angabe kann mit unserem Text schon wegen der Anordung auf dem Papyrusblatt nichts zu tun haben. Die Registrierungsvermerke auf dem Verso der Vorladungen stehen alle etwa im oberen Drittel des Blattes und in Schreibrichtung von oben nach unten, parallel zu den Fasern.

33–34 Nach den Versovermerken **2**,38–39; **3**,44–45; **4**,33–34; **5**,27–28 und **6**,25–26 lässt sich auch hier oben rechts, mit den Fasern, ergänzen:

33 [(ἔτους) κβ (makedonischer und ägyptischer Monat, Tag ἔγκλ(ημα)]
34 ['Αμύντου πρ(ὸς) 'Αρχέπολιν (δρ.) 'Ζφ oder (ταλ.) α (δρ.) 'Αφ.]

Als Monatsnamen könnte man, wenn die Berechnung oben in der Einleitung richtig ist, Ξανδίκου Φαῶφι ergänzen.

Bei der Ergänzung der Geldsumme von 7.500 Drachmen wären zwei Schreibweisen möglich: die Umrechnung der 6.000 Dr. in ein Talent, also (ταλ.) α 'Αφ (das Drachmenzeichen wird nach den Talentangaben ja meist weggelassen) oder wie in **4** ohne Umrechnung, also 'Ζφ.

Übersetzung

(2. Hand) 50 Jahre alt, von stattlicher Größe, weiße Haut, glattes Haar, Warze mitten auf der Stirn.

(1. Hand) Amyntas, Sohn des Machatas, Alexandriner, in Ägypten geboren, einer derer, die noch nicht in den Demos Herakleios aufgenommen worden sind, Erbe des Besitzes des verstorbenen Protion, an Archepolis, Thessalier, einfachen Soldaten von der Truppe des Ptolemaios, doch wie er den Vertrag geschlossen hat, von der Truppe des Chares.

Weil du dir am -undzwanzigsten des Monats Audnaios des siebzehnten Regierungsjahres von dem obenstehenden Protion dreitausend Drachmen in (sicht-) barer Bronzemünze geliehen hast, zum Zins von zwei Drachmen pro Mine υνδ Monat entsprechend einem Vertrag, dessen Urkundenhüter Ptolemaios ist,

in dem Diokles, Perser, einer derer, die noch nicht unter einem Offizier stehen, Dreißigarureninhaber, als Bürge für die Bezahlung des Darlehens eingetragen worden ist,

und weil der Vertrag besagt, dass du Protion dieses Darlehen und den Zins innerhalb von zehn Tagen, nachdem du dazu aufgefordert worden bist, zurückzahlst; wenn du es aber nicht zurückzahlst, wie es geschrieben steht, du das Darlehen anderthalbfach, den Zins aber einfach zurückzahlen wirst;

weil aber Protion gestorben ist (, ohne etwas von dir zurückerhalten zu haben?), und weil du, obwohl du von mir um die Rückzahlung des Darlehens und des Zinses gebeten wurdest, nicht zurückgezahlt hast,

deshalb mache ich dir als Erbe des Besitzes des Protion den Prozess in dem Losgericht in Herakleopolis oberhalb von Memphis entsprechend dem Vertrag über die 3.000 Dr. Darlehen zusammen mit der Hälfte in Höhe von eintausendfünfhundert Drachmen in (sicht)barer Bronzemünze und den Zins in Höhe von 3.000 Drachmen in Bronzewährung, insgesamt siebentausendfünfhundert Drachmen in Bronzewährung.

Der Streitwert des Prozesses beträgt 7.500 Drachmen.

Das Unrecht geschah, als du, obwohl von mir die 3.000 Drachmen von dir zurückgefordert wurden, sie nicht bezahlt hast.

Im zweiundzwanzigsten Regierungsjahr zur Amtszeit des Marsyas, des Sohnes des Demetrios, Priesters des Alexander und der Theoi Adelphoi und der Theoi Euergetai und der Theoi Philopatores und der Theoi Epiphaneis, zur

Amtszeit der Athlophore der Berenike Euergetis Demonike, der Tochter des Leonnatos, der Kanephore der Arsinoe Philadelphos Anaxibule, der Tochter des Telestes, und der Priesterin der Arsinoe Philopator Eirene, der Tochter des Ptolemaios, [im Monat ---].

Du bist vorgeladen, und die Vorladung habe ich dir persönlich [am x. Tag des Monats ---] überreicht.

Ladungszeugen: ---

Verso:

[(3. Hand) 22. Regierungsjahr, makedonischer + ägyptischer Monat, Tag.
Klageschrift des Amyntas gegen Archepolis über 7.500 Drachmen]

2. Vorladung wegen Nichtrückzahlung eines Gelddarlehens (Amyntas gegen Archepolis)

Inv. 188-81 R u. V | 14 x 18,8 cm | Herakleopolis
28.12.184 oder 28.3.183 v.Chr.

Der mit einer schönen, deutlichen Schrift beschriebene Papyrus ist nahezu in einem Stück erhalten. Der Anfang der Vorladung mit dem Signalement des Klägers und den Namen und Nomenklaturen der Kontrahenten ist verloren. Am Ende bricht das Schriftstück in der Nennung der Ladungszeugen ab. Links ist ein 1,3 cm breiter Rand erhalten, rechts reicht die Schrift bis zum Rand, welcher gerade abgeschnitten ist. Auf dem Verso befindet sich im oberen Teil des um 90° gedrehten Blattes der Registrierungsvermerk von einer 2. Hand, von der nur Teile des Tagesdatums und der Streitwert erhalten sind, darunter Spuren einer ehemaligen anderen Urkunde.

Alle Angaben zu den Vertragspartnern sind verloren, allein der Name des Urkundenhüters Theodoros ist in Z. 6 erhalten. Der Gläubiger lädt den Schuldner zum Prozess vor dem Losgericht in Herakleopolis; er hatte diesem ein Darlehen in Höhe von 4.000,00 Bronzedrachmen gegeben zum in der Ptolemäerzeit üblichen Zins von 24 % im Jahr (2 Drachmen pro Mine und Monat, im vorliegenden Falle also 80 Dr. pro Monat). Der Streitwert beträgt 8.720 Drachmen in Bronzewährung und setzt sich zusammen aus Kapital, Strafsumme (Hemiolia) und Zinsen (Z. 19–22). Daraus lässt sich eine Laufzeit von 34 Monaten errechnen. Der Darlehensvertrag war also im 19. Regierungsjahr Ptolemaios' V. Epiphanes (9.10.187–8.10.186 v.Chr.) geschlossen worden. Da die Rückzahlung auf Abruf vereinbart war, ist nicht mehr festzustellen, um wie viele Monate der Schuldner die Rückgabefrist nach der ersten Aufforderung überzogen hat.

Die Ladung erfolgt im 22. Regierungsjahr Ptolemaios' V. Epiphanes (Z. 25), also im selben Jahr wie in **3** (= P.Thissen). Mit Hilfe dieses neuen Textes konnten in P.Tebt. III 2, 976 descr. einige Namen der dort aufgeführten eponymen Priester wieder hergestellt werden.

- -

m^2 [ὅτι τοῦ ιθ (ἔτους) μ]ηṿ[ὸς]
[. . . . . δανεισάμενος παρ' ἐ]μ̣ο̣ῦ
[χαλκοῦ νομίσματος ὀφθ]α̣λ̣μ̣ο̣φανοῦς (δρ.) 'Δ
[τόκου ὡς ἐγ δύο δραχμ]ῶṿ τὴν μνᾶν

[τὸν μῆνα ἕκαστον κ]ατὰ συ̣γγραφὴν
[δανείου ἐφ’ ἧς σ]υ̣γγρ̣αφοφύλαξ Θ̣ε̣ό̣δωρος
[καὶ τῆς συγγ]ρ̣[α]φῆς το̣ῦ̣ δανείου ἄ̣λλα τε δια̣-
[γορε]υ̣ο̣ύσης καὶ ἀποδ̣ο̣ῦναί σε̣ ἐμο̣ὶ τὸ
[δά]ν̣ειον τοῦτο κα̣ὶ̣ τ̣ὸ̣ν̣ [τ]ό̣κον ἀφ’ ἧ̣ς ἂ̣ν
[ἡμ]έρας ἀπαιτηθῆις ἐν̣ ἡμέραις δέκα,
ἐ̣ὰ̣ν δὲ μὴ ἀποδῶ̣ις καθὰ̣ [γ]έγραπται,
ἀποτεῖσαί σε ἐμ[ο]ὶ τὸ μ̣ὲ̣[ν] δάνειον ἡμ[ιό]λ̣ιον,
τὸν δὲ τόκον ἁ[π]λοῦν, σὺ̣ ἀπ̣η̣τημένος
ὑπ’ ἐ̣μ̣[οῦ] π̣λ̣ε̣ι̣ο̣νάκις τὰς ’Δ (δραχμὰς) τοῦ χαλκοῦ
κ̣[αὶ τὸν τόκον] οὐκ ἀποδέδωκάς μοι καθὰ
συ̣ν̣ε̣γρ̣ά̣ψω, διό σοι δικάζομαι ἐν τῶι ἐν Ἡρα-
κλέους πόλει τῆι ὑπὲρ Μέμφιν κληρωτῶι
δικαστηρίωι κατὰ τὴν τοῦ δανείου
συγγραφὴν τῶν ’Δ (δραχμῶν) τοῦ χαλκοῦ κα[ὶ τ]ῆς
τούτων ἡμιολίας χαλκοῦ (δραχμῶν) ’Β καὶ τόκ̣[ου]
χαλκο̣ῦ̣ [(δραχμῶν)] ’Β̣ψκ, τοῦ παντὸς χα̣λκοῦ (δραχμῶν) ’Ηψκ,
[τίμημα τ]ῆς δίκης χαλκοῦ (δραχμαὶ) ’Ηψ̣κ̣.
[τὸ ἀδίκημα] ἐ̣γένετο ὅτε ἀπαιτηθεὶς ὑπ’ ἐμοῦ
τὸ προειρημένον δάνειον καὶ τὸν τόκον
οὐκ ἀπέδωκάς μοι. (ἔτους) κβ ἐφ’ ἱερέως Μαρσύου
τοῦ Δημητρίου Ἀλεξάνδρου καὶ θεῶν
[Ἀ]δελφῶν καὶ θεῶν Εὐεργετῶν καὶ θεῶν
[Φ]ι̣λοπατόρων καὶ θεῶν Ἐπιφανῶν, ἀθλοφόρου
[Β]ε̣ρ̣ε̣ν̣ί̣κ̣η̣[ς] Ε̣ὐεργέτιδος Δημονίκη[ς τῆς]
[Λεοννά]τ̣ου, κανηφόρου Ἀρσινόης [Φιλ]α̣-
[δέλφο]υ Ἀναξιβούλης τῆς Τελέστ̣[ου,]
[ἱερείας Ἀρσι]νόης Φιλοπάτορος Εἰρήνης τῆ[ς]
[Πτολεμαίο]υ̣ μ̣ηνὸς Ἀπελλαίου. κ̣έ̣κλ̣η̣[σ]αι
[καὶ τὸ ἔγκλημα] δέδωκά σοι ἐν[ωπίωι (ἔτους) κβ]
[μηνὸς]υ̣. κλήτορε[ς·
[ ]ν τῆς ἐπ̣ι̣[γονῆς
[ ]. .[
- -

3, 14, 19, 20, 21, 22 ∠ **25** ∟

Verso

m² [(ἔτους) κβ]ρ κβ̄. ἔγκλ(ημα)
[τοῦ δεῖνος ΙΠ τὸν δεῖνα] (δρ.) Ἡ̣ψκ

38 εγκ[λ] **39** ΙΠ, ⊢

2. Recto

2. Verso

Zeilenkommentar

1–2 [ὅτι --- δανεισάμενος παρ' ἐ]μ̣ο̣ῦ: Ergänzt nach **3**,6; **4**,7–8; **6**,3; vgl. **1**,5. Zur Konstruktion der Partie ὅτι — (16) διό σοι δικάζομαι siehe den Komm. zu **1**,5.

1 τοῦ ιθ (ἔτους)] . .: Siehe die Berechnungen oben in der Einleitung. Die Jahreszahl kann ausgeschrieben wie in **1**,5; **5**,5 oder in Ziffern angegeben gewesen sein wie in **3**,5; **4**,7; **6**,3.

3 ὀφθ]α̣λ̣μ̣ο̣φανοῦς: Vgl. **1**,7 mit Komm.

4–5 [τόκου ὡς ἐγ δύο δραχμ]ῶ̣ν̣ τὴν μνᾶν | [τὸν μῆνα ἕκαστον: Ergänzt nach **1**,8 und **3**,7–8 (= P.Thissen). Zum Zinssatz siehe den Komm. zu **1**,8–9.

5–6 κ]ατὰ σ̣υ̣γγραφὴν | [δανείου ἐφ' ἧς σ]υ̣γγρ̣αφοφύλαξ Θ̣ε̣ό̣δωρος: Siehe dazu den Komm. zu **1**,9.

7–8 [καὶ τῆς συγγ]ρ̣[α]φῆς το̣ῦ̣ δανείου ἄ̣λλα τε δια̣|[γορε]υ̣ο̣ύσης καί: Ebenso **3**,10–11 (= P.Thissen); **6**,6–7; **4**,12; kürzer **1**,11–12 und **5**,8. Siehe auch den Komm. zu **1**,11–12.

8–10 ἀποδο̣ῦναί σε̣ ἐμο̣ὶ τὸ | [δά]ν̣ειον τοῦτο κα̣ὶ̣ τ̣ὸ̣ν̣ [τ]ό̣κον ἀφ' ἧς ἂ̣ν | [ἡμ]έρας ἀπαιτηθῇς ἐ̣ν̣ ἡμέραις δέκα: Zur Rückgabe auf Abruf siehe oben den Komm. zu **1**,13.

11–13 ἐ̣ὰ̣ν δὲ μὴ ἀποδῷ̣ς καθὰ̣ [γ]έγραπται, | ἀποτεῖσαί σε ἐμ[ο]ὶ τὸ μ̣ὲ̣[ν] δάνειον ἡμ[ιό]λ̣ιον, | τὸν δὲ τόκον ἁ[π]λοῦν: Vgl. **1**,13–15 mit Komm.; **3**,13–14 (= P.Thissen).

13–16 σὺ̣ ἀπητημένος | ὑπ' ἐ̣μ̣[οῦ] π̣λ̣ε̣ι̣ο̣νάκι̣ς τὰς 'Δ (δραχμὰς) τοῦ χαλκοῦ | κ̣[αὶ τὸν τόκον] οὐκ ἀποδέδωκάς μοι καθὰ | σ̣υ̣ν̣ε̣γ̣ρ̣ά̣ψω: Vgl. **3**,15–18 (= P.Thissen) τοῦ κ]ατ̣ὰ̣ τὴν συγ[γρ]αφὴν χρόνου διελθόντος | κα̣[ὶ πλείονος ἐ]πιγεγονότος σὺ ἀπηιτημένος ὑπ' ἐμοῦ | κα[ὶ πλεον̣ά]κι τ̣ὰ̣ς 'Β (δρ.) [το]ῦ χαλκοῦ καὶ τὸν τόκο[ν] | οὐ[κ ἀποδ]ἐ̣δωκάς μ̣[οι]. In **1**, **5** und **6** wird nicht auf mehrfache Mahnung hingewiesen, ebenso auch in P.Köln XIV 561,14.

Die Feststellung, dass der Schuldner auch nach Verstreichen der Frist und / oder sogar nach mehrfacher Aufforderung nicht gezahlt hat, begegnete bisher nur in Eingaben; vgl. z.B. P.Sorb. III 106,4–5 (= SB XVIII 13842; Muchis?; nach 223/2): ἀπαιτού|μενος ὑπ' ἐμοῦ πλειονάκι οὐκ ἀποδίδω[σι; P.Enteux. 35,1–3 (= P.Lille II 17; Ars.; 28.1.222 v.Chr.): εἰσδόντος γάρ μου καὶ πρότερον | ἔντευξιν Διοφάνει τῶι στρατηγῶι, δι' ἧς ἐνεφάνιζον [ὅ]τι ὀφείλων μοι ὁ Σεῶς κατὰ συγγραφὴν αἰγυπτί|αν οἴνου χο(ῦς) λε, ἀπηιτημένος πλεονάκις οὐκ ἀποδ[ι]δοίη μοι; P.Enteux. 46, 3–4 (Ammonias, Ars.; 27.2.221): καὶ παρελη|λυθότος τοῦ χρόν[ο]υ, πλεονάκι ἀπηιτημένο[ς] ὑπ' ἐμοῦ, οὐκ ἀποδίδωσίν μοι; P.Enteux. 40,4 (Ars. 219/18 v.Chr.): ἕως τοῦ νῦν [π]λεονάκις ἀπηιτημέν[ος]; P.Giss. Univ. I 1,5–10 (Ars.?; nach dem 24.7.144 v.Chr.): κ[αὶ τοῦ χρόνου τ]ῆς ἀποδό|σ[εως διεληλυθότ]ο̣ς καὶ | ἄ[λλου πλέονος ἐπιγ]εγονότος | ὁ ἐ̣γ̣καλο̣ύ̣μ̣ε̣[νος Ἀμ]μ̣ώ|νιος πλεονάκις ἀπη̣τ[η]μέ|νος τὸν πυρὸν οὐκ ἀπ[οδέ]|δωκ̣ε̣ν̣ μ̣έ̣χ̣ρ̣ι̣ τ̣ο̣ῦ̣ νῦν. P.Fay. 11,18–20 (= M.Chr. 14; Theadelpheia; nach 116 v.Chr.): καὶ τῶν τῆς ἀποδόσεως χρόνων διεληλυ|θότων καὶ ἄλλων ἐπιγεγονότων πλεόνων | ὁ ἐνκαλούμενος πλεονάκις ἀπη̣τημένος [ο]ὐχ ὑπομένει ἑκουσίως ἀποδιδόναι.

ἀπητημένος: Hier ist, anders als bei demselben Wort in **3**,16 und **6**,13–14, das stumme Iota im Wortinnern nicht adskribiert. Zur Schreibung des stummen Iota vgl. Clarysse, „The Use of the Iota adscript"; Kramer/Hagedorn, APF 33, S. 18 zu P.Hamb. Inv. 676,3 (= SB XVIII 13255).

14 π̣λ̣ε̣ι̣ο̣νάκι̣ς: Die DDbDP verzeichnet 52 Belege für die attische Form πλεονάκις, aber auch zehn Belege für das hellenistische πλειονάκις, alle aus der Ptolemäerzeit. In unseren Texten kommen beide Varianten vor, vgl. **4**,18 πλεονάκις.

15–16 καθὰ | σ̣υ̣ν̣ε̣γ̣ρ̣ά̣ψω weist deutlich auf den Bruch des schriftlich abgefassten Vertrags hin.

16 διό σοι δικάζομαι: Siehe oben **1**,17 mit Komm.

16–18 ἐν τῶι ἐν Ἡρα|κλέους πόλει τῆι ὑπὲρ Μέμφιν κληρωτωῖ | δικαστηρίωι: Vgl. **1**,18–19 mit Komm.

18–22 κατὰ τὴν τοῦ δανείου | συγγραφὴν τῶν 'Δ (δραχμῶν) τοῦ χαλκοῦ κα[ὶ τ]ῆς | τούτων ἡμιολίας χαλκοῦ (δραχμῶν) 'Β καὶ τόκ̣[ου] | χαλκο̣ῦ̣ [(δραχμῶν)]

Ἐψκ, τοῦ παντὸς χαλκοῦ (δραχμῶν) Ἠψκ, | [τίμημα τ]ῆς δίκης χαλκοῦ (δραχμαὶ) Ἠψκ: Berechnung des Streitwertes; vgl. dazu **1**,20–24 mit Komm.

Der Streitwert in Höhe von 8.720 Dr. setzt sich zuammen aus dem Kapital von 4.000,00 Dr., der Strafsumme von 2.000,00 Dr. und dem Zins von 2.720,00 Dr. Der Zins betrug 2 Dr. pro Mine und Monat, bei 4.000 Dr. Kapital also 40 Minen x 2 = 80 Dr. pro Monat. Die 2.720 Dr. sind die Zinsen für 34 Monate, d.h. für 2 Jahre und 10 Monate. Der Vertrag muss also im 19. Jahr geschlossen worden sein.

[τίμημα τ]ῆς: Eta und My sind breite Buchstaben, so dass die Lücke mit dem auch in **3**,23–24 (= P.Thissen) bezeugten Wortlaut gut gefüllt ist. Vgl. auch **1**,23–24; **4**,24 und **6**,19; ferner P.Hib. I 30 (d),20 (= M.Chr. 20); P.Gur. 2,27 und das Duplikat P.Petr. III 21 [g] (= M.Chr. 21,28; CPJ I 19). Für ein eventuell zu ergänzendes ὥστε ist kein Platz. Vgl. auch P.Hal. 1,116 und [119].

23–25 [τὸ ἀδίκημα] ἐγένετο ὅτε ἀπαιτηθεὶς ὑπ᾽ ἐμοῦ | τὸ προειρημένον δάνειον καὶ τὸν τόκον | οὐκ ἀπέδωκάς μοι: **3**,24–26 (= P.Thissen); **4**,24–26; **6**,19–21: τὸ ἀδίκημα] | ἐγένετο ὅτ[ε ἀπαιτηθεὶς ὑπ᾽ ἐμου τὰς Ἐ (δρ.)] | τοῦ [χ]αλ[κοῦ οὐκ ἀπέδωκάς μοι]. Vgl. auch **1**,24–25 mit Komm.

Zum ἀδίκημα siehe oben den Komm. zu **1**,24–25.

25–33 (ἔτους) κβ, gefolgt von den eponymen Priestern des 22. Regierungsjahres Ptolemaios' V. Epiphanes = 184/3 v.Chr.: Siehe dazu P.Thissen, 27–33 mit Komm. Vgl. auch **1**,26–31.

Die eponymen Priester des 22. Regierungsjahres Ptolemaios' V. Epiphanes (= 184/3 v.Chr.) konnten nach P.Thissen 27–33 (= **3**) in P.Tebt. III 2, 976 descr. korrigiert werden; vgl. Hagedorn/Kramer zu P.Thissen S. 228–229. Neu sind jetzt in der Priestertitulatur des 22. Jahres der früher mißdeutete Name des Vaters des Alexanderpriesters Marsyas, Demetrios, sowie der bisher nicht gelesene Vatersname der Athlophore Demonike, Leonnatos, und die bis dahin unbekannte Kanephore Anaxibule, Tochter des Telestes; vgl. Clarysse/Van der Veken/ Vleeming, *Eponymous Priests* Nr. 107.

25–26 ἐφ᾽ ἱερέως Μαρσύου | τοῦ Δημητρίου: Vgl. auch **1**,[26]; **3**,27 (= P.Thissen): Μαρσύου [τοῦ] Δημητρίου; **4**,26–27 [Μ]αρσύου τοῦ Δημη|τρίου und jetzt auch → P.Tebt. III 2, 976,2 (Pros.Ptol. III 5191).

26–28 Ἀλεξάνδρου καὶ θεῶν | [Ἀ]δελφῶν: Zur Auslassung der Theoi Soteres vom 14. Jahr Ptolemaios' V. Epiphanes (192/1) bis zum Jahr 176 in der Ahnenreihe des dynastischen Kults siehe Kaltsas zu P.Heid. VIII 414,18–19 und 417,16 mit Verweis auf Oates, „Theoi Soteres" S. 55–72; Caimi, „Minima Ptolemaica" S. 123–144; Lanciers, „Cult" S. 61–63. SIEHE dazu auch Minas, *Ahnenreihen* S. 127–131; Lanciers, „The Greek Dynastic Cult" S. 374. Aus der

Datierungsformel verschwinden die Theoi Soteres schon mit dem 7. Jahr Ptolemaios' V. Epiphanes (199/8) und tauchen im 6. Jahr Ptolemaios' VI. (176/5) wieder auf. Die Gründe für die Auslassung sind bis heute nicht geklärt; Vermutungen bei Oates a.a.O., referiert von Caimi a.a.O. S. 128, Anm. 1.

28 καὶ θεῶν Ἐπιφανῶν: Zur Aufnahme der Theoi Epiphaneis in den Herrscherkult des Alexanderpriesters und deren Nennung im Titel des dynastischen Priesters seit 199/198 v.Chr. siehe Minas, *Ahnenreihen* S. 120–133; Hölbl, *Geschichte* S. 152; vgl. Lanciers, „Dynastic Cult" S. 381–383.

29–30 Δημονίκη[ς τῆς] | [Λεοννά]ṭου: Wie auch in **1**,[29] und **4**,[29] ergänzt nach P.Thissen 30 (= **3**): Δημονίκης τ[ῆ]ς Λεοννάτου und (dort korr.) → P.Tebt. III 2, 976,5 (PP III 5088): Δημονίκης τῆς Λ̣εοννάτο̣[υ]. Zum Namen Leonnatos siehe den Komm. zu P.Thissen 30.

30–31 κανηφόρου Ἀρσινόης [Φιλ]α̣|[δέλφο]υ: Zur Kanephore der Arsinoe Philadelphos siehe Minas, κανηφόρος S. 43-60 und Kaltsas zu P.Heid. VIII 414,16–25 mit Anm. 47 und zu 417,17-18.

31 Ἀναξιβούλης τῆς Τελέσṭ[ου]: Diese Kanephore war bisher in den Papyri ebenso unbezeugt wie ihr Name Ἀναξιβούλη. Nach der vorliegenden Stelle ist der Name der Kanephore in **1**,29–30 und **3**,31 (= P.Thissen) ergänzt. Auch das Maskulinum Ἀναξίβουλος ist bisher nur inschriftlich (auf Töpferstempeln) bezeugt.

Τελέσṭ[ου]: Der Name Telestes ist relativ selten in den Papyri; er ist im 3. Jh. v.Chr. 15 mal und im 2. Jh. v.Chr. nur noch zweimal belegt, danach nicht mehr. Deshalb könnte Telestes vielleicht auch der Vater der Kanephore Ptolemais des 12. Jahres Ptolemaios' V. (194/193 v.Chr.) in P.Stan. Class. inv. 1,5–6 sein, vgl. den Komm. von Clarysse/Fischer-Bovet zu P.Stan. Class. I, zu 1,1–7; so auch Lanciers, „Dynastic Cult" S. 374, Anm. 3; unsere Anaxibule wäre dann deren Schwester. Telestes wäre dann der Enkel des Eponymen Offiziers Pros.Ptol. II und VIII 2009 bzw. des mit einer Dorea Begünstigten Pros.Ptol. IV 10104.

32–33 Εἰρήνης τῆ[ς] | [Πτολεμαίο]υ̣: Pros.Ptol. III und IX 5104; das Priesteramt der Arsinoe Philopator hat vom 7. Jahr Ptolemaios' V. Epiphanes an (199/8) bis zum 11. Jahr Ptolemaios' VI. Philometor (171/70) amtiert; vgl. Clarysse/Van der Veken/Vleeming, *Eponymous Priests*, Nr. 92–120 S. 20–27; Kaltsas, Komm. zu P.Heid. VIII 414,23 mit Lit. Vgl. auch **2**,[30]; **3**,32–33; **4**,30–31 und P.Köln XIV 561,5.

μ̣ηνὸς Ἀπελλαίου: Ohne Tagesdatum an derselben Stelle im Text auch **1**,31 und **3**,33 (= P.Thissen). Zur Gleichstellung Apellaios = Payni (hier: 5. Juli – 3. August 183 v.Chr.) siehe oben den Komm. zu **1**,6.

33–34 κ̣ἐ̣κ̣λ̣η̣[σ]αι | [καὶ τὸ ἔγκλημα] δέδωκά σοι ἐν[ωπίωι: Ergänzt nach **3**,34–35 (= P.Thissen): κέκλησαι δὲ καὶ τὸ ἔνκλημα δ̣ἐ̣[δ]|ω̣κά [σοι] ἐνωπίωι; P.Lugd. Bat. XXV 20,11–12 (korr. in P.Thissen, Anhang S. 231–232); vgl. auch **1**,31–32; und P.Köln XIV 561,22; P.Gur. 2,33 und das Duplikat P.Petr. III 21 [g] (= M.Chr. 21,34): καὶ τὸ ἔγκλημα ἔ[χ]εις κληθεῖσα ἐνωπία. Zu καλέω für die private Ladung als Terminus der Gerichtssprache vgl. Kaltsas, P.Heid. VIII 412,17 mit Komm; vgl. auch Foti Talamanca, *Ricerche sul processo* II 6–10.

Zu ἔγκλημα als Vorladung und Klageschrift vgl. Kaltsas, P.Heid. VIII 47 und Einleitung zu 412 S. 17; oben 1. Teil, Kap. III.

35 [μηνὸς]υ̣: Hier ist nur Platz für den Monatsnamen im Genitiv. In **3**,35 = P.Thissen steht dazu noch ein Tagesdatum, das dort nach demjenigen auf dem Verso ergänzt ist.

κλήτορε[ς: die Ladungszeugen; nach dieser Stelle auch ergänzt in **3**,35 (= P.Thissen); vgl. auch oben den Komm. zu 33–34; P.Heid. VIII 412,19; P.Köln XIV 561,22–25; P.Hib. I 30 (d),21 (= M.Chr. 20); P.Gur. 2,33–35 und das Duplikat P.Petr. III 21 [g] (= M.Chr. 21,34–35). 1. Teil, Kap. III.2.

38 [(ἔτους) κβ]ρ $\overline{κβ}$: Vor dem Tagesdatum erscheinen in allen erhaltenen Inhaltsangaben auf den Rückseiten der Vorladungen das Jahr und sowohl der makedonische als auch der ägyptische Monatsname. Für diesen gibt es hier zwei Ergänzungsmöglichkeiten, Ἁθύρ (= Artemisios) $\overline{κβ}$ = 28.12.184 v.Chr. oder Μεχείρ (= Loios) $\overline{κβ}$ = 28. März 183 v.Chr. Der Umstand, dass in der folgenden Zeile zwei Personennamen voll ausgeschrieben waren, könnte vielleicht für die längere Ergänzung [Ἀρτεμισίου Ἁθύ]ρ sprechen; vgl. auch **4**,33.

39 Ergänzt nach **3**,45; **4**,34; **5**,28; vgl. **6**,26. Unterhalb dieser Zeile Reste einer früheren Urkunde.

Übersetzung

(1. Hand) --- Weil du dir von mir im 19. Regierungsjahr im Monat --- 4.000 Drachmen in (sicht)barer Bronzemünze zum Zinssatz von zwei Dr. pro Mine und Monat aufgrund eines Darlehensvertrags geliehen hast, auf dem Theodoros als Urkundenhüter (eingetragen) ist,

und weil der Darlehensvertrag unter anderem auch besagt, dass du mir dieses Darlehen und den Zins von dem Tag an, an dem du aufgefordert wirst, innerhalb von 10 Tagen zurückzahlst,

wenn du aber nicht zurückzahlst, wie es geschrieben steht, du mir das Darlehen anderthalbfach, den Zins aber einfach zurückzahlen sollst, und weil du, obwohl von mir mehrmals die 4000 Bronzedrachmen und der Zins von dir zurückgefordert wurden, mir nicht zurückgezahlt hast, wie du im Vertrag vereinbart hast,

deshalb mache ich dir den Prozess im Losgericht in Herakleopolis oberhalb von Memphis gemäß dem Darlehensvertrag über die 4.000 Bronzedr. und deren Hälfte, 2.000 Bronzedr., und den Zins in Höhe von 2.720 Bronzedr., insgesamt 8.720 Bronzedrachmen.

Der Streitwert des Prozesses beträgt 8.720 Bronzedrachmen.

Das Unrecht geschah, als du, obwohl von mir das oben erwähnte Darlehen und der Zins von dir zurückgefordert wurden, sie mir nicht zurückgezahlt hast.

Im 22. Regierungsjahr, zur Amtszeit des Marsyas, des Sohnes des Demetrios, Priesters des Alexander und der Theoi Adelphoi und der Theoi Euergetai und der Theoi Philopatores und der Theoi Epiphaneis, zur Amtszeit der Athlophore der Berenike Euergetis Demonike, der Tochter des Leonnatos, der Kanephore der Arsinoe Philadelphos Anaxibule, der Tochter des Telestes, und der Priesterin der Arsinoe Philopator Eirene, der Tochter des Ptolemaios, im Monat Apellaios.

Du bist vorgeladen, und die Ladung habe ich dir persönlich überreicht im 22. Regierungsjahr im Monat ---. Ladungszeugen: --- von Abkunft ---

Verso:

(2. Hand) [22. Regierungsjahr,] 22. [Artemisios Hathyr (?).
Klageschrift des NN gegen NN] über 8.720 Drachmen

3. Vorladung wegen Nichtrückzahlung eines Gelddarlehens (Aniketos gegen Ptolemaios)

8. August 183 v.Chr.	16,3 x 24,5 cm	Herakleopolis
Fr. a: Inv. 188-82 R u. V	16,3 x 24,5 cm	
Fr. b: Inv. 188-119 R	4,3 x 4,8 cm	

Dieser Papyrus, das am besten erhaltene Exemplar unserer Gerichtsakten, ist früher schon von D. Hagedorn und B. Kramer in der Festschrift für Heinz-Josef Thissen publiziert worden (= P.Thissen). Aus urheberrechtlichen Gründen drucken wir hier nur Text und Übersetzung ab und beschränken uns im Zeilenkommentar auf Stellenangaben und Querverweise. Da aber die Festschrift Thissen sicher nicht allen Papyrologen und wohl schon gar nicht allen Juristen vorliegt, wurden die zum Verständnis wichtigen Informationen aus der Einleitung, dem Zeilenkommentar und dem Anhang der Ed.pr. an den jeweils passenden Stellen in diesem Band noch einmal wiederholt.

Der Soldat Aniketos lädt seinen Truppenkameraden Ptolemaios vor das Losgericht in Herakleopolis, weil dieser seinen Darlehensvertrag nicht erfüllt hat. Er hatte Ptolemaios 29 Monate zuvor, im Februar/März 185 v.Chr., auf der Basis einer Sechszeugenhüterurkunde ein Gelddarlehen in Höhe von 2.000 Bronzedrachmen zum üblichen monatlichen Zinssatz von 2% gegeben, die bereits zwei Monate später, im April/Mai 185 v.Chr., zurückgezahlt werden sollten. Bei Verzug sollten die üblichen Bußgelder, bestehend aus der Vertragsstrafe in Höhe der Hälfte des Kapitals, des ἡμιόλιον, und den Verzugszinsen, die den normalen Zinsen entsprechen, gezahlt werden. Trotz mehrfacher Aufforderung zahlte Ptolemaios das Darlehen nicht zurück, und so macht ihm Aniketos nach mehr als zwei Jahren den Prozess. Der Streitwert beträgt nunmehr 4.160 Bronzedrachmen: Sie setzen sich zusammen aus dem Kapital (2.000 Dr.), der Vertragsstrafe (1.000 Dr.) und den in 29 Monaten aufgelaufenen Zinsen von 40 Dr. pro Monat (1.160 Dr.). Aniketos hat Ptolemaios die vorliegende Anklageschrift am 8. August 183 v.Chr. in Gegenwart zweier Ladungszeugen persönlich überbracht.

In Z. 5 war für den Vertragsabschluss vermutlich ein Tag im Monat Panemos des 20. Regierungsjahres (6.2.–6.3.185) v.Chr. erwähnt.

Rand

m² (ἐτῶν) . . μέσος μελά̣γχρως τ̣ε̣τ̣α̣ν̣ὸ̣ς
ἐπὶ τῆς κεφαλ[ῆ]ς ε̣. . [.] . . [.] . .
m¹ Ἀ̣ν̣ίκητος Πέρσης τῶν Αὐτομέδον[τος (Rang)]
Π̣τ̣ολεμαίωι Μακεδόνι τῶν Αὐτομέδ̣[οντος (Rang)]
[κα]θ̣ὰ συ̣ν̣ήλλαξεν. ὅτι τοῦ κ (ἔτους) Π[ανήμου]
[. .]ε̣. . . [. . δαν]εισάμενος παρ᾽ ἐμοῦ χα[λκοῦ]
ν̣[ο]μ̣ί̣σ̣μ̣α̣[τος] ὀφθαλμοφανοῦς (δρ.) Ἐ τ̣[ό]κ̣ο̣υ̣
[ὡ̣ς ἐκ δύο (δρ.) τὴν] μνᾶ̣ν τὸν μῆνα ἕκαστον [κατὰ]
[συγγραφὴν δανεί]ο̣υ, ἐ̣φ᾽ ἧ̣ς συγγραφοφύλαξ [. . . . .],
κα[ὶ τῆς συ]γγραφῆς τοῦ δανείου ἄλλα̣ [τε διαγορευ-]
ού[σης κ]αὶ ἀποδοῦνα[ί] σ̣ε ἐμοὶ τὸ̣ δάνει[ον τοῦτο]
καὶ [τὸν τ]όκον ἐμ μηνὶ Αἰγυπτίων Φαμε̣ν̣[ώθ,]
ἐὰ̣ν̣ [δὲ μὴ] ἀποδῶις κ[α]θ̣ὰ γέγραπται, ἀποτ̣[εῖσαί σε]
ἐ̣μ̣[οὶ τὸ μ]ὲ̣ν̣ δάνειον ἡ[μ]ιόλιον, τὸν δὲ τόκον [ἁ]πλο̣ῦ̣ν,
κ[αὶ τοῦ κ]ατ̣ὰ̣ τὴν συγ[γρ]αφὴν χρόνου διελθόντος
κα̣[ὶ πλείονος ἐ]πιγεγονό[τ]ο̣ς σὺ ἀπῃτημένος ὑπ᾽ ἐμοῦ
κα[ὶ πλειον̣ά]κι τ̣ὰ̣ς Ἐ (δρ.) [το]ῦ χαλκοῦ καὶ τὸν τόκο[ν]
οὐ[κ ἀποδ]έ̣δωκάς μ̣[οι], δ̣ι̣ό̣ σοι δικάζομ[αι ἐν τῶι ἐν Ἡρα-]
κ[λέου]ς πόλει τῆι ὑπὲρ Μέμφιν κληρ[ωτῶι]
δ̣ικαστηρίωι κατὰ τὴν τοῦ δανείου συγγρ̣α̣[φὴν]
τῶν Ἐ (δρ.) τοῦ χαλκοῦ καὶ τῆς τούτων ἡμιολί[ας]
χαλκοῦ (δρ.) Ἀ καὶ \`τοῦ´ τόκου χαλκοῦ (δρ.) Ἀρξ, τοῦ [παντὸς]
χαλκοῦ ν[ο]μ̣ίσματος (δρ.) Ἀρξ, τίμημα τῆ[ς]
δίκης [χαλκο]ῦ νομίσματος (δρ.) Ἀρξ. τὸ ἀδίκημ̣[α]
ἐγένετ[ο ὅτ]ε̣ ἀπαι̣τ̣η̣θ̣εὶς ὑπ᾽ ἐμοῦ τὰς Ἐ[Β (δρ.)]
τοῦ χαλκοῦ καὶ τὸ̣ν̣ [τόκ]ον οὐκ ἀπέδωκ[άς μοι. (ἔτους) κβ]
ἐ̣φ᾽ ἱερέως Μαρσύου [τοῦ] Δ̣ημητρίου Ἀλ[εξάνδρ]ο̣υ̣
[καὶ] θεῶν Ἀδελφῶν καὶ θεῶν Εὐεργετῶν καὶ θεῶ̣ν̣
Φιλοπατόρων καὶ θεῶν Ἐπιφανῶν, ἀθλοφόρου Βερε-
νίκης Εὐεργέτιδος Δημονίκης τ[ῆ]ς Λεοννάτου,
κανηφόρου Ἀρσινόης Φιλαδέλφο̣υ̣ [Ἀνα]ξιβούλης
τῆς Τελέστου, ἱερείας Ἀρσινόης [Φιλο]πάτορος
Εἰρήνης τῆς Πτολεμαίου μηνὸ̣[ς Ἀ]πελλαίου.
κέκλησαι δὲ καὶ τὸ ἔνκλημα δ̣έ̣[δ]ωκά [σοι]
ἐνωπίωι (ἔτους) κβ μηνὸς Α[ὐδναίου] ε̅. κ[λήτορες·]
[Β]ο̣τέας Καρδιανὸ[ς τῶ]ν̣ Πτολεμ[αίο]υ̣ [(ἐτῶν) λ,]
Λ̣υ̣σ̣ί̣μαχος Θεοδό[το]υ̣ Θρᾶιξ τῶ̣[ν οὔπω]
ὑπ̣ὸ ἡγεμόνα [(ἐτῶν)] λε.

Fr. b

Fr. a

3. Recto

39 m^2 ἦ̣ν̣ [δ]ὲ̣ Β̣[οτέας] ὡς (ἐτῶν) λ μέσος λευ[κόχρως τε-]
40 [τα]νό̣θ̣ρ̣[ι]ξ ἀναφάλανθος λοβο[ὶ ὤτων]
41 π̣ροσφυεῖς.
42 [Λυσίμα]χ̣ος ὡς (ἐτῶν) [λε] μ̣[έ]σος μ[
43 Spuren

\- -

1, **5**, **35**, **[36]**, **[38]**, **39**, **42** ∟ **1** . . : . θ̣ P.Thissen **7**, **21**, **22** bis , **23**, **24** ⊦

Verso

44 (m^3) (ἔτους) κβ Αὐδνα[ίο]υ̣ Ἐπεὶφ ε̅. ἔγκλ(ημα)
Ἀν̣[ικ]ήτου πρ(ὸς) Πτολεμαῖον (δρ.) Δ̣[ρ]ξ

35 ε̅: ε P.Thissen **44** ∟, εγκ^λ **45** π^ρ, ∠

3. Verso

Zeilenkommentar

1–2 Zur nachträglichen Eintragung des Signalements des Klägers durch einen Gerichtsbeamten oberhalb des Schriftsatzes und zum Signalement generell siehe den Komm. zu **1**,1.

Am Zeilenende vielleicht τ̣ε̣τ̣α̣ν̣ό̣ς̣; siehe den Komm. zu **1**,1.

2 ἐπὶ τῆς κεφαλ[ῆ]ς ε̣. . [.] . . [.] . . : Nach κεφαλ[ῆ]ς könnte noch eine genauere Lokalisierung gefolgt sein. Ein Mal ἐπὶ τῆς κεφαλῆς war bisher noch nicht erwähnt; zu Kennzeichen an Teilen des Kopfes vgl. Clarysse, P.Petrie^2 I, S. 53–54. Vgl. den Komm. zu P.Thissen 2.

3 Ἀ̣ν̣ί̣κητος: Vgl. auch Verso 45.

Πέρσης: Perses ist hier noch das echte Ethnikon des Gläubigers. Vgl. dazu Láda, Pros.Ptol. X, E 1965–2242 S. 229–263. Zur Diskussion über den Πέρσης als Statusbezeichnung siehe den Komm. zu P.Thissen 3 und unten zu **12**,9.

3 und **4** τῶν Αὐτομέδον[τος: Vgl. auch **4**,10–11 und **5**,4. Die ihm bekannten Belege für den eponymen Offizier Automedon (Pros.Ptol. II und VIII 1864) hat Kaltsas im Komm. zu P.Heid. VIII 412,5 gesammelt.

4 Μακεδόνι: Vgl. Láda, Pros.Ptol. X, E 1387–1801 S. 166–207.

5 [κα]θ̣ὰ συ̣ν̣ήλλαξεν: Zur Bedeutung dieser Wendung siehe oben den Komm. zu **1**,5; **4**,3–5 und den Komm. zu P.Thissen 4–5.

ὅτι: Die Konjunktion korrespondiert mit διό in Z. 18; siehe dazu oben den Komm. zu **1**,5.

5–6 Π[ανήμου]: Zur Ergänzung siehe den Kommentar zu P.Thissen 5–6. Der Panemos ist dem Tybi gleichgesetzt, im 20. Jahr des Epiphanes also der Zeit vom 6. Februar bis zum 6. März 185 v.Chr. Da zwischen diesem und dem in Z. 12 genannten Phamenoth (6. April bis zum 5. Mai 185 v.Chr.), in dem das Darlehen zurückgezahlt werden sollte, kein weiteres Jahr erwähnt ist, betrug die Laufzeit des Darlehens nur zwei Monate; siehe auch die Berechnung oben in der Einleitung.

Zur Angleichung der Monatsnamen siehe den Komm. zu **1**,6.

[. .]ε̣. . .[. .: Was hier gestanden hat, muß zur Datumsangabe gehören; der letzte Buchstabe vor der Lücke könnte δ, vielleicht aber auch β sein. Eine Deutung ist uns nicht gelungen.

7 ὀφθαλμοφανοῦς: Siehe den Komm. zu **1**,7.

8 [ὡ̣ς ἐγ δύο (δρ.) τὴν] μνᾶ̣ν τὸν μῆνα ἕκαστον: Siehe den Komm. zu **1**,4–5.

8–9 [κατὰ | συγγραφὴν δανεί]ο̣υ ἐ̣φ' ἧς συγγραφοφύλαξ̣ [ ]: Der Name des Urkundenhüters ist verloren. Zur Wendung s. oben den Komm. zu **1**,9.

10–11 κα[ὶ τῆς συ]γγραφῆς τοῦ δανείου ἄλλα̣ [τε διαγορευ]|ού[σης κ]αί: Es werden also im folgenden nur die für die Klage relevanten Punkte des Vertrags referiert; vgl. auch oben den Komm. zu **1**,11–12.

11–12 Die Rückgabe soll nicht auf Abruf, sondern im Monat Phamenoth erfolgen; ein Tagesdatum ist nicht erhalten, könnte aber am Zeilenende noch gestanden haben.

13–14 Zur Strafklausel s. oben den Komm. zu **1**,13–15.

15–16 τοῦ κ]α̣τ̣ὰ̣ τὴν συγ[γρ]αφὴν χρόνου διελθόντος | κα̣[ὶ πλείονος ἐ]πιγεγονό[τ]ος σὺ ἀπηιτημένος ὑπ' ἐμοῦ: Siehe auch **4**,17–18; **5**,14–16; **6**,11–14.

Weitere Parallelen sind in P.Thissen im Komm. zur Stelle ausgeschrieben, darunter BGU XIV 2374, 20–21 mit Korrekturvorschlag für den Anfang von Z. 21 → [χρόνου] δ̣ι̣[ελη]λ̣υ[θότ]ο̣ς; hinzu kommt jetzt P.Köln XIV 561,13–14.

17 κα[ὶ πλεονά]κι: Ergänzt nach **4**,18 und **2**,14. Für die Form πλεονάκι bietet die DDbDP 11 Belege, davon 10 aus der Ptolemäerzeit.

18 δ̣ι̣ό̣ σοι δικάζομ[αι: Siehe die Komm. zu **1**,17 und zu P.Thissen 18.

18–20 ἐν τῶι ἐν Ἡρα]|κ[λέου]ς πόλει τῆι ὑπὲρ Μέμφιν κληρ[ωτῶι] | δ̣ι̣κασ-τηρίωι: Siehe den Komm. zu **1**,18–19.

20–24 Zur Berechnung des Streitwerts siehe den Komm. zu **1**,19–24.

22 καὶ \`τοῦ´ τόκου χαλκοῦ (δρ.) Ἀρξ: Dieser Betrag ist der Zins für 29 Monate.

24–26 τὸ ἀδίκημ̣[α] | ἐγένετ[ο κτλ.: Zum Delikt siehe oben den Komm. zu **1**,24–25.

26 (ἔτους) κβ]: Ergänzt nach Z. 35 und 44.

27–33: Anhand dieser Zeilen und von **2**,25–33 konnten die eponymen Priester des 22. Regierungsjahres Ptolemaios' V. Epiphanes (184/183 v.Chr.) vollständig gelesen werden, so dass es möglich war, die Angaben in Clarysse/Van der Veken/Vleeming, *Eponymous Priests* Nr. 107 zusammen mit dem bis dahin einzigen Beleg P.Tebt. III 2, 976 zu korrigieren.

27–29 Zur Auslassung der Theoi Soteres und zur Aufnahme der Theoi Epiphaneis in den Herrscherkult siehe den Komm. zu **2**,26–28.

27 Μαρσύου [τοῦ] Δημητρίου: Siehe die Komm. zu P.Thissen 27 u. **2**,25–26.

30 Δημονίκης τ[ῆ]ς̣ Λεοννάτου: Siehe die Komm. zu P.Thissen 27 u. **2**,29–30.

31–32 [Ἀνα]ξιβούλης | τῆς Τελέστου: Der Name der Kanephore ist komplett erhalten in **2**,31. Zu ihrem Vater Τελέστης siehe den Komm. ebendort.

33 Εἰρήνης τῆς Πτολεμαίου: Siehe den Komm. zu **2**,33.

33–35 μηνὸ̣[ς Ἀ]πελλαίου: Der makedonische Monat Apellaios entspricht in dieser Zeit dem ägyptischen Payni; im 22. Jahr Ptolemaios' VI. Philometor fällt dieser in die Zeit vom 5. Juli – 3. August 183 v.Chr. Zu den Gleichsetzungen der Monate siehe den Komm. zu **1**,6.

Im Monat Apellaios hat Aniketos die Klageschrift im Gericht aufsetzen lassen und damit den Prozess in Gang gebracht. Irgendwann im nächsten Monat Audnaios hat er Ptolemaios die Vorladung überreicht, möglicherweise am 5., weil sie am 5. Audnaios/Epeiph beim Gericht registriert wurde (Z. 44). Wie ist der zeitliche Abstand zwischen der Abfassung und der Registrierung der Ladung zu erklären? Die Untersuchung unserer neuen Quellen durch C. Sánchez-Moreno Ellart hat zu einer neuen Rekonstruktion der Phase der Prozesseinleitung und der Aufgaben, die der Eisagogeus dabei erfüllte, geführt, so dass uns hier eine neue Erklärung möglich erscheint. Man könnte auch vermuten, dass die Klageschrift erst überreicht werden durfte, wenn sichergestellt war, dass der Prozess auch stattfinden konnte, d.h. wenn dem Gericht das vom Urkundenhüter aufbewahrte Exemplar des Darlehensvertrags, auf dem die Klage basierte, vorgelegt werden konnte. Dazu musste der Kläger den Urkundenhüter herbeischaffen, der möglicherweise gar nicht in der Nähe wohnte, vgl. unten die Zeugenaussage des Urkundenhüters Demetrios (**10**). S. dazu auch oben Kap. I.1.5. Zu dieser Diskussion siehe auch Armoni, Einleitung zu P.Köln XIV 561, S. 36–37.

34–35 κέκλησαι δὲ καὶ τὸ ἔνκλημα δ̣έ̣[δ]ω̣κά [σοι] | ἐνωπίωι: So auch in **2**,33–34; siehe dort den Komm.

ἔνκλημα: Siehe dazu den Komm. zu **2**,34.

35 Α[ὐδναίου] ε̅: Durch die Oberlinie des Epsilons ist ein dicker waagerechter Strich gezogen, den wir für den Zahlstrich halten. Bei der Bearbeitung von P.Thissen hatten wir diesen noch nicht bemerkt. Unklar ist, warum hier ein Tagesdatum steht, während es in den Paralleltexten zu fehlen scheint, vgl. **2**,35 [(ἔτους) κβ μηνὸς ---]υ. Im Text von **1**,[32] und **4**,[32] ist die Stelle verloren.

κ[λήτορες]: Ergänzt nach **2**,35; siehe dort den Komm. Zu den Ladungszeugen siehe 1. Teil, Kap. III.2.

36 [Β]ο̣τέας: Der Name Boteas kam bisher weder in den Papyri noch in der epigraphischen Datenbank des PHI vor.

Καρδιανό[ς]: Der Zeuge stammt aus der Stadt Kardia auf der thrakischen Chersonnes. S. dazu auch Láda, Pros.Ptol. X, E 980–985 S. 117.

τῶ]ν̣ Πτολεμ[αίο]υ̣: Möglicherweise derselbe eponyme Offizier wie in **1**,4 τῶν Πτολεμαίου; siehe den Komm. dort.

(ἐτῶν) λ]: Vgl. Z. 39.

37 Θρᾶιξ: Vgl. Láda, Pros.Ptol. X, E 699–855 S. 87–103 und P.Heid VIII 412, 19 Komm.

37–38 τῶ̣[ν οὔπω] | ὑ̣πὸ ἡγεμόνα: Die οὔπω ὑπὸ ἡγεμόνα sind Infanteristen; siehe Scheuble-Reiter, *Katökenreiter* S. 80–82 und den Komm. zu **12**, I 10. Vgl. dazu auch CPR XVIII, Einleitung S. 77–78.

39–42 Die ebenso wie oben Z. 1–2 von einem Gerichtsbeamten im Büro des Eisagogeus hinzugefügte Eintragung des Signalements der Ladungszeugen (siehe den Komm. zu **1**,1 und Kaltsas zu P.Heid. VIII 412,24–29) ist durch eine Paragraphos vom Urkundenkörper getrennt. In den anderen Vorladungen ist dieser Teil verloren. In **8** ist keine Paragraphos zu erwarten, weil dieser Zettel außer den Namen der Ladungszeugen nichts enthalten hat.

39 ἦν̣ [δ]ὲ̣ κτλ.: Auch in P.Heid. VIII 412,24 wird der erste Ladungszeuge mit ἦν δέ eingeführt; vgl. Kaltsas zur Stelle mit weiteren Parallelen und das Vertragsregister CPR XVIII, wo die Signalements der an den Geschäften beteiligten Personen unter jedem Vertragsauszug separat angebracht sind und immer die zuerst genannte Person mit ἦν eingeführt wird.

40 ἀναφάλανθος: Vgl. P.Heid. VIII 414,1 Komm.

40–41 λοβο[ὶ ὤτων] | προσφυεῖς: Dieses Merkmal begegnet nur noch in P.Köln IV 187,24–25 (= P.Ptol. Sklav. I 51; Sklavenkauf; Herakleopolis, 14.8. 146 v.Chr.); P.Petrie[2] I 16,7 (Krokodilopolis, Ars.; 236–235 v.Chr.); 17, Kol. II 40 (236–235 v.Chr.) und 27,8 (226–225 v.Chr.).

42 [Λυσίμα]χος: ergänzt nach Z. 35.

44 Αὐδνα[ίο]υ̣ Ἐπεὶφ ε: Zur Angleichung der Monatsnamen siehe den Komm. zu **1**,6.

Übersetzung

(2. Hand) --- Jahre alt, mittelgroß, dunkle Hautfarbe, mit glattem Haar, --- am Kopf ---.

(1. Hand) Aniketos, Perser, von der Truppe des Automedon, [Rang], an Ptolemaios, Makedonen, von der Truppe des Automedon, [Rang], wie er den Vertrag geschlossen hat.

Da du im 20. Regierungsjahr im --- P[anemos] von mir 2000 Drachmen in (sicht)barer Bronzemünze zum Zinssatz von zwei Dr. pro Mine und Monat geliehen hast aufgrund eines Darlehensvertrags, dessen Urkundenhüter --- ist, und der Darlehensvertrag unter anderem besagt, daß du mir dieses Darlehen und den Zins im Monat Phamenoth der Ägypter zurückzahlst, wenn du aber nicht zurückzahlst, wie es geschrieben steht, du mir das Darlehen anderthalbfach, den Zins aber einfach zurückzahlen sollst, und da du, nachdem die Zeit des Darlehens abgelaufen und noch mehr hinzugekommen war, obwohl von mir mehrfach die 2.000 Bronzedrachmen und der Zins von dir zurückgefordert wurden, nicht zurückgezahlt hast, deshalb mache ich dir den Prozeß in dem Losgericht in Herakleopolis oberhalb von Memphis auf der Basis des Darlehensvertrags über die 2.000 Dr. und deren Hälfte, die 1.000 Dr., und den

Zins in Höhe von 1.160 Bronzedr., insgesamt 4.160 Dr. in Bronzemünze. Der Streitwert des Prozesses beträgt 4.160 Dr. in Bronzemünze. Das Unrecht geschah, als du, obwohl du von mir eine Zahlungsaufforderung über die 2.000 Bronzedr. und den Zins erhalten hast, mir nicht zurückgezahlt hast.

Im 22. Regierungsjahr, zur Amtszeit des Marsyas, des Sohnes des Demetrios, Priesters des Alexander und der Theoi Adelphoi und der Theoi Euergetai und der Theoi Philopatores und der Theoi Epiphaneis, zur Amtszeit der Athlophore der Berenike Euergetis Demonike, Tochter des Leonnas, der Kanephore der Arsinoe Philadelphos Anaxibule, Tochter des Telestes, und der Priesterin der Arsinoe Philopator Eirene, Tochter des Ptolemaios, im Monat Apellaios.

Du bist vorgeladen, und die Vorladung habe ich dir persönlich überreicht im 22. Regierungsjahr, am 5. Audnaios. Ladungszeugen: Boteas (?), Kardiane, von der Truppe des Ptolemaios, 30 Jahre alt. Lysimachos, Sohn des Theodotos, Thraker, von denen, die noch nicht unter einem Offizier stehen, 35 Jahre alt.

Boteas war angeblich 30 Jahre alt, mittelgroß, weiße Hautfarbe, glatthaarig, glatzköpfig, angewachsene Ohrläppchen.

[Lysimachos], angeblich [35] Jahre alt, mittelgroß, ---

Verso:

(3. Hand) 22. Jahr, 5. Audnaios/Epeiph. Klageschrift
des Aniketos gegen Ptolemaios über 4.160 Drachmen

4. Vorladung wegen Nichtrückzahlung eines Arakos-Darlehens (Antigonos gegen NN)

184/3 v.Chr.	19,7 x 23,6	Herakleopolis
Fr. a: 188-88 R u. V	16,6 x 23,6 cm	
Fr. b: 188-87 R	10 x 7,8 cm	

Das Papyrusblatt hat Teile des linken, oberen und rechten Randes bewahrt, so dass es in seinen äußeren Umrissen rekonstruierbar ist, doch weist es außerordentlich viele Lücken auf, die von der Zweitverwendung als Kartonage herrühren. Unten bricht der Text zusammen mit dem Papyrus ab. Der Text der Vorladung ist bis auf die Zeilenanfänge im oberen Bereich und auf die Ladungszeugen nahezu komplett, aber in schlechtem Zustand; nur weil das Formular weitgehend dasselbe ist wie in **1, 2** und **3**, konnte der Text annähernd rekonstruiert werden. An vielen Stellen auf dem Papyrusblatt finden sich undeutliche Tintenspuren, welche von einer Vorbeschriftung stammen könnten, so z.B. oberhalb des Textes im Bereich des Signalements und unten links im Bereich der Z. 20–23.

Die Schrift ist derjenigen des Schreibers des Signalements von **7** ähnlich.

Auf dem Verso ist oben am rechten Rand parallel zu den Fasern der Registrierungsvermerk, bestehend aus Datum und kurzer Inhaltsangabe, angebracht.

Mit **4** beginnt die Reihe der Vorladungen wegen nicht erfüllter Naturaldarlehensverträge; zu diesen sind jetzt noch P.Köln IV 561,9–25 (Abschrift im Amtstagebuch des Eisagogeus, Eintrag vom 8. Daisios/Choiach, 10.1.172 v.Chr.; betr. Weizen) und 562 (192/1–176 v.Chr.?; betr. Wein) hinzuzufügen. Der hier zugrundeliegende Vertrag war ein Darlehen über Arakos – bisher das erste und einzige in den Papyri, so dass uns zum besseren Verständnis keine direkte Parallele zur Verfügung stand.

Der Kleruche Antigonos, Makedone (?) von der Truppe des Eukrates und Angehöriger der 3. Hipparchie, hat mit dem einfachen Soldaten NN im 19. Regierungsjahr Ptolemaios' V. Epiphanes einen Vertrag über ein Naturaldarlehen im Umfang von 5 Artaben Arakos geschlossen, zu dessen Urkundenhüter ein gewisser Hegesinikos bestellt wurde. Auch sein Bürge, der Kamerad Didymos, ist wie üblich in den Darlehensvertrag und dessen Inhaltsangabe im Text der Vorladung aufgenommen worden. Alle drei haben anscheinend seit dem Vertragsabschluss den eponymen Offizier gewechselt.

Der Vertrag wurde im Monat Peritios/Mesore geschlossen; die Laufzeit endete mit dem Rückgabetermin zu einem uns unbekannten Zeitpunkt, der in der Lücke am Anfang von Z. 14 gestanden hat. Die Rückgabe von Naturaldarlehen ist regional in verschiedenen Monaten vorgesehen, jeweils abhängig von der Erntezeit (Rupprecht, *Darlehen* S. 68–69). Für den Herakleopolites lassen sich noch keine Regeln aufstellen, weil bisher zu wenig Naturaldarlehen, Pachtverträge und Pachtzinsquittungen aus diesem Gau vorliegen. Bisher sind Pachtzahlungen im Payni vereinbart in den Pachtverträgen BGU XIV 2390,30–31 (160/59 v.Chr.) und BGU XIV 2389,40 (9.11.–8.12.72 v.Chr.) und in der Eingabe SB XXVI 16801,12–14 (nach dem 24.8.147 v.Chr.) erwähnt. Sie werden quittiert in P.Hib. I 100 V,2 (8.12.267 v.Chr.) im Phaophi und in P.Hib. I 101 (25.2.–25.3.261 v.Chr.) im Tybi (beide in Gerste).

Wie üblich bei Naturaldarlehen, wird ein Pauschalzins pro Artabe vereinbart (Rupprecht, *Darlehen* S. 75 mit Verweis auf Finckh, *Zinsrecht*, in Anm. 73). Er beträgt eine bei Vertragsabschluss festgesetzte Summe und ist von der Laufzeit des Vertrags unabhängig. Naturaldarlehen wurden häufiger vergeben als Gelddarlehen (Rupprecht, *Darlehen* S. 20). In **5** und **6** wird Weizen als Darlehen ausgezahlt, im vorliegenden Fall **4** Arakos.

Die Maßeinheit, in der der Arakos abgemessen werden soll, ist hier anscheinend die Artabe. Normalerweise wird Arakos, wie anderes Grünfutter auch, in Aruren gemessen.[1] Das entsprechende Zeichen ist in unserem Text immer abgekürzt, und Aruren- und Artabenzeichen sind nicht leicht voneinander zu unterscheiden. Hier scheint aber in Z. 19 eindeutig das einfachere Artabenzeichen zu stehen (s.u. den Kommentar), so dass wir annehmen, dass der Arakos hier nicht als Futterpflanze, sondern als Saatgut geliehen wurde und als solches auch in Artaben zurückgezahlt werden sollte.[2]

---

[1] Arakos, gemessen in Aruren (nur Ptolemäerzeit), begegnet z.B. in BGU VI 1837,9–10 (Eingabe; Herakleopolites; 51/50 v.Chr.); P.Count 49 V, Fr. 1,233 (Oxyrhyncha?; 2. Jh.v.Chr.); P.Grad. 8 r,9–10 (= SB III 6281; amtl. Schreiben; Tholthis; 223/222 v.Chr.) ἀράκου | (ἀρούρας) ι ἀν(ὰ) δ (δραχμὰς) μ und 12–14 ἀράκου (ἀρούρας) β | ἀν(ὰ) (δραχμὰς) δ (δραχμὰς) η, (γίνονται) ἀράκου (ἄρουραι) ιβ | (δραχμαὶ) μη; P.Hamb. II 184,3–5 (Kauf von Futter, 275–225; Oxy.): ἀράκου κακοφυοῦς ἀρούρας ἓξ ἥμισυ ἀνὰ δραχμὰς | τέσσαρας τὴν ἄρουραν, ὃ γίνεται τὸ πᾶν δραχμαὶ | εἴκοσι ἕξ; P.Hamb. II 185,3–4 (Quittung; ca. 245 v.Chr.; Oxy.) ἀράκου κ̣ακοφυοῦς ν̣ο̣μ̣ί̣ας ἀρούρας | δέκα ἀνὰ δραχμὰς τέσσαρας, γ(ίνονται) (δραχμαὶ) μ; P.Hamb. II 186,4–5 (Kauf von Futter; Oxy.; 275–225 v.Chr.): ἀράκου ἀρ̣[ο]ύ̣ρ̣[α]ς | δύο (δραχμῶν) κ; P.Heid. IX 426,5 (30.5.–28.6.158(?) v.Chr.) ἄρακο[ν] εἰς ἄρ(ο)υ(ραν) α; P.Hibeh I 52,22–3 (Oxy.; ca. 245 v.Chr.) ἀράκου | [ἀ]ρούρας ε (δραχμαὶ) ε (τριώβολον); 27.30.31; P.Hibeh I 53,23 (Brief; Oxy,; 7.1.246 v.Chr.) ἀράκ(ου) (ἄρουραι) ε (δραχμαὶ) η (διώβολον).

[2] Arakos, gemessen in Artaben (nur Ptolemäerzeit): BGU VI 1229,6–7. 22 (Saatquittung; 26.10.24.–11.257 v.Chr.); P.Cair. Zen. II 59279,1 und 4 (Brief; 9.12.251 v.Chr.); P.Col. III 51,4 (Philad.; 251/50 v.Chr.); P.Hib. I 65,7–8 (Brief; ca. 265 v.Chr.): τὰς π (ἀρτάβας) | τοῦ ἀράκου; P.Lille I 5,25.28.62–63 (Ghoran; 28.1.?259 v.Chr.); P.Cair. Zen. II 59292,17.135.320.515.545 (= C.Ptol. Sklav. 101; Abrechnung über Saatgut; nach d. 22.1.250 v.Chr.; in Choinikes); P.Cair. Zen.

Interessant ist die Berechnung des Streitwertes. Für den Fall der Nichterfüllung des Vertrags wurde als Vertragsstrafe die Zahlung von 200 Dr. pro Artabe plus ggf. die Differenz zum aktuellen Marktwert des Arakos in Herakleopolis vereinbart. Da der Schuldner das Darlehen trotz Mahnung nicht fristgerecht zurückgezahlt hat, verklagt ihn der Kreditgeber auf die Zahlung von 1.000 Drachmen, d.h. auf die Rückzahlung des Darlehens von 5 Artaben Arakos im Wert der vereinbarten 200 Dr. pro Artabe. Ein abweichender Marktwert wird nicht berechnet. Zum Zeitpunkt der Klage ist allerdings der immense Streitwert von 80.000 Dr. aufgelaufen, eine auf den ersten Blick erstaunlich hohe Summe, die das 80fache der zuvor berechneten 1000 Drachmen beträgt.[3] Dabei fällt allerdings auf, dass der Hinweis auf Bronzewährung, χαλκοῦ νομ̣ί̣σ̣μ̣α̣[τ]ο̣ς, zum ersten Mal in Z. 23 in Verbindung mit den 80.000 Drachmen erscheint. Daraus könnte man den Schluss ziehen, dass zuvor im Vertrag selbst noch mit Silberdrachmen gerechnet worden war und bei der Berechnung des Streitwertes die Bronze- oder „Rechendrachmen" eingeführt wurden. Bei Maresch, *Bronze und Silber* S. 23, wird im Anschluss an Reekmans[4] für die Zeit zwischen 210 und 183 v.Chr. eine Relation von 1 Silberdrachme : 60 Bronze- bzw. Rechendrachmen angenommen und von 183 bis bis 173 v.Chr. eine von 1 : 120. Mit diesen Berechnungen ließe sich eine Relation von 1 : 80 zwischen Silber- und Bronzestandard mit der Abfassungszeit der Vorladung vereinbaren. Unser Papyrus von 184/3 v.Chr. fällt genau auf die Zeit des Wechsels und könnte dann das erste Beispiel für eine Erhöhung des Standards, zunächst auf das Verhältnis von 1 : 80, darstellen.

Ein weiterer interessanter Punkt ist, dass die hohen Summen von 16.000 Dr. in Z. 23 und 80.000 Dr. in Z. 24 nicht in Talente umgerechnet, sondern in Myriaden ausgedrückt sind; s. dazu den Zeilenkommentar.

Interessant ist ferner die Information, dass die 3. Hipparchie im Herakleopolites während der Laufzeit des Vertrages den eponymen Offizier gewechselt hat.

So wie auch in Nr. **2** und **3** fand der Vertragsabschluss im 19. Regierungsjahr Ptolemaios' V. Epiphanes (9.10.187–8.10.186 v.Chr.) statt; die Erwähnung des eponymen Priesters Marsyas weist darauf hin, dass die Vorladung im 22. Regierungsjahr (= 184/183 v.Chr.) erfolgte. Als erwähntes Datum kann der Monat Peritios/Mesore mit dem Zeitraum 4.9.–3.10.186 v.Chr. festgehalten werden.

III 59432,v 15 ἀράκου χ̣[(Mitte 3.Jh.); P.Sorb. III 134,6 (Amtl. Schreiben; nach d.13.10.224 v.Chr.): ἀράκου ἀ(ρτάβας) κε̣ (χόας) γ; PSI VI 579,4 (Brief; 17.12.246 v.Chr.): ἀράκου (ἀρτάβας) ε. – Wenn von σπέρμα/σπέρματα die Rede ist, fehlt oft die Maßangabe, aber natürlich sind in Bezug auf Saatgut Artaben gemeint.

[3] Für die folgende Erklärung möchte ich Dieter Hagedorn herzlich danken.

[4] Reekmans, *Copper Inflation* S. 61–119.

In die Vorladungen wegen nicht erfüllter Naturaldarlehen sind aus den Originalverträgen nur die Rückgabe- und Strafklauseln aufgenommen worden. Es fehlen die Klauseln über Qualitätsvorschriften sowie die Angaben über das Rückgabemaß und den Lieferungsort. Ein Zins wird nicht vereinbart, sonst wäre er wie in den Vorladungen wegen nicht erfüllter Gelddarlehen erwähnt. Zinslose Darlehen waren hauptsächlich bei Getreide üblich (Rupprecht, *Darlehen* S. 79).

Zu den Strafklauseln im Naturaldarlehen siehe Berger, *Strafklauseln* S. 102–115, zur Laufzeit von Darlehensverträgen Rupprecht, *Darlehen* S. 84, Anm. 55.

Rand

1 m² [(ἐτῶν)   ] . . . χρως τετανὸς οὐλὴ μετώπωι
2 [μέσωι.]
3 m¹ [Ἀντίγονος Μακεδ]ὼ̣ν̣ τ̣ῶ̣ν Εὐκράτους τῆς τρίτης [ἱπ-]
4 [παρχίας π (αρ.), καθὰ] σ̣υνήλλαξα Ἀντίγονος Μακεδὼ̣[ν]
5 [τῶν (epon.Off.) τῆς] αὐτῆς ἱππαρχίας π (αρ.) ̣[(Name, Ethnikon)]
6 [τῶν . . . .]ο̣ντος ἰδιώτηι̣, καθὰ δ̣ὲ [συνήλλαξεν τῶν]
7 [. . . . . , ὅτι] τοῦ ι̣θ (ἔτους) μηνὸς Περιτίου δανεισά[με-]
8 [νος πα]ρ̣᾽ ἐμ̣οῦ ἀρ̣[άκου ἀ]ρ̣(τάβας) [ε] κ̣α̣τὰ συγγραφὴν δ[α]νείου ἧς συ̣γγρα̣-
9 [φοφύ]λ̣αξ Ἡγησίνικο̣ς, ἐ̣φ᾽ ἧς ἐπεγράφη σοῦ [ἔγ]γυος τῶν κατὰ τὴν̣
10 [συγ]γραφὴν εἰς ἔκτεισιν Δίδυμος Μακε[δ]ὼν τῶν Α[ὐ]το-
11 [μέδ]ο̣ντος ἰδιώ[τ]ης, καθὰ δὲ συνήλλαξ̣[ε]ν τῶν Πε ̣[. . . . .](άρουρος)
12 [καὶ τ]ῆ̣ς συγγ[ραφῆς τοῦ δ]α̣νείου ἄλλα τε διαγορευούση̣[ς καὶ]
13 [ἀποδο]ῦ̣ν̣[αί σε μοι] τ̣[ὸν] ἄ̣ρακον τοῦτον ἐμ μηνὶ Αἰγυπτί̣ω̣ν̣
14 [. . . . . ˙ ἐὰν δὲ] μ̣ὴ ἀποδῶις καθὰ γέγραπται ἀποτεῖ-
15 [σαί σε τῆς] ἀρ(τάβης) ἑκάστης τοῦ ἀράκου (δρ.) σ ἢ ὅσω̣[ι] ἂ̣ν πλεί-
16 [ονος πωληθ]ῆ̣ ἐν τῆι ἐν Ἡρακλέους πόλει ἀγορᾶ̣[ι, κα]ὶ̣ τοῦ
17 [κατὰ τὴν συγγραφὴν] χ̣ρόνου διελθόντο[ς καὶ πο]λλοῦ πλείονος
18 [ἐπιγεγονότος ἀπηιτ]ημένος ὑπ᾽ ἐμ[οῦ] κ̣α̣ὶ πλεονάκις τὰς
19 ε ἀ̣ρ̣(τάβας) τοῦ ἀράκου οὐκ ἀποδέδ̣ωκάς μοι, διό σοι δικάζομαι ἐν τῶι
20 ἐν Ἡρ[α]κ̣λ̣έους πόλει τῆι ὑ̣π̣ὲ̣ρ̣ Μέ̣μφιν κληρωτῶι δικαστηρίω̣[ι]
21 κατὰ τὴν τοῦ δανείου σ̣υ̣γγρ̣α̣φὴ̣[ν τῶν ᾿Α (δρ.) τ]ῆς τοῦ ἀράκου τιμῆς
22 ἑκάστης ἀρ(τάβης) ὅσου πωλεῖται ̣[. . . .] ἐ̣ν̣ τ̣ῆι ἐν Ἡρακλέους πόλει
23 ἀγορᾶι χαλκοῦ νομί̣σ̣μ̣[ατο]ς̣ δραχ(μῶν) [μ(υριάδα) α ᾿ϛ], [τοῦ] π̣αντὸς χαλκοῦ νομίσματος
24 [δρ.] μ̣(υρ.) η. τίμη[μα τῆς δίκης] χαλ[κοῦ] ν̣ο̣μ̣ίσματος δρ. μ(υρ.) η. τὸ ἀδί-
25 κ̣ημ̣α̣ ἐγένετο ὅ̣[τε ἀπαιτηθ]εὶς ὑπ̣᾽ ἐμ[οῦ τὸ]ν ⟦α⟧ προειρημένον
26 ἄρακον οὐκ ἀπ[έδωκάς μοι. (ἔτους) κ]β̣ ἐφ᾽ ἱερέως Μ̣αρσ̣ύ̣ου τοῦ Δημη-
27 τρίου ᾿Αλεξάν̣[δρου καὶ θεῶν] ᾿Α̣[δε]λ̣φ̣ῶ̣ν καὶ θεῶν Εὐεργετ[ῶ]ν̣ καὶ
28 θεῶν Φιλοπα[τόρων καὶ θεῶν ᾿Επιφανῶν ἀ]θ̣λ̣ο̣φόρου Βερενίκης Εὐ̣[εργέτιδ]ο̣ς

Fr. b

Fr. a

4. Recto

29 [Δημονίκης τῆς Λεοννάτου κανηφ]ọ́ρ̣ο̣ụ Ἀρσινόης Φιλαδέλ[φου]
30 [Ἀναξιβούλης τῆς Τελέστου, ἱερεί]α[ς] Ἀ̣ρ̣σ̣ινόης Φ̣ι̣λ̣ο̣πάτορος Εἰρήν[ης]
31 [τῆς Πτολεμαίου μηνὸς]υ̣. κέκ̣λ̣η̣σ̣α̣ι̣ δὲ καὶ τὸ ἔ̣[γκλημα]
32 [δέδωκά σοι ἐνωπίωι (ἔτους) κβ μηνὸς] . . [. . . . .] . . . . . . [

\- -

1.7.[26].[32] ∟ **5.11** ꭓ **8.15.19.22** ʎ **10** l. ἔκτισιν **13** l. ἐν
15.[21].[24].24 ∠ **23** δρ$\overset{\chi}{\breve{\alpha}}$ [$\overset{\alpha}{\text{M}}$ 'ϛ] **24** $\overset{\eta}{\text{M}}$ bis

Verso

33 m^3 [(ἔτους)] κ̣β Ἀρτεμισί̣ο̣[υ κ̅ .] Ἁ̣θὺρ κ̅[. ἔγκλ(ημα)]
34 Ἀ̣[ν]τ̣ιγόν̣ου πρ(ὸς) . . . . (δραχμῶν) μ(υριάδων) η

33 [∟] [εγ$\overset{\lambda}{\text{κ}}$] **34** $\overset{\rho}{\Pi}$ ∠$\overset{\eta}{\text{M}}$

4. Verso

Zeilenkommentar

1–2 Zum nachträglich von zweiter Hand angebrachten Signalement des Klägers siehe den Komm. zu **1**,1.

τετανός: s.o. den Komm. zu **1**,1.

οὐλὴ μετώπωι | [μέσωι]: Wie der große Abstand zu Z. 3 zeigt, war am Anfang von Z. 2 die Narbe auf der Stirn durch einen kurzen Ausdruck lokalisiert. [μέσωι] passt am besten; denn die Ausdrücke für „links“ (ἐξ ἀριστερῶν) oder „rechts“ (ἐκ δεξιῶν) wären zu lang und müssten noch aus der Lücke herauskommen. In **1**,1 befindet sich ein φακ[ὸ]ς μ̣ετώπω̣ι̣ μ̣έ̣σωι.

Über den Freiraum zwischen Z. 1 und 3 ziehen sich Spuren einer Vorbeschriftung oder durchgedrückter Schriftspuren von anderen in der Kartonage mitverarbeiteten Dokumenten hin, die eindeutig nicht zum vorliegenden Text gehören.

3–5 [Ἀντίγονος Μακεδ]ῶ̣ν̣ τ̣ῶν Εὐκράτους τῆς τρίτης | [ἱππαρχίας π (αρ.), καθὰ] σ̣υνήλλαξα Ἀντίγονος Μακεδῶ̣[ν | τῶν --- τῆς] αὐτῆς ἱππαρχίας π (αρ.): Hier liegt mit καθὰ] σ̣υνήλλαξα zum ersten Mal der Fall vor, dass nicht der Schuldner, sondern der Gläubiger seinen Status seit dem Zeitpunkt des Vertragsabschlusses geändert hat. Ein militärischer Rang, der sich in der Zwischenzeit geändert haben könnte, ist nicht genannt. Die Hipparchie ist dieselbe geblieben; in der dritten Hipparchie sind bisher nur 80- und 100-Arureninhaber bezeugt, aber es ist unwahrscheinlich, dass sich die Arurenzahl von 100 auf 80 vermindert haben sollte. Auch das Ethnikon Μακεδών scheint, nach den vagen Spuren in Z. 3 zu urteilen, gleich geblieben zu sein. Antigonos könnte demnach einen neuen eponymen Offizier erhalten haben, wie es auch in **1**,4–5 der Fall ist. Dann müsste also die dritte Hipparchie in den vergangenen zwei Jahren einen neuen eponymen Offizier erhalten haben. Seltsam erscheint dabei, dass Antigonos nach καθὰ] σ̣υνήλλαξα noch einmal seinen Personennamen nennt. Sollte er vorher nicht Antigonos geheißen, sondern diesen Namen später angenommen haben? Dies hätte wohl einer Erklärung und damit einer längeren Formulierung bedurft, zumal die Änderung des Namens staatlicher Genehmigung bedurft hätte, vgl. Rupprecht, *Recht und Rechtsleben* S. 8 mit Verweis auf BGU VI 1213 (3. Jh. v.Chr.) und 1250 (Mitte 2. Jh. v.Chr.). Vielleicht hat der Schreiber im Zuge der Änderung der Nomenklatur einfach den Namen aus Versehen noch einmal wiederholt. Zur Änderung des Status bzw. der Nomenklatur siehe auch den Komm. zu P.Thissen 4–5.

τ̣ῶν Εὐκράτους: Ein eponymer Offizier Eukrates begegnet in SB XVI 12373,5–6 (Bodenpachtvertrag, Ars.; 5.8.158 v.Chr.): Ἀριστέας] | Ἀθηναῖος τῶν Εὐκράτου̣ς̣ τοῦ Ἀλεξίωνος τῆς τρίτης ἱππαρχίας [---άρουρος]. Aber da in **4** kein Vatersname angegeben ist, werden die beiden wohl nicht identisch sein.

5 τῆς] αὐτῆς ἱππαρχίας: So auch W.Chr. 233,16–17 (= P.Tebt. I 30; 15.2.115 v.Chr.); SB XVI 12720,4 (vor d. 25.7.–23.8.142 v.Chr.); P.Oxy. XLIX 3482,4 (8.10.73 v.Chr.); P.Köln V 227 R, A 11–12; (Arsinoites; 12–13 n.Chr.).

6]ο̣ντος: Vom Platz her könnte [τῶν Αὐτομέδ]ο̣ντος hier gestanden haben; vgl. u. zu Z. 10–11.

7 τοῦ ι̣θ L: Das Iota ist ziemlich dicht an das Ypsilon herangeschrieben und stark abgerieben, aber als Strich vor θ erkennbar. Dass die schwache Spur ernst zu nehmen ist, zeigt die Abfassungszeit der Vorladung im 22. Jahr (Z. 26–31); eine Laufzeit von mehr als 10 Jahren wäre – besonders bei einem Naturaldarlehen – ganz unwahrscheinlich.

μηνὸς Περιτίου: Der ägyptische Monat ist zu dieser Zeit Mesore; siehe dazu den Komm. zu **1**,6; er entspricht im 19. Regierungsjahr der Zeit vom 4.9.186–3.10.186 v.Chr.

8 ἀρ̣[άκου ἀ]ρ̣(τάβας) [ε]: Zu dem bis heute nicht wirklich identifizierten Arakos, einer der zahlreichen Wicken- (*vicia*) oder Platterbsenarten (*lathyrus*) siehe Germer, *Flora* S. 76–84; Schnebel, *Landwirtschaft* S. 185–189. Nach Hennig, *Bodenpacht* S. 45, dient Arakos hauptsächlich als Futterpflanze; sie wurde im Herakleopolites häufiger als in den anderen Gauen angebaut; vgl. Scheuble-Reiter, *Katökenreiter* 256–256. Arakos ist auch im Pachtvertrag **12**,51 als Brachfrucht zum Anbau während der Regenerationszeit vorgesehen.

Das Zeichen im Papyrus ist schwer zu deuten; es erscheint auch in Z. 15, 19 und 22. Das Artabenzeichen besteht in der Regel aus nebeneinander geschriebenem Alpha und Rho: , das Arurenzeichen ebenfalls aus nebeneinander geschriebenem Alpha und Rho, wobei jedoch das Rho-Köpfchen zusätzlich darübergesetzt ist und gleichzeitig als Omikron dient; ganz oben sitzt das Ypsilon: . Vgl. auch Pestman, *Guide* B, S. 560; Blanchard, *Sigles et abréviations* S. 38 und 40 sowie CPR XVIII, Einleitung S. 7. Hier ist  aus Z. 22 herauskopiert, wo es ganz klar für Artaben steht. In Z. 19 ist der Fall nicht ganz so klar, aber es scheinen doch wie auch in Z. 22 Alpha und Rho neben- bzw. übereinander zu stehen; von Omikron und Ypsilon ist nichts zu erkennen: .

Die Menge von 5 Artaben ist nach dem Anfang von Z. 19 ergänzt.

9 Die Spuren passen recht gut zu Ἡγησίνικος. Der Name ist allerdings selten, wenn auch andere Namen mit dem Bestandteil Ἡγησ- oder Ἡγησί- gut belegt ist; siehe nur Preisigke, *Namenbuch*; Foraboschi, *Onomasticon*; Pape-Benseler, *Griechische Eigennamen* s.vv. Den bisher einzigen Papyrusbeleg für diesen Namen bietet P.Marm. R, V 34 (ca. 206–215 n.Chr.). Die epigraphische Datenbank des PHI führt zwei Belege aus Attika an, einen Männernamen, IG II^2 1706 Ἡγησίνικος Φλυεύς und einen Frauennamen, MDAI(A) 67, 1942, 168, Nr. 349, der allerdings kühn ergänzt ist [Ἡγησ]ινίκη. LGPN I führt ohne weitere Angaben noch IG XII (9) 87 an, wo in Z. 2 Η[– –]κου u.a. auch Ἡ[γησινί]κου ergänzt werden könnte.

9–10 [ἔγ]γυος τῶν κατὰ τὴν̣ | [συγ]γραφὴν εἰς ἔκτεισιν: Vgl. P.Rein. II 104,3–4 (= CPGr I 15; Oxyrhynchos; 25/26 n.Chr.): μετὰ κυρί[ου καὶ ἐγγύου πάντων τῶν κατὰ | τ]ὴν συγγραφὴν ταύτην εἰς ἔκτεισι[ν]. Zum Bürgen in Darlehensverträgen s.o. den Komm. zu **1**,9–10.

10–11 Δίδυμος Μακε[δ]ὼν τῶν Α[ὐ]το|[μέδ]ο̣ντος ἰδιώ[τ]ης, καθὰ δὲ σ̣υ̣ν-ήλλαξ[ε]ν τῶν Πε ̣[̣ ̣ ̣ ̣](ἀρουρος): Didymos ist nicht nur in die Truppe eines anderen eponymen Offiziers aufgenommen worden, sondern er hat, wie das Arurenzeichen am Ende der Zeile erkennen lässt, in der Zwischenzeit einen Kleros erhalten, dessen Größe allerdings leider in der Lücke verloren ist. Der bekannte Eponyme Automedon (Pros.Ptol. II u. VIII 1864) ist auch in **3**,3.4; **5**,4 und vielleicht **13**,[4] genannt; vgl. auch den Komm. zu **3**,3 und 4. Vom Namen des ehemaligen eponymen Offiziers ist nur der Anfang Πε ̣[(Περ̣[oder vielleicht auch Πελ̣[) erhalten; in der folgenden Lücke ist nur Platz für 4 bis 5 Buchstaben; denn auch die Arurenzahl muss noch dort gestanden haben. Der einzige so beginnende Name eines bisher bekannten Eponymen wäre Perigenes aus BGU X 1939, Fr. G,3 (Hera.; Mitte 2. Jh. v.Chr.; Pros.Ptol. VIII 1974a): τῶν Περιγένου [, aber dieser wäre schon zu lang für die Lücke.

Wendungen wie P.Petr. III 112 (e), I 13; II 23 τῆς τῶν Περσῶν ἱππαρχίας und CPR XVIII 15,298: τῶν Περσῶν καὶ [--- ἱπ(παρχίας) - (ἀρουρος) kommen nicht in Frage, weil der Artikel τῆς fehlt und die Hipparchie bereits genannt ist.

14 Am Zeilenanfang erwartet man das durch den Rückzahlungstermin gegebene Ende der Laufzeit des Vertrags. Da der Vertrag im Peritios/Mesore abgeschlossen wurde, wird es wohl in das neue, d.h. 20. Jahr gefallen sein. Wenn dieses genannt sein sollte wie in **5**,9–10; **6**,9–10, wäre nur Platz für einen sehr kurzen Monatsnamen, eventuell also [Θὼθ τοῦ κ L]. Aber in **3**,12 ist nur der ägyptische Monat ohne Jahresangabe genannt.

14–16 Strafklausel. Normalerweise wurde entweder ein Festpreis pro Artabe als Strafzahlung vereinbart oder der höchste Marktpreis; s. Hennig, *Bodenpacht* S. 74. Hier scheint es trotz der vorgesehenen Alternativmöglichkeit ein Festpreis zu sein; vgl. unten zu Z. 22–23. Zur Strafklausel in Naturaldarlehen vgl. Berger, *Strafklauseln* S. 102–120, bes. 104–109; Rupprecht, *Darlehen* S. 99–104.

15 Die Ziffer für 200 nach dem Drachmenzeichen ist eindeutig ein Sigma im Inschriftenstil (Σ): . 200 Dr. pro Artabe Arakos ist ein stolzer Preis. Das Produkt scheint vergleichsweise selten zu sein (s. oben zu Z. 8). In dem Brief P.Cair. Zen. V 59814,4–5 (Krokodilopolis?; 2.10.257 v.Chr.) über den Kauf von Grünfuttersaaatgut schreibt Zoilos an Panakestor: ἄρακος δὲ ἐν μὲν τῶι νομῶι οὐ`χ´ `ὑ´πάρχει, οὐθὲν δ' ἧσσον γεγράφαμεν τοῖς παρ' ἡμῶν | ζητῆσαι εἴ που ἔστιν παρὰ τοῖς ἰδιώταις, ἵνα λάβητε.

15–16 ἢ ὅσω̣[ι] ἂ̣ν πλεί|[ονος πωληθ]ῆ̣: Diese Wendung ist bisher ohne Parallele.

17–18 Vgl. **3**,15–16 mit Komm.; **5**,14–16; **6**,11–14.

18 ἀπηιτ]ημένος ὑπ' ἐμ[οῦ] κ̣α̣ὶ̣ πλεονάκις: Wenn der Schuldner mehrfach aufgefordert wird, den Arakos zurückzuzahlen, so bestätigt dies, dass es sich um Saatgut handelt, nicht um verderbliches Grünfutter.

πλεονάκις: Nicht πλειονάκις wie oben in **2**,14.

22–23 ἑκάστης ἀρ(τάβης) ὅσου πωλεῖται ̣[̣ ̣ ̣ ̣] ἐ̣ν̣ τ̣ῆι ἐν Ἡρακλέους πόλει | ἀγορᾶι: Während es oben in Z. 15–16 noch im Hinblick auf das zukünftige Rückgabedatum hieß: ἢ ὅσω̣[ι] ἂ̣ν πλεί|[ονος πωληθ]ῆ̣ ἐν τῆι ἐν Ἡρακλέους πόλει ἀγορᾷ̣[ι, ist hier von der durch ἤ ausgedrückten Alternative keine Rede mehr. Möglicherweise hat der Marktpreis sich nicht geändert, oder die Summe ist von vornherein so hoch angesetzt worden, dass der Markrpreis in jedem Fall darunterliegen würde, so dass die Differenz keine Rolle spielte. Nach der oben in der Einleitung vorgeschlagenen Berechnung beträgt die Strafsumme selbst immer noch die vereinbarten 200 Drachmen pro Arure Arakos, d.h. 1.000 (Silber-) Drachmen (Z. 21), aber diese wurden in der Zwischenzeit in der Relation 1 : 80 in Bronzewährung umgerechnet, wodurch der aktuelle achtzigfache Marktpreis in Höhe von 80.000 Bronzedrachmen zustandekommt.

Etwas anders verhält es sich in dem (prodomatischen) Pachtvertrag BGU XIV 2390,32–34, wo die Strafklausel sowohl eine Strafsumme von 400 Drachmen zuzüglich der Differenz zum zukünftigen Marktpreis vorsieht: ἐὰν δὲ [μ]ὴ ἀποδῶι καθὰ γέ|γραπται ἀποτεισάτω Πολυήρατος Διζαόλωι οὗ ἂν αὐτῶι προσοφειλήσῃ σίτου τιμὴν ἑκάστης ἀρτάβης τῶν πυρῶν δραχμ[ὰ]ς | τετρακοσίας καὶ ὅσωι ἂν πλείονος τ̣ούτ[ου] πωλῆται[5] ἐν τῆι ἐν Ἡρακλέους πόλει ἀγορᾶι. Im Kommentar vermutet Brashear, dass der Festpreis so niedrig angesetzt war, dass der Verpächter auf jeden Fall durch die zusätzliche Differenz einen Gewinn machen würde. S. auch unten **5**,13–14 mit Komm.

In **12**,27–28 ist der Preis des Weizens auf der Tenne maßgeblich, aber der fragmentarische Erhaltungszustand erlaubt keine Rekonstruktion.

Nach πωλεῖται eventuell τ̣[ὰ νῦν]? σ[ήμερον] wäre zu breit.

23 δραχ(μῶν): Man erkennt deutlich δρ, danach Spuren, die zu α passen könnte, und rechts darüber noch eine schwarze Tintenspur, das linke untere Bein eines hochgesetzten χ. Diese Abkürzungsmethode ist in der vorliegenden Dokumentation ungewöhnlich; häufiger begegnet das Häkchen, ∠ oder ⊢.

[μ(υριάδα) α ͵ϛ]: 16.000 Drachmen beträgt die Strafsumme für die fünf Artaben Arakos in Bronzewährung.

24 Der Streitwert beträgt (δραχμῶν) μ(υριάδες) η, 80.000 Drachmen; die Summe ist in Z. 24 an erster Stelle, wo der Papyrus extrem dunkel ist, nur bei Aufhellung durch Photoshop schwach, an zweiter Stelle jedoch ohne Veränderung deutlich zu erkennen:

[5] πώληται ed. pr.

Auf dem Verso ist dieselbe Zahlenkombination ebenfalls recht gut zu sehen:

Der Betrag ist vollständig in Drachmen angegeben und nicht, wie sonst bei Beträgen über 6000 Dr. üblich, in Talente umgerechnet worden. Kaltsas führt dazu P.Heid. VIII 412,14 (S. 31–32 im Komm. zum Zahlwort τρισμυρίων) nur P.Cair. Zen. I 59008,Verso 3 an: [⊦] $\overset{\alpha}{\text{M}}$ 'A — $\overset{\beta}{\chi}$ und nennt weitere Beispiele, S. 31 Anm. 94 auch aus der Römerzeit. Vgl. auch P.Heid. VIII 417,21 (Quittung über den Empfang einer Strafsumme; Herakleopolis; 19.11.190 oder 17.2.198[?] v.Chr.): δραχμὰς μυρίας ὀκτακοσίας; 31 τ[άς τ]ε̣ μυ̣ρ̣ί̣α̣ς ὀκτακο[σ]ί̣α̣ς̣ δρα[χμ]άς mit Verweis auf Maresch, *Bronze und Silber* S. 185 im Komm. Dieser führt S. a.a.O. S. 199–205 weitere Strafgelder bei Vertragsbruch an, aber dort ist die Zusammensetzung der Summen nicht behandelt. Für die Zeit unserer Dokumentation gibt es keine weiteren Parallelen.

25 [α]: Vielleicht wollte der Schreiber schon ἄρακον (Z. 26) schreiben und hat seinen Irrtum noch rechtzeitig bemerkt.

26 ∟ κ]β̣ ἐφ' ἱερέως Μ̣α̣ρσ̣ύ̣ου τοῦ Δημη|τρίου 'Αλεξάν̣[δρου κτλ.: Marsyas, der Sohn des Demetrios, ist dynastischer Priester im 22. Regierungsjahr Ptolemaios' V. (184/3), so dass in Z. 29–31 die Priesterinnen desselben Jahres ergänzt werden können. Vgl. **2**,25–33 und P.Thissen 27–33 (= **3**) mit Korr. von P.Tebt. III 2, 976 descr. sowie Clarysse/Van der Veken/Vleeming, *Eponymous Priests* Nr. 107. In **1**,26–31 ist die Partie weitgehend nach diesen Parallelen ergänzt.

32 In den Spuren könnten die Namen der Ladungszeugen stecken, aber sie sind nicht lesbar. Vom Textbestand her könnte sich das Fragment **7** hier anschließen, dessen beide ersten Zeilen Angaben über Ladungszeugen enthalten, gefolgt von deren Signalements von zweiter Hand. Aber die Schrift scheint uns doch eine andere zu sein als diejenige, die die Vorladung geschrieben hat. Allerdings könnte derselbe Gerichtsschreiber, der in **7** in 2. Hand die Signalements geschrieben hat, auch die vorliegende Ladung geschrieben haben.

34 πρ(ὸς) . . . . : Der drittletzte Buchstabe könnte ein Delta sein, was auf -δ̣ο̣ν̣ oder -δ̣η̣ν̣ führen sollte; keine der beiden Möglichkeiten ist sicher zu lesen.

Übersetzung

(2. Hand) NN, x Jahre alt, (Größe), -farbig, glatte Haare, Narbe [mitten] auf der Stirn.

(1. Hand) Ich, Antigonos, Makedone (?), von der Truppe des Eukrates, von der dritten Hipparchie, [80?]Arureninhaber, doch wie ich den Vertrag geschlossen habe, Antigonos, Makedone, von der Truppe des ---, von derselben Hipparchie, 80-Arureninhaber, an NN, [Ethnikon], einfachen Soldaten von der Truppe des -on, doch wie er den Vertrag geschlossen hat, [Ethnikon], von der Truppe des NN.

Weil du im 19. Regierungsjahr im Monat Peritios von mir 5 Artaben Arakos geliehen hast entsprechend einem Darlehensvertrag, dessen Urkundenhüter Hegesinikos ist, in welchem als dein Zahlungsbürge für den Inhalt des Vertrags Didymos, Makedone, einfacher Soldat aus der Truppe des Automedon, wie er aber den Vertrag geschlossen hat, aus der Truppe des Pe-, ebenfalls eingetragen worden ist,

und weil der Darlehensvertrag unter anderem auch besagt, dass du mir diesen Arakos im Monat --- der Ägypter zurückzahlst; wenn du ihn aber nicht zurückzahlst, wie es geschrieben steht, du mir für jede Artabe Arakos 200 Drachmen zahlst oder so viel mehr, um wie viel teurer als diese Summe er auf dem Markt in Herakleopolis verkauft wird;

und weil die Zeit gemäß dem Vertrag verstrichen ist und viel mehr hinzugekommen ist, du aber auch auf meine mehrfache Forderung hin mir die 5 Artaben Arakos nicht zurückgezahlt hast,

deshalb mache ich dir den Prozess in dem Losgericht von Herakleopolis südlich von Memphis gemäß dem Darlehensvertrag über die 1000 Dr. als Preis des Arakos, für jede Artabe so viel, für wie viel er [zur Zeit] auf dem Markt von Herakleopolis verkauft wird, 16.000 Drachmen in Bronzemünze, insgesamt 80.000 Drachmen in Bronzemünze.

Der Streitwert des Prozesses beträgt 80.000 Drachmen.

Das Unrecht geschah, als du von mir um den oben genannten Arakos gebeten wurdest und ihn mir nicht zurückgezahlt hast.

Im 22. Regierungsjahr zur Amtszeit des Marsyas, des Sohnes des Demetrios, Priesters des Alexander und der Theoi Adelphoi und der Theoi Euergetai und der Theoi Philopatores und der Theoi Epiphaneis, (zur Amtszeit) der Athlophore der Berenike Euergetis Demonike, der Tochter des Leonnatos, (zur Amtszeit) der Kanephore der Arsinoe Philadelphos Anaxibule, der Tochter des Telestes, (zur Amtszeit) der Priesterin der Arsinoe Philopator Eirene, der Tochter des Ptolemaios, im Monat ---. Du bist vorgeladen und die Vorladung habe ich dir persönlich überreicht. Im 22. Regierungsjahr ---, Monat ---.

[Ladungszeugen: ---]

Verso

(3. Hand) 22. Regierungsjahr, 20.(+x) Artemisios/Hathyr. Klageschrift des Antigonos gegen NN über 80.000 Bronzedrachmen

5. Vorladung wegen Nichtrückzahlung eines Weizendarlehens (Apollodoros gegen Botrichos)

Fr. a: Inv. 188-73 R u. V	9,4 x 13 cm	Herakleopolis
Fr. b: Inv. 188-120b R	6 x 0,5 cm	
Fr. c: Inv. 188-112 R	4,2 x 2 cm	
Fr. d: Inv. 188-74 R	7,1 x 1,8 cm	
Fr. e: Inv. 188-75 R	12,4 x 5	

184/3 ? v.Chr.

Der Papyrus konnte aus fünf Fragmenten zusammengesetzt werden. Fr. a ist rechts, links und unten abgebrochen und reicht von Z. 1–14. Oben steht unter einem 1,2 cm hohen Rand das nachträglich dort eingetragene Signalement, dessen zweite Zeile 0,6 cm vom Haupttext entfernt ist. Auf der Rückseite von Fr. a befindet sich im oberen Teil, parallel zu den Fasern geschrieben, der Registrierungsvermerk (Z. 28). Fr. b umfasst lediglich einige Buchstaben von Z. 14, wobei die Spitze des Alphas von κ̣ατά noch auf Fr. a zu sehen ist. Nach einem Abstand von einer Zeile setzen Fr. c mit dem linken Teil von Z. 18–20 und Fr. d mit dem rechten Teil von Z. 17–19 ein, die direkt aneinander passen. Fr. e beginnt mit Z. 20, von welcher noch auf Fr. c links die Oberlänge des Lambda von Ἡρακ]λ̣[έους zu sehen ist; auf der rechten Seite sind nur die Füße der Buchstaben zu erkennen, die aufgrund des Formulars sicher zugeordnet werden können. Unten bricht der Text ab. Auf Fr. a (Z. 3–7), d und e reicht die Schrift bis zum rechten Rand, wo eine Klebung das Papyrusblatt begrenzt hat.

Die schöne, klare Schrift, die keine Ligaturen aufweist, könnte von derselben Hand stammen wie **1**, ist aber durchweg etwas kleiner.

Der Papyrus enthält wie auch **4** und **6** eine Vorladung wegen Nichteinhaltung eines Naturaldarlehensvertrags, wobei der Vertragsbruch hier in der Nichtzurückzahlung eines Weizendarlehens besteht.

Apollodoros, der Sohn des Nikanor, Makedone von Abkunft, hat dem Botrichos, der zur Zeit des Vertragsschlusses Lochagos in der Truppe des eponymen Offiziers Automedon war und mittlerweile in nicht mehr nachvollziehbarer Weise befördert worden ist, ein Darlehen im Umfang von 120 Artaben Weizen gegeben. Die Rückzahlung sollte noch im selben Jahr erfolgen, doch der genaue Zeitpunkt ist verloren. Meist erfolgte die Rückzahlung von Naturaldarlehen zur Zeit der Ernte. Zinsen sind wie stets bei Naturaldarlehen nicht vereinbart. Wird das Darlehen nicht zum Fälligkeitsdatum in Natur zurückgegeben, so tritt die Vertragsstrafe in Kraft, welche entsprechend dem aktuellen Marktpreis von

Herakleopolis 350 Bronzedrachmen pro Artabe beträgt (= 42.000 Dr. für 120 Artaben). Obwohl der Rückzahlungstermin verstrichen und Botrichos bereits zur Zahlung aufgefordert worden ist (Z. 14–19), hat er das Darlehen bzw. das Geld nicht zurückgezahlt, und Apollodoros lädt ihn vor das Losgericht in Herakleopolis. Der Streitwert beträgt 7 Bronzetalente, das sind die erwähnten 42.000 Drachmen. Das Datum der Vorladung ist mit dem unteren Teil des Papyrus verloren. Wenn man annehmen darf, dass die 350 Dr. pro Artabe die Strafsumme für ein Jahr ausmachen, dann macht Apollodoros seinem Schuldner den Prozess gleich nach Ablauf des Termins. Eine mehrfache Mahnung war in diesem Falle dann gar nicht mehr erfolgt.

Am Ende folgte noch wie in der vollständigen Parallele **4** die Angabe über den Streitwert, die Begründung der Klage mit dem Delikt, die Datierungsformel für das aktuelle Regierungsjahr, die Ladungsformel sowie die Namen der beiden Ladungszeugen samt ihrem Signalement.

Das Datum des Vertragsabschlusses war der 14.1.186 v.Chr. (Z. 5–6).

Rand

m² [(ἐτῶν) . . μέσο]ς λευκόχρως τετ̣[ανὸς
[οὐλὴ ὑπὸ τ]ρίχα μέσωι μετ[ώπ]ω̣ι̣.

m¹ [Ἀπολλόδωρος] Νικάνορος Μακεδὼν τῆς ἐπιγονῆς Β[ο]τ[ρί-]
[χωι ἱλάρχηι τ]ῶ̣ν Αὐτομέδοντος, λοχαγῶι καθὰ συνήλ[λα-]
[ξεν. ὅτι τοῦ ἐν]νεακαιδεκάτου ἔτους μηνὸς Δαισίο̣υ ὀγδό̣-
[ηι δανεισάμ]ενος παρ' ἐμοῦ πυρῶν ἀρτάβας ἑκατ[ὸν]
[εἴκοσι κα]τὰ συγγραφὴν ἧ̣ς συγγρα[φ]ο̣φύλαξ Ἡρακ̣[λει-]
[. . . καὶ] τ̣ῆς συγγραφῆς διαγορευ[ο]ύ̣σης ἀπ̣[οδοῦναί]
[σε ἐμοὶ τὸ]ν̣ σῖτον τοῦτον ἐν μην̣[ὶ] Α̣ἰγυπτ̣[ίων]
[. . . . . τοῦ] ἐ̣ννεακαιδεκάτου ἔ̣[τ]ους, ἐὰν̣ [δὲ]
[μὴ ἀποδῶις κα]θ̣ὰ γέγραπται, ἀποτε[ῖσ]αί σε ⟦ο⟧ ἐμ̣[οὶ]
[ἑκάστης ἀρ]τ̣ά̣βης δραχμὰς τρ[ια]κοσίας [πεντή-]
[κοντα, καθότι] π̣[ω]λ̣[εῖ]ται ὁ̣ π̣υ̣ρὸς ἐ[ν] τῆι ἐν [Ἡρα-]
[κλεους πόλει ἀγορᾶι·] κ̣α̣[ὶ τοῦ] κατὰ τὴν̣ συγ[γρα-]
[φὴν τοῦ δανείου χρόνου διελθόντος καὶ πολλοῦ]
[πλείονος ἐπιγεγονό]τ̣[ος] κ̣α̣ί μ̣[ο]υ̣ σ̣ε̣ ἀπειτηκό-
[τος τ]ὸ̣ν σῖτον σὺ οὐκ ἀπέδωκάς μοι καθὰ
[συνε]γράψω, διό σοι δικάζομαι ἐν τῶι
[ἐν Ἡρακ]λ̣[έους πόλε]ι̣ [τῆι ὑπὲ]ρ̣ [Μ]έ̣μ̣φιν κληρω-
[τῶι δ]ικαστηρίωι κατὰ τὴν συγγραφὴν τῆς
[τιμῆ]ς̣ τῶν ἑκατὸν εἴκοσι ἀρταβῶν τῶν

Fr. a

Fr. c

Fr. d

Fr. e

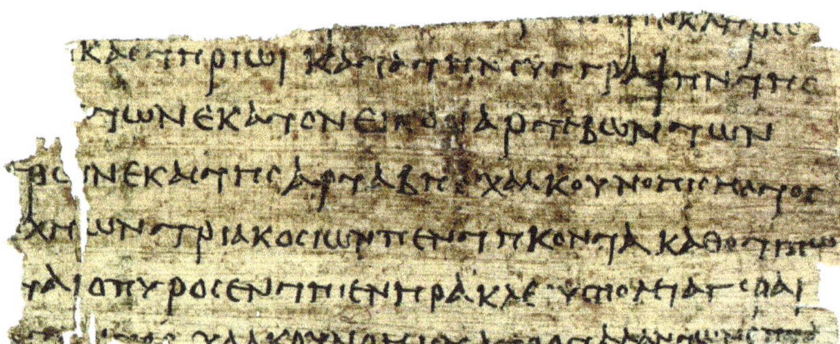

5. Recto

22 [π]ụρῶν ἑκάστης ἀρτάβης χαλκοῦ νομίσματος
23 [δρ]ạχμῶν τριακοσίων πεντήκοντα, καθότι πω-
24 [λεῖ]ται ὁ πυρὸς ἐν τῆι ἐν Ἡρακλέους πόλει ἀγορᾶι,
25 [το]ῦ̣ π̣ạṿτ̣ὸς χαλκοῦ νομίσματος ταλάντων ἑπτά.
26 [τίμημα τῆς δίκης] χạλ̣[κοῦ νομίσματος (ταλ.) ζ.]
- -

Verso

27 m³ [(ἔτους) κβ ἔγκλ(ημα)]
28 Ἀπολλοδώρου πρ(ὸς) Βότριχον τ̣α̣λ̣(άντων) ζ

17–18 l. ἀπητ̣ηκότος **18** [συνε]γράψω □ διό **28** 𐅵

5. Verso

Zeilenkommentar

1–2 Zum nachträglich eingesetzten Signalement des Klägers siehe Hagedorn/Kramer zu P.Thissen 1–2, den Komm. zu **1**,1.

1 τετ[ανός]: Siehe den Komm. zu **1**,1.

3 [Ἀπολλόδωρος]: Ergänzt nach Verso 28.

Μακεδὼν τῆς ἐπιγονῆς: Siehe dazu den Komm. zu **1**,2.

3–4 Β[ο]τ[ρί|χωι]: Ergänzt nach Verso 28. Der Name begegnet bisher in den Papyri nur in BGU X 1941, Fr. A 11 (Personenliste; Anfang 1. Jh. v.Chr.): [Β]οτρίχωι; er ist noch nicht bei Preisigke, *Namenbuch*, und Foraboschi, *Onomasticon*, aufgeführt, aber auch nicht bei Russu, „Onomasticon Macedonicum". Die Inschriftendatenbank des PHI nennt 8 Personen dieses Namens.

4 Man könnte als militärischen Rang ἰλάρχηι ergänzen; siehe dazu unten den Komm. zu 4–5. Zum ἰλάρχης siehe Kaltsas im Komm. zu P.Heid. VIII 414, 46.

τ]ῶν Αὐτομέδοντος: Zum eponymen Offizier Automedon siehe den Komm. zu **3**,3 und 4; vgl. auch **4**,10–11.

λοχαγῶι: Vgl. P.Hib. I 81,7 und 15; P.Petr.[2] 1,83; 6,43; BGU XIV 2386,6. Der Lochagos ist ein untergeordneter Offizier der ptolemäischen Kavallerie, Kommandant der kleinsten Einheit einer Hipparchie, des λόχος; vgl. die Liste bei Lesquier, *Les institutions militaires* S. 343–344. S. auch ibid. 90–1: „l'ile (scil. Unterabteilung einer Hipparchie, der größten Einheit der Kavallerie) était commandé par l'ilarque (...). L'ile a été probablement subdivisée en loches, λόχοι, dans l'armée ptolemaïque." S. auch Van 't Dack, „La littérature tactique," S. 51 u. 60; zuletzt Kaltsas zu P.Heid. VIII 412,5 und 414, 46; Scheuble-Reiter, *Katökenreiter* S. 57–58 u. 347. An den angeführten Stellen ist immer ein eponymer Offizier in einer Nomenklatur angegeben.

4–5 καθὰ συνήλ[λα|ξεν]: Zum Zeitpunkt des Vertragsabschlusses war der Schuldner ein λοχαγός; zum Zeitpunkt der Klage könnte er einen höheren Rang, etwa den des Ilarchen, innehaben. Auch der ἰλάρχης ist mit einem eponymen Offizier bezeugt; vgl. P.Hib. I 105,3 ἰλ(άρχου) τῶν | Ζωΐλου (Steuerquittung; 12.8.228 v.Chr.); P.Petrie III 112 (g),23 (Liste von Militärsteuern; 221/220 v.Chr.): ἰλ(άρχ) τῶν Ἐτεωνέως; P.Frankf. 7 Verso,1 (Enteuxis, nach 218/7 v.Chr.): ἰλάρχης τῶν Φίλωνος. Wenn der aktuelle Rang des Bostrichos genannt war, wäre kein Platz mehr für das Ethnikon, das nach der Nomenklaturregel in Darlehensverträgen von Soldaten immer angegeben werden muss. Zur Nomenklaturregel siehe Kramer, CPR XVIII, Einleitung S. 63–80; Uebel, *Kleruchen* S. 11–13; Brashear zu BGU XIV 2367.

5 ὅτι κτλ.]: Ergänzt nach den Parallelen **1**,5; **3**,5 und **6**,3; siehe dazu den Komm. zu **1**,5.

5 μηνὸς Δαισίου: Der Daisios entspricht hier dem ägyptischen Choiak (7.1. 186–5.2.186); siehe dazu oben den Komm. zu **1**,6.

6 δανεισάμ]ενος παρ' ἐμοῦ: Ergänzt nach **3**,6; **4**,7; vgl. **1**,6 und **6**,4.

πυρῶν ἀρτάβας: Zum Plural πυρῶν siehe den Komm. zu **12**,15.

7 [εἴκοσι]: Ergänzt nach Z. 21.

κα]τὰ συγγραφὴν ἧς συγγρα[φ]ο̣φύλαξ: Vgl. **1**,9 mit Komm.

7–8 Ἡ̣ρα̣κ̣[- : Nach Rho sieht man deutlich die obere und die linke untere Spitze des Alpha, danach sogar noch die Arme des Kappa. Die Platzverhältnisse ließen Ἡ̣ρα̣κ̣[λείδης] oder Ἡ̣ρά̣κ̣[λει|τος zu; Ἡ̣ρά̣κ̣[λει|ος] dürfte für die Lücke am Anfang von Z. 8 zu kurz sein. Diese drei Heraklesnamen sind die beliebtesten Namen bei Katökenreitern und wohl auch bei den übrigen Soldaten im Herakleopolites; vgl. Scheuble-Reiter, *Katökenreiter* S. 124–127. Andere Namen auf Ἡρακλ- bei Preisigke, *Namenbuch*; Foraboschi, *Onomasticon*; *Pape/Benseler, Griechische Eigennamen.*

8 καὶ] τ̣ῆς συγγραφῆς διαγορευ[ο]ύ̣σης: Dieselbe Wendung liegt vor in **1**,11–12; erweitert mit ἄλλα τε --- καί **2**,7–8, **3**,[10–11] und **4**,12 und variiert in **6**,7 (ἄ̣[λλ]α̣ τε διασαφούσης καί). S. dazu den Komm. zu P.Thissen 10–11 und oben den Komm. zu **1**,11–12.

8–9 ἀπ[οδοῦναί | σε ἐμοὶ τὸ]ν̣ σῖτον τοῦτον: Das Darlehen soll in Natur und nicht in Geld zurückgezahlt werden.

9–10 ἐν μην̣[ὶ] Ạἰγυπτ̣[ίων | . . . . . τοῦ] ẹ̀ννεακαιδεκάτου ἔ̣[τ]ους: Die Rückgabe hat noch im selben Jahr zu erfolgen, üblicherweise zur Erntezeit. Der Platz reicht für etwa 5 Buchstaben. Nach Pestman, *Primer* S. 314–15 beginnt die Weizenernte im April und endet im Juni, wenn die Nilflut steigt; das Dreschen beginnt im Mai und endet im Juli. Im Jahr 186 v.Chr. fällt der Pachon ungefähr mit dem Juni und der Payni mit dem Juli zusammen. Es kämen also Παχών und Παῦνι in Frage. Nach Rupprecht, *Darlehen* S. 84, Anm. 55 betrug die Laufzeit bei Naturaldarlehen zwischen 4 und 7 Monaten.

10–11 ἐὰν̣ [δὲ] | [μὴ ἀποδῶις κα]θὰ γέγραπται: Zur Strafklausel im Naturaldarlehen siehe oben den Komm. zu **4**,14–16 und 22–23.

12–13 [πεντή|κοντα]: Ergänzt nach Z. 23.

13–14 [καθότι] π[ω]λ̣[εῖ]ται ọ̔ π̣υ̣ρὸς ἐ[ν] τῆι ἐν [Ἡρα|κλέους πόλει ἀγορᾶι: Ergänzt nach **4**,15–16 und 22. Wie immer bei Naturaldarlehen ist als Vertragsstrafe ein Festpreis vereinbart.

Die Strafsumme in Höhe von 350 Drachmen pro Artabe Weizen entspricht dem zur Zeit des Vertragsabschlusses aktuellen Marktpreis in Herakleopolis. Die Strafsumme kann aber bei einer Differenz zum aktuellen Marktpreis auch noch modifiziert werden, wie z.B. in dem Pachtvertrag BGU XIV 2390,32–34 (Herakleopolites; 160/159 v.Chr.): ἐὰν δὲ [μ]ὴ ἀποδῶι καθὰ γέ|γραπται ἀποτεισάτω Πολυήρατος Διζαόλωι οὗ ἂν αὐτῶι προσοφειλήσῃ σίτου τιμὴν ἑκάστης ἀρτάβης τῶν πυρῶν δραχμ[ὰ]ς | τετρακοσίας καὶ ὅσωι ἂν πλείονος τ̣ούτ[ου] πωλῆται[1] ἐν τῆι ἐν Ἡρακλέους πόλει ἀγορᾶι. In **4** wird zusätzlich zu der Strafsumme von zweihundert Drachmen pro Arure für den Fall einer aktuellen Marktpreiserhöhung auch die Zahlung der Differenz vorgesehen; bei der Berechnung des Streitwertes ist davon jedoch keine Rede mehr; siehe dazu oben den Komm. zur Stelle. Im Pachtvertrag **12**,27–28 ist in der Strafklausel der Preis des Weizens auf der Tenne vorgesehen, aber der Kontext ist zerstört. Ein wenig niedriger ist der Preis in P.Heid. VIII 417,21, einer Quittung über den Empfang einer Straf-

[1] πώληται ed.pr.

summe in Höhe von 10.800 Dr. für 36 Artaben Weizen vom 19.11.190 oder 17.2.189), macht 300 Bronzedrachmen pro Artabe.

Maresch, der *Bronze und Silber* S. 184–185 die Strafpreise für Weizen pro Artabe anführt, nennt für den Anfang des 2. Jhs. v.Chr. drei Belege: P.Amh. II, 43,12 aus dem Jahr 173 mit 500 Drachmen, BGU XIV 2390,34 aus dem Jahr 160/59 mit 400 Drachmen und BGU VI 1271,8 aus der Regierungszeit des Philometor mit 1000 Drachmen. Der Heidelberger Text von 190 oder 189 v.Chr. mit 300 Dr. und der unsrige mit Berufung auf einen Vertrag von 186 v.Chr. mit 350 Drachmen pro Artabe ist dieser Liste jetzt hinzuzufügen. Vgl. auch Criscuolo, „Il prezzo di mercato“.

14 κ̣ατὰ τὴ̣ν συγ[γρα|φήν: Diese Wörter stehen allein auf einem winzig kleinen Fragment. Inhaltlich passen sie genau an die vorliegende Stelle. Allerdings fehlen sie auch in dem möglicherweise von derselben Hand geschriebenen Vorladung **1**,19. Gegen die Ansetzung dort spricht zunächst, dass die Schrift in **1** etwas größer ist, aber auch, dass das Fragment dort allein, ohne Nachbarschaft, gewissermaßen in der Luft hängen würde.

14–17 κ̣α̣[ὶ τοῦ] κ̣ατὰ τὴ̣ν συγ[γρα|φὴν τοῦ δανείου χρόνου διελθόντος καὶ πολλοῦ] | [πλείονος ἐπιγεγονό]τ̣[ος] κ̣α̣ί μ̣[ο]υ̣ σ̣ε̣ ἀπειτηκό|[τος (l. ἀπῃτηκότος) τ]ὸ̣ν σῖτον σὺ οὐκ ἀπέδωκάς μοι: In der großen Lücke zwischen den Fragmenten ist, wenn man Z. 14 und 16 in voller Buchstabenhöhe rekonstruiert, Platz für mindestens eine weitere Zeile. Wir haben hier exempli gratia die ausführliche Formulierung aus **4**,16–18 ergänzt, so dass die Zeilen in passender Weise ausgefüllt sind: κα]ὶ τοῦ | [κατὰ τὴν συγγραφὴν] χ̣ρόνου διελθόντο[ς καὶ πο]λλοῦ πλείονος | [ἐπιγεγονότος ἀπῃτ]ημένος ὑπ᾽ ἐμ[οῦ] κ̣α̣ὶ πλεονάκις τὰς | ε ἀ̣ρ̣(τάβας) τοῦ ἀράκου οὐκ ἀποδέ̣δ̣ωκάς μοι. Vgl. auch **3**,15–16 mit Komm.; **4**,17–18; **6**,11–14.

Nach der Lücke in Z. 16 weicht das Formular allerdings vom gewohnten ab; hier ist die Forderung durch einen im Aktiv konstruierten *Genitivus absolutus* μ̣[ο]υ̣ σ̣ε̣ ἀπειτηκό|[τος statt wie sonst im *Participium coniunctum* Perfekt Passiv σὺ ἀπῃτημένος ὑπ᾽ ἐμοῦ ausgedrückt. Vgl. **3**,15–16 (P.Thissen): κ[αὶ τοῦ κ]ατ̣ὰ̣ τὴν συγ[γρ]αφὴν χρόνου διελθόντος | κα̣[ὶ πλείονος ἐ]πιγεγονό[τ]ο̣ς | σὺ ἀπῃτημένος ὑπ᾽ ἐμοῦ | κα[ὶ πλεονά]κι τ̣ὰ̣ς̣ ʼΒ (δρ.) [το]ῦ χαλκοῦ καὶ τὸν τόκο[ν]; P.Giss. Univ. I 1,5–11 (Eingabe betr. Rückerstattung eines Darlehens; 24.7.144 v.Chr.): κ[αὶ τοῦ χρόνου τ]ῆς ἀποδό|σ[εως διεληλυθότ]ο̣ς καὶ | ἄ[λλου πλέονος ἐπιγ]εγονότος | ὁ ἐ̣γ̣καλο̣ύ̣μ̣ε̣[νος Ἀμ]μ̣ώ|νιος πλεονάκις ἀπῃτ[η]μέ|νος τὸν πυρὸν οὐκ ἀπ[οδέ]|δωκ̣ε̣ν̣; P.Polit. Iud. 12,11–15: καὶ μ̣έ̣χ̣ρ̣ι̣ τοῦ ν̣ῦ̣ν ο̣ὐ̣κ̣ ἀ̣π̣ο̣δε|δωκότος μοι, τοῦ χρόνου | τῆς ἀποδόσεως διεληλυ|θότος καὶ ἔτι πλε̣ί̣ονος προσ|ε̣π̣ι̣γεγο̣ν̣ότος; UPZ I 59,22–23 (Brief des Isias an Hephaistion; = P.Lond. I 42 (S. 29); W.Chr. 97; Sel. Pap. I 97; Witkowski, Epistulae privatae 35; 1.9.179 v.Chr. oder

29.8.168): μὴ ὅτι γε τοσούτου χρόνου ἐπιγεγονότος | καὶ τοιούτων καιρῶν \`καὶ´ μηθέν σου ἀπεσταλκότος.

18 διό σοι δικάζομαι: Siehe dazu oben den Komm. zu **1**,17.

18–20 ἐν τῶι | [ἐν Ἡρακ]λ̣[έους πόλε]ι̣ [τῆι ὑπὲ]ρ̣ [Μ]ε̣μ̣φ̣ιν κληρω[τῶι δ]ικαστηρίωι: Siehe dazu den Komm. zu **1**,18–19 und 1. Teil, Kap. II.2.1.

27 Ergänzt nach **3**,44; vgl. auch **2**,38; **4**,33; **6**,25.

28 τ̣α̣λ̣(άντων) ist unsicher gelesen, wird aber durch Z. 25 gestützt.

Übersetzung

(2. Hand) Apollodoros, etwa x Jahre alt, mittlere Größe, weiße Hautfarbe, glattes Haar, --- Narbe unter dem Haar mitten auf der Stirn.

(1. Hand) Apollodoros, der Sohn des Nikanor, Makedone von Abkunft, an Botrichos, (Ethnikon,) von der Truppe des Automedon, Lochagos, wie er den Vertrag geschlossen hat.

Weil du im neunzehnten Regierungsjahr am achten des Monats Daisios von mir einhundertzwanzig Artaben Weizen geliehen hast aufgrund eines Vertrag, dessen Urkundenhüter Herakl- ist,

und weil der Vertrag besagt, dass du mir dieses Getreide im Monat (Pachon oder Payni) der Ägypter im neunzehnten Regierungsjahr zurückgeben sollst; wenn du es aber nicht zurückgibst, wie es geschrieben steht, du mir für jede Artabe 350 Drachmen zahlen sollst, so wie der Weizen auf dem Markt in Herakleopolis verkauft wird,

und weil die Zeit des Vertrags abgelaufen und noch mehr hinzugekommen ist,

und weil du, obwohl ich dich zur Rückzahlung aufgefordert habe, mir den Weizen nicht zurückgezahlt hast, wie du im Vertrag vereinbart hast,

deshalb mache ich dir den Prozess im Losgericht in Herakleopolis südlich von Memphis auf der Basis des (Darlehens-?) Vertrags über die einhundertzwanzig Artaben Weizen, für jede Artabe 350 Drachmen in Bronzemünze, so wie der Weizen auf dem Markt in Herakleopolis verkauft wird, insgesamt 7 Talente in Bronzewährung ---

Verso

(3. Hand) 22. Jahr, --- . Klageschrift
des Apollodoros gegen Botrichos über 7 Talente.

6. Vorladung wegen Nichtrückzahlung eines Weizendarlehens (NN gegen Ptolemaios)

Inv. 188-80 R und V | 15 x 13,4 cm | Herakleopolis
8.8.183 (?) v.Chr.

Das Blatt ist oben, rechts und unten abgerissen und überhaupt in schlechtem Erhaltungszustand. Die Schrift auf dem Recto ist durchweg stark abgerieben, doch die Parallelen **4** und **5** haben Lesung und Ergänzung gefördert. Links ist ein 2–2,5 cm breiter Rand erhalten. Auf dem Verso steht im Abstand von 5 cm vom rechten Rand quer zur Schrift des Recto der Registrierungsvermerk von einer zweiten Hand.

Der Anfang des Textes mit dem Signalement des Klägers und den Namen des Klägers und des Beklagten ist verloren; das Verso hat mit Apollonios den Namen des Schuldners bzw. des Beklagten bewahrt. Erhalten ist im Text selbst nur der Name des Urkundenhüters Perigenes (Z. 7). Der Papyrus enthält eine Klageschrift gegen einen gewissen Ptolemaios wegen Nichterfüllung eines Vertrags über ein Naturaldarlehen in Weizen. Der Darlehensvertrag war in einem 21. Regierungsjahr geschlossen worden (Z. 3–4). Die Nähe zu den übrigen Vorladungen macht es wahrscheinlich, dass dieses der Regierungszeit Ptolemaios' V. Epiphanes angehört; dann wäre das erwähnte Datum das Jahr 185/84 v.Chr. Das Datum der Vorladung selbst ist nicht erhalten, aber da unsere anderen Vorladungen aus derselben Mumienkartonage, soweit ersichtlich, aus dem 22. Jahr stammen, könnte man dies auch für das vorliegende annehmen.

Die Höhe des Darlehens ist nicht erhalten, und ein Zins ist, wie immer bei Naturaldarlehen, auch hier nicht vereinbart. Auch die Vertragsstrafe ist verloren, nur der Streitwert in Höhe von 3.000 Dr. ist in Z. 20 deutlich zu lesen. Um die fehlenden Summen zu rekonstruieren, könnte man vielleicht folgende Überlegungen anstellen. In **5**,12 beträgt die Strafsumme 350 Drachmen pro Artabe; wenn wir diesen Satz auch hier annehmen, kommen wir (3.000 : 350) auf ein Darlehen in Höhe von 8,57 Artaben. Dieser Betrag ist eher unwahrscheinlich, denn es wurden bei Darlehen nur ganze Artaben, nicht Bruchteile davon, vergeben. Nehmen wir einmal an, dass das Darlehen die runde Summe von 8 Artaben betrug, so ergibt sich bei einem Streitwert von 3.000 Drachmen (3.000 : 8) ein Bußgeld von 375 Drachmen, also 25 Drachmen mehr als in **5**. Das scheint uns in einem vertretbaren Rahmen zu liegen. Der der Vorladung zugrundeliegende Darlehensvertrag war im Jahr 185/4 geschlossen worden, also ein paar Jahre später als **5**, der 187/6 aufgesetzt worden war, so dass mit einem geringfügigen Preisansteig gerechnet werden kann. Zu den Strafpreisen für Weizendarlehen siehe Maresch, *Bronze und Silber* S. 184–185 und den Komm. zu **5**,12; der Strafpreis von 350 Drachmen um das Jahr 185/4 kann der dortigen Liste jetzt hinzugefügt werden.

\- -

m¹ [ ] . . .[
[Πτολεμαίωι . . . .]υ̣ .[. . . . . .]ου̣σ̣ι̣ . . . [.]ι̣[
[καθὰ συν]ή̣λ̣λαξας. ὅ̣τ̣ι̣ τοῦ κα̣ (ἔτους) [μ]η[νὸς]
[. . . .] .ου ιγ δανεισάμενος π̣[υ]ρ̣ῶ̣ν [ἀρτάβας η]
[κα]τ̣[ὰ] σ̣υ̣γγρα̣φ̣ὴν δανείο̣υ, ἐ̣φ̣' ἧ̣ς συγ[γ]ρ̣α̣[φο]φ̣[ύλ]α̣[ξ]
[Π]ερ[ιγ]ένης, καὶ τῆς συγγραφῆς τοῦ̣ δ̣α[ν]ε̣ί̣[ο]υ̣
ἄ̣[λλ]α̣ τε διασαφούσης καὶ ἀ̣ποδο̣ῦναί σ̣[ε ἐμοὶ τὸν]
[σ]ῖ̣τον τοῦτον̣ ἐ̣μ μην̣ὶ̣ Α̣ἰ̣γυπ̣τ[ί]ω̣ν̣ Π̣α̣[
τοῦ αὐτο̣ῦ ἔτ̣ο̣υ̣ς, ἐὰν̣ δὲ μ̣ὴ̣ ἀ̣π̣[ο]δ[ῷ̣ς κα]θ[ὰ]
γέγραπ̣τ[α]ι ἀπο̣τεῖσαί σ̣ε̣ ἐμοὶ τ̣[ι]μ̣[ὴ]ν̣ [τ]ῆ[ς]
ἀρτά̣β̣ης ἑκάστ̣ης τῶ̣ν πυρ̣ῶ̣ν̣ [(δρ.)] τ̣[οε, καὶ τοῦ]
κ̣α̣τ̣ὰ̣ τ̣ὴν σ̣υγγραφὴν χ̣ρ̣όνου δ̣ι̣ε̣λ̣[θόντος]
ο̣[ὐ]κ̣ ἀπο̣δ̣έ̣δωκάς μοι̣ τ̣ὸν σῖ̣τ̣[ο]ν̣ ἀ̣π̣η[ιτ]η-
μ̣ένος ὑπ' ἐμ̣οῦ ο̣ὐ̣δ̣ὲ̣ τ̣ὰ̣ς̣ τ̣[ο]ε δραχ̣[μάς, διό σοι]
δικάζομα̣[ι] ἐ̣ν̣ τ[ῶ]ι̣ ἐν Ἡ̣ρακλ̣έ̣[ο]υ̣ς̣ [πόλει τῆι]
ὑπὲ̣ρ Μέ̣μ̣φ[ιν] κ̣λ̣ηρωτ̣ῶ̣ι̣ δ̣ικασ̣[τ]η[ρίωι κατὰ]
τὴν τ̣ο̣ῦ̣ δ̣α̣ν̣ε̣ίο̣υ συγγ[ραφ]ὴ̣ν̣ τ̣ῆ̣ς̣ τ̣[ιμ]ῆ̣ς̣ [τῶν]
πυρῶ̣ν̣ το̣ύ̣τ̣ω̣ν̣ [ἑκάστης (ἀρτάβης) (δρ.) τοε, τοῦ παντὸς]
(δρ.) ͵Γ. τ̣[ί]μημ̣[α τ]ῆ̣ς̣ δ̣[ίκης χαλκοῦ (δρ.) ͵Γ. τὸ ἀδίκημα]
ἐγ̣έ̣νετ̣ο̣ ὅ̣τ̣[ε ἀπαιτηθεὶς ὑπ' ἐμοῦ τὰς ͵Γ (δρ.)]
τ̣ο̣ῦ̣ [χ]α̣λ̣[κοῦ οὐκ ἀπέδωκάς μοι. ἔτους κβ (?)]
ἐ̣φ' ἱ̣ε̣ρ̣έ̣[ως Μαρσύου τοῦ Δημητρίου]
Ἀ̣λ̣ε̣ξ̣ά̣ν̣[δρου καὶ θεῶν Ἀδελφῶν καὶ θεῶν Εὐερ-]
γ̣ε̣τ̣ῶ̣[ν κτλ.

\- -

Verso

m² [(ἔτους) κβ (?)] . . . Ἐπεὶφ ε̅. ἔγκλ(ημα)
[τοῦ δεῖνος] π̣[ρ(ὸς)] Πτολεμαῖον (δραχμῶν) ͵Γ

3 [συν̣]ηλ̣λαξας □ ο̣τ̣ι̣, L **11** [∠] **18** [𐅵 ∠] **19** ∠ [∠] **20** [∠]
25 εγκ^λ **26** π^ρ ∠

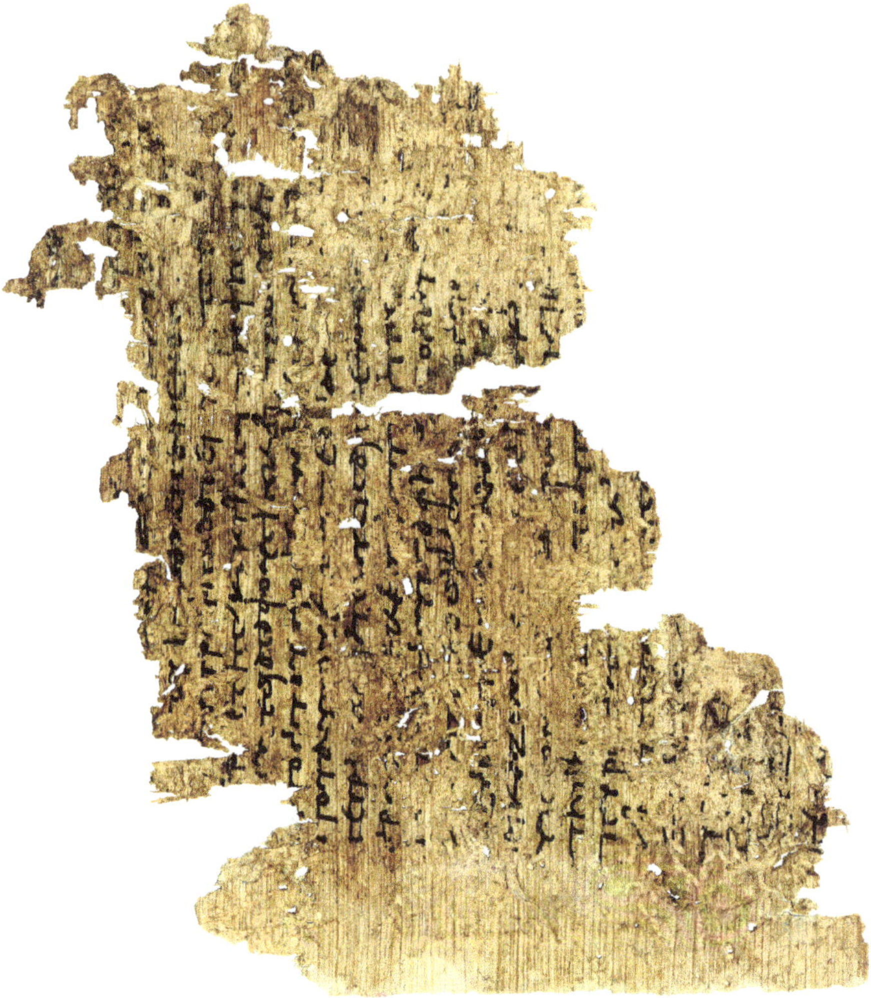

6. Recto

6. Verso

Zeilenkommentar

3 συν]ήλλαξας: Die 2. Person war in dieser Wendung bisher nicht bezeugt, ebenso wie auch die 1. Person in **4**,4. Zur Bedeutung siehe die Komm. zu **1**,5 und zu P.Thissen 4–5.

τοῦ κα (ἔτους): Die oben spitze Tintenspur nach κ passt am besten zu Alpha; Delta wäre paläographisch auch möglich, aber es ist unwahrscheinlich, dass der Vertrag im 24. Jahr geschlossen wurde; ein so spätes Datum kommt in der gesamten Dokumentation nicht vor.

4] . ου: Der Monatsname könnte schon am Ende von Z. 5 begonnen haben.

π[υ]ρῶν [ἀρτάβας η]: πυρῶν ist recht deutlich, besonders das Schluss-Ny. Der Schreiber hat also παρ' ἐμοῦ ausgelassen. Zur Ergänzung der Mengenangabe siehe die Berechnung in der Einleitung zu dieser Nr.

5–6 [κα]τ[ὰ] συγγραφὴν δανείου, ἐφ' ἧς συγ[γ]ρα[φο]φ[ύλ]α[ξ | Π]ερ[ιγ]ένης: Vgl. den Komm. zu **1**,9 und P.Thissen 8–9.

Die Zeugenaussage P.Heid. VIII 416 (Herakleopolis, 1. H. 2. Jh. v.Chr.) erfolgt zugunsten eines Perigenes, der einen Stathmos und vermutlich auch einen Kleros besitzt. Für eine Identifizierung reicht jedoch der Umstand, dass beide im gleichen Umfeld auftauchen, nicht aus; der Name ist sehr gut bezeugt.

6–7 καὶ τῆς συγγραφῆς τοῦ δα[ν]εί[ο]υ | ἄ[λλ]α τε διασαφούσης καί: Eine neue Variante zum sonst üblichen διαγορευούσης in **1**,11–12; **2**,7–8; **3**,10–11; **4**,12 und **5**,8. Siehe auch den Komm. zu **1**,11–12.

8 ἐμ μηνὶ Αἰγυπτ[ί]ων Πα[: Im Pachon des 22. Jahres (5.6. – 4.7.183 v.Chr.) oder noch im Payni (5.7. – 3.8.183 v.Chr.); siehe auch den Komm. zu **5**,9–10.

10–11 τ[ι]μ[ὴ]ν [τ]ῆ[ς ἀρτάβης ἑκάστης τῶν πυρῶν [(δρ.)] τ[οε: Zur Ergänzung der Höhe der Vertragsstrafe siehe die Berechnung in der Einleitung zu dieser Nr. und vgl. **5**,11–12 mit Komm. Zur Wendung vgl. BGU VI 1262, 12–13 (antichretischer Pachtvertrag; Oxyrhynchos, 216–215 v.Chr.): ἐὰν δὲ μὴ ἀποδῶι κατ[ὰ τὰ γεγραμμένα] | ἀποτεισάτω Ζήνων Δαμᾶντι τιμὴν τῆς ἀρτάβης [ἑκάστης τῶν πυ]|ρῶν δραχμὰς δέκα. BGU VI 1267, 12–13 (Pachtvertrag; Oxyrhynchites, vor 286–285 oder 266–265 oder 228–227 v.Chr.): ἀποτεισάτωσαν τιμὴν τῆς μὲν ἀρτάβη[ς] | ἑκά[σ]της τῶν πυρῶν δραχμὰς τέσσαρας und viele weitere Beispiele aus BGU VI und anderen Texten.

11–14 Vgl. **3**,15–18 mit Komm.; **4**,14–18; **5**,14–18.

13–14 ἀπη[ιτ]η|μένος: Aus Platzgründen ist anzunehmen, dass das stumme Iota adskribiert war. Hier wie in **1**,16 und **5**,16–17 fehlt das zum Beweis der Dringlichkeit verwendete Adverb πλεονάκις.

19 und **26** (δραχμῶν) 'Γ: Der Streitwert des Prozesses beträgt 3.000 Drachmen, das ergibt bei Teilung durch eine hypothetische Strafsumme von 375 Dr. pro Artabe 8 Drachmen; s. dazu oben die Einleitung.

21–24 Man könnte in Anlehnung an die anderen Vorladungen unserer Dokumentation wie in **1**,26–31 das 22. Jahr, ἔτους κβ, und danach ab Z. 23 die bekannten eponymen Priester aus **2**,25–33; **3**,27–33 und **4**,26–31 ergänzen. Unser Gäubiger wäre allerdings extrem ungeduldig, wenn er dem Schuldner schon zwei oder drei Monate nach dem Rückzahlungstermin den Prozess gemacht hat.

25 [(ἔτους) κ̣β̣ (?)] . . . Ἐπεὶφ ε̅: Die Tintenspuren vor dem deutlich lesbaren Ἐπεὶφ ε̅ lassen sich mit der zu erwartenden Endung von Αὐδναί]ο̣υ̣ nicht vereinbaren. Das Tagesdatum wäre im 22. Jahr der 8. August 183.

Übersetzung

(1. Hand) [NN --- an Ptolemaios ---,] wie du den Vertrag geschlossen hast.

Weil du im 21. Regierungsjahr im Monat -os von mir 8 Artaben Weizen geliehen hast aufgrund eines Darlehensvertrags, dessen Urkundenhüter Perigenes ist,

und weil der Darlehensvertrag unter anderem auch besagt, dass du mir diesen Weizen im Monat Pa- der Ägypter desselben Jahres zurückzahlen sollst; wenn du ihn aber nicht zurückzahlst, wie es geschrieben steht, du mir als Preis für jede Artabe Weizen 375 Drachmen bezahlen sollst,

und weil die Frist gemäß dem Vertrag abgelaufen ist und du mir den Weizen nicht zurückgezahlt hast, obwohl du von mir zur Rückzahlung aufgefordert worden bist, und auch nicht den Preis für den Weizen in Höhe von 350 Drachmen,

deshalb mache ich dir den Prozess in dem Losgericht in Herakleopolis oberhalb von Memphis auf der Basis des Darlehensvertrags über den Preis des Weizens, pro Artabe 375 Dr., insgesamt Weizen in Höhe von 3.000 Drachmen.

Der Streitwert des Prozesses beträgt 3.000 Bronzedrachmen.

Das Unrecht geschah, als du mir trotz Aufforderung meinerseits die 3.000 Bronzedrachmen nicht zurückgezahlt hast.

Im 22. (?) Regierungsjahr, zur Amtszeit des Marsyas, des Sohnes des Demetrios, Priesters des Alexander und der Theoi Adelphoi und der Theoi Euergetai ---

Verso

(2. Hand) [Im 22. (?) Regierungsjahr, ---] am 5. Epeiph. Klageschrift des NN gegen Ptolemaios über 3.000 Drachmen

7. Ende einer Vorladung mit Signalement zweier Ladungszeugen

Inv. 188–117 R | 4,4 x 5,8 cm | Herakleopolis
184/3 v.Chr.?

Das Fragment umfasst acht Zeilen, von denen die ersten drei die Angabe eines der beiden Ladungszeugen aus dem Ende einer Vorladung enthalten und die fünf folgenden zu dem von zweiter Hand hinzugefügten Signalement der beiden Ladungszeugen gehören. Zur Signalement der Ladungszeugen s. Kaltsas zu P.Heid. VIII 412, 24–29, den Komm. zu **1**,1 und 1. Teil, Kap. I.4.1. Das Verso enthält keine Schriftspuren.

Die Hand, die das Signalement geschrieben hat, ist der des Schreibers der Vorladung **4** sehr ähnlich. Es könnte derselbe Gerichtsdiener gewesen sein, der beide Schriftstücke abgefasst hat.

Wie alle datierten Vorladungen der Trierer Gerichtsakten dürfte auch diese Klageschrift aus der Regierungszeit Ptolemaios' V. Epiphanes stammen, vielleicht wie die übrigen aus dessen 22. Jahr. So könnte man dieses Jahr auch für die Aufsetzung und Ablieferung dieser Klageschrift in Erwägung ziehen. Das Signalement von zwei Personen allein, also vermutlich ebenfalls von Ladungszeugen, ist auch in **8** und in P.Köln XIV 563 erhalten. Doch während **8** ein selbständiges Dokument ist, setzt in P.Köln XIV 563 der Text erst mitten im Signalement ein, so dass dort auch damit zu rechnen ist, dass es sich dabei wie hier bei **7** um das Ende einer Vorladung handelt.

\- - - - - - - - - - - - -
m1]υ . [
[ ]θ̣ος Μαχά̣[του
[τ]ῆς ἐπιγονῆ̣ς̣ [
m2 [ἧν .] . .ρος ὡς (ἐτῶν) κ . .[
[ἐπίγρ]υπ̣ος οὐλὴ ἐ̣[πὶ
[ ] ἐ̣ξ ἀριστερῶν
[-θ]ος ὡς (ἐτῶν) ν βραχ[ὺς
[οὐλὴ] μετώπωι ἐγ̣ [δεξιῶν
Rand

4.7 L **8** ἐκ

7. Recto

Zeilenkommentar

2]θ̣ος oder]σ̣ος: Ende des Namens des zweiten Ladungszeugen.

2–3 Μαχά̣[του --- | --- τ]ῆς ἐπιγονῆ̣ς: In P.Heid. VIII 412,11 heisst der Vater des nicht zum Prozess erschienenen Beklagten Machatas: . . . . . [. .]ι Μαχ̣ά̣τ̣ο̣υ̣ Μακεδόνι τῆς ἐπιγονῆς. Zu diesem gut bezeugten makedonischen Namen siehe Kaltsas, Komm. zur Stelle.

4] . . ρος:]α̣ρος oder -]δ̣ρος.

∟ κ . . [: Nach einer Rundung, passend zu ε̣ oder θ̣, was auf 25 oder 29 Jahre führt, beginnt die Personenbeschreibung; siehe dazu den Komm. zu **1**,1.

5]υπ̣ος: ἐπίγρυπος? Vgl. dazu Kaltsas zu P.Heid. VIII 412,26, der den Zusatz ἐπί zu γρυπός, „krummnasig“, für eine taktvolle Abschwächung hält (etwa: „leicht krummnasig“), und Kramer, Komm. zu CPR XVIII 4,85.88.

8 ε . [: Der Buchstabe nach ε ist kein ξ (deutlich in Z. 6), aber γ passt recht gut, was auf ἐγ [δεξιῶν führt; vgl. **8**,4.

Übersetzung

(1. Hand) [Ladungszeugen: -os, Sohn des Machatas, [Ethnikon] von Abkunft.

(2. Hand) -ros/rhos war angeblich 25 (oder 29) Jahre alt, --- Hakennase, Narbe auf --- links.

-thos war angeblich 50 Jahre alt, kurz gewachsen, --- [Narbe] auf der Stirn rechts.

8. Signalement zweier Ladungszeugen

Inv. 188–90 R — 8,7 x 15 cm — Herakleopolis
184/3 v.Chr.?

Das Papyrusblatt ist zur Aufnahme der beiden Signalements zurechtgeschnitten worden. Oben, links und rechts sind die geraden Ränder erhalten; der linke Rand beträgt 2 cm, der obere 2,3 cm. Rechts reicht die Schrift bis zum Rand. Unten hat der Papyrus in der letzten Zeile noch das letzte Wort und Teile des 3,4 cm hohen Randes bewahrt, wodurch der Text komplett erhalten ist; mehr dürfte auf dem Blättchen nicht gestanden haben.

Auf dem Verso Spuren einer abgewaschenen Beschriftung mit den Fasern auf Höhe der rechten Seite des Recto.

Der Papyrus enthält das Signalement zweier Ladungszeugen und scheint damit vollständig zu sein. Eine dazugehörige Vorladung ist nicht erhalten; die beiden Personen kommen in den anderen Papyri der Gruppe nicht vor, auch nicht in dem Heidelberger und dem Mailänder Ensemble. Der erste Zeuge wird auch nicht wie in **3**,39 (= P.Thissen) mit ἦν δέ eingeführt. Das Blatt stellt somit wohl ein selbständiges Dokument dar; vielleicht handelt es sich um die schriftliche Aufnahme des Signalements der dazu im Dikasterion erschienenen Zeugen durch den Eisagogeus oder einen Gerichtsdiener. Inhalt und Fundgemeinschaft weisen auf die Zugehörigkeit des Fragments zu den Gerichtsakten aus Herakleopolis und auf die Regierungszeit Ptolemaios' V. Epiphanes; möglicherweise sogar ebenfalls in dessen 22. Jahr.

Zum Urkundentyp siehe Kaltsas, Komm. zu P.Heid. VIII 412,24–29 S. 41–43. Zum Signalement der Ladungszeugen am Ende der Vorladungen siehe die Einleitung zu P.Thissen S. 221, den Kommentar zu P.Thissen 35–38; **7**; P.Köln XIV 561,23–25 mit Armonis Komm. und 563; siehe auch oben 1. Teil, Kap. I.4.1. Zum Signalement generell siehe den Komm. zu **1**,1.

Rand

Ἡρακλείδ̣[ης] ὡς (ἐτῶν) λ
μέσος μελίχρως
κλαστὸς ἀνά̣σ̣ιλλος
ἐγ δ[ε]ξιῶν.
Σάτυρος ὡς (ἐτῶν) λε
μέσο̣ς̣ μ̣ελάγχρως
κλαστὸς σύνοφρυς

8 φακὸς γενείῳ
9 μέσωι.

Rand

8. Recto

Zeilenkommentar

3. 7 κλαστός: Variante ὑπόκλαστος: Zur Bedeutung „mit krausem Haar" siehe Kramer, Komm. zu CPR XVIII 2,40 (κλαστόθριξ); Kaltsas, Komm. zu P.Heid. VIII 412,25 (zu τετανός) mit Verweis auf Clarysse, P.Petr.[2] I, S. 52–53. Die DDbDP führt 38 Belege an, alle aus der Prolemäerzeit; genannt seien hier nur die Zeugenaussagen P.Zen. Pestman 21,1 (= SB III 6762 = P.Zaki Aly 11 = Sel. Pap. II 253; Arsinoites; 20.11.246 v.Chr.) und P.Heid. VIII 416,1 (1. Hälfte 2. Jh. v.Chr.).

3 ἀνάσιλλος: Vgl. P.Dryton 11,11 (danach ergänzt 2,[16]): [Δρύτωνι Παμφίλου Φιλωτερείωι ὡς ἐτῶν ̣ ̣ μέσωι λευκ]όχρ[ωι] τετανῶι [̣] μ[α]κροπροσώπωι ἀνασίλλωι ἐπιγρύ|[πωι οὐλὴ παρ' ὀφρῦν ἀριστερὰν ἄκραν („with hair brushed up"); P.Petrie[2] 3,35 und 8,4 und 13,3 („with hair brushed up"; Scholl übersetzt die Stelle 3,35 in C.Ptol. Sklav. I 28,27 mit „ein klein wenig borstiges Haar". Das bisher selten erwähnte Phänomen ist in unserem Text nur für die rechte Seite des Kopfes angegeben; es kann also nicht die gesamte Frisur bezeichnen wie das generelle „mit aufrechtstehenden Haaren" oder „mit borstigem Haar", sondern dürfte vielmehr eine lokal beschränkte Eigentümlichkeit auf der rechten Seite des Kopfes hervorheben wie etwa eine „Haartolle" oder einen auffälligen „Wirbel".

Der TLG hat neben den Lexikographen nur zwei literarische Belege, Herondas 4,66 (Cunningham): κὠ γρυπὸς οὖτος κὠ ἀ̣ν̣άσιλλος ἄνθρωπος, wo das Adjektiv allgemein „strubbelig" bedeutet. Plutarch, Crassus 24,1–2: μέγιστος δ' ὁ Σουρήνας καὶ κάλλιστος αὐτός, --- μηδικώτερον ἐσκευασμένος ἐντρίμμασι προσώπου καὶ κόμης διακρίσεσι τῶν ἄλλων Πάρθων ἔτι Σκυθικῶς ἐπὶ τὸ φοβερὸν τῷ ἀνασίλλῳ κομώντων, unterstreicht mit seiner Beschreibung der aufrechtstehenden Haare das furchterregende Aussehen der Barbaren.

7 σύνοφρυς: Auffällig zusammengewachsene Augenbrauen gab es wohl häufiger; die DDbDP führt 17 Belege an.

Übersetzung

Herakleides, angeblich 30 Jahre alt, mittelgroß, honigfarbener Teint, krauses Haar, aufrechtstehende Haare (= Wirbel?) auf der rechten Seite.

Satyros, angeblich 35 Jahre alt, mittelgroß, dunkelhäutig, krauses Haar, zusammengewachsene Augenbrauen, Warze mitten am Kinn.

9. Zeugenaussage des Syngraphophylax Protarchos mit Abschrift eines Vertrags über ein Naturaldarlehen

Nach dem 9.10.187 v.Chr.	26,5 x 8,2 cm	Herakleopolis
Fr. a: Inv. 188-111 R u. V	4,5 x 7,8 cm	
Fr. b: Inv. 188+126+127 R	17,5 x 8 cm	

Der Text ist auf zwei Fragmenten erhalten, die beide dieselbe Schrift, Schriftgröße und denselben Zeilenabstand aufweisen, sich aber nicht unmittelbar aneinanderfügen lassen. Bestätigt wird die Zusammengehörigkeit durch die Datierungsformel in Z. 7–10, die sich auf beide Fragmente verteilt. Wie die Ergänzung der Königstitulatur in Z. 7 Πτολεμ̣[αίου τοῦ] Π̣τολεμαίου zeigt, ist das fehlende Zwischenstück etwa 4 cm breit.

Fr. a enthält Reste von 10 Zeilen einer Kolumne, die sich auf Fr. b fortsetzt; nach einem Interkolumnium von 2,5–3 cm folgt die zweite Kolumne, die nur ganz schmal gewesen ist und deren vier erhaltene Zeilen den Schluss der Urkunde bilden. Der Text ist oben und links abgebrochen; auf Fr. b ist mit den Schlussworten des Textes der untere Rand erreicht. Auf dem Verso von Fr. a findet sich ein Rest der Inhaltsamgabe mit dem Namen des Urkundenhüters in Kanzleischrift; das Datum der Registrierung ist verloren.

Auf Fr. b ist in 2 cm Abstand von der linken Abbruchkante eine Klebung zu erkennen, welche beweist, dass der Text in der üblichen Weise mit den Fasern geschrieben ist. Kaltsas hat in einem kurzen Satz darauf aufmerksam gemacht, dass einige Zeugenaussagen ebenso wie die Enteuxeis *transversa charta* geschrieben sind.[1] Den normalen Gebrauch der Papyrusrolle in den Zeugenaussagen P.Heid. VIII 413 und 416 erklärt er mit der besonderen Länge des Textes. Diese Erklärung trifft wohl auch auf unsere Texte **9–11** zu.

Überall auf dem Recto sind zwischen den Zeilen noch Spuren einer getilgten Vorbeschriftung sichtbar; unser Schreiber hat diese gemieden und in die Zwischenräume der ursprünglichen Zeilen geschrieben. Auch auf dem Verso befinden sich abgeriebene Schriftreste eines früheren Textes.

Der gesamte Text ist wie auch **10** eine von einer Hand geschriebene Abschrift zweier Urkunden. Am Anfang des Dokuments hat die Zeugenaussage des Syngraphophylax Protarchos (vgl. Kol. II 4) gestanden, wie die Wendung] κ̣υρίαν̣ ἐπιφέ[ρω εἰς τὸ δικαστήριον] zeigt, die auch in **10**,16–18 ἣν ἔτι καὶ νῦν] | ἔχων

[1] Kaltsas, P.Heid. VIII S. 54 und S. 98.

κυρίαν φυλάσσω καὶ ἐπιφ[έρω κυρίαν] | ἐπὶ τὸ δικαστήριον greifbar ist. Der Text lässt sich ab Z. 5 mit Hilfe der viel besser erhaltenen Paralleltexte **10** und P.Heid. VIII 414 teilweise ergänzen.

In Z. 7 beginnt nach einem kleinen, etwa eine halbe Zeile hohen Abstand vom Text der Zeugenaussage die Abschrift des angehängten zugrundeliegenden Vertrags mit dem Aktpräskript in der allgemeinen Form, d.h. ohne die namentliche Nennung der eponymen Priester, so wie es auch in **10** der Fall ist. Die Spuren in Z. 7–10 deuten auf eine Abfassung des Vertrags im 19. Regierungsjahr Ptolemaios' V. Epiphanes hin (9.10.187 v.Chr. – 8.10.186 v.Chr.). Wie in dem Paralleltext P.Heid. VIII 414 haben nach dem Aktpräskript bis zum Beginn der 2. Kolumne der Vertragstext selbst und die Zeugen gestanden. Die Reste von Kol. II lassen erkennen, dass es sich bei dem zitierten Vertrag um ein Naturaldarlehen über 150 Artaben gehandelt hat; das Produkt ist verloren, die Menge spricht für Weizen. Die Kolumne setzt ein mit der Bestätigung des Schuldners (und jetzigen Prozessgegners), die Zahlung in Natur erhalten und dem Protarchos das maßgebliche Exemplar des Vertrags ausgehändigt zu haben (II 2–4 κα̣[ὶ δέ|]|δωκα κυρίαν Πρωτάρχωι).

Ein Ortsname ist nicht erhalten, aber das Formular und die Zugehörigkeit des Papyrus zum Gerichtsarchiv aus dem Dikasterion von Herakleopolis machen es wahrscheinlich, dass diese Urkunde dort abgefasst und vorgelegt worden ist.

Zum Urkundentyp der Zeugenaussage siehe die Einleitung zu **10** sowie Kaltsas' Einleitungen zu P.Heid. VIII 413–416. Zum Versovermerk siehe unten den Kommentar zu **10**,45–47. Zu Zeugenaussagen im hellenistischen Rechtswesen siehe oben 1.Teil, Kap. V.

Kol I

\- -

1 m[1]].[.].[
2].[
3 [ἄλλων τῶν] σ̣υ̣ν̣επ[ιγραφέντων μοι μαρτύρω]ν̣ [ἔλαβον τὴν]
4 [συγγραφὴ]ν̣ τοῦ δανε̣[ίου κυρίαν φυλάσσειν, ἣν] κα̣ὶ ν̣[ῦν]
5 [ἔτι ἔχων] κ̣υ̣ρίαν̣ ἐπιφέ[ρω ἐπὶ τὸ δικαστήριον.] ἔστ[ιν]
6 [δὲ τῆς συ]γγραφῆς ἀντ[ίγραφον τόδε τὸ ὑπογεγραμ̣μ̣]ε̣[νον.]
7 [βασιλε]ύ̣οντος Πτολεμ̣[αίου τοῦ] Π̣τολεμαίου καὶ Ἀρσινόης θεῶν
8 [Φιλοπα]τόρων ἔτους ἐ̣[ννεακαιδε]κ̣άτου ἐφ᾽ ἱερέως τ̣[οῦ] ὄ̣ντος ἐν
9 [Ἀλεξαν]δρ̣ε̣ί̣α̣ι Ἀλεξα̣[ν]δ̣[ρου καὶ θεῶ]ν̣ ἀ̣δελφῶν καὶ θεῶν Εὐεργετῶν
10 [καὶ θεῶν Φιλοπατόρων καὶ θεῶν Ἐπιφα]ν̣ῶ̣ν̣, ἀ̣θ̣[λο]φ̣ό̣[ρου Βερ]ενίκης

\- -

Kol II

\- - - - - - - - - - - - - -

1 τὰς ἑκατ[ὸν κ]αὶ π̣[εντή-]
2 κοṿτạ ἀρτάβας κạ[ὶ δέ-]
3 δωκα κυρίαν vacat
4 Πρωτάρχωι vacat

Rand

Verso

m⁴ ΠΡΩΤΑΡΧΟΥ

Zeilenkommentar

Es ist anzunehmen, dass oberhalb des Textes wie in den Zeugenaussagen **9** und **10** von einem Gerichtsdiener das Signalement des Urkundenhüters angebracht war.

I 3 τῶν] σ̣ụṿεπ[ιγραφέντων μοι μαρτύρω]ṿ: Dies sind nach Preisigke, *Wörterbuch* I Sp. 534 s.v. συνεπιγράφω „die Zeugen, deren Namen, gleich dem meinigen, auf der Außenseite der Hüterurkunde (neben den Siegelabdrücken) niedergeschrieben worden sind". Vgl. **10**,14–15: κ[ἀμοῦ καὶ τῶν ἄλλων] | [τῶν] συνεπιγραφέντων μοι μαρ̣[τύρων; **11**,[10–11]; P.Heid. VIII 414,12: κἀμοῦ κ]α̣ὶ τ̣ῶν ἄλλων μαρ[τ]ύρων; P.Petrie II 21 (d) (= M.Chr. 28,24–25): καὶ ἐμοῦ καὶ τῶν συν||[επιγρα]φέντων μοι μαρτύρων.

Davor waren die Zeugen genannt, die den Vertrag versiegelt hatten: [σφραγισθείσης δὲ τῆς συγγραφῆς τοῦ δανείου ὑπό (Vertragspartner, Bürgen) κἀμοῦ καὶ τῶν ἄλλων]; vgl. **10**,12–15 mit Komm.; **11**,8–11.

I 3–5 [ἔλαβον τὴν | συγγραφὴ]ṿ τοῦ δανẹ[ίου κυρίαν φυλάσσειν, ἣν] καị ṿ[ῦν | ἔτι ἔχων] κ̣υρίαṿ ἐπιφέ[ρω ἐπὶ τὸ δικαστήριον]: ἔλαβον ist ergänzt nach P.Heid. VIII 414,12: ἔ̣[λαβον ἐγὼ τὴν | συγ]γρα[φ]ὴν τῆς ὁμολογίας κ̣υρί̣[αν φυλάσσειν,] | [ἣ]ṿ ἔτ[ι κα]ὶ̣ νῦν ἔχῳ κ̣υρίαν. Vgl. auch **10**,15–18: [ἔδωκάν μοι | τ]ὴν συγγραφὴν κυρίαν φυλάσ̣[σειν, ἣν καὶ νῦν] | ἔχων κυρίαν φυλάσσω καὶ ἐπιφ̣[έρω κυρίαν] | ἐπὶ τὸ δικαστήριον. Die Variante ἔδωκάν μοι ist hier zu lang; vgl. dort auch den Komm. zur Stelle.

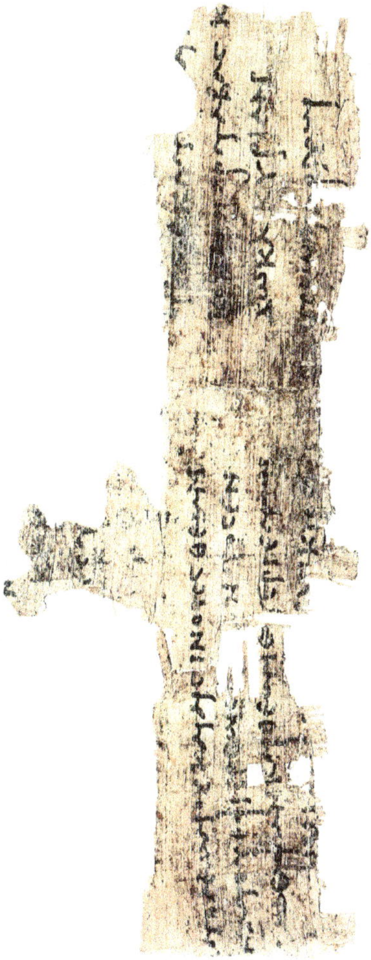

9. Recto (Fr. b)

9. Recto (Fr. a)

I 4. 5 und **II 3** Zu κυρίαν in der Bedeutung „maßgeblich“, „wirksam“ vgl. **10**,16 u. 17, Kaltsas, Komm. zu P.Heid. VIII 414,12–14 und zu 417,14 S. 190–191 sowie 1. Teil, Kap. V.6.

Es fällt auf, dass das Adjektiv κυρίαν beim Verb ἔχω in den Syngraphophylaxaussagen und in den vergleichbaren Unterschriften unter den im Folgenden zitierten Darlehensverträgen als Prädikativum gebraucht ist, bezogen auf ἥν bzw. συγγραφήν, was — anders als das Prädikatsnomen in der Kyria-Klausel — kaum zu übersetzen ist. Die wörtliche Übersetzung „die ich sie als maßgebliche habe“ ist schlechtes Deutsch; man sollte eine Umschreibung verwenden, etwa: „die ich als maßgebliches Exemplar (erhalten) habe“. Das impliziert eigentlich, dass es weitere Ausfertigungen gibt, nämliche diejenigen, die die Vertragspartner erhalten haben, aber der Urkundenhüter hat das maßgebliche erhalten, das er bei Gericht vorlegen kann. In Wirklichkeit enthalten alle Kopien die Kyria-Klausel, so dass die Wirksamkeit im vorliegenden Falle durch den Zeugen garantiert wird wird. Vgl. auch die quittierenden Sätze der Schuldner in den Darlehensquittungen P.Heid. VIII 417,36–37 (Hermonthis; 29.10.130 v.Chr.): [Ἀ]ρ̣σάκης ἀπέχω τὰ[ς μυρίας ὀκτ]ακοσίας δραχμὰς καθότι προγέγραπται | [κ]αὶ δέδωκα κυρίαν Ἀ̣γε̣[λάωι. VBP II 2,40–41: Πτολεμαῖος Ἀπολλωνίου Πέρσης τῆς [ἐ]π̣ι̣γονῆς δέ[δωκα] | κυρίαν Θεογένῃ τῶν ἓξ τ̣αλάντων τοῦ χ[αλκοῦ]. Ebenso P.Dion. 13,34–36; 14,35–37; 15,32–35; 16,40–45; 17,36–38; 18,32–34; 19,31–33; 21,32–34 und 22,29–31, alle Naturaldarlehen (Akoris im Hermopolites, zw. 113 und 105 v.Chr.). In allen diesen Naturaldarlehen bestätigt der Urkundenhüter den Erhalt der Urkunde jeweils in der darauffolgenden Zeile mit den Worten ὁ δεῖνα ἔχω κυρίαν.

I 4–5 καὶ ν̣[ῦν | ἔτι ἔχων]: ἔτι ist aus Platzgründen an dieser Stelle ergänzt; die in den Papyri bevorzugte Reihenfolge wäre ἔτι καὶ νῦν. Für καὶ νῦν ἔτι bietet die DDbDP nur drei Belege, von denen allerdings einer, P.Jand. VII 140,20, vollständig ergänzt ist; vgl. aber P.Fam. Tebt. 37,21–22: καὶ νῦν | ἔτι und SB XVI 12685,IV 75: κ[αὶ νῦ]ν ἔτι, beide aus dem 1. Jh. n.Chr. Dass die hier ergänzte Reihenfolge dennoch gutes Griechisch ist, zeigen die zahlreichen (mehrere hundert) Beispiele im TLG.

I 5–6 Vgl. **10**,19–20: ἔστιν δὲ τῆς συγγραφῆς ἀν[τίγραφον τόδε τὸ ὑπογε-] |γραμμένον.

I 8 ε̣[ννεακαιδε]κάτου: Das Epsilon ist unter dem Mikroskop deutlich als solches zu erkennen, auch wenn man die Spuren zunächst einem Delta zuschreiben möchte.

I 8–10 Wie auch in **10** sind die Namen der eponymen Priester hier nicht ausgeschrieben, sondern durch die allgemeine Formel τῶν ὄντων καὶ οὐσῶν ἐν ’Αλεξανδρείαι ersetzt worden.

II 1–4 τὰς ἑκατ[ὸν κ]αὶ π̣[εντή]|κο̣ν̣τ̣α̣ ἀρτάβας κα̣[ὶ δέ]|δωκα κυρίαν | Πρωτάρχωι: Der Schuldner NN bestätigt den Erhalt seines Naturaldarlehens und die Aushändigung des maßgeblichen Vertragsexemplars an den Urkundenhüter, dessen Namen wir auf diese Weise hier erfahren. Mit denselben Worten endet auch der Paralleltext P.Heid. VIII 414,47–48: Νικάδας προέχω τὴν γι̣νομένην μοι ἔκθ̣[ετον καθότι προγέ]|γ[ρα]πται καὶ δέδωκα κυρίαν Κρατεύα̣ι̣. Siehe auch oben den Komm. zu **I 4–5**.

II 1 ἑκατ[ὸν κ]αὶ π̣[εντή]|κο̣ν̣τα: Normalerweise wird bei Zahlenangaben über Hundert auf καί verzichtet; es gibt nur wenige Ausnahmen wie z.B. **11**,7; P.Heid. VIII 414,8: πυρῶν ἀρτά[βας ἑ]κατὸν πεν[τήκοντα; ibid. 27–28; 37; P.Enteux. 45 (Magdola; 28.1.222 v.Chr.) 9 und 10: τὰς ἑκατὸν καὶ πεντήκοντα δραχμάς; P.Lond. VII 2017,7: δραχμὰς ἑκατ̣[ὸν κα]ὶ̣ πέντε; P.Mich. I 66,30: ἑκα[τὸν κα]ὶ τεσσαράκοντα; P.Sijp. 56,11: ἑκατὸν καὶ δέκα. Vgl. auch Mayser, *Grammatik* I 2 S. 76. Vgl. aber **11**,8 [χαλκοῦ δραχμὰς χιλίας ἑ]κ̣ατὸν καὶ πεντή-κον[τ]α̣.

Verso: Erhalten ist nur der Name Protarchos im Genitiv, wenn auch der letzte Buchstabe ebensogut Ny wie Ypsilon sein könnte. Wäre es Akkusativ, so gehörte der Name in die Inhaltsangabe bzw. den Meldevermerk, und es würde hier von dritter Hand der Name des Prozessgegners im Akkusativ stehen ([πρ(ὸς)] Πρώταρχον). In diesem Fall wäre es auffällig, aber nicht unmöglich, dass der Prozessgegner denselben Namen trägt wie der Syngraphophylax. Doch die Buchstaben sind hier in besonders schöner Kanzleischrift und etwas größer als normal ausgeführt; deshalb denken wir, dass es sich hier um den von dritter Hand ausgeführten Namen des Syngraphophylax im Genitiv handelt. Der Name des Urkundenhüters ist auf dem Versovermerk wohl von einer 4. Hand eingetragen worden; siehe dazu den Komm. zu **10**,45–47 und oben, 1. Teil, Kap. I.4.2.

Übersetzung

Kol. I

(1. Hand) --- und von den anderen Zeugen, die mit mir zusammen auf dem Darlehensvertrag eingetragen sind, erhielt ich den Darlehensvertrag als maßgeblichen, um ihn aufzubewahren, den ich auch jetzt noch als maßgeblichen habe und beim Dikasterion vorlege. Die Abschrift des Vertrags aber ist folgende:

Unter der Königsherrschaft des Ptolemaios, des Sohnes des Ptolemaios, und der Arsinoe, der Theoi Philopatores, im 19. Regierungsjahr, zur Amtszeit des in Alexandria amtierenden Priesters des Alexander und der Theoi Adelphoi und der

Theoi Euergetai und der Theoi Philopatores und der Theoi Epiphaneis, der Athlophore der Berenike [Euergetis ---

Kol. II

--- die hundertfünzig Artaben und habe sie (die Urkunde) als maßgebliche dem Protarchos ausgehändigt.

Verso:

(4. Hand) ---

(Zeugenaussage des) PROTARCHOS

10. Zeugenaussage des Syngraphophylax Demetrios zugunsten des Hermaios im Prozess gegen Dionysodoros mit angefügtem Gelddarlehensvertrag

1.6.181 v.Chr.	15 x 31,2 cm	Herakleopolis
Fr. a: Inv. 188-124 R u. V	6,5 x 5,8 cm	
Fr. b: Inv. 188-123 R u. V	10,1 x 18,7 cm	
Fr. c: Inv. 188-83 R	9,1 x 13,3 cm	
Fr. d: Inv. 188-84 R	3,3 x 8 cm	

Das umfangreiche Fragment a ist aus vier kleineren und größeren Teilen zusammengesetzt. Fr. a weist oben einen Rand von 0,7 cm auf und umfasst 7 Zeilen, an denen links 1–3 Buchstaben fehlen. In Z. 8 teilt es sich das erste Ny von ἐδάνεισεν mit Fr. b. Dieses ist auf allen vier Seiten abgebrochen und umfasst Z. 8–24; zwischen Z. 20 und 21 ist ein Abstand von 1,5 cm Höhe, was ungefähr einer Zeile entspricht, freigelassen worden. Fr. c setzt ungefähr 8 Buchstaben entfernt vom linken Rand ein, reicht etwa bis zur Mitte des Textes und umfasst Z. 25–43 bei einem unteren Rand von 2 cm Höhe. Fr. d enthält die Zeilenenden von Z. 21 bis 34, wobei am Schluss jeweils 1 bis 3 Buchstaben zu ergänzen sind. Z. 25 wird von Teilen der drei Fragmente b, c und d gebildet: [-τόρων κ]ạὶ θẹῶ̣ν [Ἐ]π̣ι̣φα̣ν̣ῶ̣[ν ἀθλοφόρου] Β̣ερενίκης Εὐ[ερ-]. Der Text bricht mit der letzten Zeile der Kolumne ab; eine weitere war also ursprünglich noch gefolgt. Am oberen Rand von Fr. a, oberhalb des nachgetragenen Signalements, sind blasse Buchstabenreste zu sehen; wir möchten sie eher der ausgewischten Vorbeschriftung, deren Spuren ab und zu zwischen den Zeilen erkennbar sind, zuordnen; denn das Signalement beginnt wie üblich mit der Altersangabe des Zeugen; davor hat in den Parallelen nichts gestanden.

Auf dem Verso von Fr. a steht parallel zu den Fasern von oben nach unten der Registrierungsvermerk, daneben auf dem Verso von Fr. b in großen Buchstaben der Name des Urhebers der Aussage, Demetrios.

Der Papyrus enthält die Zeugenaussage eines Urkundenhüters und den Darlehensvertrag, an dem dieser als Zeuge beteiligt war und den er zur Aufbewahrung erhalten hatte. Der vorliegende Text **10** stellt eine Abschrift der beiden Dokumente dar, denn er ist wie **9** und vermutlich auch **11** durchgehend von einer einzigen Hand geschrieben. Diese Abschrift erfolgte zweifellos im Büro des Eisagogeus des Dikasterions von Herakleopolis, denn dort wurde wahrscheinlich die Zeugenaussage schriftlich niedergelegt; mit Sicherheit wurde jedenfalls dort, im Gericht, die Abschrift des Vertrags genommen; denn dafür musste das maßgebliche, versiegelte Original, das der Urkundenhüter aufbewahrt, mitgebracht und vorgelegt hatte, geöffnet werden. Diese wichtige Handlung konnte nur im Dikasterion durch den Eisagogeus selbst vorgenommen werden. Darin sehen wir einen Beweis dafür, dass die vorliegende Abschrift nicht vorher schon angefertigt und dem Gericht vorgelegt wurde[1], sondern dass sie erst dort abgefasst werden konnte.

Die Abschrift ist amtlich bearbeitet: Oberhalb des Schriftstücks hat ein Gerichtsdiener im Büro des Eisagogeus das Signalement des Hauptakteurs eingetragen, so wie auch bei **11**,1 und den Zeugenaussagen P.Heid. VIII 413,1; 414,1 und 416,1[2]. Der Umstand, dass das Dokument zusammen mit den anderen Gerichtsakten aus Herakleopolis in derselben Kartonage verarbeitet war, lässt darauf schließen, dass dieses Exemplar zum Verbleib in den Gerichtsakten bestimmt war.

Der Syngraphophylax Demetrios, der aus Euergetis im Oberen Kynopolites stammt, beschreibt, wie er am 6. Hathyr des 21. Regierungsjahres Ptolemaios' V. Epiphanes (12.12.185) bei einem Aufenthalt in Krokodilon Polis im Arsinoites an der Errichtung eines Darlehensvertrags in Form einer Sechszeugenhüterurkunde als Zeuge hinzugezogen und ihm der maßgebliche Vertrag zur Aufbewahrung anvertraut wurde. Jetzt, da der Fall wieder aufgerollt wird und es zum Prozess kommt, tritt Demetrios erneut als Zeuge auf. Er legt dabei Zeugnis ab zugunsten des Kreditgebers Hermias gegen dessen Schuldner und Prozessgegner Dionysodoros. Demetrios nennt dabei die Vertragspartner, das Geschäft und die Tochter des Schuldners, Praxo, die für ihren Vater bürgt, und erwähnt die Zeugen, die den Vertrag mit ihm zusammen unterschrieben und gesiegelt haben. Dann bestätigt er, dass er die maßgebliche Urkunde erhalten und aufbewahrt hat und sie nun vor Gericht vorlegt. Im Anschluss folgt die Wiedergabe des Vertrags. Die Inhaltsangabe auf der Rückseite hält fest, dass die Zeugenaussage am 1. Juni 181 v.Chr. registriert wurde. Alle Personen des neuen Textes waren bisher unbekannt, abgesehen vielleicht von Praxo, die mit der in P.Heid. VIII 415 Verso, 3 genannten mutmaßlichen Schuldnerin[3] identisch sein könnte; s.u. den Komm. zu Z. 11.

Der Gerichtsort ist in diesem Dokument nicht genannt. Da aber der Papyrus aus derselben Kartonage stammt wie die anderen Gerichtsakten und da alle hier bezeugten Prozesse im Losgericht in Herakleopolis verhandelt wurden, nehmen

[1] So Kaltsas, Einleitung zu P.Heid. VIII 413–416 S. 55–56; vgl. auch S. 98.

[2] Vgl. dazu Kaltsas a.a.O. 1. Teil, Kap. 1.3 und 1.4.

[3] Da in P.Heid. VIII 415v,1–3 aufgrund der Wendung φέρει | 'Αλ̣ε̣ξάνδρωι πρ(ὸς) | [Π]ρ̣αξοῦν Praxo die Prozessgegnerin sein muss, ist sie die Person, die Obligationen gegenüber dem Kläger hat, wobei nicht zu rekonstruieren ist, worin diese bestanden haben. Am wahrscheinlichsten sind wohl auch Darlehensschulden wie auch hier in **1–7**.

wir an, dass auch der vorliegende Fall vor dieses Gericht kam, wenn auch der zugrundeliegende Vertrag in Krokodilon Polis aufgesetzt worden war.

Die Frage, warum der Vertrag in Krokodilon Polis[4] geschlossen wurde, können wir nicht beantworten; möglicherweise war die Metropole des Arsinoites der Heimatort des Gläubigers. Aber Herakleopolis als Gerichtsort liegt für beide Vertragspartner auf der Hand, weil sie als Festungswächter wahrscheinlich zur Besatzung des φρούριον in Herakleopolis gehören, und so haben sie wohl ihren Dienstort für die Gerichtsverhandlung ausgewählt.

In den bisher bekannten Aussagen von Tatzeugen war das einleitende Verb μαρτυρεῖ immer in der 3. Person erhalten oder ergänzt. Daher hatte Kaltsas diese Form auch in den Syngraphophylaxaussagen ergänzt, zumal sie in M.Chr. 28,18 tatsächlich erhalten ist; dort lässt sich der Befund jedoch mit dem Stil der Urkunde als Verhandlungsprotokoll erklären. Möglicherweise handelt es sich dann, wenn die dritte Person verwendet ist, um eine Aussage, die in der Gerichtsverhandlung verlesen und dabei in der dritten Person protokolliert wurde.

Der vorliegende Text zeigt zum ersten Mal, dass ein Syngraphophylax als Zeuge in seiner Aussage in der ersten Person spricht (μαρτυρῶ). Dieser Text ist eben kein Protokoll, sondern es ist die Abschrift der vom Zeugen selbst erbrachten Zeugenaussage.[5] Ein Beweis dafür ist das am Kopf der Abschrift von der Hand eines Gerichtsdieners nachgetragene Signalement. Auch in den Syngraphophylaxaussagen P.Heid. VIII 414 (Z. 2 [μαρτυρεῖ] und in **11** findet sich das Signalement in Z. 1; in **9** ist es mit dem Anfang der Urkunde verloren. Deshalb schlagen wir jetzt vor, in P.Heid. VIII 414,2 [μαρτυρῶ] zu ergänzen.

---

[4] Der einzige direkte Beleg für ein Dikasterion in der Metropole des Arsinoites ist P.Petr. II 18 (1),15–17 mit P.Petr. III 32 (c) = P.Lond. III 553 descr. = M.Chr. 6; Arsinoites; 2.10.220 v.Chr.): καὶ μὴ δύνασθα[ί με] | [λ]αβε[ῖν πα]ρ' αὐτοῦ τὸ δί[κ]α[ιον] | διὰ τοῦ [δι]καστηρίου. Für Wolff, *Justizwesen* S. 47 war dieser Text noch auf 246 v.Chr. datiert. Zur Umdatierung auf 221/220 vgl. van 't Dack, „Circonscriptions grecques" S. 51, Anm. 6 (= BL III S. 143): „La datation de Mitteis, 246 a.C., est moins probable". Dennoch wird man aus diesem Befund nicht den Schluss ziehen wollen, dass das Dikasterion von Herakleopolis zu dieser Zeit auch für den Arsinoites zuständig war; ein so großer und wichtiger Gau wie dieser dürfte sein eigenes Dikasterion gehabt haben. Zu den Gerichtsorten s. Kaltsas, P.Heid. VIII S. 4 mit Anm. 8. unter Verweis auf Wolff, *Justizwesen* S. 47–48; oben 1. Teil, Kap. II 2.

[5] In P.Heid. VIII 414, Einleitung S. 98 vertritt Kaltsas die Ansicht, es handele sich „nicht etwa um eine im Dikasterion angefertigte Kopie, sondern um das von Ptolemaios eingereichte und von den Beamten bearbeitete Original, wie das Vorhandensein des Signalements des Zeugen in anderer Hand Z. 1 zeigt." Mit „Original" kann er nur die Abschrift der beiden Dokumente, der Zeugenaussage und des Vertrags, von ein und derselben Hand meinen, keinesfalls die Syngraphophylaxurkunde selbst. Aber auch diese Abschrift des Vertrags kann nur beim Dikasterion angefertigt worden sein, denn nur dort durfte das vom Urkundenhüter überbrachte, versiegelte Original geöffnet werden, bevor man seine Innenschrift abschreiben konnte. Auf die offene Außenschrift wird man sich vor Gericht wohl nicht verlassen haben.

Es zeigt sich, dass das Signalement am Kopf aller erhaltenen direkten Aussagen von Tat- und Vertragszeugen erscheint, wenn diese beim Gericht eingereicht wurden. Diese Urkunden sind nicht nur durch das Signalement, sondern zusätzlich auch durch den Versovermerk als im Büro des Eisagogeus bearbeitete Schriftstücke gekennzeichnet. Durch diese beiden Elemente, das Signalement und den Einreichungsvermerk, hat der Eisagogeus die Aussage und den Vertrag als Beweismittel anerkannt und dem Zeugensteller bedeutet, das so bearbeitete Schriftstück in der Sitzung vorzulegen. Die Urkunden, die das Signalement und den Versovermerk enthalten, sind Abschriften, die im Büro des Eisagogeus angefertigt, bearbeitet und registriert wurden.

Zur Rolle des Eisagogeus, zur amtlichen Bearbeitung der Gerichtsurkunden, zum Stil der Zeugenaussagen und zum rechtshistorischen Hintergrund siehe die jeweiligen Kapitel im 1. Teil des Buches.

Der Papyrus enthält den ersten Beleg für den alexandrinischen Demos Hylleus (Z. 31–33). Das Demotikon war bisher einmal auf Griechisch und einmal in demotischer Umschrift für die Griechenstadt Ptolemais bezeugt. Damit lässt sich die Theorie, es könne in veschiedenen Griechenstädten keine gleichnamigen Demoi gegeben haben, nicht mehr aufrecht erhalten; s. dazu unten den Komm. zur Stelle.

Rand

Recto

1 m² [(ἔτους)] λε μέσος πυρράκ̣η̣ς [

2 m¹ [Δ]ημήτριος Κλεάνδ̣ρ̣ου ̣ [±12 ἱππάρχης ἐπ᾽]
3 [ἀ]ν̣δρῶν μαρτυρῶ Ἑρμαί̣[ωι κατὰ Διονυσοδώρου. οἰ-]
4 [κ]ῶ ἐν Εὐεργέτιδι τῆ ὑ̣π̣[ὲρ Μέμφιν τοῦ Ἄνω Κυνοπολί-]
5 [τ]ου. τοῦ δὲ ἑνὸς καὶ εἰκοσ̣[τοῦ ἔτους μηνὸς Αἰγυπτίων]
6 [Ἁθ]ὺρ ἕκτηι παρὼν ἐν τῆ[ι Κροκοδείλων πόλει τοῦ Ἀρσι-]
7 [νοί]τ̣[ο]υ̣ ἐπεγράφην μάρ[τυς ἐπὶ συγγραφῆς]
8 [καθ᾽] ἣν ἐδάνεισεν Ἑρμαῖο[ς Διονυσοδώρωι,]
9 [καθ᾽] οὗ μαρτυρῶ, χαλκοῦ [νο(μίσματος) ὀφθαλμοφανοῦς]
10 [δραχ]μὰς τρισχιλίας, ἐφ᾽ ἅ[ς καὶ ἐνεγυήσατο]
11 [εἰς ἔ]κτεισιν Πραξὼ Διο[νυσοδώρου τὸν πατέρα]
12 [αὐτ]ῆς. σφραγισθείσης τ̣[ῆς συγγραφῆς ὑπό τε Διονυ-]
13 [σοδ]ώρου <καὶ Ἑρμαίου> καὶ τῆς ἐγγύου Π̣[ραξοῦς τῆς Διονυσο-
δώρου]
14 [καὶ Δ]η̣μ̣ητρίου Δ[ι]ο̣νυσοδώρου κ[ἀμοῦ καὶ τῶν ἄλλων]
15 [τῶν] συνεπιγραφέντων μοι μαρ[τύρων ἔδωκάν μοι]
16 [τ]ὴν συγγραφὴν κυρίαν φυλάσ̣[σειν, ἣν ἔτι καὶ νῦν]
17 ἔχων κυρίαν φυλάσσω καὶ ἐπιφ[έρω κυρίαν]
18 ἐπὶ τὸ δικαστήριον Ἑρμαίωι κα[τὰ Διονυσοδώρου.]

19 ἔστιν δὲ τῆς συγγραφῆς ἀν[τίγραφον τόδε τὸ ὑπογε-]
20 γραμμένον.

vacat

21 Βα[σι]λ̣εύοντος Πτολεμ̣[αίο]υ̣ [τοῦ] Π̣τ̣ο̣λ̣ε̣μ̣α̣ί̣ο̣υ̣ κ̣[αὶ]
22 [Ἀρσι]νόης θεῶν Φιλοπατό[ρων ἔτους] ἑνὸ̣ς̣ καὶ εἰκοσ[τοῦ]
23 [ἐφ' ἱερ]έως τοῦ ὄντος ἐν Ἀλεξ[ανδρεία]ι̣ Ἀλεξάνδρου̣ [καὶ]
24 [θεῶν] Ἀ̣δελφῶν καὶ θεῶν Ε̣[ὐεργετῶ]ν καὶ θεῶν Φιλο̣[πα-]
25 [τόρων κ]α̣ὶ θε̣ῶ̣ν [Ἐ]π̣ι̣φ̣α̣ν̣ῶ̣[ν ἀθλοφόρου] Β̣ερενίκης Εὐ[ερ-]
26 [γέτιδος τ]ῆς οὔσης ἐν Ἀ̣λ̣[εξανδρεί]αι κανηφόρο[υ]
27 [Ἀρσινόη]ς Φιλαδέλφου τ̣[ῆς οὔσης ἐν Ἀλ]εξανδρεία̣ ἱε[ρείας]
28 [Ἀρσινόη]ς Φιλοπάτορο̣ς̣ [τῆς οὔσης] ἐν Ἀλεξανδ̣ρ̣[εία̣]
29 [μηνὸς Ἀρ]τεμισίου . [± 12 καιδε]κάτηι ἐν Κροκ[οδεί-]
30 [λων πόλε]ι τοῦ Ἀρσινοίτ[ου νομοῦ. ἐδ]άνεισεν Ἑρμα̣[ῖος]
31 [± 7] τῶν Καλλιμά[χου φρουρῶν τακτ]ό̣μισθος Διον̣[υ-]
32 [σοδώρωι Σ]αραπίωνος Ἀλεξ̣[ανδρεῖ τ]ῶ̣ν οὔπω ἐπη[γμέ-]
33 [νων εἰς δ]ῆμον Ὑλλέα τῶ[ν Καλλιμ]άχου φρουρῶ[ν]
34 [τακτομ]ίσθωι χαλκοῦ ν[ομίσματος ὀ]φθαλμοφα[νοῦς]
35 [δραχμὰς] τρισχιλ̣ίας τόκ̣[ου ὡς ἐγ δύο δραχμῶν τὴν]
36 [μνᾶν τὸν] μῆνα ἕκαστο[ν. τὸ δὲ δάνειον τοῦτο καὶ]
37 [τοὺς τόκου]ς̣ ἀποδό̣τω̣ι̣ Δ̣[ιονυσόδωρος Ἑρμαίωι]
38 [τοὺς μὲν τόκο]υ̣ς κατ̣ὰ̣ [μῆνα ἕκαστο[ν, τὸ δὲ δάνειον]
39 [ ]μ̣έναι̣τ̣[
40 [ ] . . ο̣ Ἑρμαίου δ̣ιὰ τῆς α̣[
41 [ ]α̣ρ̣απε̣ . [. . .] . ς τῆς αὐτῆ[ς
42 [ἐὰ]ν̣ δ̣[ὲ Διο]ν̣[υσό]δωρος μὴ ἀπ[οδῶι, ἀποτεισάτω]
43 [Ἑρμαίωι ἡμιόλιον] τ̣ὸ̣ δάνειον κα̣ὶ τ̣[οὺς τόκους ἁπλοῦς]

Rand

1 [∟] **9** [ν̊] **11** l. ἔκτισιν

Verso

44 m³ (ἔτους) κδ Φαρμοῦθι $\overline{\text{κη}}$
45 φέρ̣ει Ἑρμαίωι πρ(ὸς) m⁴ ΔΗΜΗΤΡΙΟΥ
46 Διονυσόδωρον εἰς
47 [δ]ι̣κ̣α̣[στήρ]ι̣ο̣[ν.]

44 ∟ **45** πʰ

10. Verso

Zeilenkommentar

1 [(ἔτους)] λε: Ein breites ἔτους-Zeichen füllt den Raum vor der Altersangabe hinreichend aus, ebenso wie die Ergänzung des Δ und Vervollständigung des η̣ von [Δ]ημήτριος am Anfang von Z. 2. Auch in unseren Vorladungen **2**,1 und **3**,1 ist ὡς weggelassen. In P.Heid. VIII 413,1 und 414,1 ist es nach 416,1 ergänzt.

πυρράκ̣η̣ς [: Das Adjektiv begegnete bisher nur in einigen wenigen Signalements in Papyri aus dem 3. Jh. v.Chr.; vgl. CPR XVIII 15,323 mit Komm. Dies ist der erste Beleg aus dem 2. Jh. v.Chr.

2–3 [Δ]η̣μήτριος Κλεάνδ̣ρ̣ο̣υ̣ [Ethnikon ἱππάρχης ἐπ' | ἀ]ν̣δρῶν μαρτυρῶ ʽΕρ-μαί̣[ωι κατὰ Διονυσοδώρου]: Hier zeigt sich eindeutig, dass der Zeuge das zum Prädikat μαρτυρῶ ist; deshalb gehören Name und Nomenklatur des Zeugen nicht mehr zum Signalement. Die Personalbeschreibung ist hier wie auch bei den Vorladungen ein vom Text der Zeugenaussage unabhängiger Nachtrag.

Aufgrund der neuen Texte ist es jetzt möglich, einige früher publizierte Papyri, P.Zen. Pestman 21,1 (= P.Lugd. Bat. XX 21; SB III 6762; Sel.Pap. II 253; P.Zaki Aly 11; 20.11.246 v.Chr.) sowie P.Cair. Zen. III 59347,[1] (vor dem 19.12.246 v.Chr.) besser zu verstehen, bei denen nicht erkannt worden war, dass es die Signalements in Z. 1 nachträgliche Zusätze oberhalb des Haupttextes sind und dass die eigentlichen Zeugenaussagen erst nach dem Ende des Signalements beginnen und mit der Angabe des Prozessgegners des Zeugenstellers enden. Wir möchten daher folgende Korrekturen vorschlagen:

P.Zen. Pestman 21

In P.Zen. Pestman 21,1 ist das Signalement in der Weise gedruckt, als sei es ein oberhalb der Zeile nachgetragener Bestandteil des Textes:

1 μαρτυρεῖ Ἀντιπάτρωι Εὐφρόνιος Ἀπολλωνίδου Ἀμμωνιεὺς `ὡς (ἐτῶν) λε εὐμεγέθης εὔρωστος κλαστὸς μελί̣χ̣ρους τετανὸς οὐλὴ ὀφρύων δ̣ε̣ξιᾶι.´

Fr. a

Fr. b

Fr. c

Fr. d

10. Recto

Bei genauer Betrachtung der Abbildung Pl. XV bzw. P.Zaki Aly, Pl. XII a S. 282 und Plate XII b S. 281, zeigt sich, dass das Signalement eine selbständige Zeile bildet, die von einer 2. Hand geschrieben ist, was allerdings nur sehr schwer erkennbar ist (vgl. dazu auch Kaltsas S. 50–51). Wir schlagen vor, den Text der Editionen anders zu verteilen und eine neue Zeilenzählung einzuführen:

1 m^2 ὡς (ἐτῶν) λε εὐμεγέθης εὔρωστος κλαστὸς μελ̣ί̣χρους τετανὸς οὐλὴ ὀφρύων δ̣ε̣ξιᾶι.
2 m^1 μαρτυρεῖ Ἀντιπάτρωι Εὐφρόνιος Ἀπολλωνίδου Ἀμμωνιεύς.

P.Cair. Zen. III 59347

In der Edition von P.Cair. Zen. III 59347,[1] ist μαρτυρεῖ τῶι δεῖνι ὁ δεῖνα vor dem von einer kursiveren Hand eingetragenen Signalement am Kopf der Urkunde ergänzt, welches ebenfalls als Nachtrag über der Zeile aufgefasst und gekennzeichnet ist:

1 [μαρτυρεῖ Ἀντιπάτρωι Εὔδημ]ος Εὐθυγένους \`[ὡς (ἐτῶν)] λε, μελάγχρους, ἀναφάλαντος´, Νειλεύς, τοῦ ἀρ̣χ̣[α]ί̣ου ἀγήματος ἱππάρχης.

An diese Stelle, zwischen dem Vatersnamen des Zeugen und seinem Ethnikon, erscheint ein Signalement merkwürdig. Prüft man nun die Abbildung im Internet <http://ipap.csad.ox.ac.uk/PCZ-colour/72dpi/P.Cair.Zen.III.59347r.jpg> und bedenkt die Methode, nach der das Signalement des Zeugen oberhalb der Aussage in der 1. Zeile nachgetragen wird, so wird man nun auch diesen Papyrus mit neuer Zeilenzählung drucken:

1 m^2 [ὡς (ἐτῶν)] λε, μελάγχρους, ἀναφάλαντος.
2 m^1 [μαρτυρεῖ Ἀντιπάτρωι Εὔδημ]ος Εὐθυγένους Νειλεύς, τοῦ ἀρ̣χ̣[α]ί̣ου ἀγήματος ἱππάρχης.

Diese Korrekturvorschläge hat Sánchez-Moreno Ellart bereits auf dem XXVII. Internationalen Papyrologenkongress 2013 in Warschau vorgetragen. Für die drei folgenden Heidelberger Papyri schlagen wir vor, nach dem Signalement einen Punkt zu setzen, das Folgende bis zum Namen des Pozessgegners als einen zusammengehörigen Satz aufzufassen und die Verbform in die 1. Person zu ändern.

P.Heid. VIII 413

1 m^2 [ὡς (ἐτῶν) ca.12], μελ̣ί̣χ̣ρ̣ω̣[ς, τε]τανός, ὑπόσκνιπος, ἔνσιμος.
2 m^1 Σίλα[ς Πτολ]ε̣μ̣αίου Θρᾶιξ τῆ̣ς ἐπιγονῆς.
3 Μαρ̣[τυ]ρ[εῖ] Α̣ὐτομένει, πρὸς ὃν καθίστα̣ται Κότυς.

Vorschlag:

1 m² [ὡς (ἐτῶν) ca.12], μελ̣ί̣χρ̣ω̣[ς, τε]τανός, ὑπόσκνιπος, ἔνσιμος.
2 m¹ Σίλα[ς Πτολ]ε̣μ̣αίου Θρᾶιξ τῆ̣ς ἐπιγονῆς
μαρ̣[τυ]ρ[ῶ] Α̣ὐτομένει, πρὸς ὃν καθίστα̣ται Κότυς.

P.Heid. VIII 414

1 m² [ὡς (ἐτῶν) ca.13?] ̣[1-2]ς, ἀναφάλανθος, ὑποχ̣[άροπος, Nase?]
2 m¹ [Κρατεύας Μακεδὼν τ]ῶ̣ν Αὐτομέδον[τος ἰδιώτης. Μαρτυρεῖ]
3 [Πτολεμαίωι, πρὸς ὃν] καθ̣ί̣σ̣ταται Νι[κάδας.

Vorschlag:

1 m² [ὡς (ἐτῶν) ca.13?] ̣[1-2]ς, ἀναφάλανθος, ὑποχ̣[άροπος ---].
2 m¹ [Κρατεύας Μακεδὼν τ]ῶ̣ν Αὐτομέδον[τος ἰδιώτης μαρτυρῶ]
3 [Πτολεμαίωι, πρὸς ὃν] καθ̣ί̣σ̣ταται Νι[κάδας.

P.Heid. VIII 416

1 m² ὡς (ἐτῶν) μ, [ca.13], κλαστός, ἀναφάλανθος, ἔ̣ν̣[σιμος?].
2 m¹ Ἑρ̣ι̣εὺς Σ[-- (VN) Ἡ]ρ̣ακλεοπολίτης βασιλικὸ̣ς ̣ε[14–15?] ̣ ̣ ἄμισθος.

1. Kolumne

3 [Μαρτυρεῖ Περιγέ]νε̣ι τῶι καθισ̣τ̣αμένωι ἐφ' Ἑρμο[10]

Vorschlag:

1 m² ὡς (ἐτῶν) μ, [ca.13], κλαστός, ἀναφάλανθος, ἔ̣ν̣[σιμος?].
2 m¹ Ἑρ̣ι̣εὺς Σ[-- (VN) Ἡ]ρ̣ακλεοπολίτης βασιλικὸ̣ς ̣ε[14–15?] ̣ ̣ ἄμισθος
3 [μαρτυρῶ Περιγέ]νε̣ι τῶι καθισ̣τ̣αμένωι ἐφ' Ἑρμο[10]

P.Hib. II 200

Am zerstörten Anfang von P.Hib. II 200 ist aufgrund der verschiedenen Hände in Z. 1 und den folgenden Zeilen sowie am Signalement in Z. 1 erkennbar, dass der Text einmal genauso verteilt war wie in den oben angeführten Parallelen. In der Edition sind die Hände nicht in chronologischer Reihenfolge numeriert, sondern in der Abfolge, wie sie auf dem Papyrus stehen:

1 (hand 1) [- c. 10 -] ὡ̣ς (ἐτῶν) λ ̣ [̣ ̣] ̣ ̣[
2 (hand 2) [- c. 10 -]. ̣[̣] ̣ Θεοφι̣[λ - ca.? - ἐπι-]
π̣ορευομένο̣υ̣ μ̣ου κτλ.

Das Signalement in Z. 1 könnte wie in P.Zen. Pestman 21,1 und in P.Cair. Zen. III 59347,[1] etwas eingerückt gewesen sein. Der Text der Zeugenaussage dürfte auf derselben Höhe wie Z. 2. mit dem Namen und Vatersnamen des Zeugen oder mit μαρτυρεῖ, gefolgt vom Namen des Zeugenstellers, eingesetzt haben. Ohne ein Photo gesehen zu haben, vermuten wir folgende Textverteilung:

Vorschlag:

1 m[2]	ὡς (ἐτῶν) γ. [..]..[---]
2 m[1]	[± 10]..[.]. Θεοφι̣[λ-

Willy Clarysse hat unter den Gurob-Papyri in Cahier Ms. 3231,49 ein Fragment der Zeugenaussage eines Π̣ᾶσις entdeckt, das dieselbe Schrift wie P.Gurob 9 aufweist und denselben Fall betrifft („Some Notes" S. 134 mit Anm. 8). Es handelt sich dabei wohl um den verlorenen Anfang dieses Textes, der in Z. 1 mit dem Signalement κ]λ̣αστόθριξ σπαδοπώ̣[γων (sic) beginnt. Es gibt keinen Hinweis auf verschiedene Hände.

In P.Hamb. I 105 und den übrigen Zeugenaussagen gab es am Anfang kein Signalement, oder es ist nicht erhalten.

2 Κλεάνδ̣ρ̣ου̣: Eher als Κλεάνο̣ρ̣ος. Κλέανδρος ist in den Papyri der Ptolemäerzeit sehr gut, in der Inschriftendatenbank des PHI mehr als 300 mal bezeugt, Κλεάνωρ in den Papyri bisher nur zweimal (davon einmal ergänzt), während die Inschriftendatenbank des PHI 27 Belege hat.

2–3 Am Anfang von Z. 3 hat noch ein Teil der Nomenklatur des Demetrios gestanden. ἀ]ν̣δρῶν führt auf die Ergänzung ἱππάρχης ἐπ' | ἀ]ν̣δρῶν in Z. 2.

ἱππάρχης ἐπ' | ἀ]ν̣δρῶν: Pestman vertritt im Komm. zu P.Tor. Choach. S. 123, Anm. 3 die These, ἐπ' ἀνδρῶν bezeichne einen eponymen Offizier, gestützt auf folgende Argumentation: „comandante ἐπ' ἀνδρῶν" bedeutet „comandante in capo a uomini". Das griechische „τῶν + nome proprio del comandante" (che viene perciò chiamato „comandante eponimo") entspricht dem demotischen „soldato + *ẖn nꜣ rmt.w n*", „uno degli uomini di" = „einer von den Leuten des NN", wobei die *rmt.w* die ἄνδρες sind und NN ihr eponymer Kommandant. Demnach ist der ἐπ' ἀνδρῶν der „comandante eponimo" der ἄνδρες. Dies erscheint sehr plausibel. Allerdings ist bisher kein ἐπ' ἀνδρῶν bekannt, der auch als eponymer Offizier in der Formulierung τῶν τοῦ δεῖνος auftritt. Frühere Diskussionen zu diesem Titel bei Kramer zu P.Köln IV 187,10–12; siehe auch Cowey, Einleitung zu P.Phrur. Diosk. S. 4–5 (zum ἡγεμὼν ἐπ' ἀνδρῶν).

3 μαρτυρῶ: In P.Heid. VIII 414,3 μαρ̣[τυ]ρ[εῖ] sowie 415,2 und 416,3 [μαρτυρεῖ]; vgl. die Einleitung P.Heid. VIII S. 47, wonach die 3. Person ergänzt wurde, weil sie auch bisher an allen erhaltenen Stellen überliefert ist. Jetzt wird man wohl auch dort die erste Person vorziehen, wie oben im Komm. zu Z. 1–2 vorgeschlagen wird.

[κατὰ Διονυσοδώρου]: Vgl. auch Z. 18; eine Alternative wäre πρὸς Διονυσόδωρον wie auf dem Verso. Die Wendung [πρὸς ὃν καθίσταται Διονυσόδωρος] wie in P.Heid. VIII 413,3 πρὸς ὃν καθίστα̣ται Κότυς und 414,2–3: πρὸς ὃν] καθ̣ί̣σ̣ταται Νι[κάδας wäre zu lang.

3–5 [οἰ|κ]ῶ: Der Zeuge gibt zuerst seinen Wohnort an, unabhängig davon, ob dieser derselbe oder ein anderer ist als Ort des bezeugten Geschehens (s. dazu unten). Vgl. P.Zen. Pestm. 21,2[6]: οἰκῶ ἐμ Φιλαδελφείαι τοῦ Ἀρσινοίτου νομοῦ; P.Cair. Zen. III 59347,3: Μέ]μφιν.[7] P.Hamb. I 105,1–2: [οἰκῶ] | ἐμ Φιλαδελφείαι̣ ἐν ἧι καὶ Μενεκράτη[ς οἰκεῖ; P.Petr. II 17 (2),1: οἰκῶ ἐν Κροκοδίλων πόλει; ebenso ibid. 17 (3),1–2; P.Gur. 9,1 mit Clarysse, „Some Notes" S. 134: [-- - οἰκῶ ἐν (κώμῃ) ---]. ι τῆς Ἡρακλείδου μερίδος τοῦ Ἀρσινοίτου νομ[οῦ]; PUG III 116,2:] | πόλει τοῦ Ἀρσινοίτου. P.Heid. VIII 413,3–4: κ̣α̣τοικῶ ἐν κώμηι Ὀννῆι̣ | τοῦ̣ [Ἡρ]α̣κλεοπολίτου νομοῦ; 416,5–6: οἰκῶ] | ἐν [κώμηι 4–5]μ̣μ̣[2–3]ορ τοῦ Ἡρακλεοπολίτου. Ausnahmen sind die Syngraphophylaxaussage P.Heid. VIII 414 und das Gerichtsprotokoll P.Petr. II 21 (b)(c)(d) = M.Chr. 28, wo der Wohnort am Anfang der Aussage nicht angegeben ist.

Hellebrand, *Prozeßzeugnis* S. 84, sah in der Angabe des Wohnorts „den Ort der Zeugenprivatladung sowie der privaten Abfassung des πινάκιον". Wichtiger ist nach Kaltsas (Einleitung zu P.Heid. VIII 413–416 S. 48), dass mit dem Wohnort gleichzeitig der Ort des Geschehens angegeben wird; in der Tat ist dieser wohl immer dann anzunehmen, wenn kein weiterer Ort genannt ist, anders als hier in **10** und in P.Petrie II 21 (d) (= M.Chr. 28,19–20). Vgl. auch Kaltsas, Komm. zu P.Heid. VIII 414,3–5: „Dabei interessiert aber der Wohnsitz des Zeugen wohl nicht als solcher, sondern nur weil er zugleich Schauplatz des bezeugten Ereignisses gewesen ist", und einschränkend ibid.: „dass in allen uns erhaltenen Aussagen dieser Art der Wohnort des Zeugen mit dem Tatort zusammenfällt, ist natürlich nur Zufall." Siehe aber auch den Komm. unten zu παρών Z. 6.

ἐν Εὐεργέτιδι τῆ ὑπ[ὲρ Μέμφιν τοῦ Ἄνω Κυνοπολί|τ]ου: Das stumme Iota in τῆ ist nicht adskribiert.

Zur Stadt vgl. P.Oxy. XXXI 2582,2 (31.1.49 n.Chr.): ἐν̣ Εὐεργέτιδ(ι) τῇ ὑ[πὲρ Μέμφιν[8] (Kynopolites); Hagedorn, Einleitung zu P.Köln II 85 (26.?4.?175 n.Chr.) S. 106–107; P.Oxy. LXIX 4750,4 (307 n.Chr.): ἀπὸ πόλεως Εὐεργέτιδος

[6] Neue Zeilenzählung; s. oben den Komm. zu **10**,1–2.

[7] Neue Zeilenzählung; s. oben den Komm. zu **10**,1–2. Für Μέ]μφιν kommt bei Ortsangaben nur die Ergänzung ὑπὲρ Μέ]μφιν in Frage, und weil die Wendung damit endet, könnte der Ort Herakleopolis sein. In der ed.pr. war im Komm. zu Z. 2 (alte Zählung) [οἰκῶ ἐμ Βουσίρει τῆι ὑπὲρ Μέ]μφιν vorgeschlagen worden, aber bei Dorfnamen heißt die geographische Angabe τοῦ ὑπὲρ Μέμφιν Ἡρακλεοπολίτου. Man könnte also hier ergänzen: [οἰκῶ ἐν Ἡρακλ(έους) πό(λει) τῆι ὑπὲρ Μέ]μφιν; mit den Abkürzungen ergibt sich die gleiche Buchstabenanzahl wie in Z. 2.

[8] Im Komm. zu Z. 2 argumentiert Parsons, dass Euergetis Gau- oder Provinzhauptstadt sein muss, weil sie ein Agoranomeion hat (Z. 2). Er verweist auf P.Oxy. VII 1025 = W.Chr. 493 und auf Euergetis im Herakleopolites in P.Oxy. IV 814 descr. (auch Thelbo genannt) und vermutet: „Was Euergetis another name for Heracleopolis Magna?"

τοῦ Ἄνω Κυν(οπολίτου); P.Sijp. 21a, 1–2 (1.2.186 n.Chr.) mit Komm.: ἐνάρχοις Εὐεργετιδέων | πόλ(εως) und 8 ἀπὸ Εὐεργέτιδος; dazu jetzt auch P.Princ. III 126,2 (ca. 150 n.Chr.): τῆς Εὐεργετιδέων πόλεως (wegen der Formulierung von Bastianini, P.Sijp. 21a sicher als Metropolis des Kynopolites identifiziert). Siehe auch Calderini/Daris, *Dizionario* II, 184 (Nr. 6); *Suppl.* 1 S. 116; *Suppl.* 2 S. 57; *Suppl.* 4 S. 59; *Suppl.* 5 S. 33–34; Litinas, „Κυνῶν πόλις and Εὐεργέτις" S. 143–155. Müller, *Settlements* S. 204–205, Nr. 39. Zur Lage siehe auch Verreth, *A survey of toponyms*.

Dieses im Kynopolites gelegene Euergetis war auch als Kandidat für die Neugründung des Boethos in Erwägung gezogen worden, vgl. B. Kramer, „Boethos" I S. 315–339; Heinen, „Boethos" II S. 340–363; ders., „Boéthos, fondateur," S. 139–143. Aber die Abfassungszeit des hier vorliegenden, nunmehr ältesten Belegs (182/181 v.Chr.) ist ein klarer Hinweis darauf, dass die im Kynopolites gelegene Stadt nach Ptolemaios III. Euergetes I. benannt ist und als Gründung zu Ehren des 8. Ptolemäers nicht in Frage kommt.[9]

5 ἑνὸς καὶ εἰκοσ[τοῦ: Vgl. dazu Kaltsas zu P.Heid. VIII 414,17 mit Verweis auf Mayser, Grammatik, I 2, 78 und mit Korrekturen der Ergänzungen in P.Tebt. I 176,[2] und P.Yale I 51 (lower text),[1]. Anscheinend verfuhr man bei Jahresangaben ähnlich wie bei Tagesdaten, vgl. Hagedorn, „Die Verwendung von Zahlsubstantiven" S. 128: „Im Falle des 21. (sc. Tages) wird statt der Ordinalzahl die Kardinalzahl (μία) verwendet," mit Verweis in Anm. 18 auf Kühner/Blaß, *Grammatik* I, 1 S. 627; Meisterhans, *Grammatik* S. 164 unter 27; Gignac, *Grammar* II S. 204 mit Anm. 2 sowie zahleiche Papyrusbelege.

6 παρών: Bestätigt erneut die Richtigkeit der Ergänzung von Kaltsas in P.Heid. VIII 414,[4]: [--- παρὼν ἐν κώμηι Νε- --- τοῦ | Ἡρακλεο]πολίτου νο-[μοῦ ἐπεγρ]άφην [μάρτυς, ergänzt nach P.Petrie II 21 (d) (= M.Chr. 28,19–20): παρὼν ἐν Θεογονίδι τοῦ | [Ἀρσινοίτου νο]μοῦ und P.Petr. I 24 (2),1 mit Korr. von Kaltsas, Komm. zu P.Heid. VIII 414,5–6 S. 102–103 und ibid. Anm. 27): [---]ου Λαναεὺς παρὼν ἐπεγράφην μάρτυς ἐπὶ συγγραφ[ῆς] (oder συγγραφῆ[ς]) (BL XII S. 158).

Kaltsas, Komm. zu P.Heid. VIII 414,4, sieht in diesem Partizip, „das hier eigentlich überflüssig ist", eine „Reminiszenz an die Formulierung des Zeugnisses des attischen Sollemnitätszeugen", (vgl. Leisi, *Der Zeuge* S. 106), der „beim Abschluss eines Geldgeschäftes o.ä. herangezogen" wurde. Aber im vorliegenden Text **10** ist das Partizip keineswegs überflüssig, denn es erklärt, warum der Zeuge am Vertragsabschluss beteiligt sein konnte: Weil er seinen Wohnort Euergetis im Kynopolites verlassen hatte und zum gegebenen Zeit-

[9] Neue Kölner Papyri zeigen mittlerweile, dass die Gründung des Boethos ein neuer Stadtteil von Herakleopolis ist (freundlicher Hinweis von Ch. Armoni).

punkt am Abfassungsort Krokodilon Polis weilte. Dies stützt die Theorie von Uebel, der bereits in *Kleruchen* S. 197, Anm. 7 aus dem Hinweis auf den Wohnort in P.Petrie II 21 (d),3–4 (= M.Chr. 28,19–20): παρὼν ἐν Θεογονίδι τοῦ | [Ἀρσινοίτου νο]μοῦ geschlossen hatte, dass der dort genannte Zeuge Diogenes sich nur anläßlich des Vertragsabschlusses in Theogonis aufhielt, aber vermutlich in einem Nachbarort wohnte; Kaltsas hatte dies (P.Heid. VIII S. 102 Anm. 25) abgelehnt, weil in P.Petr. I 24 (2),1 „παρών ohne jede Ortsangabe benutzt wird."

Die Aussagen von Tatzeugen sind vom vorliegenden Fall des Vertragszeugen zu unterscheiden. Dem ἐπεγράφην μάρ[τυς in Z. 7 entsprechen in den Tatzeugenaussagen die Verben παρεῖναι, ὁρᾶν, εἰδέναι, ἀκούειν und deren Negation, vgl. auch Kaltsas, Einleitung zu 413–416 S. 48–49. In P.Pintaudi 17,2 bezieht sich das Verb auf die Anwesenheit des Zeugen, in P.Hamb. I 105,10.13; P.Petr. II 17 (2), 7; (3),8; P.Petr. III 22 (e),11; P.Hib. II 200,10 auf die Anwesenheit weiterer Personen am Tatort.

[οἰ|κ]ῶ ἐν und παρών sind also keine austauschbaren Alternativen. Aus Text **10** geht klar hervor, dass das eine der Wohnort und das andere der Vertragsort bzw. der Ort der bezeugten Tat ist.

6–7 ἐν τῆ[ι Κροκοδείλων πόλει τοῦ Ἀρσι|νοί]τ̣[ο]υ̣: Man möchte hier zunächst spontan ἐν τῆ[ι προγεγραμμένηι πόλει] ergänzen, aber die Angabe über den Vertragsort in Z. 29–30: ἐν Κροκ[οδεί|λων πόλε]ι τοῦ Ἀρσινοίτ[ου νομοῦ] ist eindeutig. Es handelt sich hier um den Ort des Vertragsabschlusses, wo der Syngraphophylax die συγγραφή mit unterschrieben und in Verwahrung genommen hat; dieser dürfte in den Aussagen der Vertragszeugen immer angegeben worden sein; vgl. P.Petrie II 21 [d] (= M.Chr. 28,19–20): παρὼν ἐν Θεογονίδι τοῦ | [Ἀρσινοίτου νο]μοῦ und P.Petr. I 24, von Kaltsas mit Korrekturvorschlägen abgedruckt in P.Heid. VIII S. 87 Anm. 1: παρὼν ἐπεγράφην μάρτυς.

7 ἐπεγράφην μάρ[τυς ἐπὶ συγγραφῆς]: Ergänzt nach P.Heid. VIII 414,5–6: ἐπεγρ]ά̣φη̣ν̣ [μάρτυς μετ' ἄλλων | ἐπὶ συγ]γραφῆς ὁμολογ[ίας]; danach ist mit Kaltsas, a.a.O. S. 102 Anm. 26 und 27, auch P.Petr. II 21 = M.Chr. 28,21 und P.Petr. I 24 (2),1 zu ἐπεγράφην μάρτυς ἐπὶ συγγραφ[ῆς] bzw. συγγραφῆ̣[ς] zu korrigieren (BL XII S. 158).

8 [καθ'] ἣν ἐδάνεισεν Ἑρμαῖο[ς Διονυσοδώρωι]: Variiert in P.Heid. VIII 414,6: ἣν συ]ν̣εγρά̣[ψατο Νικάδας κα|θ' οὗ μαρ]τ̣υρῶ Πτολε[μαίωι ὧι] μαρτ[υρῶ.

9–10 [καθ'] οὗ μαρτυρῶ: P.Heid. VIII 414,6–7: κα|θ' οὗ μαρ]τ̣υρῶ Πτολε[μαίωι ὧι] μαρτ[υρῶ.

9 [νο(μίσματος) ὀφθαλμοφανοῦς]: Bei Ausschreibung beider Wörter wäre die Zeile zu lang. Deshalb nehmen wir an, dass in der Lücke die Abkürzung ν̊ gestanden hat; vgl. auch **12**,(47). Zur Bedeutung von ὀφθαλμοφανής siehe den Kommentar zu **1**,7.

10–12 ἐφ' ἅ[ς καὶ ἐνεγυήσατο | εἰς ἔ]κτεισιν Πραξὼ Διο[νυσοδώρου τὸν πατέρα | αὐτ]ῆς: Eine genaue Parallele zu dieser Wendung haben wir nicht gefunden. Sicher ist, dass Praxo, die für Dionysodoros bürgt, Subjekt des Satzes ist.]ῆς in Z.12 könnte die Endung des Pronomens sein, welches das Verhältnis von Praxo zu Dionysodoros angibt; dass sie seine Tochter ist, geht aus Z.13 hervor. Mit der Ergänzung Διο[νυσόδωρον τὸν πατέρα | αὐτ]ῆς ist Praxo mit ihrem Vatersnamen „ordentlich" eingeführt, ihr Verwandtschaftsverhältnis ist geklärt, aber der Kasuswechsel τὸν πατέρα | αὐτ]ῆς, der für die Angabe des Objekts zu [ἐνεγυήσατο] notwendig ist, ist etwas überraschend.

ἐγγυάομαι εἰς ἔκτισιν ist hinreichend gut belegt; vgl. P.Eleph. 27a,9–10 (5.12. 223 v.Chr.): πρὸς ἐγγύην, ἣν ἐνε|γυησάμεθα̣ εἰς ἔκτισιν; P.Hamb. II 185,7–8 (Oxyrhynchites; ca. 245 v.Chr.): ἐ̣γ̣γυῶ̣|μαι εἰς ἔκτισιν; P.Petr. III 57 (a),6 (= P.Petr. II 46 [b],1 = W.Chr. 110,7; 204–203 v.Chr.): ὁμολογῶ ἐνγυᾶσθαι εἰς ἔκτισιν | Φίλιππον; SB VI 9612,11 (Theogonis; 88/87 v.Chr.): ἐνγυ<ώ>μεθ' ἀλλήλ̣ους <εἰς> ἔκτισιν; BGU VIII 1848,10 (ca. 47 v.Chr.).

Erwähnt sei auch die Möglichkeit ἐφ' ἅ[ς κατεστάθη ἔγγυος | εἰς ἔ]κτεισιν Πραξὼ Διο[νυσοδώρου τοῦ πατρὸς | αὐτ]ῆς. Die Wendung klingt plausibel, aber ἔγγυον καθίστημι ist nur einmal und zudem außerhalb von Ägypten bezeugt, vgl. Jur.Pap. 36 B,32ff. (im Apparat zu 29f.; Avroman/Parthien; 20.10.–18.11. 88 v.Chr.): ἔγγυον δὲ καὶ συνέγδοτον κατέστησεν [Βαράκης καὶ Σωβήνης] | Χοσστρόην καὶ Ἀπάκην. In diesem Fall wüßte man gern, von wem Praxo als Garantin eingesetzt wurde.

ἐνεγυήσατο: Das Augment ἐνεγυησάμην begegnet in den ptolemäischen Papyri häufiger als das klassische ἠγγυησάμην, vgl. Mayser, *Grammatik* II 2 S. 110–111.

καί ist in Z. 10 ergänzt worden, um die Buchstabenzahl von 31 auf 34 zu erhöhen.

Πραξώ: Der Frauenname Praxo war bisher nur in zwei Papyri, beide noch aus der frühen Ptolemäerzeit, belegt: BGU VI 1277,6 und 12 + BGU XIV 2393, 10 und 15 (Getreidedarlehen; Tholthis, 215/14 v.Chr.) und zufällig auch in der Inhaltsangabe P.Heid. VIII 415v,3 (27.2.176 v.Chr.), wo die Beklagte diesen Namen trägt; siehe dazu dort den ausführlichen Komm. In den Inschriften begegnet er dagegen oft; vgl. nur LGPN I s.v. und die Epigraphische Datenbank des PHI.

Praxo ist die Tochter des Schuldners, die für ihn als Garantin auftritt und sogar den Vertrag als Zeugin mitunterzeichnet (Z. 13). Da der Name in den Papyri so selten ist, liegt der Gedanke, dass es sich hier um dieselbe Frau handeln könnte wie in dem oben erwähnten P.Heid VIII 415, Verso 3, nicht fern. Ein Kyrios ist übrigens hier nicht ausdrücklich erwähnt; siehe dazu Kaltsas, Komm. zur Stelle mit Literatur. Aber vielleicht ist ihr in Z. 14 genannter Bruder Demetrios in dieser Funktion am Vertragsabschluss beteiligt; denn da er zu den siegelnden Personen gehört, muß er auch eine Funktion gehabt haben. Möglicherweise hatte Praxo durch die Bürgschaft für ihren Vater Dionysodoros in dem hier im Jahr 182/1 geführten Prozess so viel Geld verloren, dass sie anschließend selbst ein Darlehen aufnehmen musste, über dessen Nichtrückzahlung es im Jahr 176 v.Chr. zum Prozess kam.

Auch in dem Gelddarlehen P.Mich. III 190,27–31 (Philadelpheia; 6.7.172 v.Chr.) übernimmt die Tochter des Schuldners die Garantie: ἔγγυος Ἀριστοκλέους | τοῦ προγεγραμμένου δα(νείου) τῶν γ (ταλάντων) καὶ ψπ (δραχμῶν) | τοῦ χα(λκοῦ) εἰς ἔκτε[ισι]ν Μεγιστὼ Νικοστράτου Περσίνη | μετὰ κυ(ρίου) τοῦ ἑ[αυτῆς ἀ]νδρὸς Ἀριστοκλέους τοῦ προ(γεγραμμένου). Schon früher war beobachtet worden, dass Schuldner und Bürgen in der Regel miteinander verwandt sind, vgl. Rupprecht, *Darlehen* S. 17–18. Schließlich haftete der Bürge in demselben Maße für die Schuld wie der Schuldner selbst, van Soest, *ἐγγύη* S. 22–59 und 93–94. Siehe auch den Komm. zu **1**,9–10.

12–15 σφραγισθείσης τ̣[ῆς συγγραφῆς ὑπό τε Διονυ|σοδ]ώρου καὶ τῆς ἐγγύου Π̣[ραξοῦς τῆς Διονυσοδώρου | καὶ Δ]η̣μ̣η̣τρίου Δ[ι]ο̣νυσοδώρου <καὶ Ἑρμαίου> κ[ἀμοῦ καὶ τῶν ἄλλων | τῶν] συνεπιγραφέντων μοι μαρ̣[τύρων: Der Schreiber muss den Kreditgeber Hermaios vergessen haben; denn die Siegelung des Kreditgebers war nach BGU XIV 2367,13–14 gesetzlich vorgeschrieben (zitiert unten. Für die Ergänzung seines Namens in den Lücken reicht der Platz nicht aus. Vgl. P.Heid. VIII 414, 10–12: σφρα[γισθε]ί̣σης δὲ τ[ῆς προειρημέ|νης συγγραφῆς] ὑπό τε Νικάδου [καὶ Πτολεμαίου | κἀμοῦ κ]α̣ὶ τ̣ῶν ἄλλων μαρ[τ]ύρων. Die Ergänzung wird durch die im Kommentar angeführte Parallelstelle P.Petr. II 21 (d),7–9 (= M.Chr. 28,23–25) bestätigt Zur Bedeutung der Siegelung in den griechischen Syngraphai s. Kaltsas' Komm.; zur Praxis der Siegelung siehe Rubensohn, P.Eleph. S. 6–17, bes. 6–9; Pieper, „Siegelung“; Vandorpe, *Breaking the Seal* S. 3–6; zur Siegelung von Sechszeugenurkunden Vandorpe, „Seals“ S. 258–261.

Kaltsas hat beobachtet, dass der Text der Heidelberger Zeugenaussage nah an dem in BGU XIV 2367 erhaltenen Gesetzestext über Vorschriften zur Abfassung von Darlehensverträgen steht. Im wesentlichen handelt es sich dort um die Nomenklaturregel, aber in Z. 13–16 geht es auch um die Unterschriften und Siegel der am Vertrag beteiligten Personen und der Zeugen, insbesondere um denjenigen, der als Urkundenhüter die Urkunde zur Aufbewahrung erhält (Z. 15–16): εἷς τῶν ἐπι[± 19] | μαρτύρων ̣ ̣ ̣ ̣αν φυλασσέτω [. Für Z. 16 hat Kaltsas angesichts des unlesbaren Mikrofiches im Band mit gebührender Zurückhaltung das naheliegende κ̣υ̣ρ̣ίαν vorgeschlagen (= BL XII S. 25); auf dem Scan im Internet (http://ww2.smb.museum/berlpap/index.php/record/?TM=2698) erkennt man jetzt deutlich, dass vom Platz her κ̣υ̣ρ̣ίαν perfekt an die Stelle passt, und wir meinen, sogar schattenhafte Spuren von Kappa, Rho und Iota zu erkennen, so dass wir Kaltsas' Lesung κ̣[υ]ρ̣ί̣αν bestätigen möchten; vgl. jetzt die ganze Partie Z. 13–16: σφραγιζέσθωσαν δὲ οἵ τε δανείζοντες καὶ οἱ [δανειζό]|μενοι καὶ οἱ ἔγγυοι καὶ οἱ μάρτυρες [± x] | [λαβὼν δὲ] τὴν συγγραφὴν εἷς τῶν ἐπιγεγραμμένων oder ἐπιγραφέντων ἐπ' αὐτῆς] | μαρτύρων κ̣υ̣ρ̣ίαν φυλασσέτω.

Für die Familie des Schuldners lässt sich folgendes Stemma rekonstruieren:

Sarapion (32)
|
Dionysodoros, Schuldner (3, 13, 14, 18)
|
Praxo, Garantin (11, 13) — Demetrios, ihr Kyrios? (14)

15–18 [--- ἔδωκάν μοι | τ]ὴν συγγραφὴν κυρίαν φυλάσ̣[σειν, ἣν ἔτι καὶ νῦν] | ἔχων κυρίαν φυλάσσω καὶ ἐπιφ[έρω κυρίαν] | ἐπὶ τὸ δικαστήριον: Ergänzt nach **11**,11: ἔδωκ[εν μοι ὁ Ἀπολλώνιος | τὴν συγγραφὴν κυρίαν] φυλάσσειν; vgl. auch M.Chr. 28,25–27 (= P.Petr. II 21 = P.Petrie III 24): ἔδωκεν ἐμ[ο]ὶ | [Σώταιρος καὶ Σῶσος τὴν συγγραφὴν κυρίαν φυλάσσειν | καὶ ἐπιφέρειν[10]] ἐπὶ τὸ δικαστήριον. Anders P.Heid. VIII 414,12–14: ἔ̣[λαβον ἐγὼ τὴν | συγ]γρα[φ]ὴν τῆς ὁμολογίας κ̣υρί̣[αν φυλάσσειν, | ἣ]ν̣ ἔτ[ι κα]ὶ̣ νῦν ἔχω̣ κ̣υρί̣αν. Kaltsas ergänzt ἔ̣[λαβον ἐγὼ statt eines möglichen ἔδωκαν ἐμοί, weil in diesem letzteren Falle ein Subjekt fehlen würde, und verweist für den Schluß auf P.Heid. VIII 417,14 (2. Hd.): [ἔχω κυ]ρίαν; vgl. den Komm. dort mit weiteren Hinweisen. Aus Platzgründen wurde auch in **9**,3 ἔλαβον ergänzt.

Die Formel war bisher nie so ausführlich formuliert wie hier; der Langversion ist wohl auch die Partizipialkonstruktion geschuldet ἣν καὶ νῦν] | ἔχων κυρίαν φυλάσσω κτλ. In P.Heid. VIII 414,14 endet sie mit [ἣ]ν̣ ἔτ[ι κα]ὶ̣ νῦν ἔχω̣ κ̣υρί̣αν; der Hinweis auf die Vorlage des maßgeblichen Exemplars bei Gericht fehlt dort. In beiden Fällen soll vor allem gesagt werden, dass der Vertrag, der beim Syngraphophylax liegt, immer noch das maßgebliche Exemplar ist und dass in der Zwischenzeit keine Veränderung an ihm vorgenommen wurde.

---

10 καὶ ἐπιφέρειν ist ein Vorschlag von Wilcken, „Papyrus–Urkunden" S. 516, auch wenn Mitteis in M.Chr. 28,28 im Apparat zur Stelle „M." druckt. Im übrigen siehe dazu Kaltsas, P.Heid. VIII S. 107, Anm. 46.

16 κυρίαν: S. dazu Hässler, *Κυρία-Klausel*. Kaltsas widmet dem Ausdruck κυρίαν und seiner Bedeutung in P.Heid. VIII 414,13 einen umfangreichen Kommentar; ebenso auch Sánchez-Moreno Ellart oben im 1.Teil, Kap. V.6.

18 Ἑρμαίωι κα[τὰ Διονυσοδώρου]: Vgl. **11**,12: Ἀπολλ]ω̣νίωι κατὰ Ζ̣[ήνωνος. Die beiden Stellen bestätigen den Vorschlag von Kaltsas im Komm. zu P.Heid. VIII 414,14, der für P.Petr. II 21 (d),13 (= M.Chr. 28,27–28): Σωταίρωι ⟦δι⟧ | [. . . . .] . α Σώσου jetzt → Σωταίρωι ⟦δι⟧|[. . . . . . . κα]τ̣ὰ Σώσου ergänzen möchte; mit Vorsicht schlägt er für den ganzen Passus vor ⟦ωι⟧ | [ὧι μαρτυρῶ κα]τ̣ὰ Σώσου.

19–20 ἔστιν δὲ τῆς συγγραφῆς ἀν[τίγραφον τόδε τὸ ὑπογε]|γραμμένον: In P.Heid. VIII 414,14–15 ist der ganze Satz Ἔστι̣ν̣ [δὲ τῆς συγγραφῆς | ἀντίγραφον τόδε] ergänzt; für den hier vorliegenden Zusatz τὸ ὑπογεγραμμένον wäre auch dort genug Platz (vgl. ibid. Tafel 3), und mit τόδε τὸ ὑπογεγραμμένον läge auch ein Subjekt mit Artikel vor, so dass Kaltsas' Unbehagen beseitigt wäre, das er mit dem Verweis auf die bei Mayser, *Grammatik* II 2 S. 79 formulierte Regel, dass der Artikel bei einem Subjekt fehlen kann, wenn das Prädikatsnomen τόδε oder τάδε ist, zum Ausdruck gebracht hat. In jedem Fall wird seine Ergänzung von P.Petr. II 21 (= M.Chr. 28,29) ibid. zu [ἔστι δὲ τῆς] συγγραφῆς ἀντίγραφα τὰ ὑπογεγ[ραμμένα] hier schön bestätigt. Vgl. auch P.Petrie I 24 (2),3 (mit P.Petr. III 52 (b) (2); 18.1.–16.2. 269 v.Chr.): [---]ιω κυρίαν Σωσιφάνει ἧς ἐστὶν ἀντίγραφα τάδε [, korr. in P.Heid. VIII S. 87, Anm. 1 (= BL XII S. 158): [---]ιω → [ἔδωκαν ἐμοὶ φυλάσσειν καὶ νῦν ἐπιφ]ε̣ρ̣ω κυρίαν κτλ.

21–37 Die Zeilenlänge variiert in dieser Partie erheblich. Die Ergänzungen sind aufgrund des Formulars sicher; bei der Textverteilung am Zeilenanfang haben wir uns an Fr. c orientiert.

21–30 Die Datierungsformel führt die eponymen Priester des 21. Jahres Ptolemaios' V. Epiphanes (185/4) nicht namentlich an, sondern nur mit der allgemeinen Formel τοῦ ὄντος und τῆς οὔσης, anders als der aus demselben Jahr stammende P.Heid. VIII 414,16–23, der zum ersten Mal alle griechischen Namen mitteilt, die den bis dahin allein bekannten demotischen entsprechen; vgl. Kaltsas, Komm. zu Z. 16–25; Clarysse/Van der Veken/Vleeming, *Eponymous Priests* Nr. 106.

29 [μηνὸς Ἀρ]τεμισίου . [± 12 καιδε]κάτηι: ein Tag zwischen dem 10. und 19. Artemisios (= Hathyr; siehe den Komm. zu **1**,6). Die Platzverhältnisse erfordern ein längeres Zahlwort; die Tintenspuren vor der Lücke passen gut zu Tau; τ̣[εσσαρεσκαιδε]κάτηι füllt die Lücke am besten aus.

31 τῶν Καλλιμά̣[χου φρουρῶν] und **33** τῶ[ν Καλλιμ]άχου φρουρῶ̣[ν]: Kallimachos ist der eponyme Kommandant der Festungswächter (φρουροί).

Es ist nicht gesagt, wo die Festung liegt, in der sie stationiert sind. Für Krokodilopolis im Arsinoites, den Ort des Vertragsabschlusses, ist bisher kein φρούριον bezeugt. Im restlichen Arsinoites ist nur eines in Soknopaiu Nesos bekannt, vgl. P.Amh. II 43,17 und P.Tebt. III 2, 856, Verso VIII 152: ὥστε τοῖς ἐν τῆι | [Σο]κνοπαίου Νή(σωι) φρουρᾶς. Die übrigen Belege aus dem Arsinoites, P.Petr. II 1,15; P.Tebt. III 1, 701 Verso, III 251 und 706,24 enthalten keine Ortsangabe.[11]

Hingegen hat es am Gerichtsort unseres Textes, in Herakleopolis, sogar zwei φρούρια gegeben; eines in der Stadt selbst, das andere am Hafen.[12] Die Hafenfestung war nach P.Berl. Zill. 2 von 155 v.Chr. noch im Entstehen, scheint aber nach dem Archiv des Phrurarchen Dioskoros, dessen datierte Papyri aus der Zeit zwischen 154 und 146 stammen, schon in Betrieb genommen zu sein. Auch die übrigen auf 176 bis 125 v.Chr. datierten P.Phrur. Diosk. dürften erst nach der Fertigstellung der Festung geschrieben sein. Die alte Festung in der Stadt ist nach P.Berl. Zill. 1 im Jahr 156/155 renovierungsbedürftig. Wir halten es nicht für ausgeschlossen, dass diese 25 Jahre früher der Standort unserer Festungswächter gewesen sein könnte. So ließe sich auch plausibel erklären, warum Herakleopolis als Gerichtsort gewählt wurde. Wenn diese Annahme richtig sein sollte, enthielte der vorliegende Papyrus den bisher frühesten Hinweis auf die alte Festung in der Stadt Herakleopolis. Siehe dazu Cowey, Einleitung zu P.Phrur. Diosk. 8–10 und 12–18 S. 2–15, bes. 8–9, Kramer, „Königseid" und zuletzt Kruse, „Die Festung in Herakleopolis".

Nach P.Phrur. Diosk. 18,42–44 (Herakleopolis; 14.11.145 v.Chr.) bildet die Besatzung der Hafenfestung ein τάγμα: Ἡρακλείδη[ς] . . . . . ạ . . ẹịδọụ Μạκẹ-[δ]ọ̣ν | τάγματος τῶν ἀπὸ τοῦ ὅρμ[ο]ụ φρουρῶν; s. auch dort die Einleitung S. 8–9. Möglicherweise ist der eponyme Vorgesetzte der Festungswächter ein Vorgänger des später als φρούραρχος bezeichneten Festungskommandanten; zu diesem vgl. P.Phrur. Diosk. S. 4–5; Kruse, „Die Festung in Herakleopolis" S. 259–261.

31 und **34** τακτ]ọμισθος: Die Bedeutung dieses miltärischen Titels ist noch nicht wirklich geklärt. Während man früher annahm, es handele sich möglicherweise um irgendeinen „Gradierten in der Armee", also einen Offizier (so Uebel,

---

[11] Der Phrurarch Demetrios ist in P.Grenf. I 11 (= M.Chr. 32; nach dem 27.8.181 v.Chr.), I 12 = II 10 genannt, dessen Herkunft im HGV mit „Arsinoites" angegeben ist. Aber weist nicht I 8 τ]ῶι Παθυρ[ίτηι] darauf hin, dass das in I 11 und II 9 genannte Κροκοδίλων πόλις die Stadt im Pathyrites sein könnte?

[12] Zwei weitere Belege für eine Festung im Herakleopolites enthalten die Rundschreiben P.Rain. Cent. 45,1 und 46,2 (Anfang 2. Jh. v.Chr.), deren Herkunft und Zeitstellung geklärt werden konnten, weil P.Rain. Cent. 46 aus derselben Mumienkartonage kommt wie P.Hels. 4–47; vgl. Frösen, Einleitung zu P.Hels. S. 17.

Kleruchen S. 378 mit Lesquier, *Les institutions militaires* S. 99–100; Bell, „Some Notes“ S. 24), vermutete schon Schubart, *Quaestiones de rebus militaribus* S. 15 zu den τακτόμισθοι: „Fortasse eis cleri erant ut illis, quos supra memoravi (sc. die μισθοφόροι), et stipendium fixum praeterea solvebatur.“ Die alte These kann nicht mehr aufrechterhalten werden, nachdem Vleeming, „Man receiving pay“ erneut nachgewiesen hat, dass der Terminus τακτόμισθος im Demotischen mit demselben Ausdruck wiedergegeben wird wie die Bezeichnung μισθοφόρος. Ebenso auch Clarysse, Komm. zu P.Petr.^{2} 3,87–89 mit Anm. 141; van 't Dack, Rez. Uebel, *Kleruchen* S. 358; P.Köln III 144,5=33 mit Komm. Zusammenfassung der Diskussion zuletzt bei Kramer, Komm. zu CPR XVIII 18,368–369 S. 177 und Clarysse, a.a.O. Auch Scheuble, „Μισθοφόροι und τακτόμισθοι“ S. 220–221 hält es für ausgeschlossen, dass sie Offiziere sind, und kommt zu dem Schluss, dass die τακτόμισθοι vielleicht eine separate Gruppe innerhalb der μισθοφόροι bilden könnten.

32–33 Ἀλεξ[ανδρεῖ τ]ῶν οὔπω ἐπη[γμέ|νων εἰς δ]ῆμον Ὑλλέα: Dieser hier zweifelsfrei als alexandrinisch ausgewiesene Demos Hylleus war bisher in den griechischen dokumentarischen Papyri nicht bezeugt. Aber aber die demotische Wiedergabe *Hylws* für das Demotikon Ὑλλεύς ist einmal für den Vater der Kanephore des Jahres 158/157 v.Chr. in Ptolemais belegt (Classysse/Van der Veken/Vleeming, *Eponymous Priests* Nr. 133bis), vgl. Vandorpe/Clarysse, „Greek loan words“ S. 139 Nr. 82a.

Der Demos ist nach Hyllos, dem Sohn des Herakles, benannt. Bekanntlich soll Ptolemaios IV. in Alexandria eine dionysische Phyle eingeführt haben, um seine Ahnenreihe auf Dionysos zurückführen zu können. Nach überlieferter Genealogie ist Hyllos ein Enkel des Dionysos; spätere Abkömmlinge desselben sind Ptolemaios I., der Sohn des Lagos, und alle seine Nachkommen. Dies berichtet Satyros von Kallatis in seiner Abhandlung *Über die Demen von Alexandria* (Mitte 2. Jh. v.Chr.), den auch Theophilos von Antiocheia im 2. Buch seiner Schrift *Ad Autolycum* zitiert.[13] Fragmente des um die Mitte des 2. Jhs. entstandenen Werkes des Satyros sind in P.Oxy. XXVII 2465, ed. Turner 1962, erhalten; vgl. jetzt Schorn, Satyros F *28 S. 129–136, hier 129–130 mit Komm. S. 438–475, bes. S. 438–445). Hier führt Satyros u.a. die Genealogie der Namengeber der Ersten Phyle (fr. 1 col. II 1: ἄ]λ̣φ̣α φυ[λή) an, darunter auch Hyllos (ibid., col. I 9–11): ἱστορεῖται γὰρ ε[ἶναι τούτου καὶ Ἀλθαίας] | Δηϊάνειρα, Δηϊ[ανείρας[14] δὲ καὶ Ἡρακλέ]|ους Ὕλλ[ο]ς κτλ.; ibid. fr. 3 col. II 21: τὸν Ὕλλον δὲ πάντες Ἡ[ρακλέους καὶ] Δηϊανείρας ἀποφαίνου[σιν mit Komm.

[13] Theophilus Antiochenus, Ad Autolycum, ed. Miroslav Marcovich, Berlin/New York 1995 (PTS 44).

[14] Turner, P.Oxy. XXVII 2465, I 9–11: ἱστορεῖται γὰρ ε[ἶναι Διονύσου] Δηιάνειρα, Δηι[ανείρας δὲ καὶ Ἡρακλέ]|ους Ὕλ̣λ̣[ο]ς.

S. 469–470 (zu Z.12 f.): „... die oben angeführte Genealogie fand Satyros nicht bei allen Autoren über das Thema, alle Zeugen aber nennen Hyllos einen Sohn des Herakles und der Deianeira," und Schorn F *29 S. 136–138:[15] (3) ἀλλὰ καὶ Σάτυρος ἱστορῶν τοὺς δήμους Ἀλεξανδρέων, ἀρξάμενος ἀπὸ Πτολεμαίου τοῦ καὶ Φιλοπάτορος προσαγορευθέντος, τούτου μηνύει Διόνυσον ἀρχηγέτην γεγονέναι καὶ <τὴν Διονυσίαν> φυλὴν ὁ Πτολεμαῖος πρώτην κατέστησεν. λέγει οὖν ὁ Σάτυρος οὕτως· (4) Διονύσου καὶ Ἀλθαίας τῆς Θεστίου γεγενῆσθαι Δηϊάνειραν, τῆς δὲ καὶ Ἡρακλέους τοῦ Διὸς Ὕλλον --- τοῦ δὲ Μελέαγρον, τοῦ δὲ Ἀρσινόην, τῆς δὲ καὶ Λάγου Πτολεμαῖον τὸν καὶ Σωτῆρα usw. bis Φιλοπάτορα.

Zur Abstammung Ptolemaios' III. Euergetes von Hyllos s. auch OGIS I 54,5–6: ἀπόγονος τὰ μὲν ἀπὸ πατρὸς Ἡρακλέους τοῦ Διός, τὰ δὲ ἀπὸ μη|τρὸς Διονύσου τοῦ Διός, mit Komm. von Dittenberger: distinctionem paternae et maternae originis hic non --- de Ptolemaei Euergetae ipsius parentibus intellegendam esse, sed de Hyllo totius stirpis auctore qui patre utebatur Hercule, matre Deïanira. S. auch Schorn, *Satyros* S. 444–445 mit Anm. 1319.

Im Index zu Fraser, *Ptolemaic Alexandria*, ist der Demos Ὑλλεύς unter den Δῆμοι Πτολεμαιέων verzeichnet (mit Anm. 64) unter Verweis auf OGIS I 48,4 (= I.Prose 4 = I.Louvre 4) aus Ptolemais in Oberägypten: Διονύσιος Μουσαίου Ὑλλεύς. Deren Herkunft ist eindeutig: Alle in der Inschrift genannten Bürger tragen Demotika von Ptolemais. Vgl. auch E. Bernand im Komm. zu I.Louvre 4,4–7 S. 23.

Im Zusammenhang mit der neu geschaffenen dionysischen Phyle in Alexandria mit Phylennamen aus der Genealogie der Ptolemäer hatte man jedoch schon früh einen alexandrinischen Demos namens Hylleus postuliert. Jouguet „Ptolémais" S. 189–195, hatte aus der Erwähnung des Demotikons Hylleus geschlossen, es müsse auch dort eine dionysische Phyle eingerichtet worden sein (a.a.O. S. 195): „Puisque Alexandrie et Ptolémais ont des tribus de même noms, il est assez naturel de croire que les dèmes d'Hyllos et de Caranos faisaient à Ptolémais partie d'une tribu Dionysia." So auch Breccia, „Tribù e demi" S. 178: „un'iscrizione di Tolemaide (BCH.XXI.190) ci fa conoscere un Διονύσιος Μουσαίου Ὑλλεύς, ed Ὑλλεύς è dunque un demo di Tolemais. Ora è fuori di dubbio che un demo di ugual nome doveva esistere in Alessandria e quindi abbiamo una nuova conferma per la giustezza dell'interpretazione del Lumbroso[16], poichè Ὕλλος è appunto compreso nella omai più volte ricordata genealogia."

[15] Schorn F *29 = Theoph. II 7,3–6 = Müller, FHG III 164–5 F 21; F 27 K.; Jacoby, FGrHist III C 631 F 1.

[16] Lumbroso, *Ricerche Alessandrine* S. 70.

Gegen diese These wandten sich entschieden Schubart, „Alexandrinische Urkunden“ S. 84 mit Anm. 3, Fraser und Schorn. Ihrer Meinung nach hatten die Demoi in beiden Städten verschiedene Namen zu tragen. Vgl. Fraser, *Ptolemaic Alexandria* I S. 43: „The full citizens of Alexandria among the military colonists of the Fayyum in the midthird century are described by their demotics only, without indication of whether the demotic is of Alexandria or Ptolemais. From this it follows that the demotics of both cities must have been different.“ Schorn, *Satyros S.* 441: „Bemerkenswert ist, daß es zwischen den Demotika von Alexandria und Ptolemais offensichtlich keine Überschneidungen gab, so daß die Demosangabe zugleich den Herkunftsort verriet.“[17] Deshalb schreibt er ibid., Komm. S. 469–470 (zu Z. 12ff.): „Seltsam mutet allerdings an, daß er (S.) in Z. 21 etwas abrupt auf Hyllos zu sprechen kommt und nicht gleich die konkurrierende Genealogie anführt. Um das Demotikon Ὑλλεύς kann es jedenfalls nicht gegangen sein, da es schon für Ptolemais bezeugt ist und daher nicht in Alexandria existiert haben kann (siehe S. 441)“.

Unser Papyrus weist nun den zukünftigen Träger des Demotikons Ὑλλεύς eindeutig als Alexandriner aus. Der Befund ist eindeutig; er zeigt, dass in verschiedenen Griechenstädten dieselben Demosnamen verwendet werden konnten — es sei denn, Hylleus war ein Ausnahmefall, der sich mit der besonderen ideologischen Bedeutung des Hyllos für die Ahnenreihe der Ptolemäer erklären lässt.

Zu den Phylen- und Demennamen in der Ptolemäerzeit s. Schubart „Alexandrinische Urkunden“ S. 82–104; zur Einsetzung der dionysischen Phyle durch Philopator ibid. S. 90; Fraser, *Ptolemaic Alexandria* I S. 42–46); weitere Literatur bei Schorn, *Satyros* S. 441 Anm. 1302.

33 φρουρῶ[ν]: Das Rho besteht nur aus einer senkrechten Haste wie in Z. 42 [Διο]ν̣[υσό]δωρος; der kleine nach rechts geöffnete Kringel könnte noch als Rho-Köpfchen dienen, ist aber gleichzeitig auch die linke Hälfte des winzigen Omikrons, dessen rechte Hälfte durch den Aufstrich zum Ypsilon mit diesem verbunden ist.

34–36 χαλκοῦ ν[ομίσματος ὀ]φθαλμοφα[νοῦς | δραχμὰς] τρισχιλ̣ίας τόκ̣[ου ὡς ἐγ δύο δραχμῶν τὴν | μνᾶν τὸν] μῆνα ἕκαστο[ν: Der Zinssatz ist ergänzt nach **1**,4–5; **2**,8; **3**,7–8; er dürfte der in der Ptolemäerzeit übliche von 24 % im Jahr (2 Drachmen pro Mine und Monat) gewesen sein, also im Falle der hier geliehenen 3.000 Drachmen 60 Dr./Monat). Da wir die Laufzeit des Vertrags und den

[17] In der anschließenden Anm. 1301 meint er übrigens unter Verweis auf Fraser, *Alexandria* I S. 43: „Was die dritte griechische Polis in Ägypten, Naukratis, anbelangt, so ist die Demenordnung unbekannt.“ Dazu gibt es in der von Reinhold Scholl mit einem Fragment aus Privatbesitz zusammengesetzten Inschrift SB VIII 9747 eine neue Quelle: Scholl, „Phylen und Buleuten in Naukratis.“

Streitwert, um den der Prozess schließlich geführt wird, nicht kennen, lässt sich mehr nicht errechnen.

36–37 [τὸ δὲ δάνειον τοῦτο καὶ | τοὺς τόκου]ς ἀποδό̣τῳ̣ι̣: Die ergänzte Formulierung ist der späten Stellung von ἀποδότ̣ῳ̣ geschuldet; direkt nach τὸν μῆνα ἕκαστον begegnet sie nur noch in CPR XVIII 14,282–285: τ̣ὸ δὲ δάνειον | [τοῦτο] καὶ τοὺς τόκους ἀποδότω Μενε|[σθε]ὺ̣ς̣ Πυλάδηι ἐν ἐνια̣υ̣τ̣ῶ̣ι̣ ἀπὸ Δύστρο[υ | τ̣οῦ ιϛ (ἔτους); anschließend wird in CPR XVIII 14 der Bürge genannt.

38]υ̣ς κα̣. . .[: Nach ἀποδό̣τῳ̣ι̣ erwartet man den Rückzahlungstermin, bestehend aus Monat und Jahresangabe; der in Z. 22 genannte Abfassungstermin im 21. Jahr würde gut passen, aber τ]ο̣ῦ̣ κα ἔ̣τ̣[ους lässt sich nicht lesen und die Reihenfolge ἔτο]υς κα wäre an dieser Stelle ungewöhnlich.

Man könnte den Passus in Z. 37–38 jedoch, passend zu den Spuren, folgendermaßen ergänzen: ἀποδό̣τῳ̣ι̣ Δ[ιονυσόδωρος Ἑρμαίωι | τοὺς μὲν τόκο]υ̣ς κατὰ [μῆνα ἕκαστον. Danach müßte noch eine Regelung für das Kapital folgen; vgl. SB XVIII 13255,19–22 (Tholthis,/Oxy.; 17.6.–16.7.231 v.Chr.: ἀποδό]|τ̣ῳ̣ δ̣ὲ Ἀμμ̣ώνιος Μενάνδρωι τοὺς μὲν τόκου̣ς κ̣[ατὰ μῆνα ἕκασ|τ]ο̣[ν], τὸ δ̣ὲ δάνειον ἀφ' ἧ[ς] ἂν ἡμέρας Μένανδρ[ος προείπηι | ἐ]ν ἡμ̣[έ]ρ̣α[ι]ς̣ δέκα und BGU X 1961,6–8 (Tholthis, Oxy.; 213/212 v.Chr.): ἀποδότω] | δὲ Μενωνίδης Θεοδώρωι τοὺς μὲν τόκους κατὰ μῆ[να, τὸ δὲ δάνειον τοῦτο] | ἀ̣φ̣' ἧ̣[ς] ἂν ἡμέρας Θεόδωρος Μενωνίδει προείπῃ ἐν ἡμέραις [δέκα?]. Eine solche Vereinbarung über das Kapital ist aber mit dem Befund in Z. 39]μ̣έναι̣τ̣[nicht vereinbar.

40 Viell.] ὑ̣π̣ὸ̣ Ἑρμαίου δ̣ιὰ τῆς α̣[ὐτῆς συγγραφῆς?

44 24. Jahr, 28. Pharmuthi = 1. Juni 181. An diesem Tag war die Abschrift und amtliche Bearbeitung derselben im Büro des Eisagogeus fertiggestellt und wurde registriert.

45–47 φέρ̣ει: Diese Zeilen enthalten den bei Gericht erteilten Einreichungsvermerk. Vgl. auch P.Heid. VIII 413,10–13: φέρει | Αὐτομένει πρὸ]ς | Κ̣ό̣τυν ἐπὶ τ̣[ὸ] | [δι]καστήριον; 415,1–3: φέρει | 'Αλ̣ε̣ξάνδρωι πρ(ὸς) [Π]ραξοῦν ἐπὶ | [; 416,53–54: [--- φέρει ---] | [? ἐπὶ] τ̣ὸν̣ | [στρατ]ηγόν; s. dazu Kaltsas, Einleitung zu P.Heid. VIII 413-416 S. 51–54. Zum Versovermerk vgl. Kaltsas S. 51–54.

Das Objekt zu φέρει ist nach Kaltsas die Zeugenaussage, μαρτυρίαν. Wer aber ist das Subjekt zu φέρει? Nach Kaltsas, der die Frage P.Heid. VIII S. 52–53 ausführlich erörtert, kann es nicht der Zeuge sein, weil es die Aufgabe des Zeugenstellers sei, die Aussage vor Gericht vorzulegen; er sieht daher hier den Eisagogeus stellvertretend für den Zeugensteller agieren. Uns scheint aber die Lösung im Text der Zeugenaussage selbst zu liegen: Nicht die Zeugenaussage, sondern die συγγραφή ist es, die der Urkundenhüter als Beweis vorlegt (Z. 16–

18): [τ]ὴν συγγραφὴν --- [--- ἣν ἔτι καὶ νῦν] | ἔχων κυρίαν φυλάσσω καὶ ἐπιφ̣[έρω κυρίαν] | ἐπὶ τὸ δικαστήριον. Der Urkundenhüter, das heißt, der Zeuge, bringt die maßgebliche Ausfertigung des Vertrags im Original, die er aufbewahrt hat, zum Gericht und legt sie dort dem Eisagogeus vor; dort wird seine Aussage aufgenommen, die Abschrift der beiden Dokumente angefertigt und mit den amtlichen Vermerken versehen; dann wird sie in der Verhandlung verlesen und anschließend den Gerichtsakten einverleibt. Wir sehen diese These gestützt durch PSI IV 399,4 (Eingabe an einen Nomarchen; Philadelphia; 3. Jh. v.Chr.); in diesem Streit um einen Pachtvertrag ordnet der Nomarch an, dass der Petent den Vertrag und den Urkundenhüter herbeischafft: Ἀρίσταρχος] δὲ ἐκέλευσε τὴν συγγραφὴν ἐνεγκεῖν καὶ τὸν συγγραφοφύ̣[λ]α̣κα. | [ἐπενεχθείσης δὲ ὕστερον τ]ῆς συγγραφῆς[18] λαβὼν Ἀρίσταρχος καὶ ἀναγνούς κτλ.

ΔΗΜΗΤΡΙΟΥ: Auf der Rückseite der kleinen Urkundenrolle, rechts neben dem Einreichungsvermerk, ist in großen, fast kalligraphischen Buchstaben der Name des Zeugen, Demetrios, im Genitiv angebracht; als Beziehungswort für den Genitiv ist μαρτυρία zu ergänzen. Dieselbe Textverteilung hat auch in **9** vorgelegen, wo nur noch der Name des Urkundenhüters in kalligraphischen Buchstaben erhalten ist. Dieselbe Textverteilung und Schreibweise des Namens des Urkundenhüters haben auch P.Heid. VIII 413 Verso: ΣΙΛΟΥ, 415 ΚΑΛΛΙ̣ΑΔΟΥ und 416 Verso [Ε]Ρ̣Ι̣ΕΥΤΟΣ.

Auch der Versovermerk lässt sich jetzt in seiner Struktur deutlicher erkennen. Er enthält folgende, überall in der gleichen Weise auf dem Blatt verteilte Elemente: Auf der linken Seite den Einreichungsvermerk mit Datierung, verbalem Ausdruck für die Einreichung, Namen des Zeugenstellers und des Beklagten und der Institution der Einreichung. Auf der rechten Seite steht der Name des Zeugen im Genitiv, geschrieben meist in größerer Kanzleischrift, die man zunächst als 4. Hand identifizieren möchte. Man könnte aber auch damit rechnen, dass der Schreiber des Versovermerks selbst für die Schreibung des Namens eine andere Schrift verwendet hat.

Auch hier wurden die verschiedenen Elemente nicht immer erkannt, und so wurde auch nicht in allen Editionen auf die Verteilung des Textes, die Hände und die Schreibweise aufmerksam gemacht. Verso-Vermerke sind erhalten in P.Zen. Pestman 21; P.Cair. Zen. III 59347 = SB III 6763; P.Hamb. I 105 = C.Ptol. Sklav. II 229; P.Petrie II 17 (2).

---

[18] Kaltsas, P.Heid. VIII S. 90 (= BL XII S. 251); ὕστερον δὲ τἀντίγραφον τ]ῆς συγγραφῆς ed.pr. im Komm.

P.Zen. Pestm. 21

6 Εὐφρονίου.
(ἔτους) β Γορπιείου κς. φέρει
Ἀντιπάτρωι πρὸς ἀντίδ̣ικον
Νίκωνα.

Der Text ist auf dem Papyrus verteilt, wie folgt:

(ἔτους) β Γορπιείου κς. φέρει
Ἀντιπάτρωι πρὸς ἀντίδ̣ικον ΕΥΦΡΟΝΙΟΥ
Νίκωνα.

P.Cair. Zen. III 59347 (= SB III 6763)

Verso Ἀν]τ̣ι̣π̣άτρωι πρὸς Νι-
Ε]ὐδήμου (in larger hand)
[(ἔτους) β] Ὑπερβερε(ταίου) κε.

Die Textverteilung ist in der ed.pr. richtig, aber irreführend gedruckt. Auf dem Photo im Internet erkennt man, dass Ε]ὐδήμου etwas größer geschrieben ist als die beiden anderen Zeilen, vgl. die ed.pr. Wir würden schreiben:

[φέρει Ἀν]τ̣ι̣π̣άτρωι πρὸς Νι-
[κωνα. Ε]ΥΔΗΜΟΥ
[(ἔτους) β] Ὑπερβερε(ταίου) κε.

Dazu siehe auch Kaltsas, P.Heid. VIII S. 51 mit Anm. 58.

P.Hamb. I 105 (= C.Ptol. Sklav. II 229)

Der Text der ed. pr., mangels gut erhaltener Parallelen mißverstanden, ist mehrfach korrigiert worden; s. dazu zuletzt ausführlich Kaltsas, P.Heid. VIII S. 51–52 mit Anm. 63 (= BL XII S. 83), der für den am Ende unleserlichen Namen des Zeugen in Z. 1 und auf dem Verso die Formen Δημήτριος und Δημητρίου annimmt und die Berufsbezeichnung ἀρχ̣ιφυλακίτου richtig auf diesen bezieht.

In Z. 1 des Recto scheint mir der Eindruck einer vermeintlich 2. Hand (ed. pr.) nur durch frische, dickere Tinte hervorgerufen zu sein. Für die Lücke nach dem Namen des Zeugen wurden von Meyer, ed.pr., Patronymikon und Signalement und von Scholl Patronymikon und Demotikon/Ethnikon angenommen. Die neuen Texte legen folgende Ergänzung nahe:

1 μαρτυρεῖ Μενεκράτει Δημήτριο̣ς [πρὸς Εὐθύδημον. οἰκῶ]

Für das Verso ist auf einem noch aus Reinhold Scholls Arbeit an den C.Ptol. Sklav. stammenden Schwarzweiß-Photo die größere Schrift beim Zeugennamen und der Rest eines Tagesdatums erkennbar:

(m^2) (ἔτους) ιβ Ξανδικοῦ ̣ ̣.
φέρει Μενεκράτει (m^4) ΔΗΜΗΤΡ<Ι>Ọ[Υ]
πρὸς Εὐθύδημον. ἀρχ̣ι̣φυλακίτου

P.Petrie II 17 (2)

Der Name des Zeugen allein im Genitiv ist erhalten auf dem Verso von P.Petrie II 17 (2); vermutlich ist er auch in größeren Buchstaben geschrieben:

ΝΕΦΘΙΧΙΟΣ

Übersetzung

(2. Hand) [NN, ---, 35 Jahre alt, von mittelgroßer Statur, rötlicher Hautfarbe ---

(1. Hand) Ich, Demetrios, Sohn des Kleandros, [*Ethnikon*], Mannschaftskommandant der Reiter, bin Zeuge zugunsten des Hermaios gegen Dionysodoros. Ich wohne in Euergetis oberhalb von Memphis im Oberen Kynopolites. Im 21. Regierungsjahr, am sechsten des Monats Hathyr, war ich in Krokodilon Polis und setzte meinen Namen als Zeuge auf den Vertrag, gemäß welchem Hermaios dem Dionysodoros, gegen den ich als Zeuge diene, dreitausend Drachmen in (sicht-)barer Bronzemünze als Darlehen gegeben hat, im Hinblick auf die Praxo, die Tochter des Dionysodoros, die Bürgschaft für ihren Vater übernommen hat.

Nachdem der Vertrag von Dionysodoros, <von Hermaios,> von der Garantin Praxo, der Tochter des Dionysodoros, von Demetrios, dem Sohn des Dionysodoros, und von mir und den anderen Zeugen, die mit mir zusammen auf dem Darlehensvertrag eingetragen sind, versiegelt worden war, gab man ihn mir als maßgebliches Exemplar, um ihn aufzubewahren, den ich auch jetzt als maßgeblichen habe und hüte und als maßgeblichen vor das Gericht bringe zugunsten des Hermaios gegen Dionysodoros. Die folgende Anlage aber ist eine Abschrift des Vertrags.

Unter der Königsherrschaft des Ptolemaios, des Sohnes des Ptolemaios, und der Arsinoe, der Theoi Philopatores, im 21. Regierungsjahr, zur Amtszeit des in Alexandria amtierenden Priesters des Alexander und der Theoi Adelphoi und der Theoi Euergetai und der Theoi Philopatores und der Theoi Epiphaneis, und der in Alexandria amtierenden Athlophore der Berenike Euergetis und der in Alexandria amtierenden Kanephore der Arsinoe Piladelphos und der in Alexandria amtierenden Priesterin der Arsinoe Philopator, im Monat Artemisios ---, am –zehnten in Krokodilopolis im Arsinoites. Es hat geliehen Hermaios, der Sohn des ---, Taktomisthos der Festungswächter von der Truppe des Kallimachos,

Dionysodoros, dem Sohn des Sarapion, Alexandriner aus der Gruppe derer, die noch nicht in den Demos Hylleus eingeführt sind, Taktomisthos der Festungswächter von der Truppe des Kallimachos, dreitausend Drachmen in Bronzemünze in bar zum Zins von zwei Drachmen pro Mine und Monat. Dieses Darlehen und die Zinsen soll Dionysodoros dem Hermaios zurückzahlen, die Zinsen monatlich, das Darlehen aber ---

--- wenn aber Dionysodoros nicht zurückzahlt, [soll er Hermaios] das Darlehen [anderthalbfach und die Zinsen einfach zahlen ---]

Verso:

(3. Hand)	Im 24. Jahr, am 28. Pharmuthi. Er (sc. Demetrios) bringt (den Vertrag) für Hermaios gegen Dionysodoros vor Gericht.	(4. Hand)	(Zeugenaussage des) DEMETRIOS

11. Zeugenaussage eines Syngraphophylax zugunsten des Apollonios im Prozess gegen Zenon

Inv. 188-125 R | 7 x 12,3 cm | Herakleopolis?
Zeit Ptolemaios' V. Epiphanes (?)
(28.11.205 – nach dem 20.5.180 v.Chr.)

Das Fragment ist rechts und unten abgebrochen; links ist es gerade abgeschnitten. Oben ist der Blattrand erhalten; in einem Abstand von 1,2 cm vom oberen Rand und 0,5 cm vom Beginn des eigentlichen Textes entfernt haben zwei Zeilen mit dem Signalement gestanden, von denen die zweite nahezu ganz abgerieben ist. Vielleicht gehört sie auch gar nicht dazu, sondern enthält wie auch sonst auf der gesamten freien Fläche Spuren einer Vorbeschriftung; weil der Abstand aber größer wäre als sonst üblich, haben wir sie als zum Text gehörig mitgezählt. Auf der linken Seite ist eine Klebung sichtbar; die Überlappung beträgt vom linken Rand aus an der breitesten Stelle 1,4 cm. Auf dem Verso ist keine Beschriftung zu erkennen. Der Papyrus stammt aus derselben Kartonage wie die übrigen Urkunden des Gerichtsarchivs, was Zeit und Ort einzugrenzen erlaubt. Auf dem Verso undefinierbare Tintenreste.

Das Recto hat den mittleren Teil einer Kolumne aus der Zeugenaussage eines Syngraphophylax bewahrt, der bei der Aufsetzung eines Darlehensvertrags am 29. Thoth eines nicht erhaltenen Jahres als Zeuge beteiligt war und die Urkunde zur Aufbewahrung erhalten hatte. Jetzt legt er sie bei Gericht vor, vermutlich dem Losgericht in Herakleopolis. Sein Name ist verloren; sein Signalement ist oberhalb des regulären Textes von einem Gerichtsdiener nachträglich eingesetzt worden. Der Syngraphophylax legt Zeugnis ab zugunsten des Gläubigers des Darlehens, Apollodoros, gegen den Schuldner, der möglicherweise Zenon heißt. Der Gegenstand des Darlehens ist verloren. Die engsten Parallelen, nach denen der Text auch ergänzt ist, sind **10** und P.Heid. VIII 414; vgl. auch **9**. Die Verteilung des Textes auf die Zeilen ist exemplia gratia vorgenommen worden. Zu Zeugenaussagen siehe Kaltsas, Einleitung zu P.Heid. VIII 413–416, die Einleitung zu **10** ind im 1. Teil des Buches Kap. I.3, I.4. und Kap. V.

Rand

1 m^2 [ὡς (ἐτῶν)   ἀν]αφάλαυ̣[θος
2   ] . . .
3 m^1 [ὁ δεῖνα τοῦ δεῖνος   ]σ̣ης φυλακίτης [
4 [μαρτυρῶ Ἀπολλωνίωι δι]κ̣αζομένωι Ζήνω[νι. τοῦ δὲ   ]

[. . . . . ἔτους μηνὸ]ς Θωὺθ κθ̅ παρ̣ὼ̣ν̣ [ἐν τῆι Ἡρακλέους] [πόλει τῆι ὑπὲρ Μέμφιν ἐπ]εγράφην μετ᾽ ἄλλων μ̣[αρτύρων ἐπὶ συγ-] [γραφῆς καθ᾽ ἣν ἐδάνεισε]ν Ἀπολλώνιος Ζ̣ή̣ν̣ω̣ν̣ι̣, [καθ᾽ οὗ μαρτυρῶ,] [χαλκοῦ δραχμὰς χιλίας ἑ]κ̣ατὸν καὶ πεντήκον[τ]α̣. [σφραγισθείσης] [δὲ τῆς συγγραφῆς τοῦ δαν]ε̣ί̣ου ὑπό τε Ἀπολλων[ίου καὶ Ζήνωνος] [καὶ . . . . ἐγγύου τοῦ] δ̣ανεισαμένου Ζ̣ή[νωνος κἀμοῦ καὶ τῶν ἄλ-] [λων τῶν συνεπιγραφέντων] μ̣οι μαρτύρων ἔδωκ[έν μοι ὁ Ἀπολλώνιος] [τὴν συγγραφὴν κυρίαν] φυλάσσειν, ἣ̣[ν ἔχων κυρίαν ἐπιφέρω κυρίαν ἐπὶ] [τὸ δικαστήριον Ἀπολλ]ω̣νίωι κατὰ Ζ̣[ήνωνος. ἔστιν δὲ τῆς συγγρα-] [φῆς ἀντίγραφον τόδε τὸ] ὑπογεγραμμ̣[ένον.

- -

11. Recto

Zeilenkommentar

1 Zum nachträglich eingesetzten Signalement siehe den Komm. zu **10**,1–2 und 1. Teil, Kap. I.4.1. und Kap. V.4.4.

ἀν]αφάλαṿ[θος: Zur Bedeutung siehe Kaltsas, Komm. zu P.Heid. VIII 414,1. Dort und in 416,1 steht das Adjektiv ebenfalls in der ersten Zeile; eine weitere folgt nicht. Das könnte auch hier dafür sprechen, dass die Tintenspuren in Z. 2 nicht zu unserem Text gehören.

3]σ̣ης φυλακίτης [: Vielleicht Πέρ]σ̣ης? Nach dem verlorenen Namen und Vatersnamen des Urkundenhüters könnte man ein Ethnikon erwarten. Phylakiten mit Signalement sind allerdings selten anzutreffen, wohl weil sie häufiger in amtlicher als in privater Funktion auftauchen. Ein Phylakites, der zufällig auch als Zeuge auftritt, trägt ein Ethnikon in BGU VI 1272,22 (= CPJ I 25; Pachtvertrag? Darlehen? Hephaistias /Ars.; 24.9.173 v.Chr.):]ω̣ς Ἰουδαῖος φυλακίτης. Ansonsten gibt es dreimal eine Klerosangabe: BGU X 1957,7 u. 15 (Pachtvertrag; Ars.; 11.12.177 v.Chr.): Δη[μ]ή̣τρ̣ιος Νικάν[ο]ρος φυλακίτης δ̣ε[κάρουρος; SB 24, 16054,12 (Eselverkauf; Tebtynis; 3.4.145) Διό]δ̣ωρος Εὐκτήμονος φυλα̣κίτης δεκάρουρος (einer der μάρτυρες); SB XIV 11966,[1–2] u. 14–15 (Gestellungsbürgschaft; Euhemeria; 170–116): Ἑρμίας Ἀπολλωṇί̣ο̣υ ὃς κα̣ὶ Ἀπολλῶς φ̣υ̣λ̣α̣κ̣ί̣|της δεκάρουρος; 11–12: Θ̣[έω]ν Ἡ̣ρ̣ῴδου φυλακίτης δεκάρου|ρος.

Zu den Phylakiten siehe Wilcken, *Grundzüge* S. 411–412. Kool, *De Phylakieten*; Bauschatz, *Law and Enforcement* S. 48–89. Eine informative Zusammenstellung der seinerzeit bekannten Phylakiten samt ihren Aufgaben und Tätigkeiten gibt Harrauer, CPR XIII S. 161–173, ergänzt im Hinblick auf die Besteuerung von Thompson, „Policing the Ptolemaic Countryside."

4 [μαρτυρῶ Ἀπολλωνίωι δι]κ̣αζομένωι Ζήνω[νι: eine neue Variante, um den Prozessgegner einzuführen; ähnlich P.Heid. VIII 416,3: [μαρτυρεῖ ed.pr. → μαρτυρῶ Περιγέ]ν̣ει τῶι καθισ̣τ̣αμένωι ἐφ' Ἑρμο[± 10] | ̣[± 9 στρ]α̣τηγοῦ πρὸς Π̣ ̣ ̣ ̣ ̣ ̣ρον καὶ Κρ̣[± 7]. Vgl. hingegen die kurze Formel **10**,3 μαρτυρῶ Ἑρμαί̣[ωι πρ(ὸς) Διονυσόδωρον sowie in P.Heid. VIII 413,3 μαρ̣[τυ]ρ[εῖ] → μαρ̣[τυ]ρ[ῶ] | Α̣ὐτομένει, πρὸς ὃν καθίστα̣ται Κότυς; 414,3 μαρτυρεῖ → μαρτυρῶ] | [Πτολεμαίωι, πρὸς ὃν] καθ̣ί̣σ̣ταται Νι[κάδας. Zur Ergänzung der 1. Person siehe den Komm. zu **9**,3, **10**,1–2 und oben 1. Teil, Kap. V.4.1–3.

6–7 ἐπ]εγράφην μετ' ἄλλων μ̣[αρτύρων ἐπὶ συγ|γραφῆς καθ' ἣν ἐδάνεισε]ν Ἀπολλώνιος Ζ̣ή̣ν̣ω̣ν̣ι̣, [καθ' οὗ μαρτυρῶ: Siehe den Komm. zu **10**,15–18 sowie P.Heid. VIII 414,5–6: ἐπεγρ]ά̣φην̣ [μάρτυς μετ' ἄλλων | ἐπὶ συγ]γραφῆς ὁμολογ[ίας], ergänzt nach P.Petrie II 21 (d) = M.Chr. 28,21: ἐπεγράφην μάρτυς ἐπὶ συγγραφῆ[ς].

8 [χαλκοῦ δραχμὰς χιλίας ἑ]κατὸν καὶ πεντήκον[τ]α̣: χιλίας ist exempli gratia ergänzt, um den Platz zu füllen und weil die anderen Gelddarlehenssummen des Gerichtsarchivs ebenfalls weit über tausend liegen. Wenn man annimmt, dass δραχμάς abgekürzt war, könnte auch eine höhere Zahl – etwa δισχιλίας – hier gestanden haben. Für Artaben wäre die Menge wohl zu groß; es müßten 150+x Artaben sein. Der Text bietet keinen weiteren Anhaltspunkt dafür, ob es um ein Geld- oder ein Naturaldarlehen geht.

Zum Gebrauch von καί bei den Zahlen siehe oben den Komm. zu **9**,II 1.

8–9 [σφραγισθείσης | δὲ [τῆς συγγραφῆς τοῦ δαν]ε̣ί̣ου ὑπό τε Ἀπολλων[ίου καὶ Ζήνωνος καὶ | τοῦ δεῖνος ἐγγύου τοῦ] δ̣ανεισαμένου Ζ̣ή[νωνος: Das Partizip δ̣ανεισαμένου in Z. 9 braucht ein Beziehungswort, das in der ziemlich großen Lücke zwischen Z. 9 und 10 gestanden haben muss. Wir haben daher hier e.g. den Bürgen des Schuldners eingeführt; vgl. **10**,12–13 σφραγισθείσης τῆς συγγραφῆς ὑπὸ τε Διονυ|σοδ]ώρου καὶ τῆς ἐγγύου Π̣[ραξὼ Διονυσοδώ|ρου]. Zur Siegelung siehe den Komm. zu **10**,12–15.

10–11 κἀμοῦ καὶ τῶν ἄλ|λων τῶν συνεπιγραφέντων] μ̣οι μαρτύρων: Vgl. **9**, I 3 mit Komm. sowie **10**,14–15 und Komm. zu 12–15.

11–12 ἔδωκ[έν μοι ὁ Ἀπολλώνιος | τὴν συγγραφὴν κυρίαν] φυλάσσειν: τὴν συγγραφὴν allein reicht als Ergänzung für die große Lücke nicht aus, deshalb wurde in Z. 11 der Kläger Ἀπολλώνιος als Subjekt eingesetzt; vgl. P.Petrie II 21 (d) (= M.Chr. 28,25–26): ἔδωκεν ἐμ[ο]ὶ | [Σώταιρος] καὶ Σώσος τὴν συγγραφὴν κυρίαν φυλάσσειν. Möglich wäre aber auch eine Ergänzung wie ἔδωκ[άν μοι τὴν συγγραφὴν] | [τῆς ὁμολογίας κυρίαν] φυλάσσειν wie in P.Heid. VIII 414,13: ἔ̣[λαβον ἐγὼ τὴν | συγ]γρα[φ]ὴ̣ν τῆς ὁμολογίας κ̣υρί̣[αν φυλάσσειν; siehe dazu den Komm. zu **10**,15–18.

Man könnte mit einer variierten Ergänzung wie ἔδωκ[άν μοι τὴν συγγραφὴν | τοῦ δανείου κυρίαν] φυλάσσειν den Vertrag als Darlehen präzisieren.

12–13 ἣ[ν ἔχων κυρίαν ἐπιφέρω κυρίαν ἐπὶ | τὸ δικαστήριον: Ergänzt nach **10**,16–18: ἣν ἔτι καὶ νῦν] | ἔχων κυρίαν φυλάσσω καὶ ἐπιφ[έρω κυρίαν] | ἐπὶ τὸ δικαστήριον; P.Heid. VIII 414,14: [ἣ]ν̣ ἔτ[ι κα]ὶ̣ νῦν ἔχω̣ κ̣υρίαν. Z. 12 wird allerdings mit der oben vorgeschlagenen Ergänzung recht lang. Möglicherweise stand dort nur ἣ[ν ἔχων κυρίαν ἐπιφέρω κυρίαν ἐπὶ | τὸ δικαστήριον]). Vgl. auch **9**,4–5: ἣν] κα̣ὶ ν̣[ῦν] | [ἔτι ἔχων] κ̣υρίαν̣ ἐπιφέ[ρω ἐπὶ τὸ δικαστήριον].

13 Ἀπολλ]ω̣νίωι κατὰ Ζ̣[ήνωνος: Vgl. **10**,18 Ἑρμαίωι κα[τὰ Διονυσοδώρου] mit Komm.

13–14 ἔστιν δὲ τῆς συγγρα|φῆς ἀντίγραφον τόδε τὸ] ὑπογεγραμμ̣[ένον: Ergänzt nach **9**,19–20; vgl. auch P.Heid. VIII 414,14–15, wo der ganze Satz von ἔστιν bis τόδε ergänzt ist; τὸ ὑπογε]|γραμμένον ist ein neuer Zusatz im Trierer Papyrus. Kaltsas ergänzt im Komm. zum a.O. P.Petr. II 21 (d) (= M.Chr. 28,29–30): [. . . . .] συγγραφῆς ἀντίγραφα τὰ ὑπογεγ[ραμμένα] zu → [ἔστιν δὲ τῆς] συγγραφῆς ἀντίγραφα τὰ ὑπογεγ[ραμμένα].

Übersetzung

(2. Hand) --- mit kahler Stirn ---

(1. Hand) Ich, NN, S.d. NN, ---, Phylakites, --- lege Zeugnis ab für Apollonios, der einen Prozess gegen Zenon führt. Im x.ten Jahr am 29. Tag des Monats Thoth war ich zugegen in Herakleopolis südlich von Memphis und wurde zusammen mit anderen Zeugen in den Vertrag eingetragen, aufgrund dessen Apollonios dem Zenon, gegen den ich Zeugnis ablege, eintausendeinhundertfünfzig (?) Bronzedrachmen geliehen hat. Der Darlehensvertrag wurde von Apollonios und Zenon und NN, dem Bürgen des Darlehensnehmers Zenon, und von mir und den anderen mit mir zusammen verzeichneten Zeugen versiegelt. Dann gab mir Apollonios den Vertrag, um ihn als das maßgebliche Exemplar aufzubewahren, den ich als maßgebliches Exemplar habe und als maßgebliches Exemplar dem Gericht einreiche für Apollonios gegen Zenon. Die Abschrift des Vertrags ist aber folgende, die unten steht.

---

12. Prodomatischer Pachtvertrag zwischen Bakchios und Pyrrhos

Kol. I	23,6 x 16,5 cm
Kol. II	12,3 x 22,5 cm
Fr. a: Inv. 188-78 R	4,5 x 11,5 cm
Fr. b: Inv. 188-79a R	2,2, x 6,5 cm
Fr. c: Inv. 188-79b R	12,2, x 23,6 cm
Fr. d: Inv. 188-116 R	3,8 x 7,8 cm
Fr. e: Inv. 188-122 R	12,3 x 15,5 cm
Fr. f: Inv. 188-129 R	6,7 x 10 cm

26.8.179 v.Chr. Herakleopolis

Der umfangreiche Text wurde aus zwei großen und mehreren kleinen Fragmenten zusammengesetzt. Die beiden größten Stücke bilden Fragment c mit Kol. I 1–33 und Fragment e+f mit Kol. II 34–54 + 55–66. Beide Kolumnen haben oben einen gleich hohen Rand von 1,7 cm und umfassen jeweils 33 Zeilen.

In Kol. I konnte Fr. a links an Fr. c angesetzt werden; Fr. a weist etwa 1 cm vom linken Rand entfernt eine Klebung auf und enthält unter Verlust von meist 2 bis 3 Buchstaben die Zeilenanfänge von Z. 1–17. Fr. b mit Resten der Z. 1–7 steht zwischen Fr. a und c. Auf Fr. c sind die Zeilen von Kol. I bis zum rechten Rand nahezu komplett; im Bereich der Z. 8–14 sind bereits die Anfangsbuchstaben von Kol. II zu erkennen. Das Interkolumnium beträgt in Z. 12 an der breitesten Stelle 2 cm, in Z. 14 an der schmalsten Stelle 0,3 cm. Oberhalb von Kol. I sind auf Fr. c Schriftspuren von 3 Zeilen zu erkennen, die nicht mehr lesbar sind. Ob es sich um Spuren einer Vorbeschriftung, eines Signalements, eines Bearbeitungsvermerks oder etwa auch um die letzten Zeilen einer Zeugenaussage handelt (vgl. **9** und **10**), läßt sich nicht mehr erkennen. In unserer Zeilenzählung werden sie nicht berücksichtigt. Das freistehende Fragment d enthält ebenfalls am linken Rand Spuren einer Klebung. Aufgrund dieser, der durch Faltung oder Einrollung entstandenen Segmente sowie der auf dem Verso über die Lücke hinweg zusammenpassenden Fasern wurde es links unterhalb von Fr. a so positioniert, dass es nach einer Lücke von 6 Buchstaben mit Z. 20 einsetzt. Dabei ergibt sich in Z. 20 und 28 ein durchgehender, sinnvoller Text.

In Kol. II schließt sich Z. 55 auf Fr. f nahtlos an Z. 54 auf Fr. e an. Etwa von der Mitte der Kolumne an wird die Schrift nach unten hin immer enger, kursiver und kleiner, so dass die Zeilen bei derselben Breite mindestens fünf Buchstaben mehr aufweisen als im oberen Teil der Kolumne. Das Verso ist, soweit erkennbar, auf allen Fragmenten leer. Die beiden großen Fragmente weisen typische

Spuren des Zuschnitts zu Mumienkartonage auf, Fr. a+b+c die hohen schmalen rechteckigen Lücken und Fr. e+f gleich unterhalb der Mitte des Fragments die hervorstehenden „Ärmchen". Dieselbe Form hat auch die Zeugenaussage **10**; Reste davon sind auch bei Fragment **14** erkennbar. Die Blätter haben wohl in der Kartonage aufeinander gelegen.

Der Papyrus war mit einem umfangreichen prodomatischen Pachtvertrag beschrieben, von dem jetzt nur noch ein Gerüst erhalten ist. Wie die den Vorladungen **1–7** und den Zeugenaussagen **9–11** zugrundeliegenden Urkunden ist auch **12** in Form einer Sechszeugenhüterurkunde mit objektiv stilisiertem Protokoll abgefasst; am Ende werden die Zeugen und der Syngraphophylax aufgeführt. Wahrscheinlich war **12** einer jener Verträge, die dem Gericht zur Vorbereitung eines Prozesses als Beweisurkunden für den Bruch bzw. die Nichterfüllung eines Vertrags dienten. Möglicherweise war der vorliegende, durchweg von derselben Hand geschriebene Text auch ein Anhang zur Zeugenaussage eines Syngraphophylax, wie er in **9** und **10** erhalten ist; allerdings ist kein Verso-Vermerk erkennbar.

Die Nichteinhaltung von Vereinbarungen bietet auch beim Pachtvertrag ausreichenden Grund für einen Prozess. Das Delikt wäre Schädigung des Vertragspartners durch Nichtzahlung des Pachtzinses seitens des Pächters oder durch Nichterfüllung der im Vertrag festgelegten Verpflichtungen; hier könnten sowohl der Verpächter als auch der Pächter Vereinbarungen verletzt haben.[1] Zwar ist unser Text sehr zerstört, aber es sind mehrere Vorschriften erkennbar, deren Verletzung durch Vertragsstrafen bedroht wird.[2]

Wegen des fragmentarischen Erhaltungszustands ist es nicht möglich, den Text zufriedenstellend zu rekonstruieren. Bisweilen lässt sich anhand der wenigen Paralleltexte (s.u. S. 218) wenigstens erkennen, wovon die Rede ist. Der Verpächter Bakchios ephesischer Abstammung, gemeiner Soldat von der Truppe des Numenios, des Sohnes des A-, verpachtet Pyrrhos, dem Sohn des Dionysios, Perser, seinen Kleros. Die Angabe der Pachtdauer ist nicht erhalten, doch wenn diese überhaupt genannt war, sollte sie an der üblichen Stelle in I 15 – nach der Beschreibung des Pachtobjekts und vor der Angabe des Pachtzinses – gestanden haben.[3] Nach Herrmann, *Bodenpacht* S. 99 wurde in der Ptolemäerzeit meist eine Pachtdauer von einem Jahr vereinbart; es sind aber auch Verträge über

---

[1] Taubenschlag, „Prozesse" S. 461–469 hat Fälle auf der Basis von Pachtverträgen zusammengestellt (Prozesse gegen Verpächter: S. 461–464, Prozesse gegen Pächter S. 464–468).

[2] Strafklauseln in Pachtverträgen sind zusammengestellt von Berger, *Strafklauseln* S. 149–165 und Hennig, *Bodenpacht* S. 73–98.

[3] Die Pachtdauer ist auch in dem in der Prozessvorbereitung P.Col. III 54 = SB IV 7450 (15.6.–13.7.250? v.Chr.) im vollen Wortlaut zitierten Pachtvertrag nicht angegeben.

zwei, drei und fünf Jahre erhalten.[4] Abgeschlossen wurde der Vertrag am 24. Epeiph (= 26. August 179 v.Chr.), also während der Überschwemmungszeit, so dass der Pächter nach dem Rückgang der Nilflut sogleich mit der Aussaat beginnen konnte. Ausgenommen von der Pacht sind 10 Aruren (δεκαρουρία), die der Mutter des Pächters gehören. Als Pachtzins ist eine Pauschale von 380 Artaben Weizen vereinbart (I 15): ἐκφορίου ἀποτάκτου πυρῶν (ἀρταβῶν) τπ. Aus dieser Angabe läßt sich die Anzahl der verpachteten Aruren jedoch nicht erschließen. Saatgut wird nicht gestellt (I 16 ἄνευ σπέρματος) und muss daher auch nicht zurückgezahlt werden. Zur Erholung des Bodens ist für die Hälfte des Kleros Fruchtwechsel durch Anbau von Futterpflanzen vorgesehen (II 50–51 ἀναπαυσάτω --- χόρτῳι καὶ ἀράκ[ωι]).[5] Am Schluss ist von Spreu und Weideland die Rede (II 60 τὰ δὲ ἄχυρα καὶ αἱ νομαί), woraus man schließen könnte, dass zumindest ein Teil des Landes mit Weizen bestellt werden sollte.

Anders als in Pachtverträgen der Ptolemäerzeit normalerweise üblich, ist im vorliegenden Text weder Beginn noch Ende der Pachtzeit und auch kein Maß, in dem, kein Ort, an den, und kein Zeitpunkt, zu dem der Pachtzins geliefert werden soll, erhalten oder genannt; auch sind die sonst üblichen Qualitätsmerkmale des zurückzuzahlenden Weizens nicht angeführt. Daraus könnte man vielleicht schließen, dass eine Rückzahlung in Natur von vornherein gar nicht beabsichtigt war, sondern dass der Pachtzins in Geld entrichtet werden sollte.

Zudem weist unser Vertrag einige Formeln und Formulierungen auf, die seltener begegnen, obwohl aus der Ptolemäerzeit viele Pachtverträge erhalten sind. Die engsten Parallelen bilden die sogenannten antichretischen oder prodomatischen Pachtverträge, eine Mischform aus Pacht- und Darlehensvertrag. Bei diesem Rechtsgeschäft erhält der Verpächter sogleich bei Vertragsabschluss vom Pächter den gesamten Pachtzins oder einen Teil desselben in Geld oder Natur, was durch die Quittungsformel ὁμολογεῖ ὁ δεῖνα ἔχειν πρόδομα / ἀπέχει, ἀπέχει παραχρῆμα + Summe ausgedrückt wird. Diese muss er vor dem Erhalt des Pachtzinses zurückzahlen; andernfalls hat der Verpächter zu akzeptieren, dass der Pächter ungestraft den Pachtzins im aktuellen Wert des Prodoma kürzt wie in BGU VI 1262,16–22: ὁμ[ολογεῖ δὲ Δαμᾶς] | ἔχειν παρὰ Ζήν[ω]νος πρόδομα ἄτοκ[ο]ν χαλκοῦ νομίσ[ματος δραχμὰς] | ἑκατόν· ταύ[τα]ς δὲ ἀπο-δ[ό]τῳ Δαμᾶς Ζήνωνι πρὸ | τοῦ αὐτ[ὸν τὰ ἐκφόρια κομίσα]|σθαι. ἐὰν δὲ μὴ

[4] Von den S. 218 angeführten prodomatischen Pachtverträgen sind auf ein Jahr geschlossen: BGU VI 1262; P.Frankf. 1; BGU XIV 2390; PSI X 1098; CPR XVIII 7; in P.Hibeh I 91, P.Hamb. IV 239 und in den sehr fragmentarischen P.Freib. 34 (S. 86–87) und 35 ist die Angabe mit dem Anfang verloren. SB XVI 12373 ist auf zwei Jahre geschlossen.

[5] Scheuble-Reiter, *Katökenreiter*, befasst sich S. 265–266 mit dem Anbau der Feldfrüchte im Herakleopolites; in Tabelle 6.5 (nach P.Lille I 30–33) ist der Anteil des Weizens am höchsten, aber auch Arakos ist sehr beliebt. Herrmann, *Bodenpacht*, Schnebel, *Landwirtschaft* und Hennig, *Bodenpacht*, hatten die Verhältnisse im Herakleopolites mangels ausreichender Quellen nicht eigens untersucht.

ἀποδῶι ἐξέστω Ζήνωνι ἀνεπευθύν[ωι ὄντι ὑπολογεῖν] | σῖτ[ο]ν ṭ[ῶ]ṿ ἑκατọν [δρ]αχμῶν ἀπὸ τῶν ἐκφορίων τιμ̣[ῆς ὡς ἂν πωλῆ]|ται ἐπὶ τῆς ἅ[λ]ω καὶ προσδεχέσθω Δαμᾶς. Ebenso P.Frankf. 1,30–37=82–90; P.Hamb. IV 239,13–18; P.Freib. III 34, 15–20; vgl. auch BGU XIV 2390,8=20. Darauf bezieht sich möglicherweise die Wendung hier in **12**, I 27 τιμῆς ὡς ἂν πωλῆται ἐ[πὶ τῆς ἅλω], die nur in prodomatischen Pachtverträgen begegnet.

Singulär und bisher ohne Parallele ist die Wendung αὐ]τῶι δανείση ἢ προ-δ[ῶ]ι in **12**, I 22. Der Kontext ist verloren, aber der Umstand, dass der Pächter dem Verpächter etwas als Darlehen oder Vorschuss gezahlt hat, deutet auf einen prodomatischen Pachtvertrag hin. In I 23 könnte der Terminus πρόδομα stehen. In II 37 ist möglicherweise von einer Schuld des Verpächters gegenüber dem Pächter die Rede:] π̣ροσοφείλῃ Βάκχιος Πύρρω[ι.

Im Falle eines „königlichen Hinderungsgrundes“ (vgl. **12**, II 46 mit Komm.) muss der Verpächter das Prodoma zurückzahlen; andernfalls tritt für den Pächter die Möglichkeit der πρᾶξις in Kraft, und er darf das ἡμιόλιον der vorausgezahlten Summe vollstrecken. Vgl. auch Herrmann, *Bodenpacht* S. 154 mit Anm. 2 und S. 172–173. Als Alternative zur Vollstreckung kann der Pächter die Weiterbearbeitung des Bodens beanspruchen, bis er seine Außenstände erwirtschaftet hat; siehe den Komm. zu I 23 (ὑπὲρ τοῦ κλήρ[ο]ụ αὐτοῦ̣) und II 56–57.

Der Grund für den Abschluss eines prodomatischen Pachtvertrags ist in der Regel nicht zu erkennen. Herrmann, *Bodenpacht* S. 231–232 nennt als mögliche Gründe für ein derartiges „verstecktes Darlehen“ 1. Kapitalnot des Verpächters; 2. Absicherung gegen eventuell vom Pächter verursachten Schaden; 3. Tilgung einer Schuld des Verpächters, der auf diese Weise dem Pächter, seinem Gläubiger, das Grundstück in Antichrese überlässt. Kühnert, *Kreditgeschäft* S. 156 spricht von einer „Kreditamortisationsantichrese“.

Die wenigen Paralleltexte aus ptolemäischer Zeit sind die Verträge:

Text	**Pachtvertrag**	**Herkunft**	**Datierung v.Chr.**
P.Hibeh I 91[6]; vgl. BL VI 53	ohne den Terminus Prodoma	Oxyrhynchites (?)	244–243
BGU VI 1262	mit Prodoma	Oxyrhynchites	216/5
P.Frankf. 1	mit Prodoma	Tholthis/Oxy.	14.1.–12.2.213
P.Hamb. IV 239	mit Prodoma	Tholthis?/Oxy.	Mitte 3. Jh.
P.Freib. III 34[7]	mit Prodoma	Philadelphia/Ars.	4.9.173
P.Freib. III 35[8]	mit Prodoma	Philadelphia/Ars.	vor 177–176
BGU XIV 2390	mit Prodoma	Herakleopolites	160/159
SB XVI 12373[9]	ohne den Terminus Prodoma	Arssinoites	5.8.158
PSI X 1098[10]	ohne den Terminus Prodoma	Tebtynis/Ars.	29.8.51
CPR XVIII 7 (Vertragsregister)	ohne den Terminus Prodoma	Samaria/Ars.	18.5.–16.6.231 oder 12.5.–10.6.206

Parallelen zu einigen Details finden sich auch in den folgenden ausführlichen Pachtverträgen der Ptolemäerzeit: SB XII 11061 (= P.Hamb. II 1888 + P.Jen. Inv. 905; Tholthis, Oxy.; 218 v.Chr.); P.Frankf. 2 mit BL VIII S. 133 (Tholthis/ Oxy.; 215–214 v.Chr.; Kopien: BGU VI 1263, 1264 und viell. BGU XIV 2384 [dazu BL VIII 44]); P.Yale I 51 (Kerkesucha/Ars.; 11.4.184 v.Chr.; mit BL VIII S. 513; X S. 287; XII S. 291); SB III 7188 (Pachtvertrag für Gartenland, Ars.; 31.10.–29.11.154 v.Chr.); P.Monts. Roca inv. no. 381+569+578+649 (Hephaistias/Ars.; 9.12.148 v.Chr.); BGU VI 1266 (Z. 37–42 der Außenschrift = BGU XIV 2386; Takona/Oxy.; 203–202 v.Chr.); P.Tebt. I 105 (Kerkeosiris, Ars.; 10. 11.103 v.Chr.); P.Tebt. I 106 = M.Chr. 134 (Ptolemais Euergetis, Ars.; 30.10. 101 v.Chr.).

Zu Pachtverträgen s. Waszyński, *Bodenpacht;* Schnebel, *Landwirtschaft*, Herrmann, *Bodenpacht*; Kühnert, *Kreditgeschäft;* Hennig, *Bodenpacht* S. 16–20;

[6] Nach der Einleitung von Grenfell und Hunt zu P.Hib. I 91 ist dieser Text die „conclusion of a contract for a lease of land from Eupolis to Cleopatra at a rent of 30 artabae of corn." Aber nicht Eupolis, sondern Kleopatra verpachtet das Land: Sie ist es, die die die Pacht gewährleisten, andernfalls ein ἐπίτιμον von 100 Silberdrachmen zahlen muss (Z. 5–8). Tritt ein βασιλικὸν κώλυμα ein, muss sie die 30 Artaben Weizen Vorschuß zurückzahlen (Z. 8–11); für diese steht Eupolis das Vollstreckungsrecht zu (Z. 12).

[7] Neued. von Wilcken im Band S. 86–87.

[8] Mit Komm. von Wilcken im Band S. 88–89.

[9] Der Pächter zahlt den Pachtzins sofort.

[10] Der Verpächter erhält einen Teil des Pachtzinses sofort.

Rupprecht, *Darlehen*. Zum Pachtzins siehe Herrmann, *Bodenpacht* S. 100–114; bes. 101–102. Berger, *Strafklauseln* S. 149–165[11].

Zum prodomatischen Pachtvertrag bzw. zur antichretischen Bodenpacht siehe Geginat, *Prodoma* S. 22–52; Herrmann, *Bodenpacht* S. 229–244, bes. 236–244; ders., „Prodoma-Leistungen" S. 247–257 = *Kleine Schriften* S. 278–288, bes. 283–287); Montevecchi, *La papirologia* S. 218–219; Kupiszewski, „Die hellenistische *misthosis*" S. 44. Hennig, *Bodenpacht* S. 36–41; Papathomas zu P.Heid. VII 388,2; Rupprecht, „Antichrese" S. 277 mit Anm. 16; Kühnert, *Kreditgeschäft* S. 155–156; Kupiszewski, „Antichrese und Nutzpfand" S. 138–140; Kramer, Einleitung zu CPR XVIII S. 40–42; ibid. Nr. 7 S. 145–147; dies., Einleitung zu P.Hamb. IV 239 S. 26–27.

Der Text enthält einige bemerkenswerte Details. Die Datierung auf das 2. Regierungsjahr Ptolemaios' VI. Philometor zusammen mit den Namen neuer eponymer Priester erfordert eine erneute Diskussion der Datierung des bisher in dasselbe 2. Jahr datierten P.Amh. II 42. Die Ausnahme einer μητρικὴ δεκαρουρία von der Verpachtung des Kleros wirft neues Licht auf die Versorgung von Kleruchenfrauen. In II 54 wird die seltene ἀνιππία-Steuer erwähnt. In II 49 begegnet die seltene Konstruktion von κύριός εἰμι mit prädikativem Partizip in der Bedeutung „ich bin befugt".

Die μητρικὴ δεκαρουρία

Die Größe des Kleros ist nicht genannt. Es wird allerdings ausdrücklich betont, dass nicht das gesamte Grundstück verpachtet wird. Von der Verpachtung ausgenommen ist eine *μητρικὴ δεκαρουρία*, ein 10 Aruren umfassendes Areal, dessen Lage und Größe in Z. 10–14 genau beschrieben wird. Auf diese zehn Aruren seiner Mutter hat der Verpächter Bakchios offenbar keinen Zugriff. Was hat es damit auf sich?

Der Terminus δεκαρουρία kam in der Ptolemäerzeit bisher nur einmal in P.Hamb. IV 238 vor (19. und 29.4.159 v.Chr.), einer Eingabe der Philina an Dionysios, den πρὸς ταῖς συντάξεσι.[12] Philinas Mann befindet sich anscheinend auf einem Kriegszug (Z. 6 τοῦ] κα̣ (ἔτους) πορευθεὶς πρὸς [. Deshalb war sie zur

[11] Berger kannte nur die vier ptolemäischen Pachtverträge P.Tebt. I 105, P.Hibeh I 90 und 91 und P.Petrie II 44 (= III 74b; 7.4.–6.5.241 v.Chr.; hier keine gute Parallele).

[12] Für die Römerzeit gibt es bisher zwei Belege: P.Mich. V 238, II 79–80 (Grapheion-Register; Tebtynis; 26.12.46 n.Chr.): ὁμο(λογία) Διδύμο(υ) πρὸ(ς) Γαλάτη(ν) προδο(ματικῆς) μισ(θώσεως) δεκαρουρία(ς) ὀφίλι τὸ γρ(αμματικόν) und SB XIV 11533 (Tebtynis; nach dem 29.10.104 n.Chr.) = Sijpesteijn, „Sammelbuch VI 9086" II 6–7: ἀ̣π̣ὸ̣ δε|[κα]ρουρίας κωμογρ̣α̣μματέως, III 7: ἀ[πὸ] δεκαρουρίας κωμ̣ο̣γρ̣(αμματέως). Sijpesteijn schreibt a.a.O. S. 92 Anm. 4: „Here is a term on the level of the village administration involved with which we are not familiar." Jedoch wird es sich hier eher um den privaten Landbesitz des Dorfschreibers im Umfang von 10 Aruren handeln.

προστατίς ihres Sohnes geworden (Z. 3–4 πρ]ο̣σ̣τησάσ{σ}ης γάρ μου | τούτου[13]), gegen den sie jetzt massive Beschwerden erhebt. Dabei erwähnt sie auch τὴν καθήκου|[σαν ---] δ̣ε̣κ̣αρ̣ο̣υ̣ρίαν (Z. 8), mit deren Erträgen der Sohn widerrechtlich unter Benutzung ihres Namens irgendetwas angestellt zu haben scheint (Z. 8 ἐμ̣ε̣ [, Z. 9 τῷ ἐμῷ ὀνόματι, Z. 10–11]ατο ἄλλας πυρῶν ἀρτάβας [.

Die Eingabe P.Hamb. IV 238, das neue Zeugnis des Pachtvertrags **12** sowie die Untersuchungen von Scheuble-Reiter[14] machen es jetzt wahrscheinlich, dass besagte δεκαρουρία der Philina von der Katökenbehörde als Lehen für ihren Lebensunterhalt zugewiesen worden ist, unhabhängig vom restlichen Kleros des Mannes, der für ihren Sohn reserviert wurde, bis dieser ins Militär eintreten und berechtigt sein würde, ihn zu übernehmen. Denn wenn die Wendung τὴν καθήκου|[σαν in P.Hamb. IV 238,8 tatsächlich, wie damals schon vermutet, auf δ̣ε̣κ̣αρ̣ο̣υ̣ρίαν zu beziehen ist, könnte man annehmen, dass Kleruchenfrauen, wenn ihre Männer länger abwesend und die Kleroi vorübergehend eingezogen waren, nicht nur mit 10 Aruren für ihren Unterhalt versorgt wurden, sondern dass sie sogar einen Anspruch darauf hatten.

Zur Zeit unseres Textes gilt im Ptolemäerreich immer noch die Regel, dass Klerosland nach dem Tod eines Soldaten wieder in den Besitz des Königs zurückfällt,[15] gegebenenfalls so lange, bis die Söhne es beanspruchen können.[16] Klerosland konnte auch von den Soldatenfrauen bewirtschaftet und verpachtet werden.[17] Es ist jedoch nicht bekannt, dass ein Kleruche es zu dieser Zeit seiner Frau direkt hätte vererben können.[18] Auch für die Dauer eines Feldzugs wurde der Kleros unter staatliche Verwaltung gestellt;[19] konnte ein Kleruche bei längerer Abwesenheit seinen Kleros vorübergehend nicht bewirtschaften, wurde dieser zur Hälfte[20] vom König eingezogen und als Getreideland verpachtet.[21]

---

[13] S. dazu den Komm. und Montevecchi, „Una donna 'prostatis'".

[14] Scheuble-Reiter, *Katökenreiter,* Kap. „Die Rechte von Frauen an Kleroi" S. 171–178, bes. 172f.

[15] Meyer, Einl. zu Jur.Pap. 56 S. 186–189; Uebel, *Kleruchen* S. 18–21; S. 291, Anm. 3; Swarney, *Idios Logos* S. 23–24; Maresch, Einleitung zu P.Köln VIII 344 (2. H. 3. Jh. v.Chr.). Grund für die Rücknahme ist meist der Tod des Klerosinhabers wie z.B. in P.Hib. I 81 (238 v.Chr.); P.Lille I 14 (= W.Chr. 335) .

[16] P.Lille I 4,27–33 (= W.Chr. 336; Jur.Pap. 56 b; 30.6.217 v.Chr.).

[17] P.Hib. I 91; siehe dazu S. 219, Anm.6; P.Hib. II 235 descr.: Eingabe des Spartakos gegen Dionysia, die ihr Land verpachtet, aber nicht gewährleistet hat.

[18] Testamentarische Vererbung eines Kleros: P.Lond. VII 2015,10 (28.6.242 v.Chr.; siehe auch **1**,3–4 und die Einleitung zu **1**.

[19] Uebel, *Kleruchen* S. 20–21.

[20] Ob das überraschend gegen Ende des Vertragstextes (**12**,II 53) erscheinende ἡμικλήριον ἢ ὅλος ὁ κ̣[λῆρος) in diesem Zusammenhang zu sehen ist, läßt sich wegen der Lückenhaftigkeit des Textes nicht feststellen; s. dazu den Zeilenkommentar.

[21] Scheuble-Reiter, *Katökenreiter,* Kap. „Die Rechte von Frauen an Kleroi" S. 171–178, bes. 172f. Zu Kleroi in staatlicher Verwaltung s. auch Armoni, *Basilikos Grammateus* S. 201–204. Für

Möglicherweise liegt eine ähnliche Situation auch hier zugrunde. Die Mutter des Bakchios könnte die δεκαρουρία als Lehen für ihren Eigenbedarf erhalten haben, als ihr Mann in den Krieg zog. In der Zwischenzeit hat sie vielleicht auch den übrigen Kleros als προστατίς für ihren Sohn verwaltet,[22] und nun könnte unser Bakchios als frischgebackener Idiotes (I 9) in die Truppe des Numenios aufgenommen worden sein und den Kleros zurückerhalten haben. Die δεκαρουρίαι der Kleruchenfrauen haben offenbar denselben Rechtsstatus wie die Kleroi: Sie stehen unter Militärverwaltung, und nur der König kann über sie verfügen.

Das 2. Regierungsjahr Ptolemaios' VI. Philometor (180/179 v.Chr.)

Der Vertrag ist auf den 24. Epeiph des 2. Regierungsjahres Kleopatras I. Epiphanes und ihres minderjährigen Sohnes Ptolemaios' VI. Philometor datiert, d.h. auf den 26.8.179 v.Chr.[23] Die Angabe ∟β in Z. 2 ist zweifelsfrei lesbar und durch die Herrschertitulatur gestützt. Im Anschluss an das Datum sind die Namen der eponymen Priester dieses zweiten Jahres (7.10.180–6.10.179) aufgeführt,

wobei in Z. 3 die Theoi Adelphoi direkt auf Alexander folgen; die Theoi Soteres sind noch ausgelassen. Abgesehen vom Vatersnamen des Alexanderpriesters sind die Namen der Priesterinnen vollständig erhalten oder zu ergänzen und mit Ausnahme der permanenten[24] Arsinoepriesterin Eirene hier erstmals bezeugt:

<table>
<tr><td>Alexanderpriester:</td><td>3 [Μεν]ε̣λ̣[ά]ου τοῦ̣ . . .[. . . . .]</td></tr>
<tr><td>Athlophore der Berenike Euergetis:</td><td>5-6 Τιμαρίσ̣||[τη]ς <τῆς> Σ̣ωτίωνος</td></tr>
<tr><td>Kanephore der Arsinoe Philadelphos:</td><td>6-7 Κλειτον̣[ίκ]ης τῆς | [Τιμ]οθέου</td></tr>
<tr><td>Priesterin der Arsinoe Philopator:</td><td>7 Εἰ̣ρ̣ήνης τῆς Πτολ̣[ε]μαίου</td></tr>
</table>

Beim Tod seines Vaters Ptolemaios' V. Epiphanes ist Ptolemaios VI. erst sechs Jahre alt. Zunächst steht der kleine König noch unter der Vormundschaft

---

das ἡμικλήριον führt die DDbDP nur 8 Belege an, davon 6 aus der Ptolemäerzeit, die von Scheuble-Reiter, *Katökenreiter* S. 186–188 ausgewertet worden sind. Zur Teilung und zum Einzug halber Kleroi wegen Abwesenheit des Kleruchen, etwa wegen eines Kriegszuges, vgl. Uebel, *Kleruchen* S. 18–20. In P.Enteux. 55 (28.1.222 v.Chr.) beschwert sich der während eines Prozesses in Alexandria weilende Kleruche Ptolemaios mit seinem Sohn, dass sein eingezogener Halbkleros von einem gewissen Polemon bewirtschaftet wurde, ohne dass dieser auch mit ihm einen Vertrag geschlossen hätte; vgl. dazu auch ibid. S. 35–6 mit Anm. 129 und S. 188 mit Anm. 226.

[22] S. den Komm. zu P.Hamb. IV 238,3–4 πρ]ο̣σ̣τησάσ{σ}ης und Montevecchi, „Una donna 'prostatis'".

[23] Nach Skeat, *Reigns*, und <http://aegyptologie.online-resourcen.de/Ptolemaic_ Kings>.

[24] Vgl. den Komm. zu **2**,30; Ysewijn, *De sacerdotibus* S. 89–90; Clarysse/Van der Veken/Vleeming, *Eponymous Priests* Nr. 92–120; Kaltsas, Komm. zu P.Heid. VIII 414,23; Pros.Ptol. III und IX 5104.

seiner Mutter Kleopatra I. Epiphanes, die sich in der Regierungstitulatur an die erste Stelle setzen lässt, um ihren Machtanspruch als Regentin zu demonstrieren. Da aus dem ersten Jahr keine Quelle zur Verfügung steht, ist der vorliegende Trierer Papyrus aus dem 2. Regierungsjahr jetzt der früheste Beleg für die Samtherrschaft der beiden (**12**,1–5): [βασιλε]υό[ντων Κλεο]πάτρα[ς] τῆς μητρὸς θεᾶς Ἐπιφα̣ν̣οῦς | [καὶ Π]τολεμ̣[αίου τοῦ Π]τολεμα[ίο]υ θεοῦ Ἐπιφανοῦς (ἔτους) β ἐ̣[φ'] ἱερέως | [Μεν]ε̣λ[ά]ου τοῦ̣ . . .[. . . . .] Ἀλεξά̣[ν]δρου καὶ θεῶν Ἀδελφῶν [κ]α̣ὶ θεῶν | [Εὐερ]γετ̣ῶ̣ν καὶ θε[ῶ]ν Φ[ιλ]οπατόρ[ων] καὶ θεῶν Ἐπιφανῶ̣ν κ̣α̣ὶ β̣α̣[σι]λέως | [Πτ]ο̣λεμαίου Φιλομή̣τ̣[ο]ρ̣ος: „Unter der Königsherrschaft der Königin Kleopatra (I.), der Mutter, der Thea Epiphanes, und des Ptolemaios (VI.), des Sohnes des Ptolemaios, des Theos Epiphanes, im zweiten Regierungsjahr, zur Amtszeit des Menelaos (?), des Sohnes des ---, Priesters des Alexander und der Theoi Adelphoi und der Theoi Euergetai und der Theoi Philopatores und der Theo Epiphaneis und des Königs Polemaios Philometor."

Denselben Wortlaut hat die Datierungsformel auch noch im 3. Regierungsjahr (179/8 v.Chr.); vgl. P.Freib. III 12,1–7 (15(?).9.178 v.Chr.; Philadelphia): [β]ασιλ[ε]υόντ[ων Κλεοπάτρ]ας τῆς μητρὸς | θεᾶς Ἐπιφαν[οῦς καὶ Πτολ]εμαίου τοῦ Πτο|λεμαίου θ[εοῦ Ἐπιφανο]ῦς ἔτ[ου]ς τρίτου, | ἐφ' ἱερέως Φ[ίλωνος τοῦ] Κάσ[τορο]ς Ἀλεξ[άν]|δρου καὶ θε[ῶν Ἀδελφῶν καὶ θεῶν Ε]ὐεργετῶ[ν] `καὶ θεῶν Φιλοπα[τόρων καὶ θεῶν Ἐπιφανῶν]' | καὶ βασιλέ[ως Πτολεμαίου Φιλομή-τ]ορος[25] und (8–12) ἀθλοφόρο[υ Βερενίκης] Εὐεργέτ[ιδος Σ]ιμαρί|στης[26] τῆς Ε[ὐφράνορος, κανηφόρου] Ἀρσινόης | Φιλαδέλφ[ου Ἑλένης τῆς Φιλοξέ]νου, ἱερεία[ς] | Ἀρσινό⟦ε⟧`η'ς [Φιλοπάτορος Εἰρήνης] τῆ<ς> Πτολε̣|μαίου.

Der kleine Philometor[27] ist also im 2. und 3. Regierungsjahr im Dynastiekult des Alexanderpriesters nur als Basileus mit dem Kleopatra I. geschuldeten Beinamen „der Mutterliebende" berücksichtigt[28], aber er ist noch nicht als Theos

---

[25] Dieselbe Formel, bis einschließlich καὶ βασιλέως Πτολεμαίου Φιλομήτορος, haben auch — meist fast vollständig ergänzt — die anderen Verträge aus Philadelphia aus dem 3. Jahr (178 v.Chr.): P.Freib. III 13,2–5; 15,2–4; III 17,1–2[25]; III 21,2–3; III 22,1–3; III 23,1–4; III 24,1–2; III 25,1–3; III 26,1–3; III 29,1–3; ferner SB XX 15156,1–3 (6.3.–4.4.178; Dionysias) und P.Tebt. III.1, 822,1–2 (179/8).

[26] Der Name der Kanephore des 3. Jahres lautet dort, wo er vollständig erhalten ist, Simariste.

[27] Zur historischen Situation siehe Hölbl, *Geschichte* S. 128–143; 157–171; Huß, *Ägypten* S. 536–543. Zum Regierungsantritt von Ptolemaios VI. Philometor und seiner Mutter Kleopatra I. s. Minas, *Ahnenreihen* S. 133–144.

[28] Da bisher P.Freib. III 12 vom 14.(?) Mesore des 3. Jahres = 15.9.(?)178 v.Chr. der früheste Beleg für Philometor im dynastischen Kult war, und zwar als βασιλεύς, aber noch nicht als θεός, schloß Minas, *Ahnenreihen* S. 134 aus diesem und aus den demotischen Quellen P.dem. Cairo II 30783 und 30968 vom 15 Choiak des 3. Jahres = 19.1.178 v.Chr., dass die Aufnahme in den Dynastie-Kult zwischen dem 15. Choiak und dem 17. → 14. Mesore (15.9.178 v.Chr.) des 3. Jahres erfolgte (Minas druckt richtig Z. 12–13 μην̣ὸ̣[ς Περιτίου τεσσαρα]καιδε[κάτηι],| Μεσορὴ τεσ[σαρακαιδεκάτηι, übersetzt aber „am 17. Mesore" und datiert den Text deswegen irrtümlich auf

aufgeführt. Damit sind Lesung und Datierung des neuen Papyrus in sein 2. Regierungsjahr zweifelsfrei gesichert.

P.Amh. II 42

Das ist ein wichtiges Kriterium für die Datierung von P.Amh. II 42; denn dieser war ebenfalls ins 2. Regierungsjahr Ptolemaios' VI. Philometor[29] datiert worden. Er weist aber in den Datierungsformeln einen anderen Text und andere eponyme Priester (siehe unten die Tabelle) auf: P.Amh. II 42,1–3: βασιλεύοντος Πτολεμαίου τοῦ [Πτολεμαί]ου καὶ Κλεοπάτρας θεῶν 'Επιφανῶν ἔτους | δευτέρου, ἐφ' ἱερέως [Ποσειδωνίου τοῦ Ποσειδω]νίου Ἀλεξάνδρου καὶ θεῶν Σωτήρων καὶ θεῶν Ἀδελφῶν | καὶ θεῶν Εὐεργετῶν καὶ θεῶν Φιλοπατόρων [καὶ θεῶ]ν 'Επιφανῶν <u>καὶ θεῶν Φιλομητόρων</u> bzw. 20–25: βασιλεύοντ[ο]ς Πτολεμαίου [τ]οῦ Πτολεμαίου καὶ | Κλεοπάτρ[ας] θεῶ[ν] 'Επιφανῶν ἔτους δ̣[ευ]τ̣ερο̣[υ,] | ἐφ'

den 18.9.178 v.Chr.). **12** zeigt jetzt, dass die Aufnahme in den dynastischen Kult schon im 2. Jahr, vor dem 26.8.179, erfolgt war.

In den demotischen Papyri wird Ptolemaios VI. erst nach dem Tod seiner Mutter (P.Cair. 17 von Mai 176) als Φιλομήτωρ bezeichnet; vgl. Pestman, *Chronologie égyptienne* S. 48: „A la mort de sa mère (176), Ptolémée VI prend en son honneur le titre de *pꜣ ntr mr mw.t.tj-f*, «le dieu qui aime sa mère», *Φιλομήτωρ*, après son mariage (175), les deux époux se nomment *n# ntr.w mr mw.t-w*, «les dieux qui aiment leur mère».“ Während Ptolemaios VI. und Kleopatra I. in den demotischen Quellen von 180/179 und 179/178 (P.Berl. 15.692 = Lüddeckens, *Eheverträge* S. 76 Nr. 32) *nꜣ ntr.w ntj pr* = θεοὶ 'Επιφανεῖς genannt werden, hatte die irrtümliche Datierung von P.Amh. II 42,3 und 24–25 in deren 2. Jahr zu der Annahme geführt, sie hätten ab 180 oder 180/179, in den griechischen Quellen beide θεοὶ Φιλομήτορες geheißen, vgl. Pestman, *Chronologie égyptienne* S. 139–140 mit Verweis auf Yseweijn, *De sacerdotibus* S. 120. Die Bezeichnung θεοὶ Φιλομήτορες für Ptolemaios VI. und Kleopatra I. würde implizieren, dass Kleopatra sich selbst Philometor nannte, was Ysewijn, op.cit. S. 127 so erklärt: „(Cleopatra I) '*Philometorem*' filii titulum ipsa accepit natumque suae ipsius divinitatis participem fecit. Itaque Dei Philometores ab ipsis regni primordiis apparuerunt." So trägt auch nach Carrez-Maratray, „L'épithète Philometor“ S. 67–68 Kleopatra I diesen Titel, der aufzufassen sei als „mère d'un fils qui l'aime“.

Daran nimmt zu Recht Huß, *Ägypten* S. 540, Anm. 16, Anstoß, der die Nennung der θεοὶ Φιλομήτορες ebenso wie früher schon Wilcken (s. Caimi, „Minima Ptolemaica“ S. 125–126) auf einen Schreiberfehler zurückführt (BL XII S. 4 zu Z. 3 und 24), weil Kleopatra I. keinen gemeinsamen Kult dieser θεοὶ Φιλομήτορες für sich und ihren Sohn geschaffen haben könne. Durch den neuen Text werden diese Zweifel bestätigt; jetzt ist klar, dass Kleopatra I. den Titel Φιλομήτωρ im 2. Jahr nicht getragen hat. In **12** heißt sie im 2. und in den Freiburger Papyri im 3. Jahr Ptolemaios' VI. noch θεὰ 'Επιφανής, während ihr Sohn Ptolemaios VI. allein als βασιλεὺς Φιλομήτωρ bezeichnet wird, und der vermeintliche Beleg P.Amh. II 42 gehört nicht in dieses 2. Jahr. Caimi datiert P.Amh. II 42 daher ins 6. Regierungsjahr (176/175 v.Chr.), was wiederum wegen der Namen der eponymen Priester unmöglich ist; s.u. S. 225).

[29] 2. Juli 179 v.Chr. (Jahr unsicher). Zur Datierung vgl. die Einleitung zu P.Lugd. Bat. XXV 20 (BL IX S. 5). Auch nach Armoni, „*Hebdomekontaruroi*“ S. 238 konnte P.Amh. II 42 „mit einiger Sicherheit der Zeit 180/179 zugeordnet werden.“

[ἱε]ρέω[ς Πο]σε[ιδ]ωνίου τοῦ Ποσειδωνίου Ἀλεξάνδρο[υ] | καὶ θεῶν Σωτ[ήρων καὶ θε]ῶν Ἀδελφῶν καὶ θεῶν Εὐεργε|τῶν καὶ θεῶν Φ[ιλοπατόρω]ν καὶ θεῶν Ἐπιφανῶν καὶ θεῶν | Φιλομητόρων.

Auch aus zwei weiteren Gründen war die Datierung von P.Amh. II 42 ins 2. Jahr immer schon auch problematisch gewesen.

1. In der Regierungsformel in P.Amh. II 42,1 βασιλεύοντος Πτολεμαίου τοῦ [Πτολεμαί]ου καὶ Κλεοπάτρας θεῶν Ἐπιφανῶν, „Unter der Herrschaft des Königs Ptolemaios, des Sohnes des Ptolemaios und der Kleopatra, der Theoi Epiphaneis" steht Kleopatra I. nicht nur nicht an erster Stelle, sondern sie ist gar nicht als Regentin angeführt. Ptolemaios VI. regiert nach dieser Formel allein (sonst hätte es auch βασιλευόντων heißen müssen). Diese Datierung kann also nicht das zweite Regierungsjahr bezeichnen, denn nach P.Freib. III 12,1–7 erfreut sich seine Mutter auch noch in seinem 3. Regierungsjahr des Lebens und der Macht und steht im Formular an erster Stelle.[30]

2. In der Ahnenreihe der Ptolemäerdynastie ist in P.Amh. II 42,24–25 der Alexanderpriester zuletzt auch für den Kult der Theoi Philometores zuständig, καὶ θεῶν Φιλομητόρων (vgl. auch Z. 3). Das kann Kleopatra I. nicht mit umfassen, weil sie selbst die μήτηρ ist.[31] Vielmehr sind ihre Kinder Ptolemaios VI. und seine Schwester Kleopatra II. die Theoi Philometores, und das impliziert nicht nur, dass beide schon gemeinsam an der Regierung sind, sondern dass sie dafür zuvor auch noch verheiratet worden sein müssen, was im Jahr 175 geschah, d.h. frühestens im 6. Regierungsjahr (6.10.176–5.10.175).[32]

Diese beiden Beobachtungen sowie die fehlende Übereinstimmung der Namen der eponymen Priester mit **12** sprechen gegen die Datierung des P.Amh. II 42 in das 2. Jahr Ptolemaios' VI. Wegen der Namen der eponymen Priester ist auch das 6. Jahr nicht aufrechtzuerhalten. Das Datierungsproblem von P.Amh. II 42 ist also noch nicht gelöst.[33]

[30] Zum Tod Kleopatras I. s. Pestman, *Chronologie égyptienne* S. 46; Caimi, „Minima Ptolemaica" S. 135–144.

[31] So aufgrund der früheren Datierung von P.Amh. II 42 irrtümlich Yseweijn und Pestman; siehe die Diskussion oben in Anm. 28.

[32] Nach Huß, *Ägypten* S. 541 mit Anm. 31 wurde Ptolemaios VI. am 5. März 175 nach seiner zuvor erfolgten Erhebung zum Gott als θεὸς Φιλομήτωρ in den dynastischen Kult aufgenommen, etwas später auch seine Schwester Kleopatra II. (Erstbeleg vom 15. April 175 v.Chr.). Die Eheschließung muss also zwischen diesen beiden Terminen stattgefunden haben. Vgl. auch Hölbl, *Geschichte* S. 129 mit Anm. 85 mit Verweis auf Walbank, *Polybius* III S. 323. (Anders Kornemann, „Ehe", der für P.Amh. II 42 noch mit dem Datum 180/79 argumentiert.)

[33] So die Herausgeber von P.Lugd. Bat. XXV in der Einleitung zu Nr. 20 S. 110; siehe auch o. Anm. 29.

Die eponymen Priester in P.Amh. II 42

Die eponymen Priester des zweiten Jahres in P.Amh. II 42, in dem man das Jahr 180/179 v.Chr. vermutet hatte, sind andere als diejenigen in **12**; vgl. Clarysse/ Van der Veeken/Vleeming, *Eponymous Priests* Nr. 111. Auch hier zeichnen die Quellen kein eindeutiges Bild. Als griechische Quellen sind P.Amh. II 42 und P.Leid. ined. 609 (jetzt = P.Lugd. Bat. XXV 20[34]) angegeben, als demotische P.Tuna ined. 1 und 2, deren Priesternamen von el-Amir/Lüddeckens, „Ergänzungen“ S. 2, mitgeteilt wurden; die beiden Papyri werden dort mit ihrer Editionsnummer als „Urk. 2/3“ bezeichnet, sind aber in ein 6. Jahr datiert. In P.Lugd. Bat. XXV 20 ist das Regierungsjahr verloren, aber die Namen stimmen, soweit erhalten, in den genannten vier Papyri überein, wobei die griechischen Namen der Athlophore und der Kanephore aus den demotischen Texten erschlossen wurden; daher wurde auch dieser Text in das 6. Jahr datiert:[35]

Jahr 2 **180/79**	dyn. Pr.	P.Amh. II 42,2	[Ποσειδωνίου τοῦ Ποσειδω]νίου
Jahr 2		P.Amh. II 42,27	[Πο]σε[ιδ]ωνίου τοῦ Ποσειδωνίου
Jahr 6 **176/5**		Urk. 2/3	*Pwsjtꜣnjꜣs sꜣ Pwsjtꜣnjꜣs*
			= Ποσειδώνιος Ποσειδωνίου
Jahr [x]		P.Lugd. Bat. XXV	
		20,3	[Ποσειδωνίου τοῦ Ποσ]ε̣ι̣δ̣[ωνίου]
Jahr 2	Athl.	P.Amh. II 42,4	Ἐ̣π̣ . . . . τῆς Ἀ . . . . ου
Jahr 2		P.Amh. II 42,26	Ἐ̣π̣ι̣ . . . . [. . . . .] . . . υ̣
Jahr 6		Urk. 2/3	*Strꜣtwnjkꜣ ta ꜣpwlꜣnjꜣs*
			= Στρατονίκη Ἀπολλωνίου
Jahr [x]		P.Lugd. Bat. XXV	
		20,7	Στρατ]ονίκη[ς] τ̣ῆς Ἀπ̣ο̣λλωνίου
Jahr 2	Kan.	P.Amh. II 42,4-5	Σιμαρίστης τῆς Εὐφ[ράνορος]
Jahr 2		P.Amh. II 42,27	Σιμ[α]ρίστη[ς τῆς] Εὐφρ[άν]ορ[ο]ς
		Urk. 2/3	*Sjmꜣrjstꜣ ta ꜣwprnr*
Jahr 6			= Σιμαρίστη Εὐφράνορος
Jahr [x]		P.Lugd. Bat. XXV	
		20,8-9	Σιμαρίστης̣ | [τῆς Εὐφράνορος]
Jahr 2	Pr. Ars.	P.Amh. II 42,5	Εἰρήνης τῆς Πτολ̣[ε]μαίου
Jahr 2	Philop.	P.Amh. II 42,28	Εἰρήνης τῆς Πτολεμαίου
Jahr 6		Urk. 2/3	*Hjrꜣnꜣ ta Ptwlmjs*
			= Εἰρήνη Πτολεμαίου
Jahr [x]		P.Lugd. Bat. XXV	
		20,10	Εἰρήνης τῆς Πτ]ολεμαίου

[34] Zufällig ist P.Lugd. Bat. XXV 20 jener Text, den Hagedorn/Kramer, P.Thissen S. 231f–232 als ἔγκλημα identifiziert und mit den entsprechenden Korrekturvorschlägen dort abgedruckt haben.

[35] Vom 18. Regierungsjahr Ptolemaios' V. Epiphanes an (188/187) wurde Bell's Law, wonach die Athlophore jeweils im folgenden Jahr das Amt der Kanephore übernahm, nicht mehr konsequent angewendet; vgl. Clarysse/Van der Veken/Vleeming, *Eponymous Priests* S. 22, Anm. 101.

Das 6. Regierungsjahr Ptolemaios' VI. Philometor (176/175)

Demnach scheint es so, als würden die in der Tabelle aufgeführten eponymen Priester miteinander übereinstimmen. Dann sollten sie aber auch in dasselbe Regierungsjahr gehören, und dieses sollte dann das 6. Regierungsjahr (176/175) sein, da das 6. Jahr laut El Amir und Lüddeckens in Urk. 2 und 3 deutlich lesbar ist. Zum 6. Jahr passt auch besser als zum 2., dass Ptolemaios VI. und Kleopatra II. nunmehr, nach ihrer Heirat im Jahr 175, als Samtherrscher auftreten, ein Argument, das zu dem der Priesternamen hinzukommt. Demnach entfallen in Clarysse/Van der Veeken/Vleeming, *Eponymous Priests* S. 24–25 Nr. 111 die Quellen Urk. 2 und 3 und P.Amh. II 42 für das 2. Jahr (180/179).

Wenn aber P.Amh. II 42 und Urk. 2 und 3 aus dem 6. Regierungsjahr Philometors (176/75) stammen sollten, erhebt sich ein neues Problem: Für das 6. Jahr sind in Clarysse/Van der Veeken/Vleeming, *Eponymous Priests* Nr. 115 andere, ausschließlich demotische Papyri[36] angegeben, und in diesen lauten die Namen der eponymen Priester wieder anders. Aus diesem Grund und wegen der Übereinstimmung mit P.Amh. II 42 – aber keineswegs, weil er vom 2. Jahr überzeugt war –, hatte Clarysse Urk. 1 und 2 nur unter Vorbehalt in das zweite Jahr 180/179(?) datiert (Nr. 111), zumal überdies die Datierung von P.Amh. II 42 „doubtfully read" ist (*op.cit.* S. 24 Anm. zu 111). Zur Problematik dieser Datierung siehe auch die Einleitung zu P.Lugd. Bat. XXV 20.

P.Amh. II 42 und Urk. 2 und 3 können also weder in das 2. noch in dasselbe 6. Jahr datiert werden. Offen wäre noch die Priestertitulatur des 4. Regierungsjahres Ptolemaios' VI. (178/177); vgl. *Eponymous Priests* Nr. 113.

Literatur zur Datierung: Skeat, *Reigns;* <http://aegyptologie.online-resourcen.de/Ptolemaic_Kings>; Clarysse/Van der Veken/Vleeming, *Eponymous Priests*. Zu den Regierungsjahren Ptolemaios' VI. Philometor in den demotischen Papyri s. Pestman, *Chronologie égyptienne* S. 47–49; Samuel, *Ptolemaic Chronology* S. 139–140; Caimi, „Minima Ptolemaica"; Minas, *Ahnenreihen* S. 139–140; Depauw, *Chronological Survey*.

---

[36] P.dem. Berkeley ined. 3–10 (b); P.dem. Köln ined. 7678. Diese beiden Quellen sind aufgrund von Bell's Law sicher datiert, weil sie Isidora, die Tochter des Apollonios, welche mehrfach als Kanephore des 7. Jahres bezeugt ist (*Eponymous Priests* Nr. 116), als Athlophore des 6. Jahres nennen (*Eponymous Priests* Nr. 115).

Kol. I

Rand

1 [βασιλε]υό[ντων Κλεο]πάτρα[ς] τῆς μητρὸς θεᾶς Ἐπιφ̣α̣νοῦς
2 [καὶ Π]τολεμ̣[αίου τοῦ Π]τολεμα[ίο]υ θεοῦ Ἐπιφανοῦς (ἔτους) β ἐ̣[φ'] ἱερέως
3 [Μεν]ε̣λ[ά]ου τοῦ̣ . . [. . . . .] Ἀλεξά̣[ν]δρου καὶ θεῶν Ἀδελφῶν [κ]α̣ὶ θεῶν
4 [Εὐερ]γετ̣ῶ̣ν καὶ θε[ῶ]ν Φ[ιλ]οπατόρ[ων] καὶ θεῶν Ἐπιφανῶ̣ν κ̣αὶ βα̣[σι]λέως
5 [Πτ]ο̣λεμαίου Φιλομήτ̣[ο]ρ̣ος ἀθλο[φό]ρου Βερεν̣ί̣κ̣ης Εὐεργέ̣τ̣ι̣[δο]ς Τιμαρί[στης]
6 [τῆ]ς Σ̣ωτίωνος κανη[φό]ρου Ἀρσ[ιν]όης Φιλαδέλ̣φου Κλειτον̣[ίκ]ης τῆς
7 [Τιμ]οθέου ἱερείας Ἀρσιν[όη]ς Φιλοπ̣[ά]τορος Εἰρήνης τῆς Πτολ̣[ε]μαίου
8 [μη]ν̣ὸ̣[ς] Ἐπεὶφ κ̅δ̅ ἐν Ἡ[ρα]κ̣λέου[ς] π̣όλει. ἐμίσθω̣σεν Βάκχιο[ς Ἐ]φέσιος
9 [τῶν] Ν̣ο̣υ̣μηνίου τοῦ Ἀ[. .] . . [. ἰδι]ώτης Πύρρ̣ωι Διονυσίο[υ] Π̣έρσηι
10 [τῶν] οὔπω ὑπὸ ἡγεμόν[α .] . [τὸ]ν ἑαυτοῦ κλῆρον πλὴν τ̣ῆς
11 [μη]τ̣ρικῆς (δεκ)αρου(ρίας) ἥ ἐστιν ἐπὶ τῆς κάτω κεφαλῆς τοῦ κλή[ρο]υ ἀντ[ι-]
12 [κρὺ] π̣ρὸς τῶι Πτολεμαίου κλήρωι ἱππικῶι, ἧς σχοινισμὸς
13 [πλά]τος μὲν λιβὸς ἐπ̣ὶ ἀπηλιώτην σχοινία δύο, μ̣ῆκος δὲ
14 [βορρ]ᾶ̣ ἐπὶ νότον σχοινία π̣έντε, τὴν λοιπὴν γῆν τοῦ κλήρου
15 [± 21] ἐ̣κ̣φορίου ἀποτάκτου πυρῶν (ἀρταβῶν) τπ
16 [± 21] ἄ̣ν̣ευ σπέ̣ρ̣ματος καὶ ἀκίνδυνον παντὸς
17 [κινδύνου] κ̣α̣ὶ [ἀν]υ̣π̣[όλο]γ[ο]ν̣, τ̣ῆς δὲ ἀβρόχου ἥτις ἂν γένηται
18 [ἐν τῆι γῆι ταύτηι ὑπόλογος ἔ]στω εἰς τὰ ἐκφόρια κ[α]τ̣ὰ λόγο̣ν.
19 [καὶ κατασπειράτω τὴν βρεχ]εῖσαν γῆν τοῦ κλήρ̣[ο]υ̣ τούτ[ου]·
20 [ἐὰν δὲ μ]ὴ κατα[σπείρηι, ἀ]ποτεισάτω αὐτῶ̣[ι τὰ] ἐκφόρ̣ι̣[α]·
21 [. . .] τὰ ἐκφόρι[α] . . [. . . .]ρ̣ιος ἔστω Πύρρος ἐὰν β̣[ο]ύ̣λητα̣[ι]
22 [. . .] . ο̣σων Βακ̣χίω[ι]τωι δανείσῃ ἢ προδ[ῶ]ι εἰς τὰ
23 [. . .] . εἰς πρό̣δ̣ομα̣ [ ]υτου ὑπὲρ τοῦ κλήρ[ο]υ̣ αὐτοῦ̣
24 [. . . .] . . . . [. . . . . .]ον ἢ ὑπερμετρήση[ι] τι εἰς τ[ὰ]
25 [. . . .] . . ο̣υ̣ . . . . . . [. . . κατ]ὰ̣ τὴν συγγραφὴν τα̣ύτην [± 3]
26 [. . .] . . . τὸν μὲ̣ν σ̣[ῖτον σὺν] διαφόροις, τοῦ δὲ χαλ[κ]οῦ καὶ [. .]
27 [. . . .]ο̣υ̣ δραχμῶ̣ν [. . . . . .] . τιμῆς ὡς ἂν πωλῆται ἐ[πὶ]
28 [τῆς ἅ]λωι̣ ἐν τῶι Πα[ῦνι μη]ν̣ὶ τὸν ὑπόλογον πά̣ντων
29 [. . . .]μενος καθὰ̣[ἐγ]ποιῆι· τὰ δὲ λοιπὰ τῶ̣ν ἐκφ[ορίων]
30 [. . . .] ἐ̣ὰν ἐγπ̣ο[ιῆι] μ̣ὴ Πύρρος Βα[α̣]κχίω̣ι ἀπο[
31 [. . . . .] . [ ] . νη ταῦτ̣[α
32 ἐν μηνὶ] Παῦνι τ[οῦ
33]η̣νι π[

- -

2 ∟ **10** [λ]⳩ **11** ι⳩ **15** ⋌ **29.30** l. ἐκποιῆι **30** Βα[α̣]κχιω̣ι Pap., κ ist in α oder λ hineinkorrigiert

12. Recto, Kol. I

Kol. II

Rand

[. . . . .]ṭαι ὁ ἄρακος ἐν τοῖς συṿ .[[. . . . . . το]ῦ̣ κλήρου τούτου. κυριε[υέτω τῶν καρπῶν ἕως ἂν] [πάντα τὰ] π̣ροσοφειλόμενα αὐτῶι εἰ̣[ς τὰ ἐκφόρια κομίσηται.] [ἐὰν δέ τι] π̣ροσοφείλῃ̣ Βάκχιος Πύρρω[ι, ἀποτεισάτω αὐτῶι] [πάντα τὰ] π̣ροσο̣φειλόμενα ἕως μηṿ[ὸς τοῦ] [. . . ἔτου]ς καθὰ γέγραπται. κύριος ἔσ[τω Πύρρος [. . . . .] ṭὸν Βακχίου κλῆρον .[ε̣[. . . . . τῶ]ν ἐκφορίων τῶν κατὰ ταύ[την τὴν συγγραφὴν] σ̣[. . . . . Βα]κ̣χίωι εἰς τὰ ἐκφόρια τὰ π[α̣[. . . . .]ṭα κομ̣ίσηται· καὶ βεβαιούτ[ω Βάκχιος τὸν κλῆρον καὶ] π[άντα τὰ κα]ṭασπαρησόμενα ἐν αὐτῶι ε̣[ε̣[. . . . . . .]ς αὐτῶι πλὴν τῆς μητρικῆς (δεκ)αρου(ρίας) [.[. . . πλήν τι]ṿος βασιλικοῦ κωλύματος· ε̣[ὰν δὲ μὴ βεβαιῶ̣, ἀποτει-] σ̣[άτω Βάκχιος] χα(λκοῦ) νο(μίσματος) (ταλ.) κ καὶ τὸ βλάβος .[.[± 12 κ]αὶ ἀντεξάγοντες ἐκ τοῦ κ̣[λήρου] .[[πάντα] τὸν ε̣ἰσβιαζόμενον κύριοι ἔστωσαν Πύρρος κα[ὶ οἱ παρ' αὐ-] [τοῦ πάν]τες. ἀναπαυσάτω δὲ Πύρρος τῆς βρεχείσης γ[ῆς [. . . . . τὸ] ἥμ̣ισ̣υ̣ ἐπὶ τὸ μῆκος τοῦ κλήρου χόρτῳ̣ι κ̣α̣ὶ ἀράκ̣[ωι· ἐὰν δὲ μὴ] [ποιῆι καθὰ γέ]γραπ̣ται, ἀποτεισάτω τῆς (ἀρ.) ἑ̣κάσ̣[της (πυροῦ) ἀρτ.) .] [ ] Β̣[ακχ]ίου ἡ̣μικλήριον ἢ ὅλος ὁ κ̣[λῆρος [± 15]τικὰ ἢ πρὸς ἀνιππίαν ἣṿ [[± 15]έσθω καὶ παραχ̣ωρείτω β̣[[. . . . κατὰ ταύτην τ]ὴν συγγραφὴṿ· ἐὰν δὲ μὴ μισ̣[[± 15 ἐπιγ]ε̣ω̣ργεῖν καθ̣ά̣περ ἂν ἡ̣ πα̣ρα . .[καὶ] [ἔνοχος ἔστω τῶι ἴσ]ωι ἐπιτίμωι καὶ μηθὲν ἧσ̣[σον ἡ μίσθωσις ἥδε κυρία] [ἔστω]ι̣ κα̣ὶ ὅσου ἂν π̣λείονος μισθ[ώσηι [ ] ṭὰ δὲ ἄχυρα καὶ αἱ νομαὶ ἔσṭ[ωσαν Πύρρωι· [πρὸ]ς τοῦτον ἔστω καὶ ἐπὶ τὰ ἐχό[μενα [κ]ατὰ λόγον τὸ ἐπίβαλλον. μ̣ά̣ρτ[υρες· Φ̣[[Π]ρ̣ώταρχος Φερεσβίου Κνίδ[ιος, [τῆς ἐπιγον]ῆς, Δίων Ἀρμένου Ἀλεξανδρε̣[ύς, [τῆς ἐπιγ]ο̣νῆς. συγγραφοφύλαξ Φ̣[[ ]ε̣[ ]φ̣[

Rand

Auf dem Freiraum zwischen **42** und **43** α .ου; Rest der Vorbeschriftung? **44** ϰ̸ **45** ι ϰ̸ **47** το□βλαβος **47** χ́ ὀ ⲗ **52** ϰ̸ **65** επιγονης□συγγραφοφυλαξ

fr. e

fr. f

12. Recto (Kol. II)

Zeilenkommentar

I 1–7 Zur Datierung siehe die Einleitung zu dieser Nr. Aus demselben 2. Jahr (180/ 179 v.Chr.) stammt auch P.Tebt. III 2, 978 descr.,1–5, in dem die Namen der eponymen Priester nicht genannt sind; das Aktpräskript ist ergänzt nach P.Tebt. III 1, 822,1–5 aus dem 3. Jahr (179/8 v.Chr.): [βασιλευόντων Κλεοπάτρας τῆς μητρὸς θεᾶς Ἐπιφανοῦς | καὶ Π]τολεμαίου τ̣ο̣ῦ̣ Π̣τ̣ο̣λ̣[εμαίου θεοῦ Ἐπιφανοῦς] | ἔτους δευτέρου [ἐφ' ἱερέως τοῦ ὄντος ἐν Ἀλεξανδρείαι] | Ἀλεξάνδρου κ̣α̣ὶ̣ θ̣ε̣ῶ̣ν̣ Ἀ̣δ̣ε̣λ̣[φῶν καὶ θεῶν Εὐεργετῶν] | καὶ θεῶν Φιλοπα̣τ̣ό̣ρ[ων καὶ θεῶν Ἐπιφανῶν, ἀθλοφόρου] | Βερενίκης Ε̣ὐ̣ε̣ρ̣γ̣έ̣τ̣ι̣δ̣ο̣ς̣ [τῆς οὔσης ἐν Ἀλεξανδρείαι,] | κανηφόρου Ἀ̣ρ̣σ̣ι̣ν̣ό̣η̣ς̣ [Φιλοπάτορος τῆς οὔσης] | ἐν Ἀλεξανδρ̣ε̣ί̣[αι, μηνὸς ---]. Bei dieser Ergänzung ist nach θεῶν Ἐπιφανῶν und vor ἀθλοφόρου am Ende von Z. 5 die Wendung der Vorlage καὶ βασιλέως Πτολεμαίου Φιλομήτορος ausgelassen worden; es muß vollständig heißen: → καὶ θεῶν Ἐπιφανῶν καὶ βασιλέως Πτολεμαίου Φιλομήτορος, ἀθλοφόρου] | Βερενίκης Ε̣ὐ̣ε̣ρ̣γ̣έ̣τ̣ι̣δ̣ο̣ς̣ κτλ.

I 3 [Μεν]ε̣λ[ά]ου τοῦ̣ . . [. . . . .]: Der eponyme Alexanderpriester Menelaos ist neu. — Am Anfang des Vatersnamens vielleicht ein Pi, von dem nur das linke Bein erhalten ist; etwas weiter rechts ist der nach links umgebogene Fuss einer tief herabgezogenen Haste zu sehen, der am ehesten zu einem Rho passt; möglich wäre also Π̣ρ̣[. . . . .] oder Π̣ . ρ̣[. . . . .].

I 5–6 Τιμαρί[στης | τῆ]ς Σωτίωνος: Die Athlophore und ihr Vater sind neu. Der Name Τιμαρίστη ist sehr gut bezeugt. Er muss am Zeilenende extrem eng geschrieben gewesen sein.

I 6–7 Κλειτον̣[ίκ]ης τῆς | [Τιμ]ο̣θέου: Die Kanephore ist neu. Allerdings ist für das 4. Jahr 178/177 eine Kanephore mit dem gleichbedeutenden Namen Kleonike, Tochter des Timotheos in einem demotischen Papyrus bezeugt: *Ḳry.ꜣnꜣꜣ*, Tochter des *Tymꜣṯws, Eponymous Priests* Nr. 113). Der Name Kleitonike ist gut griechisch gebildet, war aber bisher weder in den griechischen Papyri noch in der griechischen Literatur bezeugt. Preisigke, *Namenbuch*, und Foraboschi, *Onomasticon*, führen viele männliche Namen mit Κλειτ- und Κλειτο- an. Κλεονίκη wiederum ist oft bezeugt, ebenso wie Κλεόνικος. Die Namen Κλειτονίκη und Κλεονίκη haben dieselbe Bedeutung, wobei Κλεονίκη mit dem Substantiv κλέος und Κλειτονίκη mit dem namenbildenden Bestandteil -κλειτος zusammengesetzt ist.

I 9 [τῶν] Ν̣ο̣υ̣μηνίου τοῦ ᾿Α̣[. .]. .[. ἰδι]ώτης: Derselbe eponyme Offizier scheint in P.Gen. III 126, Kol. II 24 (Herakleopolites; 170?–156 v.Chr.[37]) zu stehen: ὅς ἐστιν τῶν Ν̣ουμηνίου τοῦ Α. . .[. Leider bricht der Vatersname des Numenios in beiden Fällen ab.

Πύρ[ρ]ω̣ι Διονυσίο[υ] Π̣έρσηι: Perses ist hier noch als Ethnikon und wohl noch nicht als Statusbezeichnung für den „schwächeren" Vertragspartner verwendet. Auszuschließen wäre dies freilich nicht; denn Pyrrhos ist zwar der Pächter, aber im prodomatischen Pachtvertrag ist der Verpächter die Person, die gegenüber dem Vertragspartner Obligationen hat. Perser ist übrigens auch der Pächter im prodomatischen Pachtvertrag P.Frankf. 1,8–9 u. 59–60. Siehe dazu auch den Komm. zu **1**,10.

I 10 [τῶν] οὔπω ὑπὸ ἡγεμόν[α: Zu den οὔπω ὑπὸ ἡγεμόνα vgl. Scheuble-Reiter, *Katökenreiter* S. 80–82. Die Unterscheidung zwischen τῶν οὔπω ὑπὸ ἡγεμόνα und τῶν οὔπω ὑπὸ ἱππάρχην macht deutlich, dass die einen Fußsoldaten, die anderen Reiter sind. Die Fußsoldaten der Gruppe τῶν οὔπω ὑπὸ bzw. ὑφ᾽ ἡγεμόνα sind „allesamt Inhaber von 30-Aruren großen Kleroi und Makedonen", so Scheuble-Reiter, *Katökenreiter* S. 80, wo auch auf den Ausnahmefall des Kreters in P.Köln V 218,17: -]ταύρ[ου] Κρὴς τριακοντ[άρου|ρος] hingewiesen wird. Vgl. auch Uebel, *Kleruchen* S. 381–382; Pros.Ptol. II und VIII 4243–4256; van 't Dack, „Les triacontaroures" S. 162. Diese Beobachtungen machen es wahrscheinlich, dass unser Pyrrhos ebenfalls ein Dreißigarureninhaber ist, wenn er auch als Perser bezeichnet wird. Am Ende der Nomenklatur sollte noch die Größe seines Kleros angegeben gewesen sein; möglich wäre ἡγεμόν[α λ]χ̣. Vgl. CPR XVIII 10,201–202; 13,262–263; 13,269–270; 19, 392–393; 32,5–6, wo van 't Dack, „Les triacontaroures" S. 164–165 das irrtümliche ἱπ(παρχίας) der ed.pr. zu χι(λιαρχίας) korrigiert hat, und P.Enteux. 37,1:]ος Μακεδὼν (τριακοντάρουρος), τῶν οὔπω ὑπὸ ἡγεμόνα τη[.

I 11 [μη̣]τρικῆς: Ergänzt nach Kol. II 45 πλὴν τῆς μητρικῆς δ̣[εκαρουρίας].

(δεκ)αρου(ρίας): Siehe dazu die Einleitung zu dieser Nr.

ἐπὶ τῆς κάτω κεφαλῆς: κεφαλή als Bezeichnung für einen Klerosteil auch BGU VI 1266,22–24: τὰς τρῖς ἀ̣ρ̣ού|ρας τοῦ χόρτου δότωσαν Πολιάνθηι ἀπὸ μιᾶς κεφαλῆς ὅθεν ἂν | ἐγλέξηται Πολιάνθης.

I 11–12 ἀντ[ι|κρύ]: Die ebensogut belegte Form ἀντικρύς wäre etwas zu lang.

I 12 κλήρωι ἱππικῶι: Zur Pferdehaltung bestimmter Reiterkleros, wohl vorwiegend Weideland, mit Gras und Futterpflanzen bestellt.

[37] Kaltsas, P.Heid. VIII, Einl. zu 412–417 S. 7, Anm. 20 stellt den terminus post quem 170 v.Chr. in Frage.

I 12–14 ἧς σχοινισμὸς | [πλά]τος μὲν λιβὸς ἐπὶ ἀπηλιώτην σχοινία δύο, μῆκος δὲ | [βορρ]ᾶ ἐπὶ νότον σχοινία πέντε: Die 10 Aruren der Mutter werden in Schoinia gemessen und haben Seiten von 2 und 5 Schoinien. Vgl. z.B. auch die Berechnung BGU VIII 1733,7–8: 4 Aruren mit Seiten von 4 und 1 Schoinion: γῆς ἀρουρῶν τ̣ε̣σ̣σ̣ά̣ρ̣ω̣ν̣ ὧ̣[ν σ]χοινισμὸς βορρᾶ ἐπὶ νότ̣[ο]ν̣ [σχοι]|ν̣ία τέ[σσαρα] λ̣[ι]β̣ὸ̣ς̣ ἐ̣π̣' ἀ̣π̣η̣λ̣[ι]ώ̣τ̣ην σχοινίον ἕν.

I 14 τὴν λοιπὴν γῆν τοῦ κλήρου: Ebenso CPR XVIII 15, 303: τ̣ὴν λοιπὴν γῆν τοῦ κλήρο[υ; dort ist der Kontext ebenfalls verloren. Die Größe des restlichen Kleros ist nicht genannt; sie war oben durch die Nomenklatur des Verpächters angegeben.

I 15 Die Lücke vor der Angabe des Pachtzinses ist die einzige Stelle, an der die Pachtdauer gestanden haben könnte. Sie müßte in einer kurzen Formulierung bestehen und mit Symbolen abgekürzt gewesen sein.

ἐ̣κ̣φορίου ἀποτάκτου πυρῶν (ἀρταβῶν) τπ̣: ἀποτάκτου wird hier synonym gebraucht zu τακτοῦ. Der Pachtzins wird nicht pro Artabe, sondern für die gesamte verpachtete Fläche pauschal vereinbart; leider geht aus seiner Höhe nicht hervor, wie groß der Kleros gewesen ist. Vgl. dazu den Komm. zu CPR XVIII 2,31. Für die Ptolemäerzeit gibt es nur wenige Belege: P.Tebt. I 42,11–12 (= W.Chr. 328); P.Tebt. I 106,15–16 (= M.Chr. 134): ἐκφορίου τοῦ παντὸς] κατ' ἔτος ἕκαστον ἀποτάκτου πυροῦ ἀρταβῶν ὀγδοή|[κοντα ......]. Auch ἐκφορίου τακτοῦ ist selten belegt: P.Petr. II 29 (b) = III 104,8 (= M.Chr. 334); P.Köln VIII 345,10–[11] (im Komm. sind beide Ergänzungen erwogen); CPR XVIII 19,396; BGU VI 1266,15–16, ebenso wie auch das pauschale ἐκφορίου τοῦ παντός: P.Frankf. 2,13–14 = 54–55; SB XVI 12373,[10]–12; PSI X 1098,11.

Die Entrichtung des Pachtzinses in Weizen lässt nicht den Schluss zu, dass der ganze Kleros mit Weizen bestellt war; vgl. den Komm. zu CPR XVIII 2,32.

πυρῶν (ἀρταβῶν): In unserer Dokumentation ist in dieser Kombination immer der Plural πυρῶν verwendet. Wir neigten früher dazu, dies für eine typische Eigentümlichkeit der Ptolemäerzeit zu halten, vgl. CPR XVIII 2,32 Komm.; denn nach Mayser, *Grammatik* II 1 S. 34–35 herrschte bei Artabenangaben von Getreide der Plural vor. Soeben hat aber Clarysse in seiner Untersuchung „Artabas" die Häufigkeit des Plurals untersucht und festgestellt, dass im 3. Jh. v.Chr. 65 % der Belege πυρῶν und 35 % πυροῦ haben, während im 2. Jh. v.Chr. bereits 79 % im Singular 21 % im Plural gegenüberstehen. Unsere Texte stammen allerdings noch aus dem ersten Drittel des Jahrhunderts.

I 16 ἄ̣ν̣ευ σπ̣έ̣ρ̣ματος: Der Verpächter hat dem Pächter kein Saatgut zur Verfügung gestellt, also braucht dieses auch nicht zusammen mit dem Pachtzins entrichtet zu werden. Ebenso P.Freib. III 35,[9]; SB XVI 12373,12; PSI X 1098,11; P.Tebt. I 105,18; 106,[16] (= M.Chr. 134); anders formuliert in BGU VI 1262,7:

τὸν ἑαυτοῦ] κ̣[λῆρον ὅλο]ν ἄσπερμον; P.Freib. III 34,[10] (S. 86–87); SB XII 11061,8; P.Yale I 51,[16]; adverbial in P.Frankf. 1,12 = [63].

I 16–17 καὶ ἀκίνδυνον παντὸς | [κινδύνου] κ̣α̣ὶ̣ [ἀν]υ̣π̣[όλο]γ[ο]ν̣: In den meisten Parallelen folgt auf ἀνυπολόγον noch πάσης φθορᾶς. Hiermit beginnen die Bedingungen zum Schutz der Pächterinteressen; siehe dazu Herrmann, *Bodenpacht* S. 153–164. Der Pachtzins muss ohne jede Beeinträchtigung und ohne jeden Abzug gezahlt werden; als Ausnahme wird in Z. 17–18 nur unzureichende Bewässerung anerkannt. Vgl. auch Wollentin, *κίνδυνος* S. 31. Vgl. P.Freib. 34,10–11: ἀκίνδ]υνον καὶ ἀνυπόλογον πάσης φθορᾶς πλ[ὴν ἀβρόχου, ἥτις ἂν γένηται | ἐν τῆι γῆι ταύτηι. P.Freib. 35,[9]; PSI X 1098,11–15; P.Tebt. I 106,16–17 (= M.Chr. 134): P.Yale I 51,16–17; kürzer BGU XIV 2390,6.18; P.Monts. Roca inv. 381+569+578+649,7 = 10–11; zusammengefaßt zu ἀκίνδυνον πλὴν ἀβρόχου: BGU VI 1262,7; P.Frankf. 1,12 = 63–64; SB XII 11061,8–9; CPR XVIII 2,32.

I 17–18 τ̣ῆς δὲ ἀβρόχου ἥτις ἂν γένηται | [- - - ὑπόλογος ἔ]στω εἰς τὰ ἐκφόρια κ[α]τὰ λόγον: Im Falle mangelnder Bewässerung, etwa durch Ausbleiben der Nilflut, darf der Pächter den Pachtzins dementsprechend kürzen, vgl. Herrmann, *Bodenpacht* S. 161–163; Wollentin, *κίνδυνος* S. 31; Kramer, Komm. zu CPR XVIII 2,32. Ähnlich P.Yale I 51,17–18: [--- τῆς δὲ γενομένης γῆς ἀβρόχου ἐν τῆι γῆι τῆι]δε ὑπόλογος ἔστω [Π]ετεβεντήτει εἰς τὰ | [ἐκφόρια τὰ προγεγραμμένα][38]; PSI X 1098,12–15: τῆς δὲ γενομένης | ὑπόλογο[ς ἔ]στω̣ι̣ ἐκ τῶν προκειμένων ἐκφορίων κατὰ λόγον τῆς ἀ<β>ροχίας | ἕκαστον; P.Tebt. I 106, 18–19 (= M.Chr. 134; mit BL VII 270). P.Frankf. 1,13–15 (= 64–67) mit BL X 77. SB XII 11061,9–11 (218 v.Chr.)[39]: ἐὰν δὲ ἡ̣ γῆ ἄβροχος γένητα[ι], προσ|δεχέσθω Θεόφιλος Ἀριστ[ο]λόχω̣ι̣ κατ̣ὰ̣ λ̣όγον τῶν ἐκφορίων τῆς ἀβρόχου γῆς γινο|μ̣έ̣ν̣ης. Vgl. auch P.Freib. III 34,11: τῆς δὲ ἀβρόχου γῆ]ς γενομένης μ̣ὴ ἀποτινέτω Θεοκλῆς τὸ ἔ[λλειμμα; ebenso ergänzt P.Freib. III 21,7–8 (S. 54; 19.9.178 v.Chr.).

I 18 und **II 42**: εἰς τὰ ἐκφόρια: Diese Wendung begegnet nur in Papyri aus der Ptolemäerzeit; z.B. in P.Yale I 51,14: ἀ]ποδότωσαν αὐτῶι εἰς τὰ ἐκφόρια; BGU XIV 2390,24: καὶ ταῦ[τ]α ὑπολ[ο]γείτω εἰς τὰ ἐκφόρια. P.Hamb. IV 239,17–18: καὶ προσδεχέσθω Φίλιπ|[π]ος (der Verpächter) εἰς τὰ ἐ̣κ̣φόρια τὸν ὑπο[λ]ογο̣ύ̣μ̣ε̣ν̣ο̣ν̣ σ̣ῖ̣τ̣ο̣ν̣ τῶν πεντήκοντα δραχμῶν καὶ δύο.

εἰς ist zur Bezeichnung der Beziehung, „im Hinblick auf den Pachtzins", gebraucht; s. dazu Mayser, *Grammatik* II 2 S. 412–413. Vgl. auch den Ausdruck in Z. 24: ὑπερμετρήση[ι] τι εἰς τ[ὰ ἐκφόρια.

---

[38] Vielleicht wäre es besser, hier κατὰ λόγον zu ergänzen.

[39] Uebel, „Jenaer Kleruchenurkunden" S. 111–112.

I 18 κ[α]ṭὰ λόγον: Nach Herrmann, *Bodenpacht* S. 161 darf der Pachtzins κατὰ λόγον, „entsprechend den Sätzen der Pachtzinsvereinbarung" gekürzt werden, wenn die Nilflut ausbleibt, oder „wenn Zwangsvollstreckung gegen den Pächter betrieben wird aus Gründen, die der Verpächter zu vertreten hatte" (ibid. S. 162–163), wenn z.B. der Pächter auf dem Grundstück lastende Steuern zahlen soll; siehe auch den Komm. zu Z. 23: ὑπὲρ τοῦ κλήρ[ο]ụ αὐτοụ̂.

I 19–20 [καὶ κατασπειράτω τὴν βρεχ]εῖσαν γῆν τοῦ κλήρ̣[ο]ụ τούτ[ου· | ἐὰν δὲ μ]ὴ κατα[σπείρηι, ἀ]ποτεισάτω αὐτῷ̣[ι τὰ] ἐκφόρι̣[α]: Da auf die Vereinbarungen zur Pachtzinszahlung in der Regel die Verpflichtung des Pächters folgt, das Land zu bewässern und zu besäen (siehe dazu Herrmann, Bodenpacht S. 125–126), könnte die Strafklausel hier für den Fall der Nichterfüllung der Aussaatverpflichtung gestanden haben wie in BGU XIV 2390,19–20: ἐὰν δὲ μὴ κατασπείρῃ καθὰ γέγραπται ἀποτεισάτω τὸ ἐκ|[φόριον und in P.Monts. Roca inv. 381+569+578+ 649,8 (=12–13): ἐὰν δὲ μὴ | [κατασ]πεί̣ρηι τ̣ὴ̣ν̣ γῆ̣ν̣ ἢ σ̣π̣εί̣-ρ̣α̣[ς λίπηι τὴν μίσθωσιν,] πλήρη τὰ ἐκφ̣ό̣ρ̣[ια ἀποτεισάτωι]. Für eine solche Strafklausel wäre auch für das in P.Freib. III 35,17 von großen Lücken umgebene τ]ὸ ἐκφόριον ἀποτεισά[τω genügend Platz, zumal davor in Z. 16 (mit Wilcken S. 88) ebenso lückenhaft ---λ]ωτὸν ἐπισπειράτω Ἕρρεβ[αῖος ---]ʹ ἐπὶ [--- steht. Diese erst durch die neueren Texte belegte Strafklausel war Wilcken noch nicht bekannt, als er in seiner Neuedition von P.Freib. 34 (P.Freib. III S. 72–87) S. 75 die Ergänzung von Partsch, ed. pr. Z. 11 [μὴ ἀποτινέτω τὸ ἐκφόριον], als das „in dieser Verbindung kaum begreifliche ἀποτίνειν τὸ ἐκφόριον" kritisierte, im Einvernehmen mit Otto Gradenwitz, der „von Anfang an den größten Anstoß an ἀποτίνειν τὸ ἐκφόριον genommen hatte". Partsch hatte aber schon die richtige Vermutung gehabt und wird jetzt glänzend bestätigt

Die starke Form βρεχ]εῖσαν ist nach II 50 τῆς βρεχείσης γ[ῆς und den Paralleltexten P.Freib. III 35,10–11 nach Wilcken S. 88; P.Freib. III 34,[11–13]; P.Monts. Roca inv. 381+569+578+649,11–12 (= 7–8). Eine Ausnahme bildet P.Yale I 51,18–21, wo, wie die Strafklausel zeigt, das ergänzte Verb zu korrigieren ist: ἀναπαυσ]άτωσαν → κατασπειρ]άτωσαν Ἀγαθοκλῆς καὶ Ἡρακλῆς τὴν | [μεμισθωμένην αὐτοῖς γῆν κατ᾽ ἔτος χόρτωι ἢ ἀράκωι ἢ τήλει ἢ γένεσι]ν πᾶσιν οἷς ἂν | βούλωνται . . . . | [--- ἐὰν δὲ εἰς αὐ]τοὺς βρεχθίσης (*sic*; l. βρεχθείσης; vgl. Plate IV) τῆς γῆς μὴ κατασπείρωσι | [καθάπερ προγέγραπται, τότε τὸ βλάβος ἔστω αὐτοῖς καὶ μηδὲν ἧσσον ἡ μίσθωσις ἔστω κ]ụρία.

I 21–33 Die Reste auf Fr. d lassen sich mit dem übrigen Text kaum verbinden. In der vorgeschlagenen Anordnung ergeben sich wenigstens in Z. 20 und 27–28 sinnvolle Sätze.

I 21]ρ̣ιος ἔστω Πύρρος: Möglicherweise κύ]ρ̣ιος ἔστω Πύρρος; das irgendwo später folgende Partizip (siehe unten II 49 mit Komm.) könnte ὑπολογῶν oder sogar πράξας gewesen sein. Hiermit könnte eingeleitet werden, dass Pyrrhos zu bestimmten Maßnahmen im Hinblick auf das Prodoma oder auf dem Kleros liegende Staatsschulden berechtigt ist, siehe dazu die folgenden Zeilen.

I 22–23 αὐ]τῶι δανείσῃ ἢ προδ[ῶ]ι εἰς τὰ | [: Hier könnte geregelt sein, dass der Pächter Pyrrhos das, was er dem Bakchios als Darlehen oder als Vorauszahlung gegeben hat, vom Pachtzins abziehen darf. Dann wäre dies ein Hinweis darauf, dass das Prodoma wie ein Darlehen betrachtet wird.

Der Konjunktiv muss von einer Konjunktion abhängen, ἂν oder ἐάν, oder von einem verallgemeinernden Relativpronomen, etwa ὅσα ἄν. Man würde gern am Anfang von Z. 23 [ἐκφόρια] ergänzen; das Wort müßte allerdings sehr eng geschrieben gewesen sein.

I 23 πρ̣ό̣δομ̣α̣: Der Terminus paßt hier gut, wenn auch auf den beiden großen Fragmenten der Sattel des My immer deutlich eingekerbt ist, während er nur hier flach ist. Zum Prodoma s.o. die Einleitung zu dieser Nr.

] ̣του: α]ὐ̣τοῦ, το]ύ̣του?

ὑπὲρ τοῦ κλήρ[ο]υ̣ αὐτοῦ̣: „Für seinen Kleros" bezieht sich in den Paralleltexten auf die staatlichen Steuern und Abgaben, die auf dem Kleros lasten. Diese sind vom Verpächter zu entrichten. Wenn der Staat sie aber vom Pächter einfordert, so hat dieser das Recht, den Betrag vom Pachtzins abzuziehen, und der Verpächter muss sie ihm gutschreiben. Vgl. BGU VI 1262,13–15: ἐὰν δέ τι πραχθῇ Ζήνων ὑπὲρ [τοῦ κλήρου εἰς τὰ] | τ̣ο̣ῦ̣ κλήρου βασιλικὰ ἢ ἰδιωτικά, ὑπολογείτω Ζήνω[ν εἰς τὰ ἐκφόρια καὶ] | ἡ πρᾶξ̣ι̣ς Δαμᾶντι παρὰ Ζήνωνος πράσσοντι κατὰ τ̣ὸ δ̣[ιάγραμμα. Ebenso P.Frankf. 1,27–30 (= 79-82); vgl. BGU XIV 2390,24–25; SB XVI 12373,15–16; PSI X 1098,29–32.

Wenn der Pachtzins dafür nicht ausreicht, hat der Verpächter dem Pächter die Differenz zu bezahlen; andernfalls darf der Pächter das Recht der Vollstreckung anwenden oder die Pacht weiterführen; vgl. P.Tebt. I 105,50–51; s. dazu Herrmann, *Bodenpacht* S. 239–240; Hennig, *Bodenpacht* S. 7–11; Hennig nennt das a.a.O. „Pachtvergütung durch Übernahme der öffentlichen Lasten." S. auch den Kommentar zu P.Hamb. IV 239,17–18. P.Yale I 51,[27–29]: ἐὰν δὲ μὴ ἐκποιῆι ἐξέστω Ἀγαθο]κ̣λ̣ε̣ῖ̣ καὶ | [Ἡρακλεῖ πρᾶξαι αὐτόν. P.Tebt. I 105,48–51: ἐὰν δέ τι πραχθῆι Πτολεμ[α]ῖος ὑπὲρ τοῦ κατε[σχ]ημένου Μάρωνος ἢ Ὡρίωνος εἰς τὸ βασιλικὸν ἢ ἄλλην τ[ι]ν̣ὰ εἰσφ̣ο̣ρ̣ὰ̣[ν] | ̣ ̣[̣ ̣ ̣] ̣α̣ς [σ]ύμβολα ὁμόλογα ὑπολογείτωι ἐπὶ τῶι ἐκ τῶν ἐκφορίων, ἐὰν δὲ μὴ ἐκποιῆι ὥστε κομίσασθαι προσαποδότω αὐτῶι Ὡρίων, | [ἐὰν δ]ὲ μὴ ἀποδῷ̣ καθὰ γέγραπται ἐξέστω̣ι̣ Πτολεμαίωι ἐάν τε βούληται πρᾶξαι αὐτόν, ἐάν τε αἱρῆται ἐπιγεωργεῖν τὸν κλῆρον τῶ[ν] | αὐτῶ]ν ἐκφορίων εἰς τὸν μετὰ ταῦτα τῆς μισθώσεως χρόνον ἕως ἂν τὰ ἑαυτοῦ ἐκ πλήρους κομίσηται. BGU XIV 1266,30–32; SB XVI 12373,15–18. [ἐὰν δὲ μὴ ἀποδῶι καθ' ἃ γέγραπται, | ἐξ]έστω Ἀγασίαι ἐάν τε βούληται πρᾶξαι αὐτόν, ἐάν τε αἱρῆται ἐπιγεωργεῖν [τὸν κλῆρον τῶν αὐτῶν ἐκφορίων | με]τὰ ταῦτα τὰ δύο ἔτη. Vgl. auch P.Frankf. 1,27–40 = 90–94; P.Freib. III 34, 33–34; BGU VI 1272,16–20; PUG III 108, II 1–3; P.Tebt. III 1, 815, Fr. 2 Recto, II 49–51; SB XVI 12373,15–18. Siehe auch den Komm. zu II 56–57.

I 24 ὑπερμετρήσῃ[ι]: Das Objekt kann nur Weizen sein. ὑπερμετρέω kommt nur noch in zwei Papyri vor, P.Col. IV 87, 3.7 und 16 (= C.Ptol. Sklav. II 172; Geschäftsbrief, nach April [?]) 244 v.Chr.) im Sinne von „überbezahlen“, „zu viel bezahlen“ und PSI IV 425,7–8 (Philadelphia; Mitte 3. Jh. v.Chr.; mit BL I 398): ἀλλ᾽ εἴς τινας [μὲν] νομοὺς ὁρῶ ὑπερ|μεμετρημένον. In der Literatur begegnet das Verb einmal bei Theon, *De utilitate mathematicae* 125,7; danach erst wieder im 8. Jh.

Der Sinn des Abschnitts dürfte sein: Wenn Pyrrhos für Abgaben, die auf dem Kleros liegen, der Vollstreckung anheimfällt oder wenn er zu viel gezahlt hat, dann darf er den zu viel gezahlten Weizen (vom Pachtzins) abziehen, und Bakchios soll den Abzug akzeptieren.

I 26 σὺν] διαφόροις: inklusive Ausfälle, Außenstände? Vgl. Preisigke *Fachwörter* S. 5: „Rechnungsausfälle, ungeklärte Mehr- oder Minderbeträge“. Mayser, *Grammatik* II 1 S. 3 s.v. διάφορον: „Posten bei Rechnungen; Differenz; Geldsumme“ und S. 5 s.v. διάφορα: “Posten, Summen, Gelder, Zinsen, Rückstände, Ausfälle.” „Zinsen“ können hier nicht gemeint sein, weil diese in Pachtverträgen immer auf den Saatvorschuß angerechnet werden, der ja hier in Z. 16 ausgeschlossen worden ist.

I 26–27 τὸν μὲν̣ σ̣[ῖτον σὺν] διαφόροις, τοῦ δὲ χαλ[κ]οῦ καὶ [. . .|. . . .] δραχμῶν̣ [: In I 15 ist ein Pachtzins in Artaben Weizen vereinbart; dennoch ist hier in I 26 auch von Geld die Rede; damit könnte das in Z. 22 erwähnte Darlehen bzw. Prodoma gemeint sein. In SB XVI 12373,14–15 erhält der Verpächter bei Vertragsabschluß den Pachtzins für zwei Jahre: für das erste in Geld, für das zweite in Artaben Weizen, doch ohne Bezeichnung als Prodoma: ἀπέχει δὲ Ἀριστέας παρ᾽ Ἀγασίου παραχρῆμα τὸ ἐκφόριον τῶν δεκαδύο ἀρουρῶν [πλήρης τάς τε τετρακοσίας] | δραχμὰς τοῦ χαλκοῦ καὶ τὰς τριάκοντα ἀρτάβας τῶν πυρῶν. Der Kontext ist allerdings hier zu sehr zerstört, als dass man eine Parallele erkennen könnte.

Zwischen χαλ[κ]οῦ καὶ und δραχμῶν̣ kann eigentlich nur ein weiterer Münzstandard gestanden haben. Etwa [ἀρ|γυρί]ο̣υ̣?

I 27–28 τιμῆς ὡς ἂν πωλῆται ἐ[πὶ | τῆς ἅ]λω̣ι̣: Diese Formel bezieht sich in den Parallelen auf die Rückzahlzung des Prodoma zu dem aktuellen Preis, der an der Tenne verlangt wird. Vgl. BGU VI 1262,20–22: ἐὰν δὲ μὴ ἀποδῶι (sc. das Prodoma) ἐξέστω Ζήνωνι ἀνεπευθύν[ωι ὄντι ὑπολογεῖν] | σῖτ[ο]ν τ̣[ῶ]ν̣ ἑκατὸ̣ν [δρ]αχμῶν ἀπὸ τῶν ἐκφορίων τιμ̣[ῆς ὡς ἂν πωλῆ]|ται ἐπὶ τῆς ἅ[λ]ω καὶ προσδεχέσθω Δαμᾶς. Ebenso P.Frankf. 1,33–37 (= 86–90); P.Hamb. IV 239,16–18.

Etwas anders P.Freib. III 34,18–20: [--- ἐὰν δὲ μὴ ἀποδῶι (sc. das Prodoma), σ]υγχωρεῖ Πτολέμαρχος Θεοκλεῖ ὑπολογε[ῖν ὑπὲρ τοῦ προδόματος καὶ | ὧν ἂν ἄλλων προσοφειλήσηι ἀπὸ τῶν ἐκφορ]ίων σῖτον τιμῶν τῶν ἐσομένων ἐπὶ τῆ[ς ἅλω καὶ προσδεχέσθω Πτολέ|μαρχος.

I 29–33 In diesen Zeilen ließ sich kein zusammenhängender Text mehr rekonstruieren.

I 29 ἐγ]ποιῆι: Der Konjunktiv dürfte wie in **I 30**] ἐὰν ἐγπ̣ο[ιῆι von einem nicht erhaltenen ἐάν abhängen: „Wenn es möglich ist". In den Paralleltexten folgt auf die Akzeptanz- bzw. Anrechnungsformel für das Prodoma (προσδεχέσθω): P.Frankf. 1,37–40 (= 90–94): [--- ἐὰν δὲ μὴ ἐκ]ποι̣ῆι κ[ο]μ̣ίσα̣σθαι ἀ[λλὰ] προσοφειλή|[ση̣ τι Ἀπολλώνιος Νεο]π̣[τολέμ]ω̣ι [ἢ] σιτικὸν ἢ χαλκικόν, ἐπι|[γεωργείτω Νεοπτόλεμος τὸν κλῆ]ρο̣ν τοῦ αὐτοῦ ἐκφορίου καὶ | [ὑπολογείτω ἐπὶ τῶι, ἕως ἂν τὰ α]ὐ̣τ̣οῦ κομίσηται; PSI X 1098,33–37: ἐὰν δ̣[ὲ μ]ὴ ἐκποιῶσιν ὥστε κομίσασθαι, ἐξεῖναι αὐτοῖς, ἐὰν αἱρῶνται̣, | [ἐ]πειγ[ε]ω̣ργεῖν τὴν αὐτὴν γῆν εἰς τὸν μετὰ ταυτα της μισθωσεως (l. ταύτην τὴν μίσθωσιν) | χ̣ρό[νον], ἕως ταῦτα ἑαυτῶν ἐκ πλήρους πάντα κομίσονται (l. κομίσωνται) | μετὰ τ̣[ῶ](ν) κ̣α̣θη-[κό]ν̣των ἐ̣[κ]φορί̣ω̣ν, τοῦ μὲν σιτ̣ι̣κ[οῦ] σ̣ὺ̣ν ἡμιολίᾳ̣, τοῦ δὲ | χαλκ . [. . .] . ον ἀνὰ τῆς ἀρτάβης χαλκοῦ δραχμὰς ἑξακοσίας mit Komm. zu 35: «soggetto di ἐκποιῶσιν sarà τὰ προκείμενα ἐκφόρια (cfr. r. 32 τῶν πρ. ἐκφ.) sebbene il plurale sia neutro». Vgl. auch P.Tebt. I 105,49–53.

Eine andere Bedeutung liegt in P.Hal. 1,120 vor: ἐὰν μὴ ἐκποιῆι, „falls es nicht ausreicht". So verstehen wir die Wendung auch in P.Yale I 51,28–29: [--- ἐὰν δὲ μὴ ἐκποιῆι ἐξέστω Ἀγαθο]κ̣λ̣ε̣ῖ̣ καὶ | [Ἡρακλεῖ πρᾶξαι αὐτόν]. Ähnlich, wenn auch sehr fragmentarisch, PUG III 108.

τὰ δὲ λοιπὰ τ̣ῶν ἐκφ[ορίων]: Die Wendung weist darauf hin, dass ein Teil des Pachtzinses bereits als Vorschuss/Prodoma bezahlt worden ist (s. oben zu Z. 22–23). Die Situation könnte in **12** ähnlich sein wie in PSI X 1098. Hier beträgt der vereinbarte Pachtzins 27 Artaben Weizen, von denen der Verpächter 15 Artaben bei Vertragsabschluss erhält (ohne Bezeichnung als Prodoma) (Z. 15): καὶ ἀπέχει Ἀρίστων παρὰ τῶν προκειμένων ἀπὸ τῶν ἐκφορί̣ω̣ν̣ | πυρῶν [ἀρτ]ά̣β̣ας δεκαπέντε; die restlichen 12 Artaben werden behandelt wie regulärer Pachtzins (Z. 21–23): ἀποδότωισαν αὐτοὶ | οἱ μεμ[ισ]θω̣μένοι Ἀρίστωνι τὰ λοιπὰ τῶν ἐκφορίων ἐν μηνὶ Παῦνι | τοῦ δευ[τέρου] ἔτ[ου]ς. Siehe dazu auch Wilcken, „Urkunden-Referat IV" S. 249–250.

33]η̣νι π[: Noch einmal μ]ηνὶ Π[αῦνι?

II 34 ὁ ἄρακος: Zum Arakos siehe die Einleitung zu **4**, zum Anbau von Leguminosen Hennig, *Bodenpacht* S. 45.

34 συν̣ . [: συνε̣[oder συνθ̣[.

II 35–36 κυριε[υέτω τῶν καρπῶν ἕως ἂν | πάντα τὰ] π̣ροσοφειλόμενα αὐτῶι ε̣ἰ̣[ς τὰ ἐκφόρια κομίσηται]: Ergänzt ist die κυριευέτω τῶν καρπῶν-Klausel, welche besagt, dass der Verpächter das Eigentumsrecht an den Erträgen nach der Ernte so lange behält, bis der Pächter den Pachtzins abgeliefert und alle anderen Obligationen erfüllt hat. Siehe dazu Kränzlein, „Urkundenklausel".

Es ist eher ε̣ἰ̣[ς τὰ ἐκφόρια als ε̣ἰ̣[ς τὰ δημόσια zu ergänzen; denn die Obligationen gegenüber dem Staat entfallen auf den Verpächter und sind wahrscheinlich schon oben in I 23–24 abgehandelt.

37–39 [ἐὰν δέ τι] π̣ροσοφείλῃ Βάκχιος Πύρρω[ι, ἀποτεισάτω αὐτῶι | πάντα τὰ] π̣ροσο̣φειλόμενα ἕως μην̣[ὸς --- τοῦ --- | . . . ἔτους]: Der Verpächter soll seine Schulden bis zu einer uns unbekannten Frist bezahlen. Welche Schulden hier gemeint sind, ist unklar; das Prodoma bzw. etwaige Vorauszahlungen oder Überzahlungen wurden anscheinend bereits in I 22–24 geregelt.

II 37 π̣ροσοφείλῃ: ohne stummes Iota.

II 40 .[: Am Zeilenende eher ein Arurenzeichen als χ̣[oder κ̣[:  (𐅀).

II 43]τ̣α κομ̣ίσηται: Der Tau-Strich ist von links oben ohne Neuansatz heruntergezogen. Vermutlich hat hier die Vereinbarung gestanden, wonach der Verpächter so lange über die Ernte verfügen darf, bis er seinen Pachtzins erhalten hat, wie z.B. in BGU VI 1264,25–26 (Kopie von P.Frankf. 2,28–29 = 73–74; BGU XIV 2384,13–14: κυριευ]έτω δὲ Ε[ὔ]πολις τῶν καρπῶν, ἕως ἂν τὰ αὐ|[τοῦ κομίσηται], allerdings nicht in diesem Wortlaut; man könnte vielleicht noch ἅπαν]τ̣α hinzusetzen. Vergleichbar ist vielleicht P.Stras. II 92, 19–20 (Vermietung eines Stathmos mit Mietantichrese gegen ein Darlehen; Oxy.; 244/243 v.Chr.): [--- ἕως ἂν | τό] τε ἀργύριον χἃς (l. καὶ ἃς) ἂν ἀνηλώ[σηι] Ταρῦτις δραχμὰς τέ[σσ]αρας πάντα κομίσητα[ι παρ' Ἀγαθοκλέους]. Danach folgt wie auch in **12** die Garantieklausel.

II 43–46 καὶ βεβαιούτ[ω Βάκχιος τὸν κλῆρον καὶ] | π[άντα τὰ κα]τ̣ασπαρησόμενα ἐν αὐτῶι ε̣[---] | ε̣[. . . . . . .]ς αὐτῶι πλὴν τῆς μητρικῆς (δεκ)αρου(ρίας) [---] | .[. . . πλήν τι]ν̣ος βασιλικοῦ κωλύματος: Aufgrund der Bebaiosis-Klausel soll der Verpächter den Schutz der Pächterinteressen gewährleisten. Bakchios soll Pyrrhos die Verfügbarkeit des Kleros — immer mit Ausnahme der Dekaruria seiner Mutter — garantieren, wozu gehört, dass das Land und all seine Erträge von Hypotheken, Staatsschulden und Beschlagnahmung frei sind; ferner soll er den Schutz vor Ansprüchen Dritter und den Bestand des Pachtverhältnisses, das er nicht unterbrechen oder vorzeitig beenden darf, garantieren. Siehe dazu Herrmann, *Bodenpacht* S. 153–164; Hennig, *Bodenpacht* S. 89; Wolff, *Beiträge zur Rechtsgeschichte* S. 139–143; Rupprecht, „Bebaiosis".

Die Ergänzung folgt P.Hib. I 90,17–20 (mit BL I 465): βεβαιούτω δὲ Διό{ί}-δωρος καὶ τοὺς κατ[ασπαρέντας] | καρποὺς καθ' ἃ μεμίσθωκεν, ἐὰν δὲ μὴ βεβαιώσηι κατὰ τὰ γεγραμμένα ἀ̣π̣[οτεισάτω] | Διόδωρος Εὐκράτε̣[ι ἐπί]τιμον ἀργυρίου δραχμὰς πεντακοσίας, ἐὰμ μή [τι βα]|σιλικὸν κώλυμα γ[ένηται]; P.Frankf. 1,40–42 (= 94–96): βεβαιούτω | [δὲ Ἀπολλώνιος Νεοπτολέμωι τὸν] κ̣λῆρον καὶ τοὺς κατασπαρέν|[τ]α̣[ς] ἐ̣ν̣ αὐτῶι κ̣αρπο[ὺς] κα[θ' ἃ] μ̣[ε]μ̣ί̣σθωκεν; ebenso SB XII 11061,18–19; P.Frankf. 2,29–31; BGU VI 1264,26–27); BGU XIV 2384, 14–16; BGU XIV 2390,25–26; PSI X 1098,16–18; BGU VI 1266,32–35; P.Monts. Roca inv. 381+569+ 578+ 649,9–10 (= 13–15); P.Tebt. I 105,29–30.

II 44 ε̣[: Am Zeilenende eine leicht nach links gewölbte, nach rechts geöffnete Rundung, die am ehesten zu ε, aber auch zu σ passen könnte; für ο ist sie zu groß, für φ zu wenig gewölbt, und bei θ müsste man den Ansatz des Querstriches sehen können. κ̣, das auf die Formel καθ' ἃ μεμίσθωκεν oder κ̣[αθαρὰ ἀπὸ πάντων führen könnte (vgl. BGU XIV 2390,`25´), lässt sich nicht lesen. Für die Wendung καθ' ἃ μεμίσθωκεν, die die Paralleltexte alle haben, wäre in unserem Text vielleicht auch nicht genügend Platz. Man erwartet ein Substantiv im Neutrum zu τὰ κα]τ̣ασπαρησόμενα; γ für γ[ενήματα müßte gerader sein. ε̣[ἴδη steht mehr für Sachen und ist in der landwirtschaftlichen Terminologie ungebräuchlich. Notwendig wäre eine Spezifizierung allerdings hier nicht. Vielleicht ging der Text auch ganz anders weiter wie in P.Monts. Roca inv. 381+569+578+649,10 (=14–15): ἐ[πὶ τὸν συγγεγραμμένον χρόνον oder ἐ[πὶ τὸν τῆς μισθώσεως χρόνον.

II 46 πλήν τι]ν̣ος βασιλικοῦ κωλύματος: Im Falle eines „königlichen Hinderungsgrundes", wenn etwa der Kleros auf königlichen Befehl eingezogen wird (siehge dazu die Einleitung zu dieser Nr.), entfällt die Gewährleistungspflicht. Der adverbiale Ausdruck ist hier an die Garantieklausel angehängt wie in BGU VI 1266,36: πλὴν βασιλικοῦ κωλύμ{μ}ατος. Oft ist diese Einschränkung auch mit einem Nebensatz an die der Bebaiosis folgende Strafklausel angehängt.

II 46–47 Zur auf die Bebaiosis folgenden Strafklausel siehe Herrmann, *Bodenpacht* S. 154–155. Man könnte nach den unten aufgeführten Parallelen ergänzen: ἐ̣[ὰν δὲ μή βεβαιῷ, ἀποτει]|σ̣[άτω Βάκχιος] χα(λκοῦ) νο(μίσματος) (ταλ.) κ καὶ τὸ βλάβος. (Für die Ergänzung von Πύρρωι ist nicht genug Platz.) Wenn Bakchios die Garantie nicht leisten kann, muss er Pyrrhos 20 Talente in Bronzewährung zahlen und den Schaden ersetzen. Dies ist bisher nur in vier Paralleltexten vorgesehen: P.Monts. Roca inv. 381+569+578+649,10–11 = 15–17: ἐὰ[ν] δὲ μὴ βεβαιοῖ κ̣α̣θ̣ὼ̣ς̣ προγέγραπται ἀποτει[σάτω ὁ προγ]εγ{εγ}ρ(αμμένος) Ἡρ[ακλείδης ἢ οἱ παρ'] Εὐβούλ̣ο̣υ̣ συμβεβαι[οῦντε]ς | Πετοσούχωι ἐ]π̣ί̣τιμο̣ν χαλκοῦ τάλαντα εἴκοσι κ̣α̣ὶ̣ τὸ] | β̣λ̣ά̣[βος (Kyria-Klausel); P.Tebt. I 105,34–36 (mit BL I 424); PSI X 1098,18–20; SB III 7188,35–37.

Nur im Falle der höheren Gewalt ist dem Pächter der Vorschuss zurückzuzahlen; vgl. P.Frankf. 1,42–48 = 96–104: [ἐὰν δέ τι βασιλικὸν κώλυμα γ]ένηται, ἀπο|δότ[ω] Ἀπ[ο]λλ[ώ]νιος Ν[εο]πτολέμ[ωι τὰς ἑξήκοντα δρα]χμὰς τὸ πρό|δομα [κ]αὶ ἄν [τι] ἄλλο π[ροσοφ]ειλήσῃ [παραχρῆμα· ἐὰν δ]ὲ μὴ ἀποδῶι, | ἀποτ[ει]σάτω [ἡ]μιόλι[ον] (danach Praxisklausel); P.Hib. I 91,8–11.

Auf die die Nichtgewährleistung betreffende Strafklausel folgt im allgemeinen die Kyria-Klausel καὶ μηθὲν ἧσσον ἡ μίσθωσις ἥδε κυρία ἔστω, welche besagt, dass das Pachtverhältnis in jedem Fall bestehen bleibt; vgl. dazu Herrmann, *Bodenpacht* S. 154–155; Hennig, *Bodenpacht* S. 85–86. Vgl. P.Frankf. 2,31–34 = 79–80; SB XII 11061,19–21; BGU XIV 2390,26–28; BGU VI 1264, 25–30 (andere Ausfertigungen: BGU VI 1263, P.Frankf. 2, BGU XIV 2384; BGU VI 1266, 32–38 (38 = BGU XIV 2386,2–3). In **12** fehlt die Kyria-Klausel an dieser Stelle, aber sie hat möglicherweise weiter unten in II 59 gestanden.

II 48–50 κ]αὶ ἀντεξάγοντες ἐκ τοῦ κ[λήρου] .[---| πάντα] τὸν εἰσβιαζόμενον κύριοι ἔστωσαν Πύρρος κα[: danach e.g. zu ergänzen κα[ὶ οἱ παρ' αὐτοῦ | πάν]τες. Pyrrhos und seine Gehilfen haben das Recht, gewaltsame Eindringlinge von dem Kleros zu vertreiben. In diesem Passus wird wie auch in P.Tebt. I 105,37; P.Freib. III 34,27 und BGU XIV 2390,28 überraschend der Plural eingeführt, vielleicht, weil bei einer solchen Aktion mehrere Personen erforderlich sind.

In den Parallelen wird außerdem betont, dass der Pächter dies ungestraft tun kann und nicht zur Rechenschaft gezogen wird. Diese Zusicherung fehlt anscheinend in unserem Text. Vgl. P.Tebt. I 105,36–38: [οἱ δ'] ἀντεξάγοντες τὸν | εἰσβιαζόμενον εἰς τὴν γῆν καὶ αὐ[τὸς] | Πτολεμαῖ[ο]ς καὶ οἱ παρ' αὐτοῦ ἀνυπεύθυνοι ἔστωσαν παντὸς ἐπι[τί]μου καὶ πάσης ζημίας; P.Freib. III 34,27–28 (Philadelphia; 4.9.173): καὶ ἐξέστ]ω Θεοκλεῖ καὶ τοῖς παρ' αὐτοῦ [--- | --- ἀντεξάγειν τὸν εἰσβιαζόμενον εἰ]ς τὴν <γῆν>, (28–29) ἀνυπευθύνοις οὖσιν παντὸς ἐπ[ιτίμου καὶ πάσης ζημίας]; BGU XIV 2390,28–29; P.Monts. Roca 381+569+578+649, 11–12 (17–18).

Die Konstruktion κύριός εἰμι mit prädikativem Partizip in der Bedeutung „befugt", „berechtigt" findet sich wahrscheinlich auch oben in I 21 und II 39; ferner in P.Heid. VIII 414,42–43: κύριο[ς δ' ἔστω καὶ ἄ]λλος [ὑπὲρ Πτολεμαίου] | πράσσων κατὰ τ[αὐτά. Kaltsas verweist im Komm. auf P.Eleph. 1,15–16 (= M.Chr. 283 = Jur.Pap. 18 = Sel.Pap. I 1): κύριοι δὲ ἔστωσαν Ἡρακλεί|δης καὶ Δημητρία καὶ τὰς συγγραφὰς αὐτοὶ τὰς αὑτῶν φυλάσσοντες καὶ ἐπεγφέροντες κατ' ἀλληλως (l. ἀλληλων) und auf P.Cair. Zen. III 59341 (a),23, wo der Infinitiv zum Partizip berichtigt worden ist. S. auch LSJ s.v. κύριος I 4 mit Verweis auf Thuk. V 34,2: ἀτιμίαν δὲ τοιάνδε ὥστε μήτε ἄρχειν μήτε πριαμένους τι ἢ πωλοῦντας κυρίους εἶναι; VIII 51,1: κύριος ἦν αὐτὸς πράσσων ταῦτα sowie Plb. VI 37,8: κύριος δ' ἐστὶν καὶ ζημιῶν ὁ χιλίαρχος καὶ ἐνεχυράζων καὶ μαστιγῶν;

XVIII 37,10: Αἰτωλοὺς δὲ κυρίους εἶναι βουλευομένους ὑπὲρ σφῶν αὐτῶν. Siehe dazu auch Schwyzer, *Griechische Grammatik* II 1,2 S. 393,3.

II 50–51 ἀναπαυσάτω δὲ Πύρρος τῆς βρεχείσης γ[ῆς --- | τὸ] ἥμ̣ι̣σ̣υ̣ ἐπὶ τὸ μῆκος τοῦ κλήρου χόρτῳ̣ι̣ κ̣α̣ὶ̣ ἀράκ[ωι: Pyrrhos soll den Kleros der Länge nach teilen und die eine Hälfte des bewässerten Landes mit Brachfrüchten „ausruhen" lassen. Zum Fruchtwechsel vgl. Schnebel, *Landwirtschaft* S. 218–239; Hennig, *Bodenpacht* S. 50–53; zum Arakos S. 51 mit Anm. 85 und 86.

Vgl. P.Tebt. I 105,37–39: βεβαιουμένη[ς δὲ] τῆ[ς] μισ[θώ]σ[εως] | τήν τε γῆν κατεργασάσθωι Πτολεμαῖος καὶ ἀναπαυσάτω κατʼ ἔτος τὸ ἥμισυ; vgl. auch P.Tebt. I 106,22; P.Tebt. III 1, 815, Fr. 4, r, 1, 51–52 mit Verweis auf P.Tebt. I 106,22. Zu P.Yale I 51,17–18 siehe oben den Komm. zu Z. I 19–20.

γ[ῆς --- | τὸ] ἥμ̣ι̣σ̣υ̣: Am Übergang von Z. 50–51 ist in beiden Zeilen noch etwas Platz, der nach den soeben zitierten Parallelen mit κατʼ | ἔτος gut ausgefüllt würde. Das bedeutete, dass die Laufzeit unseres Vertrags länger als ein Jahr dauerte. Ebensogut könnte man aber auch τοῦ κλή|ρου ergänzen.

II 51–52 [ἐὰν δὲ μὴ ποιῆι | καθὰ γέ]γραπ̣ται, ἀποτεισάτω τῆς (ἀρ.) ἑ̣κάσ̣[της (πυροῦ) ἀρτ.) ̣]: Strafklausel für den Fall, dass der Pächter den Boden nicht durch die Bestellung mit Brachfrüchten ausruhen lassen sollte. In P.Tebt. I 105, 44–45 wird in diesem Falle ein Epitimon von 10 Artaben Weizen pro Arure fällig: καὶ τοῦ μὴ ἀναπαῦσαι τὴν γῆν [κατʼ ἔτο]ς̣ ἐ̣π̣[ίτιμο]ν | πυρῶν ἀρτάβας δέκα ἐκτὸς τῶν ἐκφορίων; P.Pintaudi 34, Fr. a 2 und Fr. b,12–13; hier schließt sich die Kyria-Klausel an, die in unserem Text erst später kommt.

II 53 ἡμικλήριον ἢ ὅλος ὁ κ̣[λῆρος: Zuvor war in Z. 51 gesagt worden, dass die Hälfte des Kleros, τὸ ἥμισυ, mit Brachfrüchten bestellt werden sollte. Hier könnte man annehmen, dass mit dem ἡμικλήριον ebenfalls die Hälfte (als Alternative zum gesamten Kleros) gemeint sei. Aber ἡμικλήριον ist, wie in der Einleitung zu dieser Nr. dargelegt, auch ein Terminus der Klerosverwaltung, der dann zur Anwendung kommt, wenn der Staat die Hälfte eines Kleros unter eigene Verwaltung stellt (meist zwecks Wiederverpachtung) und daraus Steuerschulden eintreibt; s. dazu Scheuble-Reiter, *Katökenreiter* 186–188; Uebel, *Kleruchen* S. 18–22 mit Anm. 5. Vgl. P.Enteux. 55,3–10 (= P.Lille II 1; Magdola/Ars.; 28.1.222 v.Chr.): ἔχοντος γάρ μου κλῆρον παρὰ σοῦ, βασιλεῦ, --- ἐν δὲ τῶι κγ (ἔτει) ὄντος μ[ου] ἐν Ἀλεξανδρείαι πρὸς κρίσει καὶ οὐθενὸς ὄντος | παρʼ ἐμο[ῦ ἐ]πὶ τῶν τόπων, Πολέμων ὁ προγεγραμμένος, μισθωσάμενος ἐκ τοῦ βασιλικοῦ τὸ | ἡμικ[λήρι]ον, οὐθενὸς ὄντος μοι πρὸς αὐτὸν συναλλάγματος, ὅλον τὸν κλῆρον κατέσπειρεν | ἐν τῶι [κγ] (ἔτει), οὗ οἱ καρποὶ εἰς τὸ κδ (ἔτος)· τοῦ δὲ κδ (ἔτους), οὔτε ἐκ τοῦ βασιλικοῦ οἱ προειρημένοι μεμισθω|μένοι τὸ ἡμικλήριον, οὔτε πρὸς ἐμὲ ὄντος αὐτοῖς οὐθενὸς συναλλάγματος, κατέσπειραν |

σησάμωι καὶ σίτωι καὶ ἀπενηνεγμένοι εἰσὶν παρὰ πάντα τὰ δίκαια. Siehe ferner P.Tebt. III 1, 746,20–29 u. Verso 39–40; SB XXVI 16634 36–38; P.Sorb. I 11,3.

II 54 ἣ .[: ἣν̣ [? Die Tintenspur passt gut zu Ny.

]τικὰ ἣ πρὸς ἀνιππίαν: In]τικὰ könnte ein allgemeiner Ausdruck für Steuern stecken, etwa πρὸς σιτ]ικά, was sich auf Getreidesteuern beziehen würde (s.o. zu II 53), oder vielleicht eher noch λογευτ]ικά wie in P.Tebt. I 105,5 und 24: καὶ τελέσει κατ' ἔτος πάντα τὰ ἐσόμενα ἐπὶ τῇ ἅλῳ ἀνηλώματα καὶ λογευτιὰ πυρῶ[ν] | ἀρτάβας τρεῖς ἐκ του ἰδίου, wo von den Herausgebern Grenfell und Hunt im Komm. angenommen wird, dass die λογευτικά allgemein die Steuern bezeichnen, die an der Tenne erhoben und einbehalten werden, bevor die Ernte zwischen Pächter und Verpächter aufgeteilt wird.

ἣ πρὸς ἀνιππίαν: Zu dieser recht selten erwähnten Steuer, die in Natur oder in Geld entrichtet werden konnte, vgl. Préaux, *L'économie royale* S. 215–16; Uebel, *Kleruchen* S. 56, Anm. 2 und S. 291, Anm. 3 und zuletzt Scheuble-Reiter, *Katökenreiter* S. 243–244 mit Zusammenstellung der Belege in Anm. 53. Danach musste die ἀνιππία von Angehörigen der Reiterei gezahlt werden, wenn sie vorübergehend kein Pferd unterhielten.

II 55 καὶ παρα̣χ̣ωρείτω .[: Objekt einer Parachoresis kann nur ein Kleros sein, und nur der Kleruche kann diesen überlassen. Das Subjekt könnte also der Verpächter Bakchios sein. Am Zeilenende könnte man Beta lesen, was zu Β̣[άκχιος Πύρρωι τὸν κλῆρον ergänzt werden könnte.

II 56–57 ἐὰν δὲ μὴ μισ̣[: Wohl eine Form von μισθόω, vielleicht μισ̣[θώσηι ὡς γέγραπται.

[--- ἐπιγ]ε̣ω̣ργεῖν: Möglicherweise war hier gesagt, dass Pyrrhos den Kleros weiterhin bearbeiten kann, wenn Bakchios die Bedingungen der Verpachtung nicht einhält. Diese Möglichkeit wird normalerweise als Alternative zur Vollstreckung gegeben; siehe dazu den Komm. zu I 23 (ὑπὲρ τοῦ κλήρ[ο]υ̣ αὐτοῦ̣).

καθ̣ά̣περ ἂν ἡ πα̣ρα . .[: Am Zeilenende π̣[, oder γο̣[, eher als ι .[. χ̣[das παραχώρησις ergäbe, ist nicht zu lesen.

II 57–58 [καὶ | ἔνοχος ἔστω / ἐνεχέσθω τῶι ἴσ]ωι ἐπιτίμωι: Das ἐπίτιμον trifft Pächter und Verpächter. In der Regel ist es eine Geldstrafe, vgl. Hennig, *Bodenpacht* S. 73–74 (Ausnahme in Natur: P.Tebt. I 105, wo es viermal vorkommt); siehe auch P.Pintaudi 34,13–14. Unter welchen Umständen die Buße hier zu zahlen ist, ist nicht klar. Vom Verpächter ist sie in Geld zu zahlen, wenn er die Gewährleistung nicht erfüllt (P.Tebt. I 105,34–35; SB III 7188,35–37); vom Pächter ist sie in Weizen zu entrichten, wenn er keine Brachfrüchte anbaut (P.Tebt. I 105,44–45), in Geld, wenn er den Pachtzins nicht liefert (P.Tebt. I 105,44; SB III 7188,23–24), wenn er das Pachtverhältnis vorzeitig aufgibt

(P.Tebt. I 105,44; SB III 7188,29–30) und wenn er das Land nicht in einwandfreiem Zustand zurückgibt (P.Tebt. I 105,45).

II 58 καὶ μηθὲν ἧσ̣[σον ἡ μίσθωσις | ἥδε κυρία ἔστω]: Siehe dazu Hässler, *Κυρία-Klausel*, und 1. Teil, Kap. V.6. Die Kyria-Klausel unterstreicht zwar, dass der vorliegende Pachtvertrag maßgeblich ist, aber er wäre auch ohne sie rechtsgültig. Häufig folgt sie auf eine Strafklausel, in manchen Verträgen sogar mehrfach; vgl. P.Monts. Roca Inv. 381+569+578+649,11 u. 16–17; P.Pintaudi 34,13–14.

II 59 καὶ ὅσου ἂν π̣λείονος μισθ[: Man denkt bei πλείονος zunächst an einen Genitivus pretii, bezogen auf die Höhe des Pachtzinses, wie etwa in P.Oxy. XXIV 2410,15–17 (18.(?)3.120 n.Chr.): οὐ μόνον ἐκ τῆς | αὐτῆς οὐσίας μ[ισθοῦτα]ι̣, ἀλλὰ καὶ ἑτέρας | γᾶς `βασ̣ι̣λ̣ι̣κ̣ᾶ̣ς´ ἐκμ̣ι̣σ̣θοῦται π̣λείονος αὐτὰ μισθ̣ῶ̣ν̣; aber die Erhöhung des Pachtzinses im Laufe einer Vertragsperiode wäre ganz außergewöhnlich. Eher könnte noch einmal mit einem Genitivus mensurae bei Zeitangaben auf die Verlängerung der Pachtzeit hingewiesen werden: καὶ ὅσου ἂν π̣λείονος μισθ[ώσηι τὸν κλῆρον χρόνου / μισθωθῆι ὁ κλῆρος χρόνου, und für wieviel mehr Zeit er den Kleros verpachtet/pachtet (?); vgl. dazu Mayser, *Grammatik* II 2 S. 135–136.

II 60] τ̣ὰ δὲ ἄχυρα καὶ αἱ νομαὶ ἔστ̣[ωσαν Πύρρωι: Dem Pächter sollen die Spreu und die Weiden zur Verfügung stehen. Normalerweise wird vereinbart, dass die Stoppeln bzw. das Stroh (ἡ καλάμη) dem Verpächter, die Spreu (ἄχυρα) dem Pächter gehören (in dieser Reihenfolge); vgl. z.B. P.Hib. I 90,17: ἡ δὲ καλάμη ἔστω Διοδώρου (Verpächter). Die Weiden sind in diesem Zusammenhang bisher nur einmal in BGU XIV 2390,34 erwähnt: αἱ δὲ νομαὶ πᾶσ[α]ι κ̣α̣ὶ τ̣ὰ̣ ἄχυρα ἔστωσαν Π̣ο̣λ̣υ̣ηρ̣ά̣τ̣[ωι].

II 61]. : Der Akkusativ dürfte von einer Präposition abhängen. Möglich wäre z.B. πρὸ]ς τοῦτον ἔστω. πρός mit Akkusativ + εἶναι bezeichnet die Zahlungspflicht; siehe Preisigke, *Wörterbuch*, s.v. πρός f) (alle Stellen im gen. abs. wie ὄντων πρὸς ἐμέ). Für einen Personenwechsel scheint uns zu wenig Platz; τοῦτον müßte also immer noch den Pächter Pyrrhos bezeichnen. Was für eine Zahlung oder Lieferung auf ihn entfällt, ist nicht mehr festzustellen. Da die καλάμη zuvor noch nicht genannt war, könnte sie vielleicht hier an die Reihe kommen, wenn auch der Lieferungspflichtige sonst im Genitiv steht, vgl. P.Hib. I 90,17: ἡ δὲ καλάμη ἔστω Διοδώρου (die Spreu war einige Zeilen vorher genannt).

καὶ ἐπὶ τὰ ἐχό[μενα: καὶ ἐπὶ τὰ ἐχό[μενα αὐτοῦ πάντα]? ἐχόμενα bezeichnet das „räumlich oder zeitlich Folgende“ (Preisigke, *Wörterbuch*). Zum Verständnis fehlt der Kontext.

II 62–65 Zeugen und Urkundenhüter. Hier wird die Schrift immer kleiner und enger; der Schreiber (immer noch derselbe) muss jetzt mit dem Papyrusblatt auskommen. Die Namen der sechs Zeugen könnten sich – bei immer enger werdender Schreibweise – auf den Text verteilen wie folgt:

62 [κ]ατὰ λόγον τὸ ἐπίβαλλον. μά̣ρτ[υρες· Φ̣[(1.)]
63 [(2.) Π]ρ̣ώταρχος Φερεσβίου Κνίδ[ιος, (3.)
64 [τῆς ἐπιγον]ης, (4.) Δίων Ἀρμένου Ἀλεξανδρε̣[ύς, (5.)]
65 [(6.) τῆς ἐπιγ]ο̣νῆς. συγγραφοφύλαξ Φ̣[

II 62 und **65** Φ̣[: Eventuell auch ο[oder σ[. In der Regel wurde der erstgenannte Zeuge Urkundenhüter.

II 63 Φερεσβίου: Es handelt sich hier zweifelsfrei um einen Personennamen, wenn auch φερέσβιος bisher nur als Adjektiv mit der Bedeutung „Leben spendend“, „Nahrung hervorbringend“ belegt ist, meist in hexametrischer Dichtung. In den dokumentarischen Papyri kam es bisher gar nicht vor, in den metrischen Inschriften zweimal: Wagner, *Oasis d'Égypte*, S. 50, II, Z. 1: σ̣ώ̣τειρα κρήμνοις φερέσβ̣ι̣ο̣ς [und IGUR I 149,1: νουσολύτα, κλυτόμητι, φερέσβ̣[ιε, δέσποτα Παιάν]. Vielleicht ist es ein Spitzname für eine Peson, die sich als Wohltäter von Knidos ausgezeichnet hat.

II 64 Δίων Ἀρμένου: Der Name Ἄρμενος war in den Papyri bisher nur in P.Cair. Preisigke 29,16 und 32 bezeugt (Hermopolites; 323 n.Chr.). Die Inschriften der PHI-Datenbank enthalten 20 Belege.

Die Tintenspur am unteren Rand könnte zur Nomenklatur des Urkundenhüters und damit zur letzten Zeile der Kolumne gehören.

Übersetzung

Kol. I (1–8) Unter der Königsherrschaft der Königin Kleopatra (I.), der Mutter, der Thea Epiphanes, und des Ptolemaios (VI.), des Sohnes des Ptolemaios, des Theos Epiphanes (V.), im 2. Regierungsjahr, zur Amtszeit des Menelaos, des Sohnes des ---, Priesters des Alexander und der Theoi Adelphoi und der Theoi Euergetai und der Theoi Philopatores und der Theoi Epiphaneis und des Königs Polemaios Philometor, zur Amtszeit der Athlophore der Berenike Euergetis Timariste, der Tochter des Sotion, der Kanephore der Arsinoe Philadelphos Kleitonike, der Tochter des Timotheos, und der Priesterin der Arsinoe Philopator Eirene, der Tochter des Ptolemaios, am 25. Epeiph in Herakleopolis.

(9–10) Es hat verpachtet Bakchios, Epheser aus der Truppe des Numenios, des Sohnes des A-, x-arureninhaber, gemeiner Soldat, dem Pyrrhos, Sohn des Dionysios, Perser von denen, die noch nicht unter einem Offizier stehen, [Dreißig?arureninhaber], seinen Kleros

(10–14) mit Ausnahme des seiner Mutter gehörenden Stücks von 10 Aruren, das sich am Kopf des Kleros befindet, gegenüber dem Reiterkleros des Ptolemaios, dessen Abmessung in der Breite von Westen nach Osten zwei Schoinien beträgt, in der Länge von Norden nach Süden aber fünf Schoinien,

(14–18) das übrige Land des Kleros [Pachtdauer und -anfang?] zu einem festgesetzten Pachtzins von 380 Artaben Weizen [und x Drachmen?] ohne Saatgut und ohne jedes Risiko und ohne Abzug; falls aber Mangel an Bewässerung eintreten sollte --- soll entsprechend ein Abzug von den Pachtzinsen erfolgen ---

(19–20) Und er (sc. Pyrrhos) soll das bewässerte Land dieses Kleros besäen; wenn er es aber nicht besät, soll er ihm (sc. Bakchios) den Pachtzins zurückzahlen.

(21) --- Pyrrhos soll befugt sein sein, wenn er will ---

(22) --- so viel, wie er dem Bakchios --- geliehen oder vorgestreckt hat ---

(23) --- als Vorschuss --- für seinen Kleros ---

(24) --- oder etwas zu viel abmisst ---

(25) --- entsprechend diesem Vertrag ---

(26–27) das Getreide zusammen mit den Rückständen, für die Drachmen in Bronze und [Silber?] aber --- zu dem Preis, wie es an der Tenne verkauft wird, im Monat Payni, den Abzug --- wie es möglich ist (?)

(28) den Rest des Pachtzinses aber

(30) --- wenn aber Pyrrhos dem Bakchios nicht [zurückzahlt ?]

(31) --- soll dieses ---

(32) --- im Monat Payni ---

Kol. II

(34) --- und der Arakos in den ---

(35–39) --- dieses Kleros. Er (Pyrrhos) soll aber [über die Ernte verfügen, bis er alles], was ihm [vom Pachtzins] noch geschuldet wird, erhalten hat. Wenn aber Bakchios dem Pyrrhos noch etwas schuldet, soll er ihm alle seine Schulden bis zum Monat --- des --- Jahres zurückzahlen, wie es geschrieben steht.

(39) Es soll berechtigt sein (Pyrrhos?)

(40) --- den Kleros des Bakchios ---

(41) --- vom Pachtzins gemäß diesem Vertrag ---

(42–43) --- dem Bakchios [das Geschuldete?] vom Pachtzins (abzuziehen?), [bis er alles] erhalten hat.

(43–44) und er [Bakchios] soll (dem Pyrrhos) garantieren (den Kleros und) alle auf ihm zukünftig gesäten Früchte

(45) --- für ihn außer dem 10 Arurenstück seiner Mutter ---

(46–47) --- mit Ausnahme irgendeines königlichen Hindernisses. [Wenn Bakchios aber nicht garantiert, soll er] 40 Talente in Bronzewährung bezahlen und den Schaden ---

(48–50) Pyrrhos und alle seine Mitarbeiter sollen berechtigt sein, jeden gewaltsamen Eindringling von dem Kleros zu vertreiben.

(50–53) Wenn aber das Land bewässert ist, soll Pyrrhos die Hälfte [jährlich ?] ruhen lassen und der Länge des Kleros nach mit Gras und Arakos besäen. Wenn er es nicht tut, wie es geschrieben steht, so soll er für jede Arure x Artaben Weizen bezahlen ---

(53) der halbe Kleros des Bakchios oder der gesamte Kleros

(54) für die --- (Steuern) oder im Hinblick auf die „Ohne Pferd-Steuer“, welche ---

(55–56) --- und er soll [den Kleros?] überlassen --- gemäß diesem Vertrag;

(56–58) wenn er aber nicht [verpachtet , wie es geschrieben steht(?) , soll er berechtigt sein, ihn weiter zu bewirtschaften, als ob ---

und er soll dem gleichen Bußgeld unterliegen.

(58–59) und nichtsdestoweniger soll dieser Pachtvertrag maßgeblich sein. Und je länger er verpachtet (?) [/ pachtet (?) ---]

(60) Die Spreu aber und die Weiden sollen [dem Pyrrhos] zukommen;

(61) --- soll auf diesen entfallen und auf die anschließenden ---

(62) --- entsprechend das (auf ihn) Entfallende.

(62–67) Zeugen: [NN ---], Protarchos, Sohn des Pheresbios, Knidier [--- ; NN --- von Abkunft; Dion, S. des Armenos, Alexandriner [---; NN ---; NN --- von Abkunft. Urkundenhüter ist Ph- [---.

13. Fragment mit Erwähnung eines Pachtvertrags

Fr. a: Inv. 188-96a	7 x 8,1 cm	Herakleopolis?
Fr. b: Inv. 188-128	8,7 x 4,8	
Fr. c: Inv. 188-96b	10 x 10 cm	
Anfang 2. Jh. v.Chr.		

Der Papyrus besteht aus drei Fragmenten, die einander mithilfe ihrer Ränder zugeordnet werden können. Fr. a weist oben einen 3,5 cm hohen und rechts einen an der schmalsten Stelle 0,5 cm breiten Rand auf; links und unten ist es abgebrochen. Fr. b hat links einen Rand von 0,8 cm und ist oben, rechts und unten abgebrochen, und Fr. c hat den linken und rechten Rand in einer Breite von 1 und 0,7 cm bewahrt. An der linken Seite von Fr. b und c verläuft etwa 2–2,5 cm vom Rand entfernt eine Klebung. Allerdings scheint zwischen den Fragmenten jeweils eine unbestimmbare Menge Text zu fehlen. Das Blatt hat ein deutlich anderes Format als die übrigen Texte der Gruppe; es war ursprünglich hoch und schmal. Die Schrift hat frühptolemäische Züge und wirkt älter als diejenige der anderen hier vorgelegten Urkunden, was besonders der Schreibweise des Tau, des Ypsilon und des Treppen-Ny geschuldet ist. Man möchte sie noch dem Ende des 3. Jhs. zuweisen, wobei der Anfang des 2. Jhs. nicht auszuschließen ist. Es ist daher keineswegs sicher, ob dieser Papyrus zu den Gerichtsakten gehört, auch wenn er sich in derselben Kaufmasse befunden hat. Auf dem Verso sind nur uncharakteristische Tintenspuren erhalten.

Die Erwähnung eines Pachtvertrags, zweifellos ursprünglich in Form einer Sechszeugenhüterurkunde (siehe den Komm. zu Z. 10–11), sowie die griechischen Personennamen, die Ethnika und die militärischen Elemente machen die Zugehörigkeit zu den Gerichtsakten und damit die Herkunft aus dem Dikasterion in Herakleopolis wiederum wahrscheinlich.

Der Inhalt des Papyrus ist kaum zu rekonstruieren. Es könnte um einen Rechtsstreit wegen eines Pachtvertrags und dabei vielleicht um geschuldeten Pachtzins in Höhe von 20.000 Bronzedrachmen gehen. Anscheinend ist das Dokument von einer Frau verfasst, die mit ihrem Mann als Geschäftsvormund eine Klage gegen den Makedonen -krates oder Krates eingereicht hatte; auf diese scheint sie in Z. 8 Bezug zu nehmen (8 [. . ἐ]ν ἧι ἐ̣γεγραπ̣[το]). Der erhaltene Text muss nicht in der ersten Zeile, sondern könnte auch in einer vorangehenden Kolumne begonnen haben, denn es ist in Z. 1 kein Platz für eine Anrede oder andere einleitenden Worte. Es ist aber auch nicht auszuschließen, dass wir es mit einem Entwurf zu tun haben. Die erhaltenen Elemente erinnern an P.Heid. VIII

412,10–14 (Herakleopolis; 19.11.186? v.Chr.), einen Antrag an den Eisagogeus des Dikasterions von Herakleopolis auf Wiederaufnahme eines Prozesses:

> ἣν (sc. δίκην, [Z. 7]) ἐγραψάμην̣ . . . . .[. .]ι
> Μαχά̣τ̣ο̣υ̣ Μακεδ̣όνι τ[ῆ]ς
> ἐπιγονῆς κατὰ συγγραφὴν̣
> δανείου τιμῆς πυρῶν ἀρ(ταβῶν) ρ,
> [δ]ραχμῶν τρισμυρ[ί]ων.

Der schlechte Erhaltungszustand des Textes lässt keine sicheren Ergänzungen zu. Im Zeilenkommentar äußern wir vorsichtig nur Vermutungen.

Fr. a

Rand

1 [. . . . ’Αγ]α̣μ̣έμνονος
2 [. . . . . . με]τ̣ὰ̣ κ̣υρίου
3 [. . . . . .] . Μακεδόνος
4 [τῶν . .] . . ο̣ντος ἰλάρ̣-
5 [χου . . . . .] . .ος μου
6 [ ] .ερεα .

\- - - - - - - - - - - - - -

Fr. b

\- - - - - - - - - - - - - -

8 [. . ἐ]ν ἧι ἐ̣γέγραπ̣[το]
9 [. . . . .]κ̣ράτηι Π̣ρ̣[. .]
10 ρος Μακεδόνι τῆς ἐ̣[πι-]
11 γονῆς κατὰ συ̣γγ[ρα-]
12 φὴν μισθώσεω̣ς

\- - - - - - - - - - - - - -

Fr. c

\- - - - - - - - - - - - - -

13 [.] . . . .[. .] .
14 τῆς τούτων τιμῆς
15 χα̣λκοῦ δραχμῶν
16 [δισ]μυρίων [. .] . μ̣ο̣ι
17] . .[ ]ν̣

\- - - - - - - - - - - - - -

Fr. a

Fr. b

Fr. c

13. Recto

Zeilenkommentar

1–2 [. . . . 'Αγ]αμέμνονος | [. . . . . . με]τ̣ὰ̣ κ̣υρίου: Am Anfang vermuten wir das Subjekt in Form eines kurzen weiblichen Personennamens, gefolgt von einem Ethnikon wie beispielsweise Μακέτα, das den verfügbaren Platz gut ausfüllt. Die bisher bekannten Μακέται sind bei Láda, Pros.Ptol. X, E1802–E1818 zusammengestellt.

'Αγ]αμέμνονος: Der Name 'Αγαμέμνων ist in den Papyri bisher nur dreimal bezeugt, davon einmal in derselben Zeit wie der unserer Dokumente und vielleicht auch aus makedonischem Umfeld: P.Mich. III 183,1 (Arsinoites; 5.3.182 v.Chr.): Εἰρήνη Ὄρφεως Μακέτα μετὰ κυρίου τοῦ ἑαυτῆς ἀνδρὸς Ἀγαμέμνονος | τοῦ Χρυσέρμου. Vgl. ferner SB XIV 12063,25 (Arsinoites; 2. Jh. n.Chr.): κλη(ρουχία) Ἀγαμέμ<ν>ων (eventuell ein alter Flurname?) und P.Berl. Bork. II 66 (= SB VIII 9902 = SB XXIV 16000; Panopolis; Anfang 4. Jh. n.Chr.): υἱῶν Ἀγαμέμνονος. Hier ist die Namengebung wohl damit zu erklären, dass Panopolis derzeit eine Hochburg griechischer literarischer Bildung war.

Die Alternative Μέμνων begegnet einmal in einer Familie im Herakleopolites, vgl. P.Herakl. Bank 2 f, II 15 Μέμνων und sein Sohn Μεμνωνίσκος bzw. 2 g, II 2.3 Μέμνων νεώτερος, sonst nur in Oberägypten und mit drei Ausnahmen (PSI IX 1017,2 (Hermonthis; 115 v.Chr.; P.Amh. II 53,1 (Theben, 114 v.Chr. und O.Stras. I 29,3 (Hermonthis; 112–76 v.Chr.) in der Römerzeit. Zu unserem griechisch-militärischen Umfeld scheint uns 'Αγαμέμνων besser zu passen.

2 με]τ̣ὰ̣ κ̣υρίου: Kappa ist nicht ganz deutlich; es scheint korrigiert zu sein.

Wenn man das Kappa ablehnt, braucht man eine andere Lösung. Man könnte notfalls auch Ζ]ε̣φυρίου oder 'Ε]π̣ι̣`δ̣΄αυρίου lesen und ergänzen. Der PN Zephyrios kam bisher nur in drei Papyri vor, einmal in ptolemäischer Zeit, P.Mich. I 9 V,9 (H.u.; 257? v.Chr.) und zweimal in römischer Zeit, P.Oxy. XVII 2115,8 (Oxy.; ca. 341) und BGU IV 1024 = P.Aktenbuch (Hermupolis; vor dem 16.6. 359), 1 [p. 3],10; 7 [p. 6],8.12.14.18.21). Nach den zahlreichen TLG-Belegen könnte Ζεφύριος auch ein geographischer Name oder ein Ethnikon sein, ebenso wie die Alternative 'Επιδαύριος, wofür es nur den Papyrusbeleg P.Petrie^{2} 19,2 (236/5 v.Chr.) und die alexandrinische Grabinschrift SB I 2130 (frühptolemäische Zeit) gibt. Als Ethnikon käme auch noch Τ̣υρίου in Frage, vgl. Láda, Pros.Ptol. X, E2418–2536 sowie P. Iand. Zen. 1,24 (= SB XIV 11659 = P.Cair. Zen. IV 59666), dabei scheint ein Sigma oder Kappa über das Tau geschrieben zu sein ([τ]`κ̣΄υρίου; die Buchstaben vor Tau wären dann allerdings kaum zu erklären.

Aber 'Αγ]α̣μ̣έμνονος, Ζ]ε̣φυρίου bzw. Τ̣υρίου und Μακεδόνος sind nur schwer in Beziehung zueinander zu setzen; sie stehen zu dicht beieinander, als dass angesichts der geringen Zeilenbreite alle notwendigen Bestandteile der Nomenklatur ergänzt werden könnten. Man hätte in Z. 1 „NN, Sohn des Agamemnon“, danach wäre noch τῶν Ζ]ε̣φυρίου möglich, aber es fehlte das Ethnikon; ein Ethnikon Ζ]ε̣φυρίου bzw. Τ̣υρίου müßte sich auf Ἀγ]α̣μ̣έμνονος beziehen, aber davor müßte noch etwas anderes gestanden haben, und am Anfang von Z. 3 müsste vor Μακεδόνος noch Platz für einen zweiten Personennamen im Genitiv sein, der vielleicht durch διά eingeführt wäre, was ganz unwahrscheinlich ist und auch zu viel Platz erfordert. All dies ist sehr suspekt; deshalb ziehen wir με]τ̣ᾳ̣ κ̣υρίου vor.

4–5 [τῶν . .] . . ο̣ντος: Hier hat der Name eines eponymen Offiziers gestanden. Für [τῶν Αὐτομέ]δ̣ο̣ντος wie oben in **3**,3.4, **4**,[10–11] Komm. und **5**,4 wäre die Lücke wohl zu eng.

ἰλάρ|[χου: Über den ἰλάρχης informiert ausführlich Kaltsas im Komm. zu P.Heid. VIII 414, 46. Siehe dazu auch oben den Komm. zu **5**,4–5.

5 . . . . .] . . ος μου: Die Lesung τοῦ ἀν]δ̣ρ̣ός μου bietet sich an, wenn in Z. 2 με]τ̣ᾳ̣ κ̣υρίου richtig ist. Dagegen spricht jedoch, dass bei der Angabe μετὰ κυρίου Name und Verwandtschaftsbezeichnung des Kyrios normalerweise unmittelbar folgen. Wenn aber in Z. 5 der neue Satz mit τοῦ ἀ]νδ̣ρ̣ός μου mit nachfolgendem Partizip als Genitivus absolutus anfangen würde, wäre das Verwandtschaftsverhältnis zwischen der Verfasserin der Urkunde und ihrem Kyrios gar nicht angegeben. Denkbar wäre vielleicht auch ὁ κλ]ῆρ̣ός μου.

6] . ερεα . : Nach der Lücke vielleicht die rechte Hälfte eines Pi, was ὑ]π̣έρ / ἅπ̣ερ oder auch καθάπερ oder ὥσπερ ergeben könnte; am Zeilenende am ehesten Ny, was auf ἐάν führte. Möglich wäre am Zeilenende aber auch ein blasses Ypsilon; dann könnte man vielleicht ὑ]π̣ὲρ ἑαυ̣|[τοῦ ergänzen.

7 [. . ἐ]ν ἧι ἐ̣γέγραπ̣[το]: Das Beziehungswort zu ἧι könnte δίκη oder γραφή sein. Als Subjekt käme beispielsweise ἔγκλημα in Frage.

8 In [. . . . .]κ̣ράτηι oder auch [. . . . .] Κράτηι: In dieser Person verbirgt sich, möglicherweise der Prozessgegner. Ein Μακεδὼν τῆς ἐπιγονῆς namens Κράτης ist in P.Tebt. III 1, 815, Fr. 4 Recto, I 18 (Ars.; 223/222 v.Chr.) genannt: ἐδάνεισεν Κράτης . . . . ου Μ̣α̣κ̣ε̣δ̣ὼν τῆς ἐπιγονῆς (Láda, Pros.Ptol. X, E1771). Einen ptol./röm. Beleg hat SB XXVI 16544,1 (= O.Bakchias 69, 1. Jh. v./1. Jh. n.Chr.), drei weitere aus römischer Zeit sind P.Cairo Mich. II 15,11; P.Bingen 79,5 und O.Eleph. DAIK 120,1.

Möglich wäre auch Εὐκράτης; s. dazu **14**,26 mit Komm.

8–9 Π̣ρ̣[. ω]|ρος: Am Zeilenumbruch ein griechischer Name auf -ωρ, -νωρ oder -τωρ im Genitiv, der mit Gamma oder Pi beginnen könnte. Die bisher bekannten Μακεδόνες τῆς ἐπιγονῆς sind bei Láda, Pros.Ptol. X, E1740–E1801 zusammengestellt.

10–11 κατὰ συγγ[ρα]|φὴν μισθώσεως: In den Vorladungen wird stets auf den zugrundeliegenden, nicht erfüllten Vertrag verwiesen, wobei auch immer der Syngraphophylax, der die Urkunde aufbewahrt hat, namentlich genannt wird. Man könnte also in den verlorenen folgenden Zeilen eine Wendung wie (ἐφ') ἧς συγγραφοφύλαξ ὁ δεῖνα erwarten. Vgl. P.Tebt. III 1, 815, Fr. 1 Recto, II 39–41 (Tebtynis; 223–222 v.Chr.): οὓς μεμίσθωνται κοινῆι | κατὰ συγγραφὴν μισθώσεως τὴν κειμένην κυρίαν | παρὰ συγγραφοφύλακι Πιθίαι κληρούχωι; ebenso auch BGU VI 1280,9–10 (Darlehen mit Wohnungsantichrese; H.u.; vor 210 v.Chr.): κα]τὰ συγγραφ[ὴν μισ]θώσεως τὴ[ν κειμένην παρὰ | συγγρα]φοφ[ύλ]ακι Εὐαγόραι Βαρκαιεῖ τῶ[ν] Ζωΐλου; P.Giss. Univ. I 5,3–9 (Euhemeria; nach April/ Mai 131 v.Chr.): Νεφίβιος | [το]ῦ Ἁρμιύσιος καὶ Πετεσούχου | τοῦ Ψενεμοῦτος μεμισθωμένων | [τὸ]ν κλῆρόν μου τὸν ὄντα περὶ κῶ[μ]ην | [Δι]ονυσιάδα εἰς τὸ λθ (ἔτος) κατὰ συγ|[γρα]φὴν μισθώσεως, ἧς συγγραφοφύλαξ | [. . .]ων κτλ.

In dem oben zitierten P.Heid. VIII 412 ist der Syngraphophylax nicht angegeben, weil die Klageschrift dem Gericht schon bei dem ersten Prozess, der nicht zustandegekommen war, vorlag.

12 In dieser Zeile erwartet man πυρῶν ἀρταβῶν x [ἢ], aber die Spuren lassen sich damit nicht vereinbaren.

13 τῆς τούτων τιμῆς: Die Wendung passt eher in einen Naturaldarlehensvertrag, aber in Z. 10–11 ist ausdrücklich von einem Pachtvertrag die Rede. τούτων könnte sich auf zuvor genannte Artaben (oder — bei Futterpflanzen — auch Aruren) beziehen, in denen der Pachtzins gemessen wird. Wenn etwa im Falle eines prodomatischen Pachtvertrags der Verpächter den vorausbezahlten Vorschuss nicht rechtzeitig zurückzahlt, kann der Pächter Weizen im Wert des Vorschusses von der Pachtzahlung abziehen. Vgl. oben den Pachtvertrag **12**.

Übersetzung

--- ich, NN, Tochter des Agamemnon, mit NN, Makedonen, Ilarchen von der Truppe des -on, --- als Geschäftsvormund (?) ---

--- in der -krates, dem Sohn des -or, Makedonen von Abkunft, [eine Klage/Vorladung?] eingereicht worden war, auf Basis eines Pachtvertrags ---

[--- von x Artaben Weizen oder?] deren Kaufpreis in Höhe von 20.000 Bronzedrachmen ---

14. Bericht über einen Rechtsstreit?

Inv. 188-89 R u. V | 29,3 x 6,8 cm | Herakleopolis?
175/4 (?) v.Chr.

Der Papyrus befand sich in der Kaufmasse der Gerichtsakten aus Herakleopolis. Er stammt wie die anderen Papyri der Gruppe aus Mumienkartonage und weist im Grunde dieselbe Form auf wie der Pachtvertrag **12** und die Zeugenaussage **9**, nur hat er statt der dort breiteren „Ärmchen" nur noch auf der rechten Seite einen Ansatz eines solchen in den Zeilen 11–14 und ist viel schmaler, weil er stärker beschnitten worden ist. Die Blätter haben wohl in derselben Mumienhülle aufeinander gelegen. Über das ganze Blatt hinweg finden sich zwischen den Zeilen Reste einer ziemlich schlecht ausgewischten Vorbeschriftung. Der Schreiber unseres Textes hat es vermieden, darüber hinwegzuschreiben, und seinen Text zwischen den alten Zeilen angebracht. Die Tintenspuren oberhalb der ersten lesbaren Zeile gehören eher zu dieser Vorbeschriftung als zum Text; so verbleibt oben ein 1,7 cm hoher Rand.

Links sind 0,5 cm vom jetzigen Rand entfernt Reste einer Klebung zu erkennen. Auf dem umfangreichen Freiraum unter dem Haupttext finden sich Vermerke von drei verschiedenen Händen, deren letzter ein Datum darstellt; darunter ist noch ein 1,6 cm hoher Rand erhalten Die gleichmäßige frühptolemäische Schrift ist stark verblasst; dennoch lässt sich feststellen, dass sie den in **1–13** vertretenen Händen in vielen Zügen ähnlich ist, besonders derjenigen von **6** und **10**. Auf dem Verso sind Spuren einer parallel zum rechten Rand mit den Fasern geschriebenen Inhaltsangabe zu erkennen; sie sind so verwischt, dass sie nicht mehr zu deuten sind.

Über die Herkunft geht aus dem Text nichts hervor; die Fundgemeinschaft mit den Texten **1–13** spricht für das Gerichtsarchiv in Herakleopolis.

Der Papyrus weist über ca. 28 Zeilen hinweg nur einen schmalen Streifen Text auf. Diesem muss noch eine Kolumne vorausgegangen sein, denn die in Z. 1 erhaltenen Wörter können nicht den Anfang eines Schriftstücks darstellen. Wenn die durchschnittliche Breite der Papyri dieser Gruppe (mit Ausnahme von **13**) ursprünglich etwa 18–20 cm betrug, so stellen die 6,8 cm unseres Textes gerade mal knapp ein Drittel dar; aber natürlich wissen wir nicht wirklich, wie das Format einmal ausgesehen hat. Wegen des in jedem Falle großen Textverlustes ist nicht mehr festzustellen, was für ein Dokument hier vorliegt. Es ist auch kein für irgendeinen Urkundentyp charakteristisches Formular erkennbar, so dass nicht einmal Ergänzungen möglich sind, die einen Hinweis auf die Zeilenbreite zulassen.

Der fragmentarische Zustand des Textes erlaubt keine Übersetzung; im Folgenden soll das Erkennbare wenigstens kurz beschrieben werden. Der Verfasser des Schriftstücks, der, wenn die Ergänzung ἡμ̣[ῖν] am Ende von Z. 11 richtig ist, Vertreter einer Gruppe ist, berichtet über Vorgänge, die mit Wolle zu tun haben (Z. 2 τὰ ἔρια, Z. 17 ἐρίδια, Z. 20 ἐρίων). Auf diese Wolle könnte sich eine Lieferung im Gewicht (oder Wert) einer Mine beziehen (Z. 22–23 ἐδεδώ̣κει τ̣ο̣[ῖς --- | ---]ν̣τα μνᾶν μίαν). Zudem werden Purpurfarbe (Z. 14 πορφυροῦ̣[) und eine bestimmte, leider unklare handwerkliche Tätigkeit (19]αχ̣ικηι ἐργασίαι), wahrscheinlich aus der Wolleverarbeitung, erwähnt.

Der Text deutet aber auch auf einen gerichtlichen Kontext; er weist erkennbar juristische Terminologie auf. Erwähnt sind eine beklagte oder vorgeladene Person (Z. 3 κεκλημ[-), die Quittung eines Vertrags (Z. 10 ἀποχῆς χειρογρ[-), ein Angriff oder wohl eher die Erhebung des Anspruchs auf etwas (Z. 7 τῆς ἐφόδου ἐπὶ τὴ[ν), die An- oder, falls in der Lücke negiert, Abwesenheit von Personen (vor Gericht? Z. 8 παρεγένον[το); eine Befragung und vielleicht auch Antwort (Z. 13 Ζω]ίλος ἐρωτηθεὶς ἀπ[εκρίνατο?). Einem gewissen Onnophris ist als neutralem Dritten etwas (ein Schriftstück? eine Person?) anvertraut worden (Z. 21 μεμε̣σ̣ι̣[διωμέν-). Jemand hat etwas (Geld? Wolle?) empfangen (Z. 1]ν̣ειληφεν̣[, Z. 15 εἰληφέναι) oder möglicherweise auch nicht, wenn zuvor eine Negation gestanden hat. Am Ende des Textes ist die Summe von 2.400 Drachmen (Z. 26 (δρ.) ͵Βυ) aufgeführt, vielleicht dieselbe, die zuvor für Wolle gezahlt worden ist (Z. 20 καὶ ἐρίων τὰς ͵Β̣[υ (δρ.)]). Sie scheint in Zusammenhang mit einem gewissen Krates (als Zahler, Schuldner oder Empfänger) zu stehen.

Mehrere Personen sind namentlich genannt. Eine zentrale Rolle spielt ein gewisser Epidoios (9 Ἐπιδοίωι, 12 Ἐπιδοίου, 14 Ἐπί]δοιον, 16 Ἐπίδοιον). Daneben erscheinen auch andere Personen wie Zoilos (13 Ζω]ίλος, 24 Ζωίλο̣ν) und Onnophris (21 Ὀννώφρει) und Krates (26 Κράτει).

Unterhalb des Textes stehen Vermerke von drei verschiedenen Händen; der letzte enthält ein Datum, welches auf einen Tag im Monat Epeiph eines 7. (?) Jahres (Z. 28) weist; dies könnte in die Regierungszeit Ptolemaios' V. Epiphanes (199/198) oder Ptolemaios' VI. Philometor fallen (175/4). Das spätere Datum würde besser zu den anderen Texten unserer Dokumentation passen.

Auf dem Verso ist an der üblichen Stelle (oben rechts, mit den Fasern) eine Inhaltsangabe angebracht, die stark abgerieben ist. Sie scheint wie auf dem Verso der Vorladungen zweigeteilt gewesen zu sein; in der Mitte könnte die wie üblich etwas größer ausgeführte Abkürzung für π(ρό)ς zu erahnen sein.

Zu beiden Seiten wären dann wohl die streitenden Parteien genannt gewesen wie bei den Texten **1–6**. Aber der Text des Fragments entspricht, so weit erkennbar, nicht dem Formular der Vorladungen.

Insgesamt liefert das Fragment sehr viele Details, aber es lässt sich aus den Bruchstücken kein sinnvoller und tragbarer Zusammenhang rekonstruieren. Wir halten ihn unter Vorbehalt für einen Bericht über einen Rechtsstreit, in dem es um Vorgänge aus der Textilindustrie, Bereich Wolleverarbeitung, ging.

Zu Wolle und Wolleverarbeitung in der Ptolemäerzeit s. Blümner, *Technologie,* Bd. 1 S. 98–205; Reil, *Gewerbe* S. 93–122, bes. 98–106; Rostovtzeff, *A large Estate S.* 115–117; Calderini, „Tessuti"; Rostovtzeff, Komm. zu P.Tebt. III 1, 703,87–117 S. 89–90; Préaux, *L'économie royale* S. 93–116, bes. 106–111. Forbes, *Ancient Technology* IV S. 2–26, bes. 14–16; Dunand, „L'artisanat du textile".

Rand

m^1]νειληφεν̣[
] ̣ τὰ ἔρια ̣[
] ̣ν̣ε̣α̣ κεκλημ[
] ̣ ̣ ̣[̣ ̣] ̣ τοῦ̣ γράμ̣μ̣α̣[τ-
] ̣ ̣ ̣ ̣ροχαρει ἐδ̣η[
] ̣ ̣νου αὐτοῦ ὅτι χρ[
]ς τῆς ἐφόδου ἐπὶ τὴ[ν
] ̣ε̣νωι παρεγένον[το
] ̣ τῶι Ἐπιδοίωι διὰ τ[
] καὶ ἀποχῆς χειρογρ[
] χρόνου τ' ἐγέγραπτο η ̣[
] ̣α το̣ῦ Ἐπιδοίου τὰ τ̣[
Ζω]ίλος ἐρωτηθεὶς ἀπ[
Ἐπί]δοιον ὑπὲρ πορφυρο̣ῦ̣ [
] ̣ εἰληφέναι καὶ μ̣ ̣[
]Ἐπίδοιον ̣τ̣ι̣ε̣δ̣ ̣[
]αι ἐρίδια απε̣ρη[
] ̣ ̣δ̣ ἕτοιμον εἶναι τ̣[
] ̣αχ̣ικῆι ἐργασίαι κ[
]ν̣ καὶ ἐρίων τὰς Ἀ̣[υ (δραχμάς)
]Ὀννώφρει μεμεσι[διωμέν-
] ̣τα ἐδεδώ̣κει το̣[ῖς
]ν̣τα μνᾶν μίαν ̣[
]τ̣ὸ̣ν δὲ Ζωίλον κα ̣[
]ε̣

vacat

26 m[2]] (δρ.) Ἐ̣βυ Κράτει

vacat

27 m[3]] αντανεον ̣ [

vacat

28 m[4] [(ἔτους)] ζ̣ Ἐπεὶφ ̄ ̣

] ̣

Rand

26 ∠

Zeilenkommentar

1]νειληφεν̣[: Sicher ist nur, dass eine Perfektform von λαμβάνω hier gestanden hat. Entweder ist das Ganze ein Kompositum συν- oder ἀνείληφεν bzw. συν-/ἀνειληφέναι, oder man trennt den Befund in] ̣ν für eine Akkusativendung und εἴληφεν bzw. εἰληφέν[αι.

3] ̣ν̣ε̣α̣ κεκλημ[: eher eine Form des Partizips κεκλημένος als κέκλημ[αι. καλέω ist in **1–6** terminus technicus für die Vorladung.

4] ̣ ̣ ̣[̣ ̣] ̣ τοῦ̣ γράμμ̣α̣[τ-: My und Alpha am Zeilenende sind schlecht erkennbar; nach γραμ- sind aber kaum andere Buchstaben möglich.

5] ̣ ̣ ̣ροχαρει: Hier könnte ein Kompositum des Namens Χάρις stehen, vgl. P.Tebt. III 1,701,231.255: Ἐργόχαρις; BGU XIV 2441,226: Θεόχαρις; P.Oxy. XLI 2956,10.11.12–13: Κλεόχαρις und P.Cair. Zen. IV 59775,3: Σωχάρις.

ἐδ̣η[oder ἐθ̣η[.

6] ̣ ̣νου: Viell. -μ]ἐ̣ν̣ου.

7]ς τῆς ἐφόδου ἐπὶ τὴ[ν: ἀκύρου οὔσης oder μενούσης? Zur Nichtangriffsklausel s. Berger, *Strafklauseln* S. 188–190 mit Anm. 3. Rupprecht, *Quittung* S. 19; 99–100.

8] ̣ε̣νωι wohl eher als ἐν ὧι.

9. 12. 14. 16. Der Name Ἐπίδοιος ist neu. Da er hier viermal in derselben Schreibweise vorkommt, scheint uns eine Verschreibung unwahrscheinlich. Es gibt aber die Varianten Ἐπίδοος und Ἐπίδειος.

14. Recto

14. Verso

Zur Variante Ἐπίδοος, SEG XXXVIII 572,2 (aus IG X; hellenistische Zeit) schreibt Masson, „Notes épigraphiques“ S. 358–359: „Semblent nouveaux, et de ce fait, plus ou moins difficiles, faute de rapprochements, les noms suivants ... l. 2 Επιδοον, clair sur la pierre, est très bizarre; supposer la graphie d'un nominatif en -οων paraît aventureux, mais le début du nom rappelle, en Dalmatie, des noms comme Epidius, Epidianus.“ Fraser, LGPN I s.v. verweist dazu auf CRAI 1991, S. 197ff., wo S. 205 ein Photo (Fig. 7a) und eine Abzeichnung (Fig. 7b) der Inschrift abgebildet sind. Aber der römische Personenname Epidius ist nicht nur in Dalmatien bezeugt. In der Form Ἐπίδειος begegnet er einmal in P.Oxy. XIX 2230,10 (Herakleopolis; 30.8.119 – 13.4.124 n.Chr.): ὑπὸ Λου̣κ̣εί̣[ου] Ἐπιδείου τ̣ο̣ῦ̣ [. . .] . στρα̣τ̣ιώτο̣υ̣ π̣[α]ρ̣[αλήμπτου ἱματισμῶν?]. Angeführt seien auch die drei Belege der Datenbank des PHI für Epidius: IG II^2 10148 (Attika) Σέξτος | Ἐπίδιος; IvP III 77 (Pergamon, Mysien): Λούκιος | [Ἐ(?)]πίδιο[ς] | Δομίτιος; IK *Prusa ad Olympum* 114 (Bithynien): Γάειος Ἐπίδιος | Βᾶσσος.

10 ἀποχῆς χειρογρ[: Vielleicht χειρογρ[άφου. Es geht eher um den Empfang eines Privatvertrags in Form eines χειρόγραφον als um die Abnahme eines schriftlichen Eides (χειρογραφία), die durch χειρογραφίαν λαμβάνειν, nicht ἀπέχειν ausgedrückt wird. Privaturkunden in Form eines Handscheins sind nach Wolff, *Recht* II S. 109 „erst seit der Wende vom 3. zum 2. Jh. v.Chr. nachweisbar“. Zum Urkundentyp des χειρόγραφον siehe Wolff, *Recht* II S. 109–114.

11 Am Zeilenende vielleicht ἡ̣μ[ῖν.

13 Ζω]ίλος ἐρωτηθεὶς ἀπ[: Vielleicht am Ende ἀπ[εκρίνατο.

14 πορφυρο̣υ̣[: Am Zeilenende ist der obere Teil der Buchstaben mitsamt den waagerecht verlaufenden Fasern verloren; die erhaltenen Tintenreste passen aber recht gut zu ο̣υ̣.

15 καὶ μ̣ .[: Es ist nicht festzustellen, ob die unleserlichen Tintenspuren am Zeilenende oberhalb dieser Buchstaben eine Korrektur darstellen sollen.

16 .τ̣ι̣ε̣δ̣.[: Der Buchstabe vor Tau ist für Omikron zu groß. Er könnte Sigma oder Epsilon sein, was ἔτι oder στι ergäbe. Man könnte auch die durch die kleine Lücke getrennten Buchstabenteile zu einem Eta zusammenfassen, und der von links oben herabgebogene Arm am Zeilenende könnte zu einem Ypsilon gehören. Das führte auf ἔτη̣ δύ̣[ο.

17 ἐρίδια: Das Deminutiv war für die Ptolemäerzeit bisher nur zweimal belegt, P.Cair. Zen. III 59411,3 (Mitte 3. Jh. v.Chr.); P.Petrie II 32 (1),9–12 (mit P.Petr. II, App. S. 6, P.Petr. III 36 (d) und P.Petr. III S. XVI (Druckfehler für →

XIV) zu 36 (d)[1]; Ars.; 22.9.197 v.Chr.): τὰ [μὲν ἐρί]|δια τοῖς κασοποιοῖς, τὰ δὲ ἐξ αὐ[τῶν λήμ]|ματα[2] παραδίδομεν εἰς τὸ βασιλ[ικὸν] | τῶι τελώνηι. In römischer Zeit ist das Diminutiv in den Papyri sehr gebräuchlich. In der griechischen Literatur gibt es laut TLG insgesamt nur 11 Belege.

Eher ἅπερ ῃ[als ἃ πε̣ρῃ[.

19] ̣αχ̣ικηι ἐργασίαι: Die Spuren zwischen Alpha und Iota lassen sich am besten als Chi lesen (] ̣αχικηι), aber My (] ̣αμ̣ικηι) oder Ny (] ̣αν̣ικηι) wären weniger gut möglich; auch wäre z.B. ἐ̣[ρ]αν̣ικῆι mit dem Sinn, „Tätigkeit, zu der jeder etwas beiträgt", „Vereinsarbeit", nicht sonderlich passend. Das gesuchte Adjektiv sollte eine Tätigkeit im Rahmen der Wolleverarbeitung kennzeichnen. Die verschiedenen Arbeiten beschreibt Blümner, *Technologie*.

20 τὰς Ἐ̣[υ (δραχμάς): Ergänzt nach Z. 26, die von anderer Hand geschrieben ist. Man könnte statt Beta notfalls auch Eta annehmen.

21 μεμε̣σ̣ι̣[διωμένον: Das Verb μεσιδιόω hat laut Preisigke, *Wörterbuch* s.v., die Bedeutung „ein Verwahrgut beim Mittler hinterlegen." Hier könnten die 2000 (Drachmen?) aus Z. 20 (vgl. Z. 26) oder auch das Cheirographon aus Z. 10 dem Onnophris (oder, mit dativus auctoris, von Onnophris jemand anderem) anvertraut gewesen sein. Das Verb ist bisher nur in zwei Papyri vorgekommen, vgl. den Komm. zu P.Hamb. IV 238,29 (Herakleopolites(?); vor dem 19.4.159 v.Chr.): τὴν δὲ πεπραμένην παιδίσκην | μεσιδιωθῆναι, und P.Dion. 9,21–22 (= P.Rein. I 7; M.Chr. 16; C.Ptol. Sklav. I 17; Hermopolites; ca. 139 v.Chr.): ὃς καὶ παραχρῆμα | ἐ̣μεσιδίωσεν τ̣ὸ προειρημε̣ν̣ον χειρόγραφον Πετεχῶντί τινι τῶ̣ν ἐκ τῆς Ἀκώρ̣ε̣ως und 31–32: ἄκυρον δὲ κατασ{σ}ταθῆναι | καὶ τὴν σημ̣αι-[νο]μένην τῶν (ταλάντων) ι συγγρ̣α̣φήν, ὁμοίω̣ς δὲ καὶ τὸ μεμεσιδιωμένον χειρόγρα(φον), beide Male in der Bedeutung „jemandem etwas anvertrauen / bei einer neutralen Partei etwas hinterlegen". Vgl. auch das Adjektiv μεσίδιον, „was einem Dritten in Obhut gegeben ist", in P.Enteux. 52,3–4 (= P.Lille II 30; 13.1.218 v.Chr.): ἐμοῦ \`γὰρ´ δόντος Πετ[ε ̣ ̣ ̣ ̣ ̣] τῶι πατρὶ αὐτοῦ συγγραφὴν Αἰγυπτίαν | μεσίδιον, ἣν συνεγράψατό μοι \`Πεχύσιος´; PSI VI 551 R,9–10 (Philadelphia; 258–256 v.Chr. (?)): ἐδόθη ἡ συγγραφὴ καὶ | ἡ γνῶσις μεσίδιον Φαράτηι ὃν ἀπαρ̣[; vgl. auch SB X 10273,11–12 (Prosangelma; Magdola; 19.5. – 17.6.235 oder 13.5. – 11.6.210 v. Chr.):] | με μεσιδια̣ (sic) κα̣ ̣ ̣ ̣[---]|χῃ̣ι.

22–23 ἐδεδώ̣κει τ̣ο̣[ῖς --- | ---]ν̣τα μνᾶν μίαν): μνᾶν könnte das Gewicht der Wolle bezeichnen. Denkbar wäre dann in der Lücke eine Konstruktion wie etwa

[1] Vgl. BL I S. 243–344, wo Preisigke seinen Verdruß über die Zitierweise in den P.Petrie-Bänden zum Ausdruck bringt, ebenso wie – trotz aller Freundlichkeit – auch Wilcken, „Papyrus-Urkunden" S. 511–512.

[2] Woher in der DDBDP die Ergänzung λήμ]|ματα kommt, ist unklar. BL I S. 368 hat δέρ]ματα aus P.Petr. III 36 (d).

ἐρίων ὧν ἐδεδῴκει τọ[ῖς ὑφαίνουσαν τὰ στρώμ]ατα μνᾶν μίαν, „Wolle, von der er den Teppichwebern eine Mine gegeben hatte“, oder ἐρίων ὧν ἐδεδῴκει τọ[ῖς ὑφαίνουσαν τὰ στρώμ]ατα, „Wolle, von der er den Webern für die Teppiche eine Mine gegeben hatte“.

26] (δρ.) ʼΒ̣υ Κράτει, „2.400 Dr. für Krates“? Der Name Κράτης ist nicht sehr häufig; vgl. dazu den Komm. zu **13**,9.

27]ανταν εονọ[: Die Worttrennung]αντα (π]άντα, ἁπάντα) νέον ergibt keinen Sinn.

Anhang

Bibliographie

Wenn nicht anders angegeben, sind Abkürzungen und Titel nach folgenden Werken zitiert:

Checklist of Editions = Josua D. Sosin, Roger S. Bagnall, James Cowey, Mark Depauw, Terry G. Wilfong, and Klaas A. Worp, Checklist of Editions of Greek, Latin, Demotic, and Coptic Papyri, Ostraca and Tablets (continually updated) <http://scriptorium.lib.duke.edu/papyrus/texts/clist.html>.

Guide de l'épigraphiste = François Bérard, Denis Feissel, Nicolas Laubry, Pierre Petitmengin, Denis Rousset, Michel Sève et collaborateurs, Guide de l'épigraphiste, Bibliographie choisie des épigraphies antiques et médiévales, Quatrième édition entièrement refondue, Paris, École normale supérieure, 2010, avec Suppléments 2011, 2012, 2013, 2014, 2015 <http://www.antiquite.ens.fr/IMG/file/pdf_guide_epi/2015_supplement.pdf>.

Anders abgekürzte oder in die Repertorien noch nicht aufgenommene Titel sind:

Papyri

O.Eleph. DAIK = Guy Wagner, Les papyrus et les ostraca grecs d'Éléphantine (Deutsches Archäologisches Institut, Abteilung Kairo. Archäologische Veröffentlichungen 70), Mainz 1998.

P.Gen. inv. 442 = Marie Bagnoud, John Chaney, Katie Novoa, Virginie Pochon, Paul Schubert, Mélissande Tomcik und Aloïs Tschanz, „Serment royal relatif à un emprunt de blé", Chronique d'Égypte 89, 2014, S. 349–355.

P.Herakl. Bank = Klaus Maresch, Ptolemäische Bankpapyri aus dem Herakleopolites (P.Herakl. Bank). Papyri der Sammlungen in Heidelberg, Köln und Wien, (Papyrologica Coloniensia XXXV) Paderborn u.a. 2012.

P.Gur. 9,1 = Willy Clarysse, „Some Notes on the Gurob Papyri with a Re-edition of P. Gurob 14 + 16", Ancient Society 4, 1973, S. 133–141.

P.Monts. Roca inv. no. 381 + 569 + 578 + 649 = Sofía Torallas Tovar/Klaas A. Worp, A Ptolemaic Lease Contract: P.Monts. Roca inv. no. 381 + 569 + 578 + 649, in: *Pap. Congr. XXV*, Ann Arbor 2010, S. 763–775 <http://quod.lib.umich.edu/i/icp>.

P.Pintaudi = Diletta Minutoli (Hrsg.), Inediti offerti a Rosario Pintaudi per il suo 65° compleanno, Firenze 2012.

P.Sijp. = A. J. B. Sirks & Klaas A. Worp (Hrsg.), Papyri in Memory of P. J. Sijpesteijn, (American Studies in Papyrology 40), 2007.

P.Sorb. III = Hélène Cadell, Willy Clarysse et Kennokka Robic, Papyrus de la Sorbonne (P. Sorb. III nos 70-144). (Papyrologica Parisina 1), Paris, Presses de l'Université de Paris-Sorbonne, 2011.

P.Stan. Class. I = Willy Clarysse/Christelle Fischer-Bovet, „Greek Papyri of the Classics Department at Stanford (P.Stan. Class.)". Part I, The Journal of Juristic Papyrology 42, 2012, S. 31–87.

P.Thissen = Dieter Hagedorn und Bärbel Kramer, „Vorladung (P.UB Trier S 188-82 + S 188-119)", in: Hermann Knuf/Christian Leitz/Daniel von Recklinghausen (Hrsg.), *Honi soit qui mal y pense. Studien zum pharaonischen, griechisch-römischen und spätantiken Ägypten zu Ehren von Heinz-Josef Thissen*, (Orientalia Lovaniensia Analecta 194) Leuven/Paris/Walpole (MA) 2010, 219–232 mit Tafeln 65–67

Siut-Archiv = Herbert Thompson, *A Family Archive from Siut, including an account of a trial before the laocritae in the year b. C. 170 from papyri in the British Museum*, Oxford 1934.

Inschriften

Fouilles de Delphes III = Émile Bourguet, *Fouilles de Delphes* III, Paris 1929.

I.Alex.ptol. = Étienne Bernand, Inscriptions grecques d'Alexandrie ptolémaïque. (Bibliothèque d'Études 133), Le Caire, Institut français d'Archéologie orientale, 2001.

IPArk = Gerhard Thür/Hans Taeuber, *Prozessrechtliche Inschriften der griechischen Poleis. Arkadien*, Wien 1994.

RIJG = Recueil des inscriptions juridiques grecques: texte, traduction, commentaire par Rodolphe Dareste, Bernard Haussoullier, Théodore Reinach, 2 Bände, Paris 1891–1904 (Nd. Rom 1965).

Adams, *Bilingualism* = James N. Adams, *Bilingualism and the Latin Language*, Cambridge 2003.

Ager, *Interstate Arbitrations* = Sheila L. Ager, *Interstate Arbitrations in the Greek World 337-90 BC*, Berkeley/Los Angeles/ London 1996.

Allam, „Egyptian Law Courts" = Shafik Allam, „Egyptian Law Courts in Pharaonic and Hellenistic Times", Journal of Egyptian Archaeology 77, 1991, 109–127.

Allam, „Traces de codification" = Shafik Allam, „Traces de codification en Égypte ancienne", Revue internationale des droits de l'Antiquité 40, 1993, S. 11–26.

Allam, „Eisagogeus" = Shafik Allam, „Regarding the eisagogeus (εἰσαγωγεύς) at Ptolemaic Law Courts", Journal of Egyptian History 1, 2008, S. 1–19.

Armoni, „Hebdomekontaruroi" = Charikleia Armoni, „Hebdomekontaruroi in numerierten Hipparchien: SB XXII 15213", Zeitschrift für Papyrologie und Epigraphik 137, 2001, 237–239.

Armoni, „Exomosie" = Charikleia Armoni, „PSI Com. 11: Ein seltenes Exemplar einer Exomosie", Zeitschrift für Papyrologie und Epigraphik 154, 2005, S. 214–216.

Armoni, *Basilikos Grammateus* = Charikleia Armoni, Studien zur Verwaltung des ptolemäischen Ägypten: Das Amt des *Basilikos Grammateus*, (Pap. Colon. XXXVI), Paderborn/München/ Wien/Zürich 2012.

Bagnall, „Origins" = Roger S. Bagnall, „The Origins of Ptolemaic Cleruchs", The Bulletin of the American Society of Papyrologists 21, 1984, S. 7–20.

Bauschatz, *Law and Enforcement* = John F. Bauschatz, *Law and Enforcement in Ptolemaic Egypt*, New York 2013.

Beauchet, *Histoire du droit privé* = Louis Beauchet, *Histoire du droit privé de la république athenienne* IV, Paris 1897.

Bell, „Some Notes" = H.I. Bell, „Some Notes on Early Ptolemaic Papyri", Archiv für Papyrusforschung 7, 1924, S. 17–29.

Berger, *Strafklauseln* = Adolf Berger, *Die Strafklauseln in den Papyrusurkunden. Ein Beitrag zum gräko-ägyptischen Obligationsrecht*, Leipzig 1911.

Berneker, *Prozeßeinleitung* = Erich Berneker, *Zur Geschichte der Prozeßeinleitung im ptolemäischen Recht*, München 1930.

Berneker, *Sondergerichtsbarkeit* = Erich Berneker, *Die Sondergerichtsbarkeit im griechischen Recht Ägyptens*, (MB 22) München 1935

Bianchini, „ΣΥΓΓΡΑΦΗ" = Mariagrazia Bianchini, „La ΣΥΓΓΡΑΦΗ ed il problema delle forme contrattuali", in: Arnaldo Biscardi (Hrsg.), Symposion 1974, Köln/Wien 1979, S. 245–258.

Bickermann, „Beiträge I" = Elias J. Bickermann, „Beiträge zur antiken Urkundengeschichte I. Der Heimatsvermerk und die staatsrechtliche Stellung der Hellenen im ptolemäischen Ägypten", Archiv für Papyrusforschung 8, 1927, S. 216–239.

Biscardi, *Diritto greco antico* = Arnaldo Biscardi, *Diritto greco antico*, Milano 1982.

BL = *Berichtigungsliste der griechischen Papyrusurkunden aus Ägypten*, Friedrich Preisigke et (Hrsg.) Berlin/Leipzig 1922 ff.

Blanchard, *Sigles et abbréviations* = Alain Blanchard, *Sigles et abbréviations dans les papyrus documentaires grecs*, (Bulletin of the Institute of Classical Studies of the University of London, Suppl. 30) London 1974.

Blümner, *Technologie* = Hugo Blümner, *Technologie und Terminologie der Gewerbe und Künste bei Griechen und Römern*, Bd. 1, Leipzig 1912 (Nd. Hildesheim 1969).

Boegehold, „A Lid with Dipinto“, = Alan L. Boegehold, „A Lid with Dipinto“, in: Studies in Attic Epigraphy, History and Topography, presented to Eugene Vanderpool, (Hesperia Suppl. 19) Princeton 1982, S. 1–6.

Bonner, *Athenian Courts* = Robert J. Bonner, *Evidence in Athenian Courts*, Chicago 1905 (Nd. New York 1979).

Bonner/Smith, *The Administration of Justice* = Robert J. Bonner/Gertrude Smith, *The Administration of Justice from Homer to Aristotle*, Chicago 1930 (Nd. New Jersey 2001).

Boyé, *La denuntiatio* = André J. Boyé, *La denuntiatio introductive d'instance sous le principat*, Bordeaux 1922.

Brennan, *The Praetorship* = Terry Corey Brennan, *The Praetorship in the Roman Republic*, Oxford 2000.

Breccia, „Tribù e demi“ = Evaristo Breccia, „Tribù e demi in Alessandria (A proposito di due nuove iscrizioni)“, Bulletin de la Société d'Archéologie d'Alexandrie 10, 1908, S. 169–186.

Bricault, „Sarapis et Isis“ = Laurent Bricault, „Sarapis et Isis, Sauveurs de Ptolémée IV à Raphia“, Chronique d'Égypte 74, 1999, S. 334–343.

Caimi, „Minima Ptolemaica“ = James Caimi, „Minima Ptolemaica“, Aegyptus 57, 1977, S. 123–144.

Caldara, *L'indicazione dei connotati* = Alessandra Caldara, *L'indicazione dei connotati nei documenti papiracei dell'Egitto greco-romano*, (Studi della scuola papirologica IV 2) Milano 1924, (Nd. 1972).

Calderini/Daris, *Dizionario* = Aristide Calderini, *Dizionario dei nomi geografici e topo-grafici dell'Egitto greco-romano* II, a cura di Sergio Daris, Milano 1974.

Calderini/Daris, *Suppl.* = Aristide Calderini, *Dizionario dei nomi geografici e topografici dell'Egitto greco-romano*, a cura di Sergio Daris, *Supplemento* 1 (1935–1986), Milano 1988; 2 (1987–1993), Bonn 1996, 3, (1994–2001) Pisa 2003; 4 (2002–2205), Pisa/Roma 2007; 5 (2006–2009), Pisa/Roma 2010.

Calderini, „Tessuti“ = Sandra Calderini, „Ricerche sull'industria e il commercio dei tessuti in Egitto“, Aegyptus 26, 1946, S. 13–83.

Calhoun, „Oral and Written Pleading = George Miller Calhoun, „Oral and Written Pleading in Athenian Courts“, Transactions of the American Philological Association 1, 1919, S. 177–193.

Canevaro, *The Documents in the Attic Orators* = Mirko Canevaro, *The Documents in the Attic Orators. Laws and Decrees in the Public Speeches of the Demosthenic Corpus*, Oxford 2013.

Carawan, *Rhetoric and Law of Draco* = Edwin M. Carawan, *Rhetoric and Law of Draco*, Oxford 1998 (Nd. 2004).

Carawan, „Oath and Contract“ = Edwin M. Carawan, „Oath and Contract“, in: Alan H. Sommerstein/Judith Fletcher (Hrsg.), *Horkos. The Oath in Greek Society*, Bristol 2007, S. 73–80.

Carrez-Maratray, „L'épithète Philometor“ = Jean-Yves Carrez-Maratray, „L'épithète Philometor et la réconciliation lagide 124–116“, Revue d'Égyptologie 53, 2002, S. 61–74, Carter, „Greek Oath“ = David Carter, „Could a Greek Oath Guarantee a Claim Right? Oaths, Contracts and the Structure of Obligation in Classical Athens“, in: Alan H. Sommerstein/Judith Fletcher (Hrsg.), *Horkos. The Oath in Greek Society*, Bristol 2007, S. 61–72.

Cavallo/Maehler, *Hellenistic Bookhands* = Guglielmo Cavallo/Herwig Maehler, *Hellenistic Bookhands*, Berlin/New York, 2008.

Cernuschi, *Nuovi contributi* = Giuseppina Cernuschi, *Nuovi contributi per lo studio dei connotati personali nei documenti dell'Egitto greco-romano*, (Cooperativa Libraria, Editrice Università di Padova) Padova 2010.

Chaniotis, *War* = Angelos Chaniotis, *War in the Hellenistic World: a social and cultural history*, Oxford 2005.

Christ, *The Litigious Athenian* = Matthew R. Christ, *The Litigious Athenian*, Baltimore 1998.

Clanchy, *From Memory to Written Record* = Michael T. Clanchy, *From Memory to Written Record. England 1066–1307*, Oxford/Cambridge (Mass.) ^{2}1993.

Clarysse, „The Use of the iota adscript" = Willy Clarysse, „Notes on the Use of the Iota Adscript in the Third Century B.C.", Chronique d'Égypte 51, 1976, S. 150–166.

Clarysse, „Some Notes" = Willy Clarysse, „Some Notes on the Gurob Papyri with a Re-edition of P. Gurob 14 + 16", Ancient Society 4, 1973, S. 133–141.

Clarysse, „Loan-Words" = Willy Clarysse, Greek Loan-Words in Demotic, in: Sven P. Vleeming (Hrsg.), *Aspects of Demotic Lexicography. Acts of the Second International Conference for Demotic Studies, Leiden, 19–21 September 1984* = *Studia Demotica* I (Leuven 1987), S. 9–33.

Clarysse, „Artabas" = Willy Clarysse, „Artabas of Grain or Artabas of Grains?", The Bulletin of the American Society of Papyrologists 51, 2014, S. 101–108.

Clarysse/Thompson, *Counting the People* = Willy Clarysse/Dorothy J. Thompson, *Counting the People in Hellenistic Egypt*, II: *Historical Studies*, Cambridge 2006.

Clarysse/Van der Veken/Vleeming, *Eponymous Priests* = Willy Clarysse/Griet Van der Veken, With the Assistance of Sven P. Vleeming, *The Eponymous Priests of Ptolemaic Egypt. Chronological Lists of the Priests of Alexandria and Ptolemais with a Study of the Demotic Transcriptions of their Names*, (P.Lugd. Bat. XXIV) Leiden 1983.

Cohen, „Writing, Law and Legal Practice" = David Cohen, „Writing, Law and Legal Practice in the Athenian Courts", in: Harvey Yunis (Hrsg.), *Written Texts and the Rise of Literate Culture in Ancient Greece*, Cambridge 2003, S. 78–96.

Cohen, „Consensual Contracts" = Edward E. Cohen, „Consensual Contracts at Athens", in: Hans-Albert Rupprecht (Hg.), Symposion 2003, Wien 2006, S. 73–84.

Cohen, *Maritime Courts* = Edward E. Cohen, *Ancient Athenian Maritime Courts*, Princeton 1973.

Cossa, „Brevi riflessioni" = Giovanni Cossa, „Brevi riflessioni su arbitrato pubblico, anakrisis e diamarturia alla luce di SEG XXXVI 296", in: Studi in onore di Remo Martini I, Siena 2008, S. 737–778.

Criscuolo, „Orphanoi e orphanoi kleroi" = Lucia Criscuolo, „Orphanoi e orphanoi kleroi: nuovi aspetti dell'evoluzione del diritto cleruchico," in: *Pap. Congr. XVI*, Chico 1981, S. 259–265.

Criscuolo, „Il prezzo di mercato" = Lucia Criscuolo, „Il prezzo di mercato nell'Egitto ellenistico", in: *Agoranomes et édiles Institutions des marchés antiques*. Textes réunis par Laurent Capdetrey et Claire Hasenohr. Ouvrage publié avec le concours du GDRI du CNRS. „Les Marchés dans le monde antique: espaces, pratiques, institutions". (Scripta Antiqua 44). Bordeaux/Paris 2012, S. 193–205

Cvetler, „Daneion" = Jiři Cvetler, „Daneion et droit de consumation dans le droit de l'Égypte ptolémaïque", Chronique d'Égypte 10, 1935, S. 129–132.

del Corso, „La scrittura greca di età ellenistica" = Lucio del Corso, „La scrittura greca di età ellenistica nei papiri greco egizi. Considerazioni preliminari", Analecta Papyrologica 18–20, 2006–2008, S. 206–267.

Depauw, *Chronological Survey* = Mark Depauw, *A Chronological Survey of Precisely Dated Demotic and Abnormal Hieratic Sources*, TOP 1, Version 1.0 February 2007, Köln/Leuven 2007: <http://www.trismegistos.org/top.php>.

DNP = Hubert Cancik/Helmuth Schneider (Hrsg.), *Der Neue Pauly. Enzyklopädie der Antike*, Stuttgart/Weimar 1996ff.

DGE = *Diccionario Griego-Español*. Redactado bajo la dirección de Francisco Rodríguez Adrados (Consejo Superior de Investigaciones Científicas. Instituto de Filología). Vol. I–VII, Madrid 1980–2009; I² 2008.

Digesten = Okko Behrends/Rolf Knütel/Berthold Kupisch/Hans Hermann Seiler (Hrsg.), *Corpus Iuris Civilis. Text und Übersetzung*, Bd. II: *Digesten*, Heidelberg 1995.

Dolinar, *Ausserstreitverfahrensrecht* = Hans Dolinar, *Österreichisches Ausserstreitverfahrensrecht*, Wien 1982.

DDbDP = Duke Databank of Documentary Papyri <http://www.perseus.tufts.eduffexts/papyri.html>

Dunand, „L'artisanat du textile" = Françoise Dunand, „L'artisanat du textile dans l'Égypte lagide", Ktema 4, 1979, S. 47–69.

El Amir/Lüddekens, „Ergänzungen" = Mustafa el-Amir/Erich Lüddeckens, „Ergänzungen zur Liste der eponymen Priester", Enchoria 3, 1973, 1–4.

Faraguna, „Oralità e scrittura" = Michele Faraguna, „Oralità e scrittura nella prassi giudiziaria ateniese tra V e IV sec. a.C.", in: Gerhard Thür (Hrsg.), Symposion 2007, Wien 2008, S. 63–82.

Finckh, *Zinsrecht* = Helmut E. Finckh, *Das Zinsrecht der gräko-ägyptischen Papyri*, Diss. Erlangen 1962.

Flore, „Diagramma e gnome dikaiotate" = Giuseppe Flore, „Diagramma e gnome dikaiotate nell'Egitto ptolemaico", in: *Scritti in onore di Salvatore Pugliatti*, V, Milano 1978, S. 257–289.

Fliniaux, *Vadimonium* = André Fliniaux, *Le vadimonium*, Paris 1908.

Fliniaux, „La dicarum scriptio" André Fliniaux, „La dicarum scriptio et deux papyrus égyptiens de l'époque ptolémaïque", Revue historique de droit français et étranger 33, 1909, S. 535–549.

Foraboschi, *Onomasticon* = Daniele Foraboschi, *Onomasticon alterum papyrologicum: supplemento al Namenbuch di F. Preisigke*, Milano 1971.

Forbes, *Ancient Technology* IV = Robert J. Forbes, *Studies in Ancient Technology*, Vol. IV, Leiden 1955, ²1964.

Foti Talamanca, *Ricerche sul processo* = Giuliana Foti Talamanca, *Ricerche sul processo nell'Egitto greco-romano*. II.1. *L'introduzione del giudizio*, Milano 1976.

Frazer, *Ptolemaic Alexandria* = Peter M. Frazer, *Ptolemaic Alexandria*, Oxford 1972.

Garner, *Law and Society* = Richard Garner, *Law and Society in Classical Athens*, London/Sydney 1987.

Geginat, *Prodoma* = Volker Geginat, *Prodoma in den Papyri aus dem ptolemäischen und römischen Ägypten*, Diss. Köln 1964.

Germer, *Flora* = Renate Germer, *Flora des pharaonischen Ägypten*, (Deutsches Archäologisches Institut Kairo, Sonderschrift 14) Mainz 1985.

Gernet „Sur la notion de jugement" = Louis Gernet „Sur la notion de jugement en droit grec", Archives d'histoire du droit oriental 1, 1937, S. 114–134 = Ders., Droit et societé dans la Grèce ancienne, Paris 1955 (Nd. New York 1979), S. 61–81.

Gernet, „Sur les actions commerciales" = Louis Gernet, „Sur les actions commerciales en droit athénien", Revue des études grecques 51, 1938, S. 1–44 = Ders., Droit et societé dans la Grèce ancienne, Paris 1955 (Nd. New York 1979), S. 172–206.

Gignac, *Grammar* II = Francis Th. Gignac, *A grammar of the Greek papyri of the Roman and Byzantine periods*, II. *Morphology*, Milano 1981.

Girard, *L'organisation judiciaire* = Paul Fréderic Girard, *Histoire de l'organisation judiciaire des Romains*, Paris 1901.

Goody, *The Interface* = Jack Goody, *The Interface between the Written and the Oral*, Cambridge 1987.

Gradenwitz, „Chrematisten“ = Otto Gradenwitz, „Das Gericht der Chrematisten“, Archiv für Papyrusforschung 3, 1906, S. 22–43.

Gröschler, *Die tabellae-Urkunden* = Peter Gröschler, *Die tabellae-Urkunden aus den pompejanischen und herkulanensischen Urkundenfunden*, Berlin 1997.

Guéraud, ΕΝΤΕΥΞΕΙΣ = Octave Guéraud, ΕΝΤΕΥΞΕΙΣ, Requêtes et plaintes adressées au roi d'Égypte au IIIe siècle avant J.C., Le Caire 1931.

Hässler, *Κυρία-Klausel* = Manfred Hässler, *Die Bedeutung der Κυρία-Klausel in den Papyrusurkunden*, (Berliner Juristische Abhandlungen 3) Berlin 1960.

Hagedorn, „Die Verwendung von Zahlsubstantiven“ = Dieter Hagedorn, „Die Verwendung von Zahlsubstantiven zur Bezeichnung von Monatstagen in den griechischen Papyri“, Archiv für Papyrusforschung 59/1, 2013, S. 123–137,

Harrauer, „Ein Papyrusfragment“ = Hermann Harrauer, „Ein Papyrusfragment aus 243 v.Chr.“, Chronique d'Égypte 58, 1983, S. 200–205.

Harris, „Demosthenes Against Meidias“ = Edward M. Harris, „Demosthenes' Speech Against Meidias“, Harvard Studies in Classical Philology 92, 1989, S. 117–136.

Harris, Rez. MacDowell = Edward M. Harris, Rezension zu Douglas M. MacDowell, *Against Meidias*, Oxford 1990, Classical Philology 87, 1992, S. 71–80.

Harris, *Demosthenes, Speeches 20–22* = Edward M. Harris, *Demosthenes, Speeches 20–22*, Austin (Texas) 2008.

Harrison, *Law* = Alick R.W. Harrison, *The Law of Athens*. II. *Procedure,* Oxford 1971.

Hasebroek, *Signalement* = Johannes Hasebroek, *Das Signalement in den Papyrusurkunden*, (Papyrusinstitut Heidelberg 3) Heidelberg 1921.

Havelock, *Preface to Plato* = Eric A. Havelock, Preface to Plato, Cambridge (Mass.) 1963.

Havelock, *The Muse Learns to Write* = Eric A. Havelock, *The Muse Learns to Write: Reflections on Orality and Literacy from Antiquity to the Present*, Yale 1986.

Haussoullier, *Traité* = Bernard Haussoullier, *Traité entre Delphes et Pellana*, Paris 1917.

Heinen, „Boethos“ = Heinz Heinen, „Der κτίστης Boethos und die Einrichtung einer neuen Stadt.“ Teil II, Archiv für Papyrusforschung 43, 1997, S. 340–363.

Heinen, „Boéthos, fondateur“ = Heinen, „Boéthos, fondateur de poleis en Égypte ptolémaïque (OGIS I 111 et un nouveau papyrus de la collection de Trèves)“, in: Léon Mooren (Hrsg.), *Politics, Administration and Society in the Hellenistic and Roman World. Proceedings of the International Colloquium, Bertinoro 19–24 July 1997.* Studia Hellenistica 36, 2000, S. 123–154.

Hellebrand, *Prozeßzeugnis* = Walter Hellebrand, *Das Prozeßzeugnis im Rechte der gräko-ägyptischen Papyri* I, München 1934.

Helly, „Modèle de l'archéologie“ = Bruno Helly, „Modèle de l'archéologie des cités à l'archéologie du paysage“, in: Michèle Brunet (Hrsg.), *Territoires des cités grecques. Actes de la table ronde internationale organisée par l'École française d'Athènes 31 octobre – 3 novembre 1991.* (Bulletin de correspondance hellénique, Suppl. 34) Paris/Athènes 1999, S. 99–124.

Hennig, *Bodenpacht* = Dieter Hennig, *Untersuchungen zur Bodenpacht im ptolemäisch-römischen Ägypten*, München 1967.

Herrmann, *Bodenpacht* = Johannes Herrmann, *Studien zur Bodenpacht im Recht der graeco-aegyptischen Papyri*. (MB 41) München 1958.

Herrmann, Kleine Schriften = Johannes Herrmann, Kleine Schriften zur Rechtsgeschichte, hrsg. v. Gottfried Schiemann, (MB 83) München 1990.

Herrmann, „Prodoma-Leistungen“ = Johannes Herrmann, „Prodoma-Leistungen in Urkunden der Ptolemäerzeit“, in: Joseph Modrzejewski/Detlef Liebs (Hrsg.), Symposion 1977, Köln/Wien 1982, S. 247–257.

Hermann/Meier/Schömann = Moritz Hermann/Eduard Meier/ Georg Friedrich Schömann, Der attische Process. Vier Bücher. Neu bearbeitet von Justus Hermann Lipsius, Berlin 1883–1887.

HGV = Dieter Hagedorn, Heidelberger Gesamtverzeichnis der griechischen Papyrusurkunden aus Ägypten <www.rzuser.uniheidelberg.de/-gvO/gvz.html>.

Hölbl, *Geschichte* = Günther Hölbl, *Geschichte des Ptolemäerreiches. Politik, Ideologie und religiöse Kultur von Alexander dem Großen bis zur römischen Eroberung*, Darmstadt 1994 (Nd. 2004).

Honigman „Politeumata and Ethnicity = Sylvie Honigman, „Politeumata and Ethnicity in Ptolemaic Egypt,“ Ancient Society 33 (online), Löwen 2003, S. 61–102.

Hübsch, *Personalangaben* = Gerbert Hübsch, *Die Personalangaben als Identifizierungsvermerke im Recht der gräko-ägyptischen Papyri*, (Berliner juristische Abhandlungen 20) Berlin 1968.

Humphreys, „Social Relations on Stage“ = Sally Humphreys, „Social Relations on Stage. Witnesses in Classical Athens“, History and Anthropology 1, 1985, S. 241–264 und 313–369.

Huß, *Ägypten* = Werner Huß, *Ägypten in hellenistischer Zeit 332–30 v.Chr.*, München 2001.

Jakab, „Antwort auf Edward Cohen“ = Eva Jakab, „Antwort auf Edward Cohen“, in: H.-A. Rupprecht (Hrsg.), Symposion 2003, Wien 2006, S. 85–91.

Jones, *The Law and the Legal Theory* = John Walter Jones, *The Law and the Legal Theory of the Greeks*, Oxford 1952 (Nd. Aalen 1977).

Jörs, „Erzrichter und Chrematisten“ = Paul Jörs, „Erzrichter und Chrematisten. Untersuchungen zu Mahn- und Vollstreckungsverfahren im griechisch-römischen Ägypten“ I, Zeitschrift der Savigny-Stiftung für Rechtsgeschichte (Romanistische Abteilung) 36, 1915, S. 230–339.

Jörs/Kunkel/Wenger, Römisches Recht = Paul Jörs/Wolfgang Kunkel/Leopold Wenger, Römisches Recht, Berlin ^{3}1948, Nd. Berlin 1978.

Jouguet, „Ptolémais“ = Pierre Jouguet, „Ptolémais et sa constitution“, Bulletin de correspondance hellénique 21, 1897, S. 184–208

Kaser, „Testimonium“ = Max Kaser, RE V A, 1, München 1934 (Nd. 1988), Sp. 1020–1061 s.v.

Kaser, *Privatrecht* = Max Kaser, *Das römische Privatrecht*, Bd 1. *Das altrömische, das vorklassische und klassische Recht*, (Handbuch der Altertumswissenschaft) München ^{2}1971.

Kaser/Hackl, *ZPR* = Max Kaser/Karl Hackl, *Das römische Zivilprozeßrecht*, München ^{2}1996.

Koch, *Volksbeschlüsse in Seebundangelegenheiten* = Christian Koch, *Volksbeschlüsse in Seebundangelegenheiten. Das Verfahrensrecht Athens im Ersten Attischen Seebund*, Frankfurt 1991.

Kock, Aristophanes = Theodor Kock, Ausgewählte Komödien des Aristophanes. Band 1. Die Wolken, Berlin ^{3}1877.

Koenen, „Calendar Problems“ = Ludwig Koenen, „Calendar Problems: On the Macedonian Calendar Under Philopator and Epiphanes and on the Use of the Sotis Year for Religious Festivals“, in: *Pap. Congr. XVIII*, Athens 1988, S. 209.

Koenen, „The Double Date“ = Ludwig Koenen, „The Double Date of P.Sorb. Inv. 2407“, Zeitschrift für Papyrologie und Epigraphik 76, 1989, 255–256.

Kool, *De Phylakieten* = Pieter Kool, *De Phylakieten in Grieks-Romeins Egypte*, Amsterdam 1954.

Kornemann, „Ehe“ = Ernst Kornemann, „Die Ehe der θεοὶ Φιλομήτορες“, Klio 9, 1909, S. 138.

Kränzlein, „Urkundenklausel“ = Arnold Kränzlein, „Zur Urkundenklausel κυριευέτω τῶν καρπῶν ἕως...“, in: *Pap. Congr. XIII*, (MB 66) München 1974, S. 215–224.

Kränzlein, „Praxisklausel“ = Arnold Kränzlein, „Bemerkungen zur Praxisklausel“, in: Dieter Medicus/Hans Hermann Seiler (Hrsg.), *Festschrift für Max Kaser zum 70. Geburtstag*, München, 1976, S. 629–634.

Kramer, „Boethos“ = Bärbel Kramer, „Der κτίστης Boethos und die Einrichtung einer neuen Stadt.“ Teil I, Archiv für Papyrusforschung 43, 1997, S. 315–339.

Kramer, „Königseid = Bärbel Kramer, „Königseid eines Offiziers aus dem Jahr 152 v. Chr.“, in: *Punica – Libyca – Ptolemaica. Festschrift für Werner Huß zum 65. Geburtstag*, Studia Phoenicia 2001, S. 325–346.

Kramer, „Objektschutz“ = Bärbel Kramer, „Objektschutz für ein Verwaltungsgebäude“, ZPE 200, 2016 (im Druck).

Kramer/Hagedorn, APF 33 = Bärbel Kramer/Dieter Hagedorn, „Zwei ptolemäische Texte aus der Hamburger Papyrussammlung“, Archiv für Papyrusforschung 33, 1987, S. 9–21.

Kruse, „Die Festung in Herakleopolis“ = Thomas Kruse, „Die Festung in Herakleopolis und der Zwist im Ptolemäerhaus“, in: Andrea Jördens/Joachim Friedrich Quack (Hrsg.), *Ägypten zwischen innerem Zwist und äußerem Druck. Die Zeit Ptolemaios' VI. bis VIII. Internationales Symposion Heidelberg 16.–19.9.2007*, (Philippika 45) Wiesbaden 2011, S. 255–267.

Kühner/Blaß, *Grammatik* I 1 = Raphael Kühner, *Ausführliche Grammatik der griechischen Sprache*. I. Teil: *Elementar- und Formenlehre*, 3. Aufl. von Friedrich Blaß, Hannover 1890 (Nd. Darmstadt 1966).

Kühnert, *Kreditgeschäft* = Hanno Kühnert, *Zum Kreditgeschäft in den hellenistischen Papyri Ägyptens bis Diokletian*, Freiburg 1965.

Kunkel, „Συγγραφή, syngrapha“ = Wolfgang Kunkel, RE IV A, 2, München 1932 (Nd. 1990), Sp. 1376–1387 s.v.

Kunkel/Wittmann, *Staatsordnung und Staatspraxis* = Wolfgang Kunkel/Roland Wittmann, *Staatsordnung und Staatspraxis der römischen Republik* II, München 1995.

Kupiszewski, „Antichrese und Nutzpfand“ = Henryk Kupiszewski, „Antichrese und Nutzpfand in den Papyri“, in: Hans-Peter Benöhr/Karl Hackl/Rolf Knütel/Andreas Wacke (Hrsg.), *Iuris Professio. Festgabe für Max Kaser zum 80. Geburtstag*, Wien/Köln/Graz 1986, S. 134–149.

Kupiszewski, „*Misthosis*“ = Henryk Kupiszewski, „Die hellenistische *misthosis* in der Sicht von Johannes Herrmann“, The Journal of Juristic Papyrology 21, 1991, S. 37–51.

Láda, „Who Were Those?“ = Csaba Láda, „Who were those ‘of the epigone’“? in: Bärbel Kramer, Wolfgang Luppe, Herwig Maehler and Günter Poethke (Hrsg.), *Akten des 21. Internationalen Papyrologenkongresses*, Berlin, 13.–19.8.1995, (Archiv für Papyrusforschung, Beiheft 3), Stuttgart/Leipzig 1997, Bd. II, S. 563–569.

Láda, Pros.Ptol. X = Csaba A. Láda, *Foreign Ethnics in Hellenistic Egypt* (Prosopographia Ptolemaica X), Studia Hellenistica 38, Leuven 2002.

Lämmli, *Prozeßverfahren* = Franz Lämmli, *Das attische Prozeßverfahren in seiner Wirkung auf die Gerichtsrede*, Paderborn 1938.

Lanciers, „Cult“ = Eddy Lanciers, „The Cult of the Theoi Soteres and the Date of Some Papyri from the Reign of Ptolemy V Epiphanes“, Zeitschrift für Papyrologie und Epigraphik 66, 1986, S. 61–63.

Lanciers, „Dynastic Cult“ = Eddy Lanciers, „The Development of the Greek Dynastic Cult under Ptolemy V“, Archiv für Papyrusforschung 60, 2014, S. 373–383.

Lanni, *Law and Justice* = Adriaan Lanni, *Law and Justice in the Courts of Classical Athens*, Cambridge 2006.

Lanni, „Athenian Approaches“ = Adriaan Lanni, „Athenian Approaches to Legal Predictability in Contract Cases“, in Eva Cantarella (Hrsg.), Symposion 2005, Wien 2007, S. 225–235.

Latte, *Heiliges Recht* = Kurt Latte, Heiliges Recht. *Untersuchungen zur Geschichte der sakralen Rechtsformen in Griechenland*, Tübingen 1929.

Latte, „Martyria“ = Kurt Latte, RE XIV 2, München 1930 (Nd. 1985), Sp. 2032–2039 s.v.

Lefebvre, *Collections, Codes and Torah* = Michael Lefebvre, *Collections, Codes and Torah. The Re-characterization of Israel's Written Law*, New York 2006.

Leisi, *Der Zeuge* = Ernst Leisi, *Der Zeuge im attischen Recht*, Frauenfeld 1908 (Nd. New York 1979).

Lemosse, *Cognitio* = Maxime Lemosse, *Cognitio. Étude sur le role du juge dans l'instruction du procès civil antique*, Paris 1944.

Lenel, „Die Litiscontestation" = Otto Lenel, „Die Form der Litiscontestation im Formularprozess", Zeitschrift der Savigny-Stiftung für Rechtsgeschichte (Romanistische Abteilung) 15, 1894, S. 374–392.

Lenel, *EP* = Otto Lenel, *Edictum Perpetuum*, Leipzig ^{3}1927.

Lenger, „Les Ptolémées législateurs" = Marie-Thérèse Lenger, „Les Ptolémées législateurs", Revue historique de droit français et étranger 44, 1964, S. 5–17.

Lesquier, *Les institutions militaires* = Jean Lesquier, *Les institutions militaires de l'Égypte sous les Lagides*, Paris 1911 (Nd. Milano 1973).

Lewald, „Conflits de lois" = Hans Lewald, „Conflits de lois dans le monde grec et romain", Labeo 5, 1959, S. 334–369.

LGPN = Peter M. Fraser/E. Matthews (Hrsg.), *A Lexicon of Greek Personal Names*. Vol. I, *The Aegaean Islands, Cyprus, Cyrenaica*, Oxford 1987.

Lipsius, *Das attische Recht* = Justus Hermann Lipsius, *Das attische Recht und Rechtsverfahren* I, Leipzig 1905; II 1, 1908; II 2, 1912; III 1915 (Nd. Hildesheim 1966).

Litinas, „Κυνῶν πόλις and Εὐεργέτις" = Nikos Litinas, „Κυνῶν πόλις and Εὐεργέτις. Designation and Location of the Capital of the Cynopolite Nome", Archiv für Papyrusforschung 40, 1994, S. 143–155.

Lotter, „συγγραφοφύλαξ" = Georg Lotter, „Die Stellung des συγγραφοφύλαξ im ptolemäischen Recht", Iura 3, 1952, S. 217–222.

LSJ = *A Greek-English Lexikon*, Compiled by Henry George Liddell and Robert Scott. Revised and Augmented Throughout by Sir Henry Stuart Jones With the Assistance of Roderick McKenzie With a Supplement 1968, Oxford ^{9}1940. Revised Supplement, Edited by P.G.W. Glare with the Assistance of A.A.Thompson, Oxford 1996.

TM = Trismegistos. An interdisciplinary portal of papyrological and epigraphical resources dealing with Egypt and the Nile valley between roughly 800 BC and AD 800 <http://www. trismegistos.org/index.html>

Lüddeckens, *Eheverträge* = Erich Lüddeckens, *Ägyptische Eheverträge*, Wiesbaden 1960.

Lüddeckens, „Ergänzungen" = Erich Lüddeckens, „Ergänzungen zur Liste der eponymen Priester", Enchoria 3, 1973, S. 1–4.

Lumbroso, *Ricerche Alessandrine* = Giacomo Lumbroso, *Ricerche Alessandrine*, Torino 1871.

MacDowell, *Law* = Douglas M. MacDowell, *The Law in Classical Athens*, London 1978 (Nd. 1986).

MacDowell, *Demosthenes Against Meidias* = Douglas M. MacDowell, *Demosthenes Against Meidias (Oration 21)*, Oxford 1990.

Maganzani, „L'editto provinciale" = Lauretta Maganzani, „L'editto provinciale alla luce delle Verrine", in: *La Sicilie de Cicéron. Lectures des Verrines. Actes du colloque de Paris (19–20 mai 2006)*, Centre Gustave Glotz, Besançon 2007, S. 127–146.

Maehler, „Ptolemäische Enteuxis" = Herwig Maehler, „Eine neue ptolemäische Enteuxis", Archiv für Papyrusforschung 33, 1987, S. 23–31.

Manning, *Land and Power* = Joseph G. Manning, *Land and Power in Ptolemaic Egypt*, Cambridge, 2003.

Manning, *The Last Pharaohs* = Joseph G. Manning, *The Last Pharaohs: Egypt under the Ptolemies 305–30 BC*, Princeton 2010.

Maresch, *Bronze und Silber* = Klaus Maresch, *Bronze und Silber. Papyrologische Beiträge zur Geschichte der Währung im ptolemäischen und römischen Ägypten bis 2. Jahrh. n. Chr.*, (Pap. Colon. XXV) Opladen 1996.

Masson, „Notes épigraphiques“ = Olivier Masson, „Notes épigraphiques: Thessalie et Dalmatie“, Bulletin de correspondance hellénique 115, 1991, S. 352–359.

Mayser, *Grammatik* = Edwin Mayser, *Grammatik der griechischen Papyri aus der Ptolemäerzeit mit Einschluss der gleichzeitigen Ostraka und der in Ägypten verfassten Inschriften.* I–III, Berlin/Leipzig 1906–1938, (Nd. Berlin 1970); I² 1, bearbeitet von Hans Schmoll, Berlin 1970.

MB = Münchener Beiträge zur Papyrusforschung und antiken Rechtsgeschichte.

McGing, „Revolt Egyptian Style“ = Brian McGing, „Revolt Egyptian Style. Internal Opposition to Ptolemaic Rule“, Archiv für Papyrusforschung 43, 1997, S. 273–314.

Meisterhans, *Grammatik* = Konrad Meisterhans, *Grammatik der attischen Inschriften*, Berlin 1900, 3. verm. u. verb. Aufl., besorgt von Eduard Schwyzer, Dublin/Zürich/Vaduz 1971.

[Mélèze-] Modrzejewski, „Additional Provisions“ = Józef Modrzejewski, „Additional Provisions in Private Legal Acts in Greco-Roman Egypt“, The Journal of Juristic Papyrology 7–8, 1953–1954, S. 211–229.

[Mélèze-] Modrzejewski, „Justizwesen“ = [Mélèze-]Modrzejewski, „Zum Justizwesen der Ptolemäer“, Zeitschrift der Savigny-Stiftung für Rechtsgeschichte (Romanistische Abteilung) 80, 1963, S. 42–82.

Mélèze-Modrzejewski, „Législation royale“ = Joseph Mélèze-Modrzejewski „Note sur la législation royale de Lagides“, in: *Mélanges d'histoire ancienne offerts à William Seston*, Paris 1974, S. 365–380.

Mélèze-Modrzejewski, „Chronique“, Revue historique de droit français et étranger 52, 1974, 490–491.

Mélèze-Modrzejewski, „Le document grec“ = Joseph Mélèze-Modrzejewski, „Le document grec dans l'Égypte ptolémaïque“, in: *Pap. Congr. XVII*, vol. III, S. 1173–1187, Napoli 1984.

[Mélèze]-Modrzejewski „Nochmals zum Justizwesen“ = Joseph [Mélèze]-Modrzejewski, „Nochmals zum Justizwesen der Ptolemäer“, Zeitschrift der Savigny-Stiftung für Rechtsgeschichte (Romanistische Abteilung) 105, 1988, S. 165–179.

Mélèze-Modrzejewski, „Law and Justice“ = Joseph Mélèze-Modrzejewski, „Law and Justice in Ptolemaic Egypt“, in: Markham J. Geller/Herwig Maehler (Hrsg.), *Legal Documents of the Hellenistic World: Papers From a Seminar Arranged by the Institute of Classical Studies, the Institute of Jewish Studies and the Warburg Institute, University of London, February to May 1986*, London 1995, S. 1–19.

Mélèze-Modrzejewski, „The Septuagint as Nomos“ = Joseph Mélèze-Modrzejewski, „The Septuagint as Nomos. How the Torah became a ‚Civil Law' for the Jews of Egypt“, in: John W. Cairns/Olivia F. Robinson (Hrsg.), *Critical Studies in Ancient Law, Comparative Law and Legal History*, Oxford/Portland 2001, S. 183–199.

Mélèze-Modrzejewski, „La justice des Lagides“ = Joseph Mélèze-Modrzejewski, „La justice des Lagides“, in: *Droit et justice dans le monde grec* et hellénistique, (The Journal of Juristic Papyrology, Suppl. 10) Warszawa 2011, 111–139 (aus: Marie Thérèse Le Dinahet (Hrsg.), *L'Orient méditerranéen de la mort d'Alexandre au 1er siècle av. n. è. Anatolie, Égypte, Syrie*, Nantes 2003, S. 281–302).

Meyer, „Rechts- und Urkundenwesen“ = Paul M. Meyer, „Zum Rechts- und Urkundenwesen im ptolemäisch-römischen Ägypten“, Klio 6, 1906, S. 420–465.

Meyer, *Legitimacy and Law* = Elizabeth A. Meyer, *Legitimacy and Law in the Roman World. Tabulae in Roman Belief and Practice*, Cambridge 2004.

Minas, „κανηφόρος“ = Martina Minas, „Die κανηφόρος. Aspekte des ptolemäischen Dynastiekults“, in: Henri Melaerts (Hrsg.), *Le culte du souverain dans l'Égypte ptolémaïque au IIIe siècle avant notre ère. Actes du colloque international, Bruxelles, 10 mai 1995*, Studia Hellenistica 34, 1998, S. 43–60.

Minas, *Ahnenreihen* = Martina Minas, *Die hieroglyphischen Ahnenreihen der ptolemäischen Könige. Ein Vergleich mit den Titeln der eponymen Priester in den demotischen und griechischen Papyri*, (Aegyptiaca Treverensia 9) Mainz 2000.

Mitteis, *Reichsrecht und Volksrecht* = Ludwig Mitteis, *Reichsrecht und Volksrecht in den östlichen Provinzen des römischen Kaiserreichs*, Leipzig 1891 (Nd. Leipzig 1935).

Mitteis, „Nachtrag" = Ludwig Mitteis, „Nachtrag zum juristischen Commentar von Nr. XIX", CPR I, 1895, S. 270–273.

Mitteis, „Neue Urkunden 1906" = Ludwig Mitteis, „Neue Urkunden", Zeitschrift der Savigny-Stiftung für Rechtsgeschichte (Romanistische Abteilung) 27, 1906, S. 340–358.

Mitteis, „Neue Urkunden 1908" = Ludwig Mitteis, „Neue Urkunden", Zeitschrift der Savigny-Stiftung für Rechtsgeschichte (Romanistische Abteilung) 29, 1908, S. 465–473.

Mitteis, *Römisches Privatrecht* = Ludwig Mitteis, *Römisches Privatrecht bis auf die Zeit Diokletians*, I, Leipzig 1908.

Mitteis, *Grundzüge* = Ludwig Mitteis, *Grundzüge und Chrestomathie der Papyruskunde*, Bd. 2, Juristischer Teil, 1. Hälfte, Grundzüge, Leipzig 1912 (Nd. Hildesheim 1963).

Mitteis, Rez. Schwarz = Ludwig Mitteis, Rezension zu Andreas B. Schwarz, *Hypothek und Hypallagma*, Zeitschrift der Savigny-Stiftung für Rechtsgeschichte (Romanistische Abteilung) 32, 1911, S. 485–489.

Modrzejewski = [Mélèze-] Modrzejewski.

Montevecchi, *Papirologia* = Orsolina Montevecchi, *La papirologia*, Milano 1973; [2]1988.

Montevecchi, „Una donna 'prostatis'" = Orsolina Montevecchi, „Una donna 'prostatis' del figlio minorenne in un papiro del II[a].", Aegyptus 61, 1981, S. 103–115 = Scripta selecta (Biblioteca di Aevum Antiquum 12), Milano 1998, S. 273-285.

Müller, *Settlements* = Katja Müller, *Settlements of the Ptolemies. City Foundations and New Settlement in the Hellenistic World*, Studia Hellenistica 43, Leuven/Paris 2006.

Nelson/Manthe, *Gai Institutiones III, 88–181* = Hein L.W. Nelson und Ulrich Manthe, *Gai Institutiones III 88–181, Die Kontraktsobligationen. Text und Kommentar,* (Freiburger rechtsgeschichtliche Abhandlungen N.F. 35) (Studia Gaiana 8) Berlin 1997.

Oates, „Theoi Soteres" = John F. Oates, „Theoi Soteres", Études de Papyrologie 9, 1971, S. 55–72.

Oliver, *Greek Constitutions* = James H. Oliver, *Greek Constitutions of Early Roman Emperors from Inscriptions and Papyri*, Philadelphia 1989.

Ong, *Orality and Literacy* = Walter J. Ong, *Orality and Literacy*, New York [2]2002.

Paoli, *Studi di diritto attico* = Ugo Enrico Paoli, *Studi di diritto attico*, Firenze 1930 (Nd. Modena 1974).

Paoli, *Studi* = Ugo Enrico Paoli, *Studi sul processo attico*, Padua 1933.

Pape/Benseler, *Griechische Eigennamen* = Wilhelm Pape/Gustav Eduard Benseler, *Wörterbuch der griechischen Eigennamen*, Braunschweig [3]1914 (Nd. Graz 1959).

Partsch, *Bürgschaftsrecht* = Josef Partsch, *Griechisches Bürgschaftsrecht* I, Leipzig/Berlin 1909.

Partsch, Rez. Haussoullier = Josef Partsch, Rezension zu Bernard Haussoullier, „Traité entre Delphes", Zeitschrift der Savigny-Stiftung für Rechtsgeschichte (Romanistische Abteilung) 43, 1923, S. 578–584.

Partsch, „Juristische Literaturübersicht" = Josef Partsch, „Juristische Literaturübersicht (1912–1923)", Archiv für Papyrusforschung 7, 1924, S. 258–287.

Paulus, *Betrachtungen* = Christoph G. Paulus, *Rechtsgeschichtliche und rechtsvergleichende Betrachtungen im Zusammenhang mit der Beweisvereitelung*, Berlin 1996.

Peremans, „Egyptiens et étrangers" = W. Peremans, „Egyptiens et étrangers dans le clergé, le notariat et les tribunaux de l'Égypte ptolémaique", Ancient Society 4, 1973, 59–69.

Pestman, *Chronologie égyptienne* = Pieter W. Pestman, *Chronologie égyptienne d'après les textes démotiques (332 av. J.-C. – 453 ap. J.-C.)*, (P.Lugd. Bat. XV) Leiden 1967.

Pestman, *Guide* = Pieter W. Pestman u. a., *A Guide to the Zenon Archive*, (P. Lugd. Bat. XXI A und B) Leiden 1981.

Pestman, „Tribunals" = Pieter W. Pestman, „The Competence of Greek and Egyptian Tribunals According to the Decree of 118 B.C., The Bulletin of the American Society of Papyrologists 22, 1985, 265–269.

Pestman, *Primer* = Pieter W. Pestman, *The New Papyrological Primer* (5. ed. of David and van Groningen's *Papyrological Primer*), Leiden 1990.

PHI = Searchable Greek Inscriptions. A Scholarly Tool in Progress. The Packard Humanities Institute, Cornell University, Ohio State University (Last Update September 1, 2015) <http://epigraphy.packhum.org/>.

Piccirilli, „L'arbitrato" = Luigi Piccirilli, „L'arbitrato tessalo-perrebico fra Kondaia e Gonnos alla luce dell'arbitrato fra Mondaia e Azoros", Annali della Scuola Normale Superiore di Pisa 39, 1970, S. 316–346.

Piccirilli, *Gli arbitrati interstatali* = Luigi Piccirilli, *Gli arbitrati interstatali greci*, I, Pisa 1973.

Pieper, „Siegelung" = Max Pieper, „Die Siegelung in den griechischen Papyri Ägyptens", Aegyptus 14, 1934, S. 245–252.

Platner, *Der Prozess und die Klagen* = Eduard Platner, *Der Prozess und die Klagen bei den Attikern*, II, Darmstadt 1824.

Platschek, „'Contra fidem veritatis'" = Johannes Platschek, „'Contra fidem veritatis'. Documenti greci nella prospettiva romana con un excursus sui 'nomina arcaria' negli archivi campani", in: Cosimo Cascione und Carla Masi Doria, *Quid est veritas? Un seminario su verità e forme giuridiche*, Napoli 2013, S. 251–275.

Poddighe, „Diagramma" = Elisabetta Poddighe, Art. „Diagramma", in: Roger S. Bagnall et al. (Hrsg.) Encyclopedia of Ancient History IV, Oxford/New York 2013, S. 2067–2068.

Préaux, *L'économie royale* = Claire Préaux, *L'économie royale des Lagides*, Bruxelles 1939.

Préaux, „πράκτωρ ξενικῶν" = Claire Préaux, „Sur les fonctions du πράκτωρ ξενικῶν", Chronique d'Égypte 30, 1955, S. 107–111.

Préaux, „De la Grèce classique à l'Égypte hellénistique" = Claire Préaux, „De la Grèce classique à l'Égypte hellénistique. Note sur les contrats à clause exécutoire", Chronique d'Égypte 33, 1958, S. 102–112.

Préaux, „Pourquoi n'y eut-il pas?" = Claire Préaux, „Pourquoi n'y eut-il pas de grandes codifications hellénistiques?", Revue internationale des droits de l'Antiquité 5, 1958, S. 365–387.

Préaux, „La preuve" = C. Préaux, „La preuve à l'époque hellénistique, principalement dans l'Égypte grecque", in: Ministère de l'Education Nationale (de Belgique) (Hrsg.), *La preuve*. Première Partie, Antiquité, Recueils de la Société Jean Bodin 16, 1965, S. 161–222.

Preisigke, *Wörterbuch* =

Preisigke, *Namenbuch* = Friedrich Preisigke, *Namenbuch enthaltend alle griechischen, lateinischen, ägyptischen, hebräischen, arabischen und sonstigen semitischen und nichtsemitischen Menschennamen, soweit sie in griechischen Urkunden --- Ägyptens sich vorfinden*, Heidelberg 1922 (Nd. Amsterdam 1967).

Preisigke, *Wörterbuch* = Friedrich Preisigke, *Wörterbuch der griechischen Papyrusurkunden*, hrsg. von Emil Kießling. 3 Bde. 1925. 1927. 1931; 4. Bd. (Lief. 1–5) 1944ff.; Supplement 1 (1940–1966), bearbeitet von Winfried Rübsam, Amsterdam 1969–1971; Supplement 2 (1967–1976), H.-A. Rupprecht (Hrsg.), bearb. v. Andrea Jördens, Wiesbaden 1991; Supplement 3 (1977–1988), H.-A. Rupprecht (Hrsg.), bearb. v. A. Jördens. Wiesbaden 2000.

Preisigke, *Fachwörter* = Friedrich Preisigke, *Fachwörter des öffentlichen Verwaltungsdienstes Ägyptens in den griechischen Papyrusurkunden der ptolemäisch-römischen Zeit,* Göttingen 1915 (Nd. Hildesheim 1975)

Pringsheim, *GLS* = Fritz Pringsheim, *The Greek Law of Sale*, Weimar 1950.

Pros.Ptol. = Willy Peremans/Edmond Van 't Dack *et alii*, *Prosopographia Ptolemaica*, Leuven 1950ff.

Pugliese, *Il processo civile* = Giovanni Pugliese, *Il processo civile romano* I, Milano 1963.

Rathbone, „Ancient Economy" = Dominic W. Rathbone, „The Ancient Economy and Graeco-Roman Egypt, in: Lucia Criscuolo/Giovanni Geraci (Hrsg.), *Egitto e storia antica dall'ellenismo all'età araba, in: Atti del Colloquio internazionale, Bologna, 31.8–2.9.1987*, Bologna 1989, S. 159–176.

RE = Paulys Realencyclopädie der classischen Altertumswissenschaft. Neue Bearbeitung unter Mitwirkung zahlreicher Fachgenossen hrsg. von Georg Wissowa, München 1893ff. (Nd. 1988ff.).

Reekmans, *Copper Inflation* = Tony Reekmans, *The Ptolemaic Copper Inflation*, Studia Hellenistica 7, 1951, S. 61–119.

Reil, *Gewerbe* = Theodor Reil, *Beiträge zur Kenntnis des Gewerbes im hellenistischen Ägypten*, Borna-Leipzig 1913.

Rhodes, *Commentary* = Peter J. Rhodes, *A Commentary on the Aristotelian Athenaion Politeia*, Oxford 1981, [2]1993.

Rhodes, „Judicial Procedures" = Peter J. Rhodes, „Judicial Procedures in Fourth-Century Athens: Improvement or Simply Change?", in: Walter Eder/Christoph Auffarth (Hrsg.), *Die athenische Demokratie im 4. Jahrhundert v. Chr.*, Stuttgart 1995, S. 303–315.

Röhl, *Allgemeine Rechtslehre* = Klaus Friedrich Röhl, *Allgemeine Rechtslehre: ein Lehrbuch*, Köln/Berlin/Bonn/München [2]2001.

Rostovtzeff, *A large Estate* = Michael Rostovtzeff, *A large estate in Egypt in the third century B.C. A study in economic history*, University of Wisconsin Studies in the Social Sciences and History, 6, 1922 (Nd. Studia Historica 52, Roma 1967).

Rostovtzeff, Kommentar zu P.Tebt. III 1 = Michael Rostovtzeff, Kommentar zu P.Tebt. III 1, in: A.S. Hunt/J.G. Smyly, Assisted by B.P. Grenfell/E. Lobel/M. Rostovtzeff, The Tebtunis Papyri, vol. III 1, London 1933.

Rotondi, *Leges publicae* = Giovanni Rotondi, *Leges publicae populi Romani*, Milano 1912 (Nd. Hildesheim 1966).

Rubinstein, *Litigation and Cooperation* = Leo Rubinstein, *Litigation and Cooperation. Supporting Speakers in the Courts of Classical Athens*, Stuttgart 2000.

Rüfner, „In ius vocatio" = Thomas Rüfner, „In ius vocatio", in: Roger S. Bagnall u.a. (Hrsg.), *The Encyclopedia of Ancient History* VI, Oxford/New York 2013, S. 3436.

Rupprecht, *Darlehen* = Hans-Albert Rupprecht, *Untersuchungen zum Darlehen im Recht der graeco-ägyptischen Papyri der Ptolemäerzeit*, (MB 51) München 1967.

Rupprecht, *Quittung* = Hans-Albert Rupprecht, *Studien zur Quittung im Recht der graeco-ägyptischen Papyri*, (MB 57) München 1971.

Rupprecht, «Bebaiosis» = Hans-Albert Rupprecht, „Die «Bebaiosis». Zur Entwicklung und den räumlich-zeitlichen Varianten einer Urkundsklausel in den graeco-ägyptischen Papyri", in: *Studi in onore di Cesare Sanfilippo*, Bd. 3, Milano, 1983, S. 611–626.

Rupprecht, „Antichrese", = Hans-Albert Rupprecht, „Zur Antichrese in den griechischen Papyri bis Diokletian", *Pap. Congr. XIX*, Cairo 1992, Vol. II, S. 271–289.

Rupprecht, *Einführung* = Hans-Albert Rupprecht, *Kleine Einführung in die Papyruskunde*, Darmstadt 1994.

Rupprecht, „Sechs-Zeugenurkunde und Registrierung" = Hans-Albert Rupprecht, „Sechs-Zeugenurkunde und Registrierung", Aegyptus 75, 1995, S. 37–53.

Rupprecht, „Greek Law in Foreign Surroundings" = Hans-Albert Rupprecht, „Greek Law in Foreign Surroundings. Continuity and Development", in: Michael Gagarin/David Cohen (Hrsg.), *The Cambridge Companion to Ancient Greek Law*, Cambridge 2005, S. 328–342.

Rupprecht, „Urkundsformular" = Hans-Albert Rupprecht, „Urkundsformular und Wirklichkeit. Bemerkungen zur praktischen Bedeutung einer Urkundsklausel", in: Stephan Buchholz/Heiner Lück (Hrsg.), *Worte des Rechts. Wörter zur Rechtsgeschichte. Festschrift für Dieter Werkmüller zum 70. Geburtstag*, Berlin 2007, S. 283–296.

Rupprecht, *Recht und Rechtsleben* = Hans-Albert Rupprecht, *Recht und Rechtsleben im ptolemäischen und römischen Ägypten: an der Schnittstelle griechischen und ägyptischen Rechts 332 a.C.–212*, Mainzer Akademie der Wissenschaften und der Literatur, Mainz 2011.

Russu, „Onomasticon Macedonicum" = Ion I. Russu, „Onomasticon Macedonicum" in: Ion I. Russu, *Macedonica. Osservazioni sulla lingua e l'etnografia degli antichi Macedoni*, Ephemeris Dacoromana 8, 1938, S. 163–221.

Samuel, *Ptolemaic Chronology* = Alan E. Samuel, *Ptolemaic Chronology*, (MB 43) München 1962.

San Nicolò, „Einiges aus dem P.Hal 1" = Mariano San Nicolò, „Einiges aus dem P.Hal 1. Beiträge zur Kentnnis des griechischen Rechtes in Ägypten", Archiv für Kriminalanthropologie und Kriminalistik 55, 1913, S. 248–267.

Sánchez-Moreno Ellart, sehepunkte = Carlos Sánchez-Moreno Ellart, Rezension zu Elizabeth A. Meyer, *Legitimacy and Law in the Roman World*, Cambridge 2004, sehepunkte <http://www.sehepunkte.de/2004/09/6167.html>.

Scheuble [-Reiter], μισθοφόροι und τακτόμισθοι = Sandra Scheuble [-Reiter], „Bemerkungen zu den μισθοφόροι und τακτόμισθοι im ptolemäischen Ägypten", in: Raimar Eberhard/Holger Kockelmann/Stefan Pfeiffer/Maren Schentuleit (Hrsg.), *„... vor dem Papyrus sind alle gleich!" Papyrologische Beiträge zu Ehren von Bärbel Kramer (P.Kramer)*, Archiv für Papyrusforschung, Beiheft 27, Berlin /New York 2009, S. 213–222.

Scheuble-Reiter, *Katökenreiter* = Sandra Scheuble-Reiter, *Die Katökenreiter im ptolemäischen Ägypten*, (Vestigia 64) München 2012.

Scheuble-Reiter, „Hipparchien" = Sandra Scheuble-Reiter, „Fragmente mit nummerierten und ethnischen Hipparchien (P.UB Trier S 77-43)", Archiv für Papyrusforschung 60/2, 2014, 363–372.

Schmitt, *Staatsverträge* III = Hatto H. Schmitt, *Die Staatsverträge des Altertums*, Dritter Band: *Die Verträge der griechisch-römischen Welt von 338 bis 200 v.Chr.*, München 1969.

Schnebel, *Landwirtschaft* = Michael Schnebel, *Die Landwirtschaft im hellenistischen Ägypten*, (MB 7) München 1925.

Schönbauer „Studien zum Personalitätsprinzip = Ernst Schönbauer „Studien zum Personalitätsprinzip im antiken Rechte", Zeitschrift der Savigny-Stiftung für Rechtsgeschichte (Romanistische Abteilung) 49, 1929, 345–403.

Scholl, „Phylen und Buleuten in Naukratis" = Reinhold Scholl, „Phylen und Buleuten in Naukratis. Ein neues Fragment zur Inschrift SB VIII 9747", Tyche 12, 1997, S. 213–228.

Schorn, *Satyros* = Stefan Schorn, *Satyros aus Kallatis. Sammlung der Fragmente mit Kommentar*, Basel 2004.

Schubart, *Quaestiones de rebus militaribus* = Wilhelm Schubart, *Quaestiones de rebus militaribus, quales fuerint in regno Lagidarum*, Breslau 1900.

Schubart, „Alexandrinische Urkunden" = Wilhelm Schubart, „Alexandrinische Urkunden aus der Zeit des Augustus", Archiv für Papyrusforschung 5, 1913, S. 81–131.

Schuster, *Seedarlehen* = Stephan Schuster, *Das Seedarlehen in den Gerichtsreden des Demosthenes, mit einem Ausblick auf die weitere historische Entwicklung des Rechtsinstitutes: dáneion nautikón, fenus nauticum und Bodmerei*, Berlin 2005

Schwarz, *Hypothek und Hypallagma* = Andreas Bertalan Schwarz, *Hypothek und Hypallagma*, Leipzig/Berlin 1911.

Schwarz, *Die öffentliche und private Urkunde* = Andreas B. Schwarz, *Die öffentliche und private Urkunde im römischen Ägypten*, Leipzig 1920.

Schwarz, „L'inexécution des contrats" = Andreas B. Schwarz, „L'inexécution des contrats dans le droit des papyrus", The Journal of Juristic Papyrology 14, 1962, S. 13–21.

Schwyzer, *Griechische Grammatik* II = Eduard Schwyzer, *Griechische Grammatik* II: *Syntax und syntaktische Stilistik*, vervollständigt und hrsg. von Albert Debrunner, München [3]1966.

Segrè, „L'obbligazione letterale" = Angelo Segrè, „L'obbligazione letterale nel diritto greco e nel diritto romano", Aegyptus 25, 1945, S. 63–108.

Seidl, Rezension Wolff = Erwin Seidl, Rezension zu Hans Julius Wolff, *Das Justizwesen der Ptolemäer*, Studia et documenta historiae et iuris 27, 1961, S. 487–488.

Seidl, *Ptolemäische Rechtsgeschichte* = Erwin Seidl, *Ptolemäische Rechtsgeschichte*, (Ägyptologische Forschungen 22) Köln/Glückstadt/Hamburg/New York [2]1962.

Seidl/Stricker, „Studien zu Papyrus B.M. eg 10591" = Erwin Seidl/Bruno Hugo Stricker, „Studien zu Papyrus B. M. eg 10591", Zeitschrift der Savigny-Stiftung für Rechtsgeschichte (Romanistische Abteilung) 57, 1937, S. 272–308.

Semeka, *Ptolemäisches Prozeßrecht* = Gregor Semeka, *Ptolemäisches Prozeßrecht. Studien zur ptolemäischen Gerichtsverfassung und zum Gerichtsverfahren*, Bd. 1, München 1913.

Sijpesteijn, „Sammelbuch VI 9086" = Pieter J. Sijpesteijn, Sammelbuch VI 9086 und ἐπιχώρησις, ZPE 19, 1975, S. 92–93 (jetzt SB XIV 11533).

Skeat, *Reigns* = Theodore C. Skeat, *The Reigns of the Ptolemies*, (MB 39) München [2]1969.

Soritz-Hadler, „Echinos" = Gabriele Soritz-Hadler, „Ein Echinos aus einer Anakrisis", in: Gunter Wesener/Herwig Stiegler/Georg Klingenberg/Michael Rainer (Hrsg.), *Festschrift für Arnold Kränzlein. Beiträge zur Antiken Rechtsgeschichte*. (Grazer rechts- und staatswissenschaftliche Studien 43) Graz 1986, S. 103–108.

Soubie, „Les preuves" = André Soubie, „Les preuves dans les plaidoyers des orateurs attiques I", Revue internationale des droits de l'Antiquité 20, 1973, S. 171–253.

Steinacker, *Grundlagen* = Harold Steinacker, *Die antiken Grundlagen der frühmittelalterlichen Privaturkunde*, Leipzig/Berlin 1927.

Steinwenter, Rez. Wlassak = Artur Steinwenter, Rezension zu Moritz Wlassak, *Die klassische Prozeßformel*, Wien 1924, Zeitschrift der Savigny-Stiftung für Rechtsgeschichte (Romanistische Abteilung) 46, 1926, S. 373–383.

Swarney, *Idios Logos* = Paul R. Swarney, *The Ptolemaic and Roman Idios Logos*, (American Studies in Papyrology 8) Toronto 1970.

Symposion = Akten der Gesellschaft für Griechische und Hellenistische Rechtsgeschichte, Köln/Weimar/Wien, 1975ff.

Talamanca, „Δικάζειν e κρίνειν" = Mario Talamanca, „Δικάζειν e κρίνειν nelle testimonianze greche più antiche", in: Arnaldo Biscardi (Hrsg.), Symposion 1974, Athen 1979, S. 103–135.

Talamanca, „Documentazione" = Mario Talamanca, „(Documentazione privata e prova.) Periodo classico", in: *Pap. Congr. Pap. Congr. XVII*, Napoli 1984, vol. III, S. 1145 –1145.

Talamanca, „Antwort" = Mario Talamanca, „Antwort auf Gerhard Thür", in: Eva Cantarella (Hrsg.), Symposion 2005, Wien 2007, S. 151–158.

Taubenschlag, *Strafrecht* = Rafael Taubenschlag, *Das Strafrecht im Rechte der Papyri*, Leipzig 1916 (Nd. Aalen 1972).

Taubenschlag, *Law*² = Rafael Taubenschlag, *The Law of Greco-Roman Egypt in the Light of the Papyri 332 B. C. - 640 A. D.*, Warszawa ²1955.

Taubenschlag, „Periods and Terms" = Rafael Taubenschlag, „Periods and Terms in Greco-Roman Egypt", in: *Opera Minora* II, Warszawa 1959, S. 171–187 (aus: *Atti del Congresso Internazionale di Diritto Romano e di Storia del* Diritto, Verona, 27-28-29 Settembre 1948, III, Milano 1951, S. 353–366).

Taubenschlag, „Prozesse" = Rafael Taubenschlag, „Prozesse aus Pacht-, Miets-, Dienst- und Werkverträgen in den griechischen Papyri", in: *Opera Minora* II, Warschau 1959, S. 461–469 (aus: Archiv für Papyrusforschung 12, 1937, S. 187–193).

TLG = *Thesaurus Linguae Graecae*, University of California, Irvine: <http://www.tlg.uci.edu>.

Thomas, *Oral Tradition* = Rosalind Thomas, *Oral Tradition and Written Record in Classical Athens*, Cambridge 1989.

Thomas, „Written in Stone?" = Rosalind Thomas, „Written in Stone? Liberty, Equality, Orality and the Codification of Law", in: Lin Foxhall/A.D.E. Lewis (Hrsg.), *Greek Law in its Political Setting: Justifications not Justice*, Oxford, 1996, S. 7–31.

Thompson, „Policing the Ptolemaic Countryside" = Dorothy J. Thompson, „Policing the Ptolemaic Countryside," in: Bärbel Kramer, Wolfgang Luppe, Herwig Maehler and Günter Poethke (Hrsg.), *Akten des 21. Internationalen Papyrologenkongresses*, Berlin, 13.–19.8.1995, (Archiv für Papyrusforschung, Beiheft 3), Stuttgart/Leipzig 1997, Bd. II, S. 961–966.

Thür, *Beweisführung* = Gerhard Thür, *Beweisführung vor den Schwurgerichtshöfen Athens*, Wien 1977.

Thür, „Sackgasse?" = Gerhard Thür, „Die athenischen Geschworenengerichte, eine Sackgasse?" in: Walter Eder/Christoph Auffarth (Hrsg.), *Die athenische Demokratie im 4. Jahrhundert v.Chr.*, Stuttgart 1995, S. 321–332.

Thür, „Anakrisis" = Gerhard Thür, DNP I, Stuttgart 1996, Sp. 649 s.v.

Thür, „Kleter" = Gerhard Thür, DNP VI, Stuttgart 1999, Sp. 601 s.v.

Thür, „Prosklesis" = Gerhard Thür, DNP X, Stuttgart 2001, Sp. 492 s.v.

Thür, „Syngraphe" = Gerhard Thür, DNP XI, Stuttgart 2001, Sp. 1148–1149 s.v.

Thür, „Zweckverfügung" = Gerhard Thür, DNP XII/2, Stuttgart 2002, Sp. 850–851 s.v.

Thür, „The Role of the Witness" = Gerhard Thür, „The Role of the Witness in Athenian Law", in: Michael Gagarin/David Cohen (Hrsg.), *The Cambridge Companion to Ancient Greek Law*, Cambridge 2005, S. 146–169.

Thür, „Fairness" = Gerhard Thür, „Das Prinzip der Fairness im attischen Prozess: Gedanken zu Echinos und Enklema", in: Eva Cantarella (Hrsg.), Symposion 2005, Wien 2007, S. 131–150.

Todd, „The Purpose of Evidence" = Stephen C. Todd, „The Purpose of Evidence in Athenian Law", in: P. Cartledge/P. Millett/S. Todd (Hrsg.), *Nomos. Essays in Athenian Law, Politics and Society*, Cambridge 1990, S. 19–39

Todd, *Athenian Law* = Stephen C. Todd, *The Shape of Athenian Law*, Oxford 1993.

Turner, P.Oxy. XXVII 2465 = On the Demes of Alexandria, in: The Oxyrhynchus Papyri XXVII, edited with translation and notes by Eric G. Turner, London 1962, S. 118–133 (Nr. 2645).

Uebel, *Kleruchen* = Fritz Uebel, *Die Kleruchen Ägyptens unter den ersten sechs Ptolemäern*, Berlin 1968.

Uebel, „Jenaer Kleruchenurkunden" = Fritz Uebel, „Jenaer Kleruchenurkunden", APF 22/23, 1973/74, S. 89–114.

van Soest, *ἐγγύη* = Hendrik Willem van Soest, *De civielrechtelijke ἐγγύη (garantieovereenkomst) in de Griekse papyri uit het Ptolemaeische tijdvak*, (Studia et documenta ad iura orientis antiqui pertinentia VII) Leiden 1963.

van 't t, „Circonscriptions grecques" = Edmond van 't Dack, „Notes sur les circonscriptions grecques en Égypte ptolémaïque", in: Edmond van 't Dack/Toni Reekmans (Hrsg.), *Ptolemaica,* Studia Hellenistica 7, 1951, S. 39–59.

Van 't Dack, „Rez. Uebel, Kleruchen" = Edmond van 't Dack, „Rezension zu Fritz Uebel, *Die Kleruchen Ägyptens unter den ersten sechs Ptolemäern*, Berlin 1968", Bibiotheca Orientalis 27, 1970, S. 356–359.

van 't Dack, *Ptolemaica Selecta* = Edmond van 't Dack, *Ptolemaica Selecta. Études sur l'armée et l'administration lagides*, Leuven 1988.

van 't Dack, „La littérature tactique" = Edmond van 't Dack, „La littérature tactique de l'antiquité et les sources documentaires", in: van 't Dack, *Ptolemaica Selecta*, S. 47–64.

van 't Dack, „Les triacontaroures" = Edmond van 't Dack, „Les triacontaroures du Corpus P. Raineri XVIII, Griechische Texte XIII", The Journal of Juristic Papyrology 23, 1993, S. 163–167.

Vandorpe, *Breaking the Seal* = Katelijn Vandorpe, *Breaking the Seal of Secrecy. Sealing-Practices in Greco-Roman and Byzantine Egypt Based on Greek, Demotic and Latin Papyrological Evidence*, (Het Leids Papyrologisch Instituut 18) Leiden 1995.

Vandorpe, „Seals" = Katelijn Vandorpe, „Seals in and on the Papyri of Greco-Roman and Byzantine Egypt", in: Marie-Françoise Boussac et Antonio Invernizzi (Hrsg.), *Archives et sceaux du monde hellénistique. Archivi e sigilli nel mondo ellenistico. Torino, Villa Gualino, 13–16 Gennaio 1993*, (Bulletin de correspondance hellénique, Supplément 29) Athènes 1996, 231–291.

Vandorpe, „Persian Soldiers" = Katelijn Vandorpe, „Persian Soldiers and Persians of the Epigone. Social Mobility of Soldiers-Herdsmen in Upper Egypt", Archiv für Papyrusforschung 54, 2008, S. 87–108.

Vandorpe, „The Ptolemaic Army" = Katelijn Vandorpe, „The Ptolemaic Army in Upper Egypt", in: Anne Emanuelle Veïsse/Stéphanie Wackenier (Hrsg.), *L'armée en Égypte aux époques perse, ptolémaïque et romaine*, Genève 2014.

Vandorpe/Clarysse, „Greek Loan-Words" = Katelijn Vandorpe/Willy Clarysse, „A Greek Winery for Sale in a Fayum Demotic Papyrus. Appendix: Greek Loan-Words in Demotic. An Update", in: Arthur M.F.W. Verhoogt/Sven P.Vleeming (Hrsg.), The Two Faces of Graeco-Roman Egypt. Greece and Demotic and Greek-Demotic Texts and Studies Presented to P.W. Pestman, P. Lugd. Bat. XXX, S. 139.

Veïsse, „Les 'révoltes égyptiennes' = Anne-Emmanuelle Veïsse, „Les 'révoltes égyptiennes'. Recherches sur les troubles intérieurs en Égypte du règne de Ptolémée III à la conquête romaine", Studia Hellenistica 41, Leuven/Paris/Dudley, Mass. 2004.

Velissaropoulos-Karakostas, „Remarques" = Julie Velissaropoulos-Karakostas, „Remarques sur la clause κυρία ἡ συγγραφή", in: Gerhard Thür (Hrsg.), Symposion 1997, Köln/Weimar/Wien 2001, S. 103–115.

Velissaropoulos-Karakostas, *Droit grec* II = Julie Velissaropoulos-Karakostas, *Droit grec d'Alexandre à Auguste* II, Athènes 2011.

Verreth, *A survey of toponyms* = Herbert Verreth, *A survey of toponyms in Egypt in the Graeco-Roman period*, Trismegistos Online Publications II, Version 2.0, July 2013 <http://www.trismegistos.org/top.php>.

Vierros, *Notaries* = Marja Vierros, *Bilingual Notaries in Hellenistic Egypt. A Study of Greek as a Second Language*, (Collectanea Hellenistica V) Brüssel 2012.

Vleeming, „Man Receiving Pay" = Sven P. Vleeming, „The Reading of the Title 'Man Receiving Pay', in: Pieter W. Pestman (Hrsg.), Textes et études de papyrologie grecque, démotique et copte, (P.Lugd. Bat. XXIII), Leiden 1985, S.207–204.

von Brinz, *Pandekten* I = Alois von Brinz, *Lehrbuch der Pandekten* I, Erlangen ^{3}1884.

von Reden, *Money in Ptolemaic Egypt* = Sitta von Reden, *Money in Ptolemaic Egypt: from the Macedonian conquest to the end of the third century BC,* Cambridge 2007.

Les Oasis d'Égypte = Guy Wagner, *Les oasis d'Égypte à l'époque grecque, romaine et byzantine d'apres les documents grecs (recherches de papyrologie et d'épigraphie grecques).* (Bibliothèque d'étude, Institut Français d'Archéologie Orientale du Caire, 100) Le Caire 1987.

Walbank, *Polybius* III = Frank W. Walbank, *A historical Commentary on Polybius*, Bd. III, Oxford 1979.

Wallace, „Diamarturia" = Robert W. Wallace, „Diamarturia in Late Fourth Century Athen: Notes on a 'Cheese-Pot'", in: Gerhard Thür (Hrsg.), Symposion 1997, Köln/Weimar/Wien 2001, S. 89–101.

Walser, *Bauern und Zinsnehmer* = Albert Viktor Walser, *Bauern und Zinsnehmer. Politik, Recht und Wirtschaft im frühhellenistischen Ephesos*, München 2006.

Waszyński, *Bodenpacht* = Stefan Waszyński, *Die Bodenpacht. Agrargeschichtliche Papyrusstudien*. Bd. I: *Die Privatpacht*, Leipzig/Berlin 1905.

Weiß, *Griechisches Privatrecht* I = Egon Weiß, *Griechisches Privatrecht* I, Leipzig 1923.

Wenger, „Editio" = Leopold Wenger, RE V 2, Stuttgart 1905, (Nd. Stuttgart 1958), Sp. 1960–1967, s.v. √

Wenger, *Quellen* = Leopold Wenger, *Die Quellen des römisches Rechts*, Wien 1953.

Wilcken, „Papyrus-Urkunden" = Ulrich Wilcken, „Papyrus-Urkunden", Archiv für Papyrusforschung 3, 1906, S. 502–569.

Wilcken, „Papyrus-Urkunden 1920" = Ulrich Wilcken, „Papyrus-Urkunden", Archiv für Papyrusforschung 6, 1920, S. 361–447.

Wilcken, „Urkunden-Referat" = Ulrich Wilcken, „Urkunden-Referat", Archiv für Papyrusforschung 10, 1932, S. 237–279.

Wlassak, *Anklage und Streitbefestigung* = Moritz Wlassak, *Anklage und Streitbefestigung im Kriminalrecht der Römer*, Wien 1917.

Wlassak, *Judikationsbefehl* = Moritz Wlassak, *Der Judikationsbefehl der römischen Prozesse: mit Beiträgen zur Scheidung des privaten und öffentlichen Rechtes*, (Sitzungsberichte der Akademie der Wissenschaften in Wien, Philosophisch-Historische Klasse 197,4) Wien 1921.

Wlassak, *Prozeßformel* = Moritz Wlassak, *Die klassische Prozeßformel*, Wien/Leipzig 1924.

Wolff, „The Praxis-Provision" = Hans Julius Wolff, „The Praxis-Provision in Papyrus Contracts", Transactions of the American Philological Association 72, 1941, S. 418–438 (= „Die Praxisklausel in Papyrusverträgen", in: Wolff, *Beiträge zur Rechtsgeschichte*, S. 102–128).

Wolff „Consensual Contracts?" = Hans Julius Wolff „Consensual Contracts in the Papyri? The Journal of Juristic Papyrology 1, 1946, S. 56–71.

Wolff, „The Origin" = Hans Julius Wolff, „The Origin of Judicial Litigation among the Greeks", Traditio 4, 1946, 31–85 (= „Der Ursprung des gerichtlichen Rechtsstreits bei den Griechen", in: Wolff, *Beiträge zur Rechtsgeschichte*, S. 1–90).

Wolff, „Faktoren der Rechtsbildung" = Hans Julius Wolff, „Faktoren der Rechtsbildung im hellenistischen-römischen Ägypten", Zeitschrift der Savigny-Stiftung für Rechtsgeschichte (Romanistische Abteilung) 70, 1953, S. 20–57.

Wolff, „Zwei Miszellen" = Hans Julius Wolff, „Zwei Miszellen", in: Iza Bieżuńska-Małowist (Hrsg.), *Symbolae Raphaeli Taubenschlag dedicatae* I, (Eos 48), Wrocław/Warszawa 1956, S. 355–371.

Wolff, „Grundlagen" = Hans-Julius Wolff, „Die Grundlagen des griechischen Vertragsrechts", Zeitschrift der Savigny-Stiftung fuïr Rechtsgeschichte (Romanistische Abteilung) 74, 1957, S. 26–72 (jetzt auch in: Erich Berneker [Hrsg.], *Zur griechischen Rechtsgeschichte*, Darmstadt 1968, S. 620–654).

Wolff, „Plurality of Laws“ = Hans Julius Wolff, „Plurality of Laws in Ptolemaic Egypt“, Revue internationale des droits de l'Antiquité 7, 1960, S. 191–233.

Wolff, *Beiträge zur Rechtsgeschichte* = Hans Julius Wolff, *Beiträge zur Rechtsgeschichte Altgriechenlands und des hellenistisch-römischen Ägypten*, Weimar 1961.

Wolff, „Ptolemäisches Recht“ = Hans Julius Wolff, „Ptolemäisches Recht“ in: Carl Andresen et alii, (Hrsg.), Lexikon der alten Welt, Zürich/Stuttgart 1965, S. 2530–2532.

Wolff, „Law in Ptolemaic Egypt“ = Hans Julius Wolff, „Law in Ptolemaic Egypt“, in: Alan E. Samuel, *Essays in Honor of C. Bradford Welles*, (American Studies in Papyrology 1) New Haven, Conn. 1966, S. 66–77 (= Opuscula diversa, Amsterdam 1974, S. 103—113).

Wolff, „Organisation der Rechtspflege“ = Hans Julius Wolff, „Organisation der Rechtspflege und Rechtskontrolle der Verwaltung im ptolemäisch-römischen Ägypten“, Tijdschrift voor Rechtsgeschiedenis 34, 1966, S. 1–40.

Wolff, „L'obligation contractuelle“ = Hans Julius Wolff, „La structure de l'obligation contractuelle en droit grec“, Revue historique de droit français et étranger 44, 1966, S. 569–583.

Wolff, *Vorlesungen* = Hans Julius Wolff, *Vorlesungen über juristische Papyruskunde 1968*, Berlin 1998.

Wolff, *Justizwesen* = Hans Julius Wolff, *Das Justizwesen der Ptolemäer*, (MB 44) München 1962; ^{2}1970.

Wolff, „Some Observations on Praxis“ = Hans Julius Wolff, „Some Observations on Praxis“, *Pap. Congr. VII*, (American Studies in Papyrology VII) Toronto 1970, S. 527–535.

Wolff, Recht II = Hans Julius Wolff, *Das Recht der griechischen Papyri Ägyptens in der Zeit der Ptolemäer und des Prinzipats*, II. *Organisation und Kontrolle des privaten Rechtsverkehrs*, (Handbuch der Altertumswissenschaft) München 1978.

Wolff, *Konkurrenz von Rechtsordnungen* = Hans Julius Wolff, *Das Problem der Konkurrenz von Rechtsordnungen in der Antike*, teilweise vorgetragen am 30. Juni 1979, Sitzungsberichte der Heidelberger Akademie der Wissenschaften, Phil.-hist. Klasse, Heidelberg 1979, Heft 5.

Wolff, „Zum Problem der dogmatischen Erfassung des altgriechischen Rechts“, in: Alexandros Dimakis (Hrsg.), Symposion 1979, Köln/Weimar/Wien 1983, S. 9–20.

Wolff, „The Political Background“ = Hans Julius Wolff, „The Political Background of the Plurality of Laws in Ptolemaic Egypt“, in: Roger S. Bagnall et al. (Hrsg.), *Pap. Congr. XVI*, Chico 1981, S. 313–318.

Wolff, „Neue juristische Urkunden VII“ = Hans Julius Wolff, „Neue juristische Urkunden VII. Neues Material zum Zwangsvollstreckungsrecht der Papyri“, Zeitschrift der Savigny-Stiftung für Rechtsgeschichte (Romanistische Abteilung) 100, 1983, S. 444–453.

Wollentin, *κίνδυνος* = Ulrich Wollentin, *Ὁ κίνδυνος in den Papyri*, Diss. Köln 1961.

Ysewijn, *De sacerdotibus* = Jozef Ysewijn, *De sacerdotibus sacerdotiisque Alexandri Magni et Lagidarum eponymis*. Verhandelingen van de Koninklijke Vlaamse Academie voor Wetenschappen, Letteren en Schone Kunsten van België, Klasse der Letteren 42), Brussel 1961.

ZPO = Zivilprozessordnung, Adolf Baumbach/Wolfgang Lauterbach/Jan Albers/Peter Hartmann (Hrsg.), München ^{72}2014.

Zucker, Gerichtsorganisation = Friedrich Zucker, Beiträge zur Kenntnis der Gerichtsorganisation im ptolemäischen und römischen Ägypten, Philologus Suppl. XII/1, Leipzig 1911, S. 1–132.

Korrekturvorschläge

BGU VI 1248,12: S. 33, Anm. 76
P.Cair. Zen. III 59347: Komm. zu **10**, 2–3; Komm. zu **10**,45–47.
P.Freib. 34, S. 75 zu Partsch, ed. pr. Z. 11: Komm. zu **12**, I 19–20
P.Grenf. I 11 (= M.Chr. 32): 201, Anm. 11
P.Hamb. I 105: Komm. zu **10**,45–47.
P.Heid. VIII 413: Komm. zu **10**, 2–3
P.Heid. VIII 414: Komm. zu **10**, 2–3
P.Heid. VIII 416: Komm. zu **10**, 2–3
P.Hib. I 91: S. 219, Anm. 6 (**12**)
P.Hib. II 200: Komm. zu **10**, 2–3
P.Petrie II 17 (2): Komm. zu **10**,45–47.
P.Ryl. II 68,8–9: S. 27, Anm. 49.
P.Tebt. III 2, 978 descr.,1–5: Komm. **12** I 1–7.
P.Yale I 51,18–21: Komm. zu **12**, I 19–20.
P.Yale I 51,17–18: S. 234, Anm. 38.
P.Zen. Pestman 21: Komm. zu **10**, 2–3; Komm. zu **10**,45–47.
Minas, *Ahnenreihen* S. 134 zu P.Freib. III 12: S. 222–223, Anm. **12**, Anm. 28.
Wolff, *Justizwesen* S. 30, Z.1: S.33, Anm. 76.

Indizes zu P.Trier I

Angaben, die mit einem Sternchen (*) versehen sind, verweisen auf den Kommentar.

I. Könige

II. Datierungen

III. Personen

Br.d. = Bruder der; E.d. = Enkel/Enkelin des; Gv.d. = Großvater des/der; S.d. = Sohn des; Schw.d. = Schwester des; T.d. = Tochter des; V.d. = Vater des/der

IV. Geographische Namen und Bezeichnungen

V. Religion

VI. Ämter, Militär und Bürgerwesen

VII. Münzen, Währung, Maße, Gewichte

VIII. Steuern

IX. Ziffern

a) Altersangaben

b) Summen

X. Allgemeine Wörterliste

www.ingramcontent.com/pod-product-compliance
Lightning Source LLC
LaVergne TN
LVHW060617300926
849162LV00008B/1642